한국사회사상사

책 이 름 / 한국사회사상사

지 은 이 / 이은순·이배용 외
펴 낸 이 / 김 경 희
펴 낸 곳 / (주)지식산업사
등록번호 / 1-363
등록날짜 / 1969. 5. 8
초판 제 1 쇄 발행 / 1996. 5. 20
초판 제 3 쇄 발행 / 1997. 4. 25
주   소 / 서울시 종로구 통의동 35 -18
전   화 / (734)1978·1958 (735)1216 팩스 (720)7900
책   값 / 12,000원

ISBN 89 -423 -1034 -6   93910

＊이 책을 읽고 필자에게 문의하고자 하는 이는
　지식산업사 편집부로 연락바랍니다.

머 리 말

　이 책에 실린 12편의 글은 한국사의 발전과정에서 사회변동기에 중요한 역할을 한 사상들을 살펴본 것이다. 인간은 사회생활을 영위하고 있으므로 자기가 살아가는 사회에 대해 어떠한 형태로든 의식을 가지게 되고 그 의식에 따라 행동하게 된다. 특히 사회가 급격한 변화를 보일 때 사회에 대한 의식 즉 사회사상은 더욱 강하게 나타난다. 따라서 사상은 사회변동의 산물이기도 하지만, 새로운 사회변화를 추동해내는 힘으로 작용하기도 하고 당시 사회체제를 유지하도록 하기도 한다.

　전통신앙인 샤머니즘은 원시사회 이래 한국사의 전개과정에서 끊임없이 변화하면서 오늘날까지도 그 영향을 미쳐, 국가의 안녕을 기원하는 데 이용되기도 하고 일반민들의 삶 속에 깊이 자리잡아 그들의 갈등을 위안하기도 하였다. 그 가운데 특히 주목되는 것은 샤머니즘이 원시사회에서 풍요와 다산(多産), 질병의 치료를 기원하고 공동체 의식을 다지는 역할을 했다는 점이다. 그리고 지배자와 피지배자의 구별이 생겨난 이후 지배층은 자신들의 지배가 필연적임을 알리기 위해 자신의 시조(始祖)를 신격화하는 신화를 만들어내고, 의례를 통해 그 신화를 되풀이함으로써 사회질서를 지탱해나갔다.

그러나 철기문화의 발달로 인한 사회의 변화 속에서 신화에 의한 사회적 통합이 불가능해졌을 무렵 불교가 전래, 수용되었다. 즉 불교는 정복전쟁을 통해 영역을 확장하고, 지방에 주군(州郡)을 설치하여 지방관을 파견함으로써 집권체제를 강화해가던 시기에 수용되어, 업설(業說)과 윤회사상을 통해 신분적 차별을 합리화하는 한편, 지방민에 대한 차별의식을 극복하고 전 국민이 일체감을 느끼도록 하였다. 또 전륜성왕사상(轉輪聖王思想), 불국토사상(佛國土思想), 진종설(眞種說) 등을 통해 왕권을 강화하는 데 이바지하기도 했다. 그리고 불살생(不殺生)을 말하는 가운데서도 계율을 적극적으로 해석함으로써 전쟁을 수행하는 데 기여했다.

이와같이 전래 초기에는 고대사회의 변동에 적극적으로 대응하던 불교교단은 그 세력이 성장하면서 사회의 요구에 부응하지 못한 채 형식적인 의례와 경전의 훈고학적 해석에 집착하게 되었다. 그런 와중에 중국 불교계에 나타난 새로운 사조인 선종(禪宗)이 수용되어, 일반신자들의 생활과 유리된 채 살아가는 승려들을 비판하고 승려의 노동을 강조하여 기존 교단에 경종을 울렸다. 또 삼국시대에 정치이념으로 표방되기 시작한 유학을 중국에서 공부하고 돌아온 학자들도 점차 증가했다. 이러한 새로운 사상의 유입과 성행은 지방세력의 성장, 국가권력의 약화와 궤를 같이하면서 이루어졌고, 이후 고려사회를 건국하고 통치해가는 시대사조가 되었다.

고려 중기 이후 유학연구에 새로운 경향이 나타났다. 선종의 심성론(心性論)의 영향 속에서 유학의 경학화(經學化), 심성화가 진행되었던 것이다. 이것은 원(元)나라 간섭기에 그곳의 성리학

자와 교류한 학자들에 의해 성리학이 수용될 수 있었던 사상적
배경이었다. 한편 당시 심해지고 있던 불교계의 타락과 형식화
는 새로 등장한 성리학자들이 배불론(排佛論)을 주장하게 되는
원인을 제공했다. 이들은 고려 후기 극심한 사회모순을 개혁하
는 데 필요한 정치이념으로 성리학을 받아들이고, 이를 토대로
자신들의 이상에 따라 새로운 제도를 마련하고 조선왕조를 개창
하게 되었던 것이다.

이들 성리학자들은 자신들의 사상을 불교와 비교하여 현실사
회에 필요한 실천적인 학문이라고 강조했다. 그러나 이 성리학
역시 학문적으로는 깊이를 더해갔지만 17·18세기에 진행된 급
격한 사회변화에 능동적으로 대처하지 못했다. 그 결과 서학(西
學)을 받아들여 세계관을 넓히고, 변화하는 현실에 입각하여 새
로운 문물을 수용하고 제도를 개혁할 것을 주장하는 실학자들이
등장하기 시작했다. 그러나 실학자들은 대부분 정권에서 소외된
사람들이었으므로 그들의 개혁론은 대부분 실현되지 못했다.

19세기로 들어서면 조선은 안으로는 민(民)의 봉기에, 밖으로
는 서구열강과 일본세력의 도전에 직면했다. 즉 근대화를 추구
해야 하는 과제와 열강의 침략에 대항하여 민족을 보존해야 하
는 시대적 과제에 직면하게 된 것이다. 이러한 문제를 해결하기
위한 방안으로 제시된 것이 동학, 개화사상, 위정척사사상이었다.
동학은 평등사상을 기초로 하여 사회개혁을 통한 종교적 유토피
아를 제시하였고, 그 가운데 개벽사상은 갑오농민혁명이 발생하
는 데 직접적인 사상적 영향을, 동학의 조직은 농민군 조직화에
많은 영향을 미쳤다.

개화사상은 열강의 도전에 대응하기 위해 서구의 과학기술과
근대경제체제를 도입하여 부국강병을 이룩할 것을 주장하였다.
개화사상의 강조점은 시대적 과제에 따라 달라져, 1870년대에는
개국(開國) 문제를, 1880년대에는 자강개혁(自強改革)을, 그리고

1890년대 후반 제국주의 침략이 노골화되는 때는 국권과 민권의 수호를 주장했다. 한편 위청척사사상은 전통의 성리학적 화이관(華夷觀)에 입각하여 외세를 배격하면서 체제를 정비해갈 것을 주장했다. 위의 두 사상은 당시 직면한 현실문제의 한쪽 면만을 강조했다는 한계는 있지만, 전자는 근대적 개혁을, 후자는 민족의 자존을 강조함으로써 각각 후일의 갑신정변·갑오개혁·독립협회 등 개화운동과 항일의병투쟁에 큰 영향을 미쳤다.

그러나 위로부터의 개혁운동과 아래로부터의 개혁운동이 일본의 무력적 간섭으로 실패로 끝난 후 우리 민족은 일본의 식민지배에 들어가게 되었다. 따라서 민족해방운동을 통해 근대민족국가를 수립해야 하는 과제를 해결하기 위한 다양한 방안이 제시되었고 또 실천운동으로 이어졌다. 특히 1920년을 전후하여 합방 이전에 제기되었던 실력양성론과 독립군기지건설을 중심으로 한 무장투쟁론이 합류하고, 새로 받아들인 사회주의이념에 입각한 노동·농민운동 등 다양한 민족해방운동이 전개되었다. 그후 우리의 민족운동은 신간회운동 등에서 보여지는 바와 같이 민족협동전선론에 근거, 좌·우익 이념대립을 뛰어넘어 전개되기도 했다. 그러나 제2차세계대전 후에 고착된 냉전체제로 인해 남북으로 분단된 이후 지금까지 이념적 대립 상태를 완전히 벗어나지 못하고 있는 실정이다.

사회의 변동기에는 체제를 유지하거나 혹은 변화시키려는 입장에서 새로운 사회사상이 대두하기 마련이다. 사람들이 역사의 변화에 능동적으로 대처할 수 있었을 때 그들의 개혁론은 현실에 반영되어 체제를 변화시켰고, 그들의 사상은 새로운 지배이데올로기로 기능할 수 있었다. 따라서 한국사의 전개과정에서 사회변동기에 어떠한 사상이 대두되어 어떠한 역할을 했는지, 그리고 그 사상이 어떤 의미를 지니는지를 살펴보는 작업은 단순히 과거사실을 이해하는 작업에 그치는 것이 아니다. 더 나아가 물질문명이 발달한 현대사회를 살아가면서 지난날을 되돌아보고 오늘의 위치를 점검하면서 미래를 전망하는 계기를 만들어줄 수 있으리라 여겨진다. 바로 이 점에 이 책을 편찬한 의미를 두고자 한다.

이 책이 나오기까지 필자들이 보여준 헌신적 노력과 성의에 고마운 마음 금할 길 없다. 그리고 이 책의 출판을 맡아준 지식산업사의 김경희 사장님과 편집부 여러분에게도 감사드린다.

1996년 4월 일
이화여대 사학과 교수
李 培 鎔

차 례

원시사회와 사상

강 성 원

I. 머 리 말

원시사회에서는 인류가 공동체 생활을 통해 자연에 의존하는 경제생활을 하다가 점차 자연을 정복하면서 생산경제생활을 하게 되었다. 이러한 경제생활의 변화는 그들의 사유체계에도 변모를 가져왔다. 이 시기의 신앙형태로는 모든 생명체의 육신은 죽어도 정신은 영원하다는 영혼불멸사상(animism), 자연물 가운데 특정한 것을 선택하여 공동체의 우상으로 삼는 토테미즘(totemism), 만물을 생성하게 하는 태양을 숭배하는 태양숭배사상, 선조들을 경배하고 대를 잇는 계세(繼世)의 의미인 조상숭배사상 등이 있다. 이러한 신앙들은 크게 자연숭배사상과 조상숭배사상으로 범주화할 수 있다.

나아가 이 시대의 사람들은 전지전능한 신의 존재를 인식하면서도 인간은 신과 접촉할 수 없다고 생각했다. 즉 평범한 인간들보다 인지가 발달한 사람만이 신과 인간의 중재 역할을 하면서 신의 의지를 인간에게 전해줄 수 있다고 생각했던 것이다. 이들 인지가 발달한 사람들은 신의 소리를 들을 수 있으므로 인간생활의 길흉화복을 예견할 수 있다고 믿어졌다. 이것이 곧 샤머니즘(shamanism)인데 신과 인간의 중간에 있는 샤먼을 통해야만 인간은 신의 의지를 파악할 수 있다고 믿는 것이다. 이같은 샤머니즘은 한국사에서 뿌리깊게 내려와 오늘날에도 민간신앙으로 여전히 자리잡고 있다.

이 글에서는 원시신앙으로서 자연숭배와 조상숭배를 살펴보고, 우리 민족과 밀접한 관련이 있는 샤머니즘을 중점적으로 다루어 보고자 한다.[1]

II. 원시사회의 시대적 배경

한국사에서 원시사회는 일반적으로 고대국가가 성립되기 전 구석기·신석기·청동기를 도구로 사용하던 시기를 말한다. 인류가 도구를 사용하여 식량을 준비하기 시작했다는 사실은 사용하는 도구에 따라 그 시대의 성격을 구분할 수 있는 중요한 단서가 되기도 한다.

먼저 구석기사회를 살펴보면, 일본 식민사학자들은 한국에 구석기시대는 없다고 했으나 1960년대 후반부터 구석기 유물이 발굴 발견되면서 한반도 구석기시대의 존재가 확인되었다. 그 시

---

1) 샤머니즘에 관한 연구는, 이능화, 〈조선무속고〉, 《계명》 19, 계명구락부, 1927 ; 손진태, 〈조선 상고문화의 연구 — 샤마니즘이란 무엇인가〉, 1927 ; 신채호, 〈조선상고사〉, 《조선사연구초》, 경성 : 연학사, 1931 ; 송석하, 《신라의 민속》, 1931 등을 필두로 많은 연구가 진척되어 왔다. 한편 신종원은 〈고대의 일관과 무〉(《국사관논총》 13, 1990, p. 23)에서 샤머니즘을 특정지역에 한정된 현상이 아니고 인류의 원초적 종교현상으로 규정짓고 있다.

기에 관해서는 발견된 유적마다 차이를 보이고 있는데, 최근에는 단양 금굴의 구석기 유적이 60만~70만년 전으로 제일 먼저라는 주장이 있다.[2] 이외에도 구석기 유적은 함북 종성 동관진, 웅기 굴포리, 평안도의 상원 검은모루 동굴, 평산 해상 동굴, 황해도 덕천 승리산 동굴, 경기도 연천 전곡리, 충북 제천 점말 동굴, 충남 청원 두루봉 동굴, 공주 석장리, 제주 빌레못 동굴 등 우리나라 전지역에 걸쳐서 발견되었다.

구석기 사회는 4번의 빙하기와 3번의 간빙기를 겪으면서 자연환경이 변화되었기 때문에 이에 따라 동·식물군도 많은 변화를 겪었다. 따라서 구석기시대 사람들은 자연환경의 변화에 따라 이곳저곳 식량을 찾아 끊임없는 이동생활을 했다. 한반도에 살았던 구석기인의 모습은 세 종류가 있었다. 먼저 턱뼈가 앞으로 돌출되어 원숭이와 비슷한 모습이며 지능도 낮은 원인(原人) 계통이 있다.[3] 또 황해도 덕천 승리산 동굴에서 발견된 인골(人骨)은 치관(齒冠)이 장방형이며 어깨뼈 마디 지수(指數)가 오늘날 한국인보다 적으며 고인(古人 ; Homo Sapiens Neanderthalensis)의 모습이 나타난다.[4] 역시 승리산 동굴에서 발견된 또 하나의 인골은 아래턱뼈의 구성상 현생인류(Homo Sapiens Sapiens)에 속하는 것으로 파악되기도 한다.[5] 이러한 구석기인들은 이전에는 우리 민족의 조상과는 무관한 것으로 인정되어 왔으나[6] 최근에는 구석기인들이 우리 민족과 관련성이 있다는 학설도 제기되고 있다.[7]

---

2) 손보기,《한국 구석기 연구의 길잡이》, 연세대출판부, 1988.
3) 손보기,〈구석기문화〉,《한국사》 1, 국사편찬위원회, 1973, p. 18.
4) 최무장,〈한국의 구석기문화〉,《한국구석기문화연구》, 한국정신문화연구원, 1981.
5) 이융조,〈고구려 영토 안의 구석기 문화〉,《동방학지》 30, 연세대출판부, 1982.
6) 변태섭,〈석기시대의 문화〉,《한국사통론》, 삼영사, 1986, p. 29.
7) 손보기,〈체질·형질 인류학상으로 본 겨레의 뿌리〉,《한국사론》 14, 국사편찬위원회, 1984.

4

구석기인들은 자연 그대로의 돌을 도구로 사용하다가 돌의 한 부분을 떼어낸 날카로운 부분을 사용하기도 하며, 점차 양쪽 부분을 잘라낸 돌도끼 모양을 이용하여 식량을 구했다. 이들은 자연 상태에 있는 동물을 사냥하고, 나무 열매를 따서 모으며, 물고기를 잡아먹는 등 자연경제생활을 영위했다. 따라서 이 시기의 생산력은 자연히 낮았으며 무리를 지어 이곳저곳 떠돌아다니는 이동생활을 했고 아직은 계급이 없는 평등한 사회였다.[8]

우리나라 신석기 사회는 기원전 6천년 경부터 시작된다. 이 시기의 유적과 유물은 대부분이 강가나 바닷가에서 발굴되거나 출토되었다. 신석기인들은 돌을 갈아서 다양한 모양의 도구를 만들어 사용했으며 진흙을 빚어 불에 구워 만든 토기를 사용했다. 갈아서 쓰는 도구를 사용했기 때문에 구석기인들보다는 먹이를 구하는 것이 쉬웠고, 또 그동안의 경험을 토대로 씨앗을 심어 농사를 짓고 살았다. 이같은 신석기인의 일상생활의 변화는 그들이 한곳에 정착하여 농경을 시작한 데서 비롯된 것이다. 즉 구석기인들이 자연에 의존하는 경제활동을 한 것과 달리 신석기인들은 자연을 극복하고 생산경제활동을 했던 것이다. 생산 경제체제에 접어 들었다는 사실은 역사에서 커다란 전환점이 되었다. 또 이들의 생산경제활동은 잉여생산물을 축적시킬 수 있는 여유를 줌으로써 사유재산과 계급이 발생하는 요인으로 작용하였다.

신석기시대의 유물·유적은 한반도 전역에 걸쳐 출토되고 있다. 우리나라에서 발굴되는 신석기 토기는 중국 동북부 흑룡강 일대와 만주 요녕성에도 분포되어 있어 중국을 통해 신석기 문화가 전파되었음을 알 수 있다.[9] 신석기인들은 일정한 지역에서

---

8) E. R. Service, *Primitive Social Organization*, 1971 ; 신형식 역, 《원시시대의 사회조직》, 삼지원, 1986.
9) 임효재, 〈신석기시대 한국과 중국 요녕지방과의 문화적 관련성에 대하여〉,

정착생활을 하기 시작하였는데, 땅을 파서 만든 움집에서 살거나 인공으로 만든 동굴에 거주했다. 그리고 신석기인들의 주거지에서는 취사와 난방을 위한 화덕과, 식량과 도구를 저장하기 위한 저장공(貯藏孔)이 발견된다.

신석기시대의 사회는 혈연에 기초한 씨족이 기본단위가 되어 하나의 공동체를 이루고 있었다. 이러한 공동체가 점차 팽창되면서 부족을 형성했고 부족에서는 그 부족을 대표하는 부족장을 선출하고, 부족내의 중요한 일은 씨족회의를 열어 결정했다.[10] 이 시기는 공동체가 공동경작과 공동분배를 하는 사회구조를 형성하였으므로 어느 정도 평등사회라고 할 수 있겠다. 또한 경작활동이 힘이 들므로 주로 남성이 담당했고, 생산과정에서 다수확을 상징하는 물건들을 흙으로 굽기도 하였다. 그리고 농경에 지대한 영향을 미치는 자연 변화에 많은 관심을 갖게 되면서 비·구름·천둥·햇빛 같은 것을 상징하는 기하학적 무늬를 토기에 새겨 만들기도 했다.

이런 생활을 하던 신석기인들에게 금속을 만들어서 사용하게 되는 지혜가 발달하면서 새로운 변화를 초래한 청동기시대가 전개되었다. 인류가 최초로 사용한 금속은 구리인데, 이것은 단단하지 못하여 생산도구나 전쟁무기로 사용하는 데 적합하지 않았다. 따라서 인류는 구리에 아연·주석·납·비소 등을 섞어 청동이란 금속을 만들어 내는 데 성공하여 여러 가지 무기와 도구를 제조 사용하였다.

청동기는 무문토기와 함께 출토되는데, 신석기시대 말부터 사용되기 시작했다.[11] 청동기시대의 유물·유적은 주로 야산이나

《한국상고사의 제문제》, 한국정신문화연구원, 1987 ; 임효재, 〈신석기시대 연구의 흐름〉,《한국고대문화의 흐름》, 집문당, 1992, p. 75.
10) 이병도, 〈고대남당고〉,《인문사회과학》 1, 서울대 논문집, 1954 ;《한국고대사연구》, 박영사, 1976.
11) 변태섭, 앞의 책, p. 40.

구릉 지대에서 발견되고 유적지에서는 조·수수·기장·피·벼 등의 곡물이 발견되어 당시에 농업이 본격적으로 진행되었음을 알 수 있다. 뿐만 아니라 돼지·소와 같은 짐승도 가축으로 사육하여 식량공급에 이용하였다.

청동기 제조는 그에 필요한 금속합금술이나 금속을 녹이는 데 적당한 온도 조절 등 전문적인 기술이 요구되므로 누구나 만들 수 있는 것이 아니고 아마도 이것을 담당하는 전문인이 있었을 것이다. 그리고 아직은 대량생산이 안 되기 때문에 청동기로는 영역을 확대하거나 방비하는 데 필요한 무기가 주로 제조되었다. 이는 유물 가운데 청동검·화살촉 등의 무기가 출토되는 데서 알 수 있다.

신석기시대부터 청동기시대에 이르는 시기에 원시공동체적 평등한 소유관계가 무너지고 사유재산의 인정과 함께 재산상의 빈부 차이가 발생하게 되었다. 이처럼 소유관계의 변화에 따라 계급이 분화되어 지배계급과 피지배계급이 형성되었고, 지배계급은 지위, 권세, 부를 대를 이어가며 향유하려 하였다. 지배계급의 권력은 더욱 강해져서 군장(君長 ; Chiefdom)이라는 지배자가 출현하게 되었다.[12]

군장은 신석기시대의 부족장보다 더욱 집중된 권력을 가졌으며 청동무기로 무장하여 인접한 지역과 빈번한 전쟁을 일으켰다. 이때 복속을 당한 지역민들은 예속되어 노동력을 제공하는 노예로 전락했다. 따라서 전쟁으로 지배영역이 확대되고 인구가 증가함에 따라 군장의 권력은 더욱 비대해졌고, 그 결과 권력의 세습현상이 나타났다. 이는 이 시기 지배자의 묘인 지석묘(支石墓)의 거대성을 감안하면 잘 알 수 있다. 즉 지석묘와 같은 거대한 돌을 운반하는 데 필요한 인력과 그들에게 제공되는 식량을 감

---

12) 김정배, 〈국가 기원의 제이론과 그 적용문제〉, 《역사학보》 94·95, 1982.

안할 때 지석묘는 당시 지배계급과 그 가족묘라는 것이 학계의
공통된 의견이다.

그리고 이 시기에는 정복지역민들을 노비로 삼아 이들에 의하
여 농업생산이 이루어졌다. 이때의 농업은 단순재생산의 형태로
행해졌고 자연조건에 민감한 상태였으므로 천재지변으로 농사가
제대로 되지 않았을 경우 지배자가 문책을 당하기도 했다. 또 아
직 사회가 분화되지 않아 제정일치의 형태를 유지하였으므로 제
사장이 지배권자로 군림할 수 있었다. 이로 보아 신의 의지를 인
간에게 전해주는 중개자 역할을 했던 샤먼의 사회적 지위를 가
늠할 수 있다. 샤머니즘은 이 시기 신앙의 기능을 충분히 발휘하
면서 민간신앙으로 자리잡기 시작했다.

이러한 시기에 해당되는 우리나라 사회로는 부여·고구려·옥
저·동예·삼한 등이 있다. 이들 사회는 아직 국가와 같이 정비
된 조직을 갖추지는 못했지만 나름대로의 단위정치체는 형성되
어 있었다.[13] 예를 들면 삼한에는 신지(臣智), 읍차(邑借)라고 불리
는 장수가 있었고,[14] 옥저에는 삼로(三老)가, 동예에는 공조(功曹),
주부(主簿)가 있었다. 고조선에는 경(卿), 상(相)이 있었으며, 부여
에는 마가(馬加), 우가(牛加), 저가(猪加), 구가(狗加) 등이 있었다.[15]

Ⅲ. 자연숭배와 조상숭배

1. 자연숭배

인간이 자연에 대해 신앙을 갖는 관념이나 행위를 자연숭배사
상이라고 한다. 자연숭배의 초기 단계에는 자연을 신격화하지

---

13) 변태섭, 앞의 책, p. 52.
14) 《삼국지》 위지 동이전 마한조.
15) 《삼국지》 위지 동이전 부여조.

않고 자연 그대로에 경의를 표하고 믿었다. 그러다 점차 자연에 깃든 혼과 같은 것을 신격화하면서 하나의 신앙 형태로 발전하게 되었다.

자연숭배의 대상은 매우 다양하다. 하늘에서는 하늘·해[태양]·달·별 등이 숭배의 대상이 되었고, 바람·천둥·번개 등과 같은 기상 상태도 그 대상이 되었지만 아마도 이것은 원시인들의 두려움에서 비롯되었을 것이다.

지상에서 숭배의 대상이 되는 것으로는 산, 물(우물·강·바다), 땅 등이 있다. 그리고 땅위의 물체로 바위·나무·돌·곡식 등이 숭배되기도 했다. 나아가 동물들도 숭배의 대상이다. 우리나라에서는 용·호랑이·곰·까마귀·까치·오리·말·닭·개구리 등 다양한 동물들을 숭배해왔다.[16)]

자연물이나 자연현상이 숭배대상이 될 때는, 그것이 초자연화하면서 보통을 벗어난 특별한 힘을 갖는다고 생각된다. 이렇게 하나의 자연이 사람들의 관념 속에서 신령화하게 되면, 그것이 사람처럼 영혼을 갖고 있다는 애니미즘의 원리가 적용된다. 이때 비로소 인간과의 의사소통이 가능하며 신앙의 형태가 되는 것이다.

태양숭배사상은 태양 자체를 신격화하거나 의인화하여 신앙의 대상으로 삼는다. 태양숭배사상은 태양의 강렬한 빛과 생산활동에서 태양이 갖는 중요성에서 비롯되었을 것이다. 원시사회에서 고대사회로 이행하면서 태양숭배사상은 점차 지배자의 지도력과 상징적으로 일치되어 나타나고 있다. 이같은 관념은 혁거세, 김알지, 해모수신화에 잘 반영되어 있다. 이들 신화는 지배자의 권한과 태양을 일치시켜 지배자에게 절대적인 권위를 부여하고 있다. 또 고구려 쌍영총의 천문도에서도 이같은 태양숭배신앙을

---

16) 김영진, 《한국 자연신앙연구》, 청주대 인문과학연구소, 1985.

엿볼 수 있다. 반면 민간에서의 태양숭배는 조상숭배와 일치되어 나타나며, 무속의 굿절차에서 일월맞이로 표현되고 있다.

토템은 신화에 잘 나타나 있다. 즉, 단군신화에서의 곰과, 금와왕 설화에서 개구리가 그러하다. 또 알영부인 설화에서는 입이 닭부리 모양을 하고 있어 우물가에서 씻으니 닭부리가 떨어졌다는 내용이 나온다. 이처럼 토템은 자기 족단의 조상을 특정 자연물로 삼고 그것을 숭배하는 것이다. 따라서 토템은 조상숭배사상과도 깊은 관련이 있다.

2. 조상숭배

조상숭배는 조상과 후손이라는 관계로 성립된다. 이는 가족·마을·민족 등의 차원에서 행해지고 있으며 사회집단 결속의 핵심 기능을 해왔다.[17] 조상숭배에는 사상적으로 영혼불멸사상(animism), 계세사상(繼世思想), 불사신앙(不死信仰) 등이 내포되어 있다.

부여에서의 순장(殉葬) 풍습은 죽은 후에도 현실생활과 똑같은 삶을 누릴 것이라는 생각에서 시작되었다. 이와같이 저승에서의 삶이 이승의 삶과 다를 것이 없다는 사상은 죽은 사람이 묻히는 곳은 명당(明堂)이어야만 된다는 관념을 뿌리내리게 했다.

조상숭배는 조상의 시신을 훼손하는 것을 최대의 죄로 여기도록 하였다.[18] 이는 현세와 내세가 단절이 아닌 연속이라는 관념에서 비롯되었다. 그리하여 살아 있는 후손과 죽은 조상은 함께 하나의 가족공동체를 이룬다. 따라서 죽은 자의 안녕과 평안이

---

17) 최길성, 〈한국 조상숭배의 연구사〉, 《한국의 조상숭배》, 예전사, 1986, p. 81.
18) 《삼국사기》 백제본기. 마한의 舊將 周勤이 우곡성에서 반란하다 발각되어 자살하였다. 온조왕은 그의 시체를 몇 조각으로 자르는 형벌을 내렸다. 이와 같이 국가 대역죄를 지은 자는 시신을 훼손하는 형벌을 내렸고, 그의 후손들은 몰래 시신을 복원하여 장례를 치루었다.

산 자에게 영향을 미친다고 믿었기 때문에 죽은 자에 대해서 극진한 대우를 했다. 조상의 잘못이나 화(禍)도 자손에게 미치고, 조상의 공훈도 수대에 걸쳐 자손에게 은덕을 미친다고 생각하였다.[19] 조상은 항상 후손을 보호하고 보살핀다는 관념이 형성되었고 이에 따라 봉제사(奉祭祀)와 장자(長子)를 중시하게 되었다.

조상숭배사상에는 생명의 근원을 잊지 않으며, 조상의 공적이 미친 고마움을 잊지 않는다는 보은(報恩)의 사상이 철저하게 깃들여 있다. 조상에 대한 보은사상이 우리 민족이 효(孝)를 자손 제일의 덕목으로 여기게 되는 데 중요한 영향을 미쳤음은 물론이다. 이와 같은 관념을 근본으로 한 조상숭배사상은 모든 교화의 근본이 된다.

Ⅳ. 샤머니즘

인간이 생산경제활동을 하면서 비롯된 잉여생산물의 비축은 계급을 발생시켰고 그 결과 계급간의 갈등이 생겨났다. 생산이 활발해지면서 계급간의 모순과 갈등은 점차 심화되고 첨예화되어 급기야 국가권력을 창출하는 하나의 계기가 되었다.[20] 이러한 현상은 사회적으로 제의가 체계화되고 신화가 발생·유포되어 지배이데올로기로 기능하게 했다.[21]

원시사회에서 고대국가로 이행하면서 신화는 천·지의 결합 형태에서 신화 속의 인물을 초월적이고 영웅적인 능력의 소유자

---

19) 이은봉,《한국고대종교사상》, 집문당, 1984, p. 226.
20) F. 엥겔스 저, 김대웅 역,《가족의 기원》, 아침, 1985, pp. 192~195.
21) 전호태,〈신화와 제의〉,《한국사상사의 과학적 이해》, 한국역사연구회, 1993, pp. 3~4.

로 묘사하는 영웅신화로 발전했다. 이제 샤머니즘으로서의 시조
신화와 제례로서의 부락제(部落祭)를 살펴보고자 한다.

1. 신 화

원시인들의 궁극적 관심이나 종교는 주로 신화로 표현되었기
때문에 신화의 분석을 통해 원시사회의 신앙 형태를 알 수 있다.
우리나라의 시조신화로는 단군·주몽·박혁거세·김알지·석탈
해·김수로 등에 관한 것이 있다. 이 가운데 단군신화는 우리나
라 최초의 국가인 고조선의 개국신화이며 박혁거세·김알지·석
탈해는 모두 신라의 3성 시조이고 주몽은 고구려 시조며, 김수로
는 가야의 시조다. 이 글에서는 천·지 결합의 형태로 역사를 창
조한 단군신화와 3성 가운데 박씨신화를 살펴보고, 다음으로 영
웅적 요소가 강화된 주몽신화만을 살펴보고자 한다.

먼저 **단군신화**에서 샤머니즘적 요소로 지적할 수 있는 부분을
살펴보면 다음과 같다.

① 옛 글에 말하기를 옛날에 桓因의 아들 桓雄이 있었다.
② 이에 天符印 세 개를 주고 가서 다스리게 했다. 환웅이 무리 3
천 명을 이끌고 태백산 꼭대기 神檀樹 밑에 내려와 거기를 신의
고을이라 부르니 그가 곧 환웅천왕이었다. 그는 風伯·雨師·雲
師를 거느리고 곡식·수명·질환·형벌·선악 등 무릇 인간의
360여 가지 일을 맡아서 다스리고 교화하였다.
③ 웅녀는 그와 결혼해주는 이가 없으므로 항상 신단수 아래에서
아이 갖기를 빌었다. 환웅이 이에 잠깐 변하여 그와 결혼하고
아들을 낳으니 이를 檀君王儉이라 하였다.(《삼국유사》 권 1 紀
異 古朝鮮條)

위 기록들은 모두《삼국유사》에 수록되어 있다. ①에서는 우
선 천(天)과 관련된 신앙이 보인다. 천신을 환인이라 하였는데

이는 힌두교의 최고신이자 불교의 호법신인 환인제석(桓因帝釋)이라는 명칭에서 유래한 것으로 생각된다. 즉 제석은 본래 33천의 주신이며 천주다. 또 우리말의 환하다에서 '환'은 광명을 나타낸다. '환임'[桓因], 즉 광명한 하늘의 신을 표시하기 위해 그 음에 가까운 환인을 사용한 것이다.[22] 제석이 중요한 무신(巫神)의 칭호로 사용되는 것으로[23] 볼 때 고조선이 개국하던 시기의 샤머니즘을 알 수 있다.

②는 환인이 그 아들 환웅에게 천부인 세 개를 주었다는 내용이다. 이것이 무엇인지는 정확하게 알 수 없으나 최남선은 신경(神鏡 ; 明圖)·신모(神帽)·신검(神劍)일 것이라고 했다.[24] 여하튼 이것은 하늘·땅 그리고 저승을 지배하는 힘의 상징인 신기(神器)의 수여이며 이러한 신기는 신화적 무구(巫具)로서[25] 천신은 환웅에게 지배권을 부여한 것이다. 또 환웅은 풍백·운사·우사와 3천의 무리를 이끌고 왔다고 한다. 이때 바람·구름·비는 농경에 필요한 것인데 여기에 사가 붙어 신령으로서의 기능을 하는 것으로 생각된다. 이러한 신령들은 농경만 지배하는 것이 아니라 생명·질병·선악 등 인간의 생사화복을 지배했다. 따라서 신시(神市)를 베풀어 다스리는 환웅은 이와 같은 신령들을 거느려야 했다.

③은 곰이 사람으로 변한 웅녀와 환웅이 결혼해서 단군왕검을 낳았다는 기록이다. 여기서 곰이 웅녀로 변했다는 사실을 역사학에서는 곰을 토템으로 하는 집단이[26] 환웅의 유이민집단(流移民集團)에게 결혼이라는 평화적 방법으로 흡수된 것으로 이해한다. 그러나 국문학에서는 '웅'(熊)은 곰의 한자어이며 우리말에

---

22) 유동식, 《한국무교의 역사와 구조》, 연세대출판부, 1975, p. 30.
23) 高橋亨, 〈三國遺事の註及檀君傳統の發展〉, 《朝鮮學報》 7, 1970, p. 79.
24) 최남선, 〈단군고기箋釋〉, 《사상계》 1954년 2월호, pp. 53~76.
25) 유동식, 앞의 책, p. 33.
26) 김정학, 〈단군신화와 토테미즘〉, 《역사학보》 7, 1957.

신령이나 높은 어른을 부를 때 이를 '감' 또는 '검'이라 하는 것
에 주목하고 있다. 즉 '대감' 또는 '왕검'의 경우에서 예를 들 수
있는데 단군신화의 '곰'이 상징하는 것을 토템신앙으로 보기보다
는 신적 존재인 지모신(地母神)으로 보아야 한다는 것이다.[27] 또
한 단군은 하늘을 뜻하는 알타이어 '텡그리'(Tengri)의 음을 딴
것이고 '캄'(Kam)의 음역을 표기한 것이다. 따라서 단군은 고조
선의 시조일 뿐만 아니라 하느님의 아들이고 신인(神人) 또는 무
군(巫君)을 의미하는 것이다. 이것은 삼한시대 사제자(司祭者)를
천군이라고 했으며, 현재 호남지방의 세습무를 '단골' 또는 '단굴'
이라고 부르는 데서도 짐작할 수 있다.[28] 이상에서 볼 때 단군신
화는 고조선의 지배계급이 권력을 행사하는 것이 신성하고 초월
적인 것임을 확인해주는 역할을 하고 있다.[29]

다음 **박혁거세신화**에 나타난 샤머니즘적 요소를 보면 다음과
같다.

① 양산 밑 나정 곁에 이상스러운 기운이 번개 빛과 같이 땅에 비
치더니 거기에 흰 말 한 마리가 꿇어앉아 절하는 형상을 하고
있었다. 그곳을 찾아가 보니 붉은 알이 하나 있는데 말은 사람
을 보고 길게 울다가 하늘로 올라가버렸다. 그 알을 깨보니 모
양이 단정한 아름다운 동자가 있었다. 이상히 여겨 그 아이를
동천에서 목욕시켰더니 몸에서 광채가 나고 새와 짐승들이 따라
춤추며 천지가 진동하고 일월이 청명하더라. 그러므로 그를 불
러 혁거세라 하였다.

② 이때 사량리 알영정 가에 계룡이 나타나 왼편 갈비에서 동녀
하나가 탄생하였다(혹은 용이 나타나 죽으니 그 배를 갈라 동녀
를 얻었다고도 한다). 그의 용모와 얼굴이 유달리 고왔으나 입
술이 닭의 부리와 같았다. 그리하여 월성 북천에 가서 목욕시켰

---

27) 유동식, 앞의 책, p. 33.
28) 위의 책, p. 34.
29) 전호태, 앞의 글, p. 4.

더니 그 부리가 빠지므로 그 내를 발천이라 하였다. 궁실을 남산 서쪽 기슭에 세우고 두 아이를 받들어 길렀다. 남자는 알에서 나왔는데 그 알이 박과 같으므로 그의 성을 박이라 하였고 여자는 그가 나온 우물의 이름으로 불렀다.

이상의 기록은 《삼국유사》(권1 기이, 신라시조 혁거세)의 부분인데 편의상 ①·② 두 단락으로 나누었다. 먼저 ①에서는 하늘에서 빛이 내려왔고 거기서 알이 생기고 그 알에서 한 동자가 태어났으며 그의 몸에서도 빛이 나서 그를 혁거세(赫居世)라 불렀다는 내용이다. 여기서 하늘의 빛은 천신을 의미하며 어린애가 태어났는데 그의 몸에서도 빛이 났다는 것은 그가 천신의 아들로서 밝은 빛으로 세상을 다스린다는 의미다.[30] 또 위호(位號)를 거서간(居西干)이라고도 하는데, 그가 처음 입을 열었을 때 스스로 말하기를 "알지거서간이 한 번 일어난다"고 한 데서 연유했다. 이로부터 거서간은 왕자의 존칭이 되었다고 한다. 이때 알(閼)이란 새의 알인 동시에 곡식의 알을 뜻하며 지(智)는 아버지의 경우와 같이 존칭 어미에 속하는 말이며, 거서간은 임금을 뜻한다. 따라서 알지거서간이란 '곡신이신 임금님'이라는 뜻이다. 여기서 고대인들의 시조설화에서 시조는 천신의 아들로서 곡신적 존재로 찬양받았음을 알 수 있다.[31]

②는 혁거세 부인인 알영에 관한 기록인데, 사량리 알영정에 계룡이 나와 죽으니 그 왼편 갈비에서 알영이 태어났다고 전하고 있다. 우물가에서 나타난 것은 그가 수신(水神)임을 의미하고, 계룡이 죽고 동녀 알영이 태어났다는 것은 죽음을 매개로 다시 살아나는 곡신(穀神)에 대한 신앙과 죽음의 경험을 통해 새로운

---

30) 유동식, 〈시조신화의 구조〉, 《한국무교의 원형》, 연세대출판부, 1975, pp. 42
  ~43.
31) 三品彰英, 〈古代朝鮮の祭政と穀靈信仰について〉, 《史林》21-2, 1967, pp. 68
  ~70.

존재로 거듭나는 종교적 체험에 대한 표현으로 보인다.

혁거세는 광명한 하늘의 빛을 타고난 하느님의 아들이었고, 알영은 지모신이다. 따라서 혁거세와 알영의 결합은 하늘과 땅의 결합, 신과 인간의 결합을 신화적으로 표현한 것이다.[32] 하늘의 주재신과 땅의 생산신의 결합을 계기로 새로운 문화세계가 창조된다는 원시 샤머니즘의 특징을 볼 수 있음은 물론이다.

주몽의 초월적인 능력과 고구려의 성장을 기술한 **주몽신화**를 검토하면 다음과 같다.

시조 東明聖帝의 성은 高씨요 諱는 朱蒙이다. 이에 앞서 북부여왕 해부루가 동부여로 피하고 부루가 돌아간 후 금와가 왕위를 이었다. 이때 금와왕이 태백산 남쪽에 우발수란 곳에서 한 여자를 만나 물으니, 대답하기를 "나는 본시 하백의 딸로 이름은 柳花인데, 여러 아우들과 나와 놀고 있을 때 한 남자가 있어 자기는 하느님의 아들 解慕漱라 하고 혹 나를 웅신산 밑 압록강가의 집안으로 꾀어들여 정을 통하고 가서 돌아오지 않았다. 그러므로 우리 부모는 내가 중매 없이 혼인한 것을 꾸짖어 이곳으로 귀양 보낸 것이다" 하였다. 금와가 이상히 여겨 그를 방 속에 가두었더니 햇빛이 비쳐왔다. 그가 몸을 피하나 그리로 쫓아가 비추는지라 이로 인하여 태기가 있더니 알 하나를 낳았다.……나이 겨우 일곱 살에 숙성하여 범인과 다르고 혼자 활과 화살을 만들어 백 번 쏘면 백 번 맞추었다.……왕은 살찐 말을 자기가 타고 파리한 말은 주몽에게 주었다.……이에 주몽은 烏伊 등 세 사람을 벗으로 삼고 엄수에 이르러 물을 향하여 고하기를 "나는 하느님의 아들이요, 하백의 손자인데 오늘 도망하였으나 쫓는 자가 거의 닥치게 되었으니 어찌하면 좋으냐" 하였다. 이때 고기와 자라가 다리를 이루어 건너가게 하고 곧 흩어지매 쫓아오던 적병들이 건너지 못하였다. 졸본주에 이르러 도읍을 세웠으나 미처 궁실을 지을 여가가 없고 다만 집을 비류수 위에 짓고 거기에 거하여 국호를 고구려라 하고 성씨는 高라 하였다.(《삼국유사》 권 1 기이, 고구려조)

32) 유동식, 앞의 글, pp. 44∼45.

위의 기록에서 알 수 있듯이 해모수는 인간세계에 강림한 하느님의 아들인 것이다. 해모수와 정을 통한 유화를 방 속에 가두니 햇빛이 그녀를 따라와 태기가 있었다는 기록은 신을 햇빛이라는 추상적 형태로 나타낸 것이다. 또 어두운 방에서 빛을 받자 태기가 있었다는 것은 죽었다가 다시 살아나는 곡신을 상징하기도 한다.

하백은 중국 황하의 수신의 이름을 빌려온 것으로 유화는 수신으로 상징되며 농경신이요 지모신이다. 그리고 주몽이 작별할 때 그 어머니 유화가 오곡의 종자를 싸주었으나 보리씨를 잃어버렸고, 주몽이 쉬고 있을 때 한 쌍의 비둘기가 나타나자 그 비둘기를 활로 쏘아 목구멍을 열고 보리씨를 꺼내고 비둘기에게 물을 뿜자 다시 살아났다고 한다.[33] 이 기록에서도 역시 종교적 이중탄생이 표현되고 있다.

그리고 주몽신화에서는 신의 영력(靈力)을 상징하는 3종의 신기(神器)가 나타나 있다. 즉 왕이 준 말과 주몽 자신이 만든 활·화살과 모친 유화가 준 오곡의 종자이다. 활과 화살은 재액을 막는 상징적인 무기요, 말은 영계(靈界)를 여행하는 짐승이며 오곡의 씨앗은 생명력을 상징하는 것이고 샤머니즘에서 중요한 무구(巫具) 역할을 하기도 한다.

해모수와 유화와의 관계에서 볼 때 웅신산 아래서는 아무 일도 없었으나 암흑의 방에 가두었을 때 햇빛이 유화의 몸에 닿으니 알을 낳았다는 것은 인간의 힘으로는 불가능한 것이다. 이는 인간이 신령과 함께 이중탄생, 즉 종교적 시련을 겪어야만 생산적 관계를 맺을 수 있다는 것을 뜻한다. 결국 이 주몽신화에서도 인간이 죽음이라는 자기 부정을 매개로 재생한다는 종교적 체험을 잘 표현하고 있다.

---

33) 이규보, 《동국이상국집》 동명왕편.

주몽은 '혼자 활과 화살을 만들어 백 번 쏘면 백 번 맞추었다'
로 기록되어 영웅적인 면과, 적병이 쫓아와 위기에 봉착했을 때
'고기와 자라가 다리를 이루어 건너가게 했다' 하여 초월적인 능
력을 소유한 자로 믿어졌다. 따라서 주몽신화는 지배자의 지배
력이 강해진 시대의 영웅신화의 모습을 보여주고 있다.

우리나라 시조신화들에서는 하늘의 아들이 산이나 숲 속에 강
림하며, 땅의 여신은 자기 부정이나 죽음을 매개로 재생하여 성
화(聖化)된다. 그리고 강림한 천신과 성화된 지신이 결합하여 생
명을 탄생시키고 문화가 이어진다는 공통점을 지니고 있다.

2. 부락제

제례는 풍요와 다산을 기원하는 데서 비롯되었으며, 특히 부락
제는 지배자의 권한을 강화하고 그 지배권을 중심으로 결속과
통합을 강화하는 기능을 함께 하고 있다. 《삼국지》 위지 동이전
에 보이는 우리나라 부락제에 관한 기록은 다음과 같다.

① 부여 : 殷曆 정월에 천신에게 제사를 드리는데 국민들이 대회를
　열어 며칠씩 음식과 노래와 춤을 계속하며 그 이름을 迎鼓라고
　했다. 이때 미결된 옥사들을 판결하여 죄수들을 석방했다. 軍事
　가 있을 때도 또한 하늘에 제사를 지냈으며 소를 잡고 그 발톱
　을 봄으로써 길흉을 점쳤다.
② 고구려 : 10월에는 천신에게 제사를 지내는데 온 나라가 대회를
　열고 그 이름을 東盟이라 했다. 그때의 의복은 모두 錦繡金銀으
　로 장식하였으며, 大加와 主簿는 머리에 벙거지를 쓰는데 그것
　은 책과 비슷하면서도 뒤가 없고, 小加는 折風巾을 쓰는데 그것
　은 고깔과 같았다.……10월 대회에는 隧神을 맞이하여 나라 동
　쪽으로 돌아와서 높은 곳에 모시고 제사했는데 신좌에는 木隧를
　모시었다. 그리고 감옥이 없었다.
③ 예 : 언제나 10월절에는 천신에게 제사했는데 밤낮을 헤아리지
　아니하고 술마시며 노래하고 춤을 추니 그 이름을 舞天이라 하

였다. 또 호랑이를 신으로 제사했다.

④ 진한 : 5월에 파종을 마치면 귀신에게 제사했는데 군중이 모여 노래하고 춤추며 밤낮을 헤아리지 아니했다. 춤출 때엔 수십 인이 함께 일어서서 서로 따르면서 땅을 디디며 손발을 낮추었다 높였다 하며 서로 장단을 맞추는 것이 鐸舞와 비슷했다. 10월에 농사가 끝나면 또 이렇게 하였으며, 귀신을 믿되 나라마다 각기 한 사람을 뽑아 천신에게 제사지내는 것을 주관케 하고 그 이름을 天君이라 했다. 또 모든 나라에 각기 별읍을 두어 이름을 蘇塗라 하며, 긴 장대에다 방울과 북을 달아 귀신을 받들었다. 모든 망명인이 이에 이르면 이를 반환시키지 아니했다.

위 사료에서 보이는 바와 같이 부여·고구려에서는 국중대회로서 제례가 행해지고 진한 사회에서는 각 읍 단위로 제례가 행해졌다. 또 그것이 실시되는 시기는 고구려·예에서는 10월 추수 후에, 진한에서는 5월 파종 후와 10월 추수 후 연 2회 그리고 부여에서는 은력 1월과 국가적 위기상태인 전쟁 때이다. 이것으로 농경사회에서 공동제례는 보편적으로 파종과 추수 후의 풍작을 기원하는 의미로 행해지며, 또 국가적 위기상태를 면하는 수단으로도 실시되었음을 알 수 있다.

즉 이 시기 제례의 궁극적 목적은 풍부한 삶의 창조에 있었고, 신령의 가호를 통한 불안의 해소와 수확량 증대에 있었던 것이다. 따라서 제례의 시기도 파종 후나 추수 후였다. 또 편안하고 풍부한 삶은 신과 인간이 하나로 융합될 때만 가능한 것이고, 그것은 제례를 통해서만 이루어진다. 이때 음주와 춤과 노래는 인간들의 즐거움을 위한 것이 아니라 신령들을 즐겁게 하기 위한 것이며 신령과 인간이 교제하는 종교적 기술이다.[34] 음주와 가무는 사람들을 황홀경에 빠지게 하며 이때 인간들은 입신교령(入神

---

34) 유동식, 〈고대 제례의 구조와 신앙〉, 《한국무교의 역사와 구조》, 연세대출판부, 1975, pp. 55~56.

交靈)을 경험한다.

부여·고구려·예·진한 사회에서 제례를 지내는 대상은 모두 천신이다. 이는 하느님을 최고신으로 믿는 우랄알타이족에게 보이는 보편적인 신앙이며[35] 하느님이 이 세상에 강림했다고 믿으며 강림한 하늘의 신이 곧 산신이라고 믿었다. 그리고 산신은 또 산에 있는 나무에 내린다고 믿었는데, 산신제·신목제 등이 모두 천신과 관련되어 행해진 제례. 천신은 바람·구름·비를 통해 자연계를 지배하고 시조를 통해 나라를 세우고 문화를 창조한다. 또한 천신은 인간의 생사화복을 주관하기도 하므로 샤머니즘의 한 형태로서 제천의례는 중요한 의미가 있다고 하겠다.

그러나 이러한 제례는 고대국가로 성장 발전하면서 그 신비성이 약해지고, 신화 역시 퇴색되어 불교라는 새로운 사유체계에 그 사회적 기능과 역할을 넘겨주었다.

V. 샤머니즘의 사회적 기능과 불교와의 습합

샤머니즘을 주관하는 샤먼은 정신적인 이상상태(trance)를 동반하면서도 자신의 의지를 갖고 신과 직접 교통하며 종교적 의례를 행하는 존재이다. 즉 샤먼이 이상심리상태에서 초자연적 존재인 신·정령·사령 등과 직접 접촉 교류하며, 그 과정에서 예언·신탁·점복·치병 행위 등을 하는 주술 혹은 종교 형태가 곧 샤머니즘이라고 할 수 있다. 따라서 샤머니즘의 사회적 기능은 샤먼의 기능을 통해서 그리고 이러한 샤먼의 기능이 그 사회에 어떻게 수용되어 왔는가를 통해서 밝혀질 수 있다.

먼저 우리나라 원시사회의 샤머니즘은 신화를 통해서 나타난

---

35) 위의 글, p. 58.

다. 즉 천신이 강림하는데 천신이 직접 오가는 것이 아니라 천자(天子)나 햇빛을 통해 출현한다. 이 천신은 주로 산에 강림했기 때문에 산신은 한국 샤머니즘의 대표적인 신위(神位)가 되기도 했다. 신화에 나타난 천신의 아들은 곡식·생명·질병·형벌·선악 등 인간의 생사화복과 농경생산 일체를 주관하는 지고의 지도자로 인식된다. 즉 제정일치의 사회에서 샤먼은 제사장으로서 혹은 인간사의 길흉화복을 예견하는 예언자로서 기능했던 것이다.

그 후 시대가 내려오면서 사회가 분화되어 제사와 정치가 분리되자 샤먼의 기능도 주술을 통한 구복(求福)과 예언 등 다양한 양태로 나타난다. 예컨대 처용랑은 춤을 통해 역신(疫神)을 추방하여 병을 치료하는 기능을 발휘했다.[36] 또 샤먼은 많은 수확을 기원하거나, 풍어제(豊漁祭)로 만선을 비는 등 풍요로운 생산활동을 소망하는 인간들의 사회생활을 주도하기도 했다.

또한 신들의 존재에 접하여 건강과 번영, 힘과 생명을 다짐받으려는 인간들의 존재론적인 집념이 샤머니즘 속에서 펼쳐진다. 신의 존재에 접할 때 불행과 부정, 재액과 죽음으로 물들어 있던 인간의 세속적 형태가 신들의 본향으로 들어가거나, 신들의 신성(神性)을 갈망하는 순간으로 된다.[37] 이를 통하여 인간은 그들의 모든 재앙이 빠져나가고 복이 온다고 믿었다.

신을 접하는 이 순간 샤먼은 자신이 직접 신이 되는 체험을 하고 신령을 지닌 초월적인 존재가 된다. 그는 속계(俗界)와 영계(靈界)를 교류하면서 신의 의지를 인간에게 전달해주는 사자역할을 하는데 그 순간만은 샤먼 자신이 직접 신이 되는 것이다. 신성하고 비밀스러운 오묘한 세계와 속세가 만나고, 일상생활에

---

36) 《삼국유사》 권 2 기이 처용랑망해사.
37) 김열규, 〈부락제와 그 민간사고〉, 《한국민속과 문학연구》 5, 일조각, 1971, p. 271.

감추어졌던 잠재적 욕구들이 제의적 연희로 나타난다. 이때 세
속은 그 자체로 긍정되며 천상·지상·지하가 삼위일체가 되어
부락제 속에서 하나의 우주를 구성한다. 이 부락제 속에는 자연
이나 인간은 독자적인 존재가 아니며 신령에 의해 좌우된다. 그
러므로 출생과 사망도 인간의 자연적인 상태에 따라 일어나는
현상이 아니라 신에 의해 이루어진다. 이러한 점에 샤머니즘의
인간관이 잘 나타나 있다.

  이처럼 샤머니즘은 원시사회에서 고대사회로 이행하면서 일반
인들 사이에 민간신앙으로 뿌리를 내려갔다. 그러자 고대사회의
지배자들은 민간신앙으로 자리잡은 샤머니즘이 그들의 지배이데
올로기로 기능하기에는 무언가 부족한 점이 있다고 여겨 왕권을
옹호하고 신성시해줄 새로운 신앙과 종교를 필요로 했다. 이같
은 지배계급의 요구와 부합되어 우리나라 사회에 전래·수용된
것이 곧 불교다. 이미 민간인들 사이에 뿌리깊게 자리잡은 샤머
니즘 속에서 왕실을 위주로 전래된 불교가 일반민들에게 유포되
기까지 불교와 원시신앙간에는 갈등과 함께 습합현상(習合現狀)
이 나타났고, 궁극적으로는 불교가 원시신앙을 극복하는 과정을
겪게 된다.

  역사의 변천 속에서 샤머니즘은 외래의 사상·종교를 수용하면
서 습합 변질되어 가기도 했는데, 이 과정에서 때로는 불교·유
교·풍수도참·밀교 등의 형태로 변용되어 나타났다.[38] 샤머니즘
의 목적이 현실지향적인 제재초복(除災招福)에 있다고 할 때 도선
의 비기(秘記)를 비롯한 비기류들이나 원효·최치원·지눌 등의
학문에서 공통으로 나타나는 사고방식은 대립·투쟁·갈등을 통
한 변증법적 발전론이 아니다. 원융회통(圓融會通)과 조화·균형
속에 질서를 이상으로 하고 있는 그들의 논리는 비록 표현방식은

---

38) 김인회 외, 〈한국무속연구사〉,《한국무속의 종합적 고찰》, 고려대 민족문화
   연구소, 1982, p. 11.

유교·불교 혹은 음양오행론을 본뜬 것이라 해도 근본바탕에는 고대 무교의 홍익인간의 이념이 지향하는 현세중심적 조화론을 토대로 하고 있기 때문이다.[39]

이제 불교가 수용되는 과정에서 나타난 샤머니즘과의 갈등, 습합, 그리고 극복의 흔적들을 사료를 통해 살펴보도록 하자.

① 불법을 숭신하여 복을 구하라.(《삼국사기》권 18, 고국양왕 9년)
② 이 법은 제법 중에서 가장 높고 으뜸가는 것으로 알기 어렵고 들어가기 힘들며 주공이나 공자도 아직 알지 못한 바다. 이 법은 능히 한량없고 끝없는 복덕과 과보를 낳으며 무상의 깨달음을 이루는 것이니, 비유해서 말한다면 사람이 隨意寶를 품고 바라는 바를 모두 뜻대로 이룸과 마찬가지이다. 이 묘법도 또한 그리하여 뜻하는 바로서 빌면 부족이 없다.(《일본서기》권 19, 흠명천황 13년 10월)

①, ②에서 보이는 바와 같이 불교가 수용되는 과정에서도 현세이익적이며 현실구복적인 성격은 나타나고 있으며, 이러한 견지에서 불교는 모든 신앙보다 더 효험이 있다고 말하고 있다. 이는 샤머니즘이나 불교 또는 모든 종교의 공통적인 속성이다. 그러나 현세구복적인 것은 샤머니즘을 믿는 일반 민간인들의 마음을 미혹시키기에는 충분하지만 지배층의 이데올로기로서는 아직 불충분하다. 그런 점은 불교의 호국적인 성격에서 충당될 수 있었다. 불교의 호국적인 성격을 나타내는 사료를 보면 다음과 같다.

① 일체의 국토가 어지러워지려 하여 여러 가지 재난이 있고, 외적이 와서 파괴하려 할 때 제왕은 정히 반야바라밀다를 수지 독송하고, 도장을 장엄히 하고 백의 보살상, 백의 사자좌를 베풀고 백의 법사를 청하여 이 경을 설하게 하라.(《인왕경》호국품)

---

39) 위의 글, p. 11.

② 탑을 세운 뒤에 또한 팔관회를 베풀고 죄인을 구하면 외적이
능히 해를 끼치지 못하리라.(《삼국유사》권3 탑상, 황룡사 9층
탑)
③ 대개 丈六佛을 만듦은 공덕이 대단히 크다고 한다. 지금 삼가
이를 만드는 것은 그 공덕으로 勝善의 덕을 얻고 천황이 다스리
는 彌移居國이 모두 福祐를 받고 또한 普天之下의 일체중생이
해탈함을 입기를 바라서인 것이다.(《일본서기》권19, 흠명 6년
9월)

사료 ①은 불교경전 가운데 《인왕경》이 호국적 사상이 잘 나
타나 있는 경전임을 알려준다. 인왕경을 강하는 백좌강회를 열
면 일체의 국난과 재액이 아울러 사라지고 또 오곡이 풍성하고
만민이 평안하다는 것이다. 삼국이 국가적 팽창을 하는 시기에
전쟁이 빈번한 와중에서 인왕경을 강함으로서 외적의 침입을 막
으려는 의도가 잘 나타나 있다. 이것은 사료 ②의 경우도 마찬가
지다. 사료 ③의 경우는 불력의 힘으로 국가가 복우를 받고 중생
들의 고를 해탈시킨다는 호국적인 면과 현세이익적인 면이 잘
표현되어 있다.
다음 불교가 국교로 인정된 후 샤머니즘이 불교와 습합되어
나타나거나 불교가 샤머니즘을 극복하는 사료는 다음과 같다.

밀본이 침장 바깥에서 약사경을 외워 한 권을 겨우 끝내자 그가
지녔던 六環杖이 침실 안으로 날아들어 한 늙은 여우와 법척을 찔
러 뜰 아래로 거꾸로 던진 뒤 왕의 병이 곧 나았다.……승상 김양
도가 어렸을 때 갑자기 입이 막히고 사지가 굳어져 말도 못하고
움직이지도 못했다.(《삼국유사》권5 신주 6, 밀본최사)

위 사료는 선덕여왕이 병을 앓고 누워 있는데 아무리 해도 치
유되지 않자 승려 밀본이 병을 낳게 했다는 것이다. 또 승상 김
양도가 와병중에 병굿을 해도 차도가 없었는데 밀본 법사가 그
집에 도착한다는 소문만으로도 그의 병이 낳았다는 것이다. 이

는 이제 민간신앙으로 자리잡고 있던 샤머니즘은 불교가 공인된
후에는 그 효용가치가 줄어들었고 오로지 불력(佛力)에 의해서만
치병이 가능하다는 얘기다. 즉 샤먼의 힘은 무기력해졌고 불교
에 의해서만 치병과 현세구복이 가능하다는 의미로 해석할 수
있겠다.

샤머니즘과 불교와의 교체가 이루어지고 샤먼의 무기력을, 그
반면에 불승의 위력을 표시함으로써 왕실을 중심으로 한 귀족들
은 불교가 샤머니즘이 차지하던 것과 같은 지위를 누리게 하였
던 것이다.[40]

제5 거열랑과 제6 실처랑과 제7 보동랑 등 3화의 무리가 풍악
에 놀고자 하더니 마침 혜성이 心大星을 범하였을 때 낭의 무리가
의심하여 떠나지 않으려 하였다. 이때 융천사가 노래를 지어 불렀
더니 혜성이 사라지고 일본 군사가 달아나버려 도리어 경사가 되
었다.(《삼국유사》 권 5 감통 5, 융천사 〈혜성가〉).

이 융천사 〈혜성가〉는 승려들이 주가(呪歌) 대신에 향가를 불
러 재앙을 쫓았음을 알려주는데, 승려가 귀족 사이에서 물러나는
샤먼을 대신하였던 것이다.[41]

이외에도 샤머니즘이 불교에 습합되어 나타난 양상으로 초기
불교에서 여성의 역할이 두드러진 것을 지적하기도 한다. 예컨
대 신라불교의 선구자 아도 때 모례의 누이 사씨가 여승이 되어
활약한 것이나,[42] 법흥왕비 파도(巴刀) 부인이 사씨의 유풍을 사
모하여 여승이 되어 영흥사에 살다가 죽은 기록[43] 등이 있다. 또
선덕여왕의 공적이나 김양도의 두 딸이 흥륜사의 사비(寺婢)가

---

40) 이기백, 〈삼국시대 불교수용과 그 사회적 의의〉, 《신라사상사연구》, 일조
  각, 1986, p. 29.
41) 위의 글, p. 30.
42) 《삼국유사》 권 3 흥법 아도기라.
43) 《삼국유사》 권 3 흥법 원종흥법.

된 것 등 초기 불교에서는 여성의 역할이 컸다. 이것은 샤머니즘에서 샤먼이 여성이었던 것과 관련이 있으며 샤먼에서 승려로 전환되는 과정을 표시하는 것으로 설명되기도 한다.[44]

샤머니즘은 5세기경부터 중국에서 전해진 유교·불교·도교 등과 교섭하며 삼교의 문화를 매개로 전개되어 왔다. 그 방향은 첫째, 외래 종교 문화에 거의 구애받지 않고 옛 샤머니즘의 모습이 원형 그대로 전승되어 오늘날의 민간신앙의 중심을 이루고 있는 것이다. 둘째, 종교 습합적 전승을 들 수 있다. 실제로는 다른 종교 형태를 취하지만 그 내용은 샤머니즘에서 기원을 찾을 수 있다. 예컨대 신라나 고려의 팔관회나 연등회는 외형상 불교의 법회에 속한다. 그러나 그 행사가 실시되기 전의 금욕적인 재회(齋會)나 주연을 베푸는 것은 샤머니즘의 제천의례를 전승한 것으로 볼 수 있다. 셋째, 샤머니즘이 신라의 화랑도나 조선의 동학과 같이 다른 종교를 매개로 승화된 형태로 전승되는 경우도 있다.[45]

VI. 맺 음 말

이상에서 살핀 바와 같이 우리나라의 원시신앙은 오늘날 민간신앙의 시원적인 모습을 지니고 있다. 자연숭배에서 해와 달의 숭배는 시조신과 조상신으로 연결된다. 조상숭배는 영혼불멸과 계세사상으로 효의 근간을 이루게 되었다.

샤머니즘은 신화에서 찾을 수 있다. 단군신화·주몽·석탈해·

---

44) 이기백, 앞의 글, pp. 30~31.
45) 유동식, 〈한국무교의 종교적 특성〉, 《한국무속의 종합적 고찰》, 고려대 민족문화연구소, 1982, pp. 131~132.

김알지 등의 시조신화에서는 천자가 인간사회에 와서 농경·정치 등 모든 일을 주관하며 생산에서의 풍요와 인간사의 길흉화복을 예견한다. 그 후 시대가 내려오면서 제사와 정치가 분리되고 샤먼은 제사의 기능만을 담당하여 마을공동체의 부락제를 주관한다.

고대사회에 불교·유교 등의 다른 종교가 유입되자 샤머니즘은 원형 그대로 보존되기도 하고 8세기 이후부터는 다른 종교에 습합되어 전승되거나 승화된 상태로 전승되어 민간신앙 속에 뿌리를 내려왔다.

원시사회부터 있었던 공동제례는 산신제나 산천제로 발전하여 부락제로 계승 발전되었으며, 개인굿은 9세기 헌강왕대 처용랑의 병굿에서 시작되어 12세기에 성행한 것으로 보인다.[46] 즉 방안에 신단을 차려놓고 많은 무신도(巫神圖)를 걸어놓은 후 샤먼은 술을 마시며 가무로서 굿을 하며 공수를 주고 있다. 이때 굿의 목적은 생사화복과 관련된 인생문제의 해결이다. 샤먼에게 내린 신은 하느님 대신 한국 샤머니즘의 3대 신인 제석·성주·대감 중의 하나인 불교의 제석천으로 나타나 샤머니즘과 불교가 습합되고 있음을 알 수 있다.

우리나라 원시사회에서의 샤머니즘은 천과 관련된 천손민족(天孫民族)으로서의 의미와 생산에서의 풍요를 기원하는 것으로 나타난다. 또 인간사의 길흉화복을 예견하며 병을 치유하는 기능 등의 다양한 역할을 담당하는 신앙으로서 역사적 의의가 있다 하겠다.

---

46) 이규보, 《동국이상국집》 노무편.

참고문헌

김열규, 〈부락제와 그 민간사고〉, 《한국민속과 문학연구》 5, 일조각, 1971.

김영진, 《한국 자연신앙연구》, 청주대 인문과학연구소, 1985.

김인회 외, 〈한국무속연구사〉, 《한국무속의 종합적 고찰》, 고려대 민족문화연구소, 1982.

김정배, 〈국가기원의 제이론과 그 적용문제〉, 《역사학보》 94 · 95, 1982.

김정학, 〈단군신화와 토테미즘〉, 《역사학보》 7, 1957.

변태섭, 〈석기시대의 문화〉, 《한국사통론》, 삼영사, 1986.

손보기, 〈구석기문화〉, 《한국사》 1, 국사편찬위원회, 1973.

――――, 《한국 구석기 연구의 길잡이》, 연세대출판부, 1988.

손진태, 〈조선상고문화의 연구 ― 샤마니즘이란 무엇인가〉, 《손진태전집》, 1927.

송석하, 《신라의 민속》, 1934.

신종원, 〈고대의 일관과 무〉, 《국사관논총》 13, 1990.

신채호, 《조선상고사》(신채호전집), 1931.

――――, 《조선사연구초》, 1931.

F. 엥겔스 저, 김대웅 역, 《가족의 기원》, 아침, 1985.

유동식, 《한국무교의 역사와 구조》, 연세대출판부, 1975.

――――, 《한국무교의 원형》, 연세대출판부, 1975.

이기백, 〈삼국시대 불교수용과 그 사회적 의의〉, 《신라사상사연구》, 일조각, 1986.

이능화, 〈조선무속고〉, 《계명》 19, 1927.

이병도, 〈고대남당고〉, 《인문사회과학》 1, 서울대 논문집, 1954 ; 《한국고대사연구》, 박영사, 1976.

이융조, 〈고구려 영토 안의 구석기 문화〉, 《동방학지》 30, 연세대출판부, 1982.

이은봉, 《한국고대종교사상》, 집문당, 1984.

임효재, 〈신석기시대 연구의 흐름〉, 《한국고대문화의 흐름》, 집문당, 1992.

――――, 〈신석기시대 한국과 중국 요녕지방과의 문화적 관련성에 대하여〉, 《한국상고사의 제문제》, 한국정신문화연구원, 1987.

전호태, 〈신화와 제의〉, 《한국사상사의 과학적 이해》, 한국역사연구회, 1993.

최길성, 《한국의 조상숭배》, 예전사, 1986.

최남선, 〈단군고기箋釋〉, 《사상계》 1954년 2월호.
최무장, 〈한국의 구석기문화〉, 《한국구석기문화연구》, 한국정신문화연구
　　원, 1981.

三品彰英, 〈古代朝鮮の祭政と穀靈信仰について〉, 《史林》 21-2, 1967.
高橋亨, 〈三國遺事の註及檀君傳統の發展〉, 《朝鮮學報》 7, 1970.

E. R. Service, *Primitive Social Organization*, 1971 ; 신형식 역, 《원시시
　　대의 사회조직》, 삼지원, 1986.

한국신화와 문화의 기원

김 대 숙

I. 머 리 말

신화란 신성한 이야기, 적어도 한 집단이 신성하다고 믿는 이야기다. 신화는 종교적 교의와 의례를 언어로 풀어서 보여주고 있으며 역사적 사실들을 상징적으로 표현하고 있다. 신화는 역사적 사건이고 종교적 교리이며 문학적 양상으로 존재하면서 그 안에 한 집단의 문화를 총체적으로 담아 안고 있다. 한 집단의 신화는 그 나름의 독자성과 전 인류의 다른 신화들과 더불은 보편성을 지닌다. 한국신화는 그 안에 한국 고대사회의 성격과 그 문화의 원천을 다각도로 함축하고 있다.

한국신화에는 창조신화, 국조신화(國肇神話), 무속신화 등이 있는데, 그 내용은 무엇인가를 만들어 세운 위대한 존재의 내력담으로 짜여 있다. 오랫동안 우리나라에는 천지창조신화와 인간창조신화가 전하지 않는 것으로 인식되어 오다가 1970년대에 무속에 관한 연구가 활발해지면서 무속의례 행사에서 불려지는 무가 (巫歌) 속에서 천지개벽신화가 발견되어 학계에 보고되었다. 오늘날 알려진 천지개벽신화는 채록된 지역이 함경도와 제주도 등 주로 국토의 가장자리라는 점이 흥미로운데 가장 중심이 되는 줄거리를 엮어보면 다음과 같다.

> 하늘과 땅이 생길 적에 하늘과 땅이 서로 붙어 떨어지지 않았는데 미륵님이 하늘을 돋우고 땅에는 네 귀퉁이에 구리 기둥을 세워서 천지를 마련하였다. 그때는 해도 둘, 달도 둘이어서 달 하나는 북두칠성 남두칠성을 마련하고 해 하나는 떼어서 큰 별을 마련하였다. 그 시절에는 의복이 없었는데 미륵님이 옷을 지었고 생쥐에게서 물의 근본과 불의 근본을 알아냈다.
> 미륵님이 한쪽 손에는 은쟁반, 한쪽 손에는 금쟁반을 들고 하늘에 축수하니 하늘에서 금쟁반 은쟁반에 벌레가 다섯 마리씩 떨어져 금벌레는 사내가 되고 은벌레는 계집이 되어 부부가 되고 세상 사람을 낳았다.
> 미륵님 세월에는 세상이 태평하였는데 석가님이 내려와서 세상을 차지하면서 온갖 악이 생겨났다.[1923년 8월 함남 운전면 본궁리 여자무당 김쌍돌이(68세) 口演本]

천지개벽신화가 내포하고 있는 문화적 의의를 살펴보면 하늘과 땅, 구름과 별·달·해도 모두 스스로 생겨난[自成] 것으로 보고 있고 불과 물도 생쥐가 발견하게 하는 등 초월자의 의지와 인간의 힘을 적극적으로 부각시키기보다는 정적으로 사상(事象)을 파악하려는 태도를 알 수 있다. 신화의 주인공인 천부왕·대별왕·소별왕·미륵·석가 등도 다른 민족 신화의 주인공들처럼 초인간적이고 위대한 존재가 아니고 다만 영력(靈力)이 있는 영웅적 존재일 뿐이다. 또한 태평성대라는 이상세계를 미래에 두지 않고 과거에 두고 있는 점도 특징이다. 인간이 욕심을 부리고 인지(人智)를 발휘하여 인간에게 편리하고 유익하도록 하늘에 도

전하게 되자 인간은 왜소화하고 인간생활은 더 어렵게 되었다는
것이다. 이렇게 태고시대에 향수를 느끼는 것은 대자연의 섭리
에 순치하려는 우리 문화의 바탕과 일치하는 것이다.

　한국신화 자료에서 가장 큰 부분을 차지하는 것은 국가를 창
건한 군주에 관한 내력을 기술한 국조신화 계열이다. 국조신화
는 일찍이 고문헌에 기록된 문헌신화이기도 하다. 우리 민족신
화 가운데 신성시된 국조신화로는 고조선의 단군신화, 고구려의
주몽신화, 신라의 박혁거세·석탈해·김알지신화, 가락국의 김수
로왕신화, 탐라의 삼성신화 등이 있다.

　국조신화는 대체로 다음과 같은 신화소(神話素)를 함유한다. 즉
신화의 주인공은 천제손(天帝孫)이라는 혈통을 지니고 왕자로 태
어나는데 하늘에서 내려오거나, 땅에서 솟아나거나, 부모의 신이
혼(神異婚)으로 태어나고 혹은 알의 모습으로 태어나기도 한다.
태어나자 버림받고 궤짝 등에 실려서 표류되고 부모를 떠나 자
랐다. 버림받자 짐승이 보호하거나 도와주고, 사람에게 구출·양
육된다. 집을 버리고 떠나서 적대자와 싸웠는데 싸움의 방식에
이적(異蹟)이 포함되었고 나라를 세워 왕이 되거나 왕위에 올랐
다. 건국신화의 주인공들은 신이라기보다는 인간이며, 그들의 행
위는 인간의 능력을 뛰어나게 발휘한 영웅적인 것이다. 영웅들
에게 가장 중요한 사업은 즉위와 혼인이다.

　한국신화 자료 가운데 국조신화에 못지않게 중요한 것이 무속
신화다. 무속신화는 무당이 굿에서 부르는 무가에 담겨 있는 서
사적 내용으로 가장 대표적인 자료로는 제석본풀이신화와 바리
공주신화가 있다. 무속신화 역시 국조신화와 같이 "영웅의 일생"
이라는 일대기적 서사전개구조를 갖추고 있다. 제석본풀이신화
는 동명왕신화와 서사구조와 신화소에서 일치하고 있어서, 한국
고대사회가 제정일치의 사회였고, 제사장이며 통치자이던 부족
사회 건설의 시조를 칭송하던 서사시가 한편으로는 국조신화로

역사서에 기록되고 다른 한편으로는 무당에 의해 구전되어 온 계통을 짐작하게 한다. 바리공주는 한국 서사문학 여성주인공의 원형상(archetype)이며 '여성수난'이라는 주제사의 원천이라 할 수 있다.

Ⅱ. 북방문화와 신화

우리 민족은 인종학상으로는 북몽골인종이 주류이고 언어학상으로는 알타이어족에 속하면서 문화의 기원을 북방 계통에 두고 있다고 보는 견해에 대체적으로 합의하고 있다.[1] 한국신화 유형 가운데서는 단군신화와 주몽신화 그리고 박혁거세신화가 가장 대표적인 북방계 신화로 분류되고 있는데, 이들 신화가 함축하고 있는 대표적인 북방문화적 요소는 세계수(世界樹)의 이미지, 일광(日光) 모티프, 곰과 말이라는 동물적 상징, 그리고 샤머니즘 등으로 정리될 수 있다. 이제 위에 열거한 요소들을 중심으로 한국 신화에서 드러나는 북방문화적 성격을 추적해 보기로 한다.

1. 세계수의 이미지

북방계 신화에서 주인공의 탄생은 천손하강형의 수직적 구조를 지닌다. 단군신화는 하늘의 신 환인의 아들 환웅이 삼천 명의 무리를 이끌고 태백산 꼭대기 신단수 밑으로 내려오는 것에서 시작된다. 땅에서는 쑥과 마늘을 먹고 어둠을 견뎌내 곰에서 여인으로 변한 웅녀가 늘 신목 가에서 아이 낳기를 빌었으므로 환웅이 거짓 변하여 결혼하여 그 사이에서 단군이 태어난다. 하늘

---

1) 천관우 편,《한국상고사의 쟁점》, 일조각, 1975, p. 129.

과 땅 사이에서 탄생한 단군은 하늘의 마음과 대지의 속성을 지
니는데, 그와 같은 탄생담의 구조는 천·지·인 삼재사상(三才思想)
을 상징적으로 표현하고 있다. 여기서 신단수는 우주의 중심에
서 하늘과 땅을 이어주는 사다리 기능을 담당하는 세계수의 이
미지로 북방아시아형의 성역의 나무, 혹은 샤먼의 입사식 절차인
'나무타기'에 대응되는 것이다.[2]

주몽신화에서 주몽은 태양을 상징하는 해모수를 아버지로, 물
의 신 하백의 딸 유화를 어머니로 해서 태어난다. 즉 천손하강이
라는 수직적 우주관이 뚜렷이 나타나며, 주몽의 아들 유리가 아
비를 만나 친자임을 확인하는 자리에서 창틀을 빼어 타고 하늘
을 향해 나는 사건은 천신의 후예임을 증명해 보이는 행위다.

신라시조 박혁거세는, "육촌장이 임금이 될 인물을 찾아 산에
올라 남쪽을 보니 양산 아래 나정 옆에서 번개 같은 이상한 것
이 땅에 닿고 흰 말이 땅에 엎드려 절하는 듯한지라, 찾아가 보
니 붉은 알이 있었다. 말은 사람을 보고 길게 울며 하늘로 올라
가고 그 알에서[3] 태어났다" 하고, 가야의 김수로왕은 "하늘에서
붉은 줄이 늘어져 땅에까지 닿았고 줄 끝에는 붉은 보자기에 금
합(金盒)을 싼 것이 있었는데, 그 합 속의 알에서 태어났다"[4]고
전한다. 이렇게 볼 때 박혁거세와 김수로왕 두 시조도 역시 하늘
과 땅을 연결하는 '번개 같은 것' 또는 '줄' 등의 수직적 구도 속
에서 탄생하고 있음을 알 수 있다.

이처럼 북방문화적 배경을 가지는 신화의 주인공들은 하늘과
땅을 잇는 수직적 세계관 가운데서 태어나고 있으며, 그같은 구
조를 단군신화의 신단수가 대표하고 있다. 세계수의 이미지가
가지는 수직적 구조는 뒤에 남방문화 계통의 신화를 언급할 때

---

2) 위의 책, p. 138.
3) 일연 저, 권상노 역, 《삼국유사》, p. 85.
4) 위의 책, p. 194.

거론하게 될 결혼 중심의 신화와 대응하게 된다. 즉 한국신화의 전개과정에서 가장 중요한 사건은 남성신과 여성신의 만남이라고 해도 과언이 아닌데, 주인공인 남성신이 여성신을 만나 결혼하는 수평적 관계 형성보다는 2세의 탄생이라는 수직적 관계망이 근본적인 과업으로 강조되는 특성이 북방계열의 신화가 가지는 공통점이다.

2. 해와 일광

우리 민족은 북서쪽 어느 지점에서 출발하여 해가 뜨는 곳, 즉 동쪽을 향해 움직여온 기마민족의 한 일파가 따뜻한 지역을 찾아 남하하면서 시베리아와 만주를 지나 한반도에 정착하여 형성되었으리라고 추측되고 있다. 어느 지역에든 자리를 잡고 살기 시작한 이후로는 농사를 짓게 되고, 이에 따라 태양이 더욱더 중요한 삶의 조건이 됨은 물론이다. 그러기에 북방문화적 배경을 가지는 신화에서는 천신-태양-일광을 잇는 신화적 요소가 중요한 기능을 차지하고 있다.

주몽의 아버지 해모수의 경우, '해'라는 명칭 자체가 오늘날 우리가 태양을 지칭하는 발음이라고 여겨지고, 그가 오룡거를 타고 공중에서 내려올 때 채운(彩雲)이 뭉게뭉게 퍼졌다는 묘사는 구름 사이로 해가 떠오르는 모습 그대로다. 《동명왕편》에서는 "아침에는 인간세상 저녁에는 하늘나라 조석 승강 마음대로"[5]라고 아예 태양의 움직임 그 자체로 노래하고 있다. 해모수는 천신의 성격을 지니면서 지상에 내려와 하백의 딸 유화를 취하는데, 이 세의 탄생은 일광을 통한 회임의 과정을 거친다. 즉 해모수에게 버림받고 아비로부터 쫓겨난 유화를 금와왕이 거두어 별궁에 머무르게 하는데 햇빛이 방 안의 유화를 비추었다. 그가 피하려고

---

5) 이규보 저, 박두포 역, 《동명왕편》, p. 57.

하면 다시 좇아와 유화의 몸을 관통하더니 이로 인해 임신하고 주몽을 낳게 된다는 내용이다. 천신의 후예를 태양의 정기로 생명 있게 하는 작용인 것이다.

신라의 시조 박혁거세의 이름도 '붉'의 사상, 즉 '광명이세'(光明理世)의 의미를 담고 있다고 일찍부터 주장되어 왔다. 해를 좇아 동쪽으로 이주해 온 한 무리의 집단이 육촌이라고 역사서에 기록된 기존의 세력을 아우르고 고대국가를 건설하면서 자기 집단의 영웅을 태양에 견주어 지칭한 것으로 보인다.

3. 곰과 말

한국신화에는 많은 동물이 등장한다. 오늘날 한국인과 가장 가까운 동물 상징은 호랑이라고 하겠는데, 신화를 비롯한 고전 가운데는 오히려 곰과 말이 더 빈번하고 또 중요한 동물들이다.

단군신화의 주인공 단군은 웅녀를 어머니로 해서 태어난다. 곰 하나와 범 하나가 한 굴에서 살면서 항상 사람이 되기를 원하였는데, 쑥과 마늘을 먹고 백일 동안 햇빛을 보지 말라는 환웅의 시험에서 범은 실패하고 곰은 통과했기에 소원대로 여인으로 변모했다. 곰과 범이라는 이항 대립을 설정하고 힘에서 우세한 범이 곰에게 지는 결과는 우리 민족이 싸우는 용맹성보다는 참는 인내력을 높이 샀기 때문이라고 해석하기도 하지만, 더 중요한 문화사적 관점은 북방 시베리아 지역과 연결되는 곰토템이다.

곰숭배는 북방아시아에 광범위하게 퍼져 있는데, 퉁구스족·달단족·캄책달족·길리약족·아이누족 등이 특히 중심이 되고 있다. 중국 산동성의 토속신앙 사당 안벽에 새겨진 벽화에 단군신화의 내용과 일치하는 사건들이 그대로 보이는데, 다만 호랑이와 곰의 역할이 뒤바뀌고 있다는 사실은 단군신화를 지니고 반도를 향해 다가온 일단의 무리들이 북방으로부터 유입된 경로를

짐작하게 해준다.[6)]

곰에 못지않게 한국신화에서 북방문화적 요소로 지목되는 동물은 말이다. 말은 북방계의 유목민, 즉 기마민족에게는 필수적인 동물이다. 주몽신화에서 말은 지배의 내력을 서술한다. 아들을 위하여 명마를 골라주는 유화의 혜안은 오곡의 씨앗을 전해주는 농경신적인 면모와 대비되면서 이동과 정착의 역사적 흐름을 반영하는 것이라 생각된다.

이주하는 집단에게 말이 차지하는 역할은 신라 박혁거세신화에도 아주 명료하게 설정되고 있다. 앞서 예시했듯이 육촌장이 덕있는 사람을 찾아 왕을 세우려 애쓰던 때 흰 말이 땅에 엎드려 절하는 듯한 모양을 보고 그곳을 찾아가니 그 옆에는 붉은 알이 놓여 있고 말은 사람을 보고 길게 울며 하늘로 올라갔는데 이 알에서 나온 남자아이를 길러 왕을 삼는다는 내용이다. 즉 선주하던 부족집단을 말이 의미하는 기마술을 앞세운 새로운 집단이 정복해서 고대국가를 세우고 지역을 통합해간 역사적 사실의 반영이며, 말이 하늘로 올라갔다는 천신계와 연결되는 수직적인 설명에서 북방문화가 반도의 남쪽까지 유입되는 과정을 짐작게 한다.

4. 샤머니즘

한국 전통문화의 근저에는 무속이 중요하게 자리잡고 있으며 무속의 본질은 북방 시베리아 계통의 샤머니즘과 접맥되고 있다. 고대국가의 왕은 지배자이면서 제사장을 겸한 제정일치의 군주였을 것이다. 단군·동명왕·박혁거세는 모두 죽은 뒤 신으로 받들어졌다. 단군신화의 단군이라는 명칭이 몽골어·투르크어에서 신이나 하늘을 가르키는 '텡그리'(Tengri)와 연결되고 있으며

---

6) 김재원, 《단군신화의 신연구》, 탐구당, 1945.

주몽신화에서 유화는 신모의 성격을 지닌다.

　탈혼(脫魂)과 엑스타시 상태에서 일어나는 이계(異界)여행과 신과의 교접 등이 무속과 북방 샤머니즘의 연관을 보여주는데, 북방계 샤머니즘의 가장 진한 흔적은 신라의 금관에 남아 있다. 금관총과 부부총 등에서 발견된 금관의 모양새는 우주목을 그 중심에 세우고 사슴의 뿔과 새 날개를 고루 갖추어서 시베리아 지역 샤먼의 관을 방불케 한다. 박혁거세는 죽어서 신으로 떠받들어지고 다음 남해왕대에 이르러서는 왕의 친누이인 신녀 아로로부터 제사 받았는데, 이는 북방적 문화를 배경으로 하는 제정일치 제사장의 풍모를 짐작게 한다. 금관에서 매우 중요한 요소인 사슴은 시베리아 샤먼이 이계여행을 떠날 때 안내자의 기능을 담당하며, 이는 고구려신화에서 주몽이 송양왕과 겨룰 때 사슴으로 하늘과 인간세상을 잇게끔 하는 사건과 비견된다. 이렇게 볼 때 한국민속의 저변을 차지하고 있는 무속은 그 대부분의 속성을 북방계인 시베리아 샤머니즘과 공유하고 있는 것이다.

Ⅲ. 남방문화와 신화

　이제까지 한국 고대문화의 성격을 규명하는 연구의 결과는 거의가 북방문화가 지배적이라는 쪽이었고 그 가운데 남방적 요소가 일부 섞여 있다고 보고 있다. 무엇보다도 한반도가 대륙과 연결되어 있다는 지리적 조건으로 인하여 민족과 언어 그리고 풍습 등이 북방 계통에 연원한다는 판단은 의심의 여지가 없다. 게다가 남방문화라는 개념과 지역이 일본의 제국주의 침략전쟁과 관련된 대동아공영권(大東亞共榮圈)과 연결되면서 식민지배에 대한 피해의식으로 남방문화라는 용어를 극력 회피하려는 경향까지 작용하여 남방문화에 대한 연구는 미미한 정도에 그치고 있다.

그러나 반도라는 여건으로 보아, 한국 고대사회에 해로를 통한 남방문화적 요소가 적으나마 유입되었으리라는 추정도 결코 간과할 수는 없다. 더구나 그간의 고고학과 문헌학 두 방향에서 진행된 고대사 연구의 괄목할 만한 성과에 힘입어 일본에 대한 피해의식은 거의 불식되었다고 판단되므로, 남방문화론을 논의하는데 일본은 더 이상 장애요소가 되지 못한다고 본다. 그러므로 이제 한국문화의 기원을 더욱 정확하게 고찰하기 위해 다양한 요소들을 다각도로 추적해보아야 하겠다.

먼저 남방문화라는 용어의 개념을 정의해야 한다. 이 글에서 사용하는 남방이라는 개념은 지역적으로는 동아시아의 남쪽, 구체적으로는 남중국에서 인도에 걸치는 지역을 포괄하는 것이고, 남방문화라는 용어는 지금까지 한국 고대문화 연구에서 북방문화라고 지칭한 내용의 상대적인 개념으로 사용하겠다.

그간 남방문화론 연구는 주로 역사학과 인류학을 중심으로 진행되어 왔다. 일찍이 최남선이 자신의 저술 가운데 '남방' 혹은 '남방 민족'이라는 용어를 쓴 바 있고,[7] 그 뒤로 '남방 풍습',[8] '남방 민족',[9] '남방 계통'[10] 등이 언급되었으나 구체적인 내용을 펴지는 못했다. 그러다가 1963년에 이르러 비로소 구체적이고 체계적인 남방문화론이 제기되었다.[11] 그 근거로는 주로 《삼국지》 위지 동이전 등의 문헌과 고고학적 연구성과가 제시되었는데, 이를 통해 한국 고대사회에서 풍습, 산물, 전설, 고고학적 유물 등의 남방문화적 요소들을 다양하게 지목하고 있다. 풍습에는 문신(文身), 편두(扁頭), 송사(送死), 솟대, 예속(禮俗) 등이, 산물로는

7) 최남선, 《고사통》, 1943, p. 135.
8) 홍이섭, 《조선과학사》, 1946, p. 15.
9) 손진태, 《조선민족사개론》, 1948, p. 19.
10) 이병도, 《한국사》 고대편, 진단학회, 1959, p. 18.
11) 변태섭, 〈한국 고대사에 나타난 남방적 요소〉, 《사대학보》 5, 1963.

쌀·닭·누에 등이, 그리고 석탈해전설과 허황후전설 또 신라토
기와 남방식 고인돌(Dolmen) 등이 주로 해로를 통해 남쪽에서
유입된 문화일 것이라는 주장이다. 이때의 남방이란 대개 고대
한외족(漢外族)인 양자강 이남의 만족(蠻族)과 인도지나, 마래(馬
來 ; 말레이시아), 인도네시아, 인도 등 남양 동남아시아 지방을 총
칭하는 것이다.[12]

그 후에도 몇몇 학자들에 의해 단편적으로 지적되다가 1970년
에 남방의 개념을 동남아시아와 남중국으로부터 폴리네시아·마
이크로네시아·멜라네시아 등으로 확대하고, 문신, 편두, 옹관(甕
棺), 돌멘(Dolmen), 흑치(黑齒), 도작(稻作) 등 남방문화 요소들을
문헌자료와 고고학적 성과를 병행해 논의하면서[13] 남방문화론 연
구가 새로운 전기를 맞게 되었다.

역사학과 인류학에서 한국문화의 기원에 관한 연구가 진행되
어온 한편, 문학 분야에서도 한국신화에 관한 탐구가 꾸준히 진
행되었다. 특히 1970년대 이후로 구비문학이 민속학 영역에서
독립하여 독자적인 영역을 확보하면서 문헌신화의 범위를 뛰어
넘는 구비신화자료가 부각되어 신화 연구의 새로운 지평을 열었
다.[14] 무속신화자료를 신화 연구에 받아들임으로써 역사학이 가
지는 실증주의의 한계를 극복하고 신화와 역사의 더 깊은 세계
를 열어보이게 된 것이다.

필자는 민담의 신화적 기원에 관한 연구를 하면서 지속적으로
신화가 담고 있는 문화적 배경에 대해 관심을 가져왔다.[15] '금'
과 '쌀' 그리고 '말' 등의 '문화적 요소'들이 사건전개의 중요한
'요소'로 작용하고 있는 설화에서 중심 인물의 성격을 통해 이야

---

12) 위의 글, p. 56.
13) 김정배, 〈한국에 있어서의 남방 문화론〉,《백산학보》9, 1970.
14) 서대석, 〈제석본풀이 연구〉,《한국무가의 연구》, 문학사상사, 1980 및 〈백
　　제신화연구〉,《백제논총》1, 백제문화개발원, 1985.
15) 김대숙, 〈여인 발복설화의 연구〉, 이화여대 박사학위논문, 1988.

기가 형성되던 때의 역사와 문화를 규명해보려는 노력이었다. 이 장에서는 먼저 한국신화에 나타나는 남방적 요소를 살펴보고, 특히 '여인발복'설화(女人發福說話 ; 이하 '발복설화'라 함)유형의 현존하는 자료인 삼공본풀이신화를 중심으로 남방 문화와 북방 문화의 대비되는 성격을 추적해보겠다.

1. 卵生話素

한국신화를 중심으로 고대 문화의 기원을 논의할 때 남방문화 요소로 지목하는 화소(話素 ; 신화요소)는 난생모티프와 도작(稻作) 과 관련된 기사 등이 대표적이다. 한국신화(특히 국조신화 계열)를 주인공이 어떻게 태어났는가 하는 탄생담을 기준으로 대별한다면 하늘에서 내려온 이른바 천손하강 유형과 알로 태어나는 난생 유형으로 가를 수 있다. 대체로 단군신화로 대표되는 천손하강 유형은 북방문화 계통으로 그리고 난생신화는 남방 문화의 흔적으로 구별하고 있다.[16] 신화의 주인공이 알로 태어나는 과정을 거치는 것으로는 주몽·수로왕·혁거세·탈해·김알지 신화 등이 있는데, 난생이라는 공통분모 안에서도 조금씩 다른 특징을 지니고 있으며 또 상당히 복합적이기도 하다.

그 가운데 탈해신화가 가장 순수한 난생화소를 지니고 있고 아울러 상자에 담겨 표류해 왔다는 도래과정까지 있어서 바다로부터의 유입이 확연히 드러나는 유형이다. 그밖의 수로왕·혁거세·김알지신화 등은 '높은 곳', '번개', '하늘' 등 수직적 공간에서 내려왔다는 점에서 천손하강형의 그림자가 깃들여 있고, 주몽의 경우는 천상적 존재인 해모수를 부친으로 하면서 햇빛으로 잉태되고 또 알로 태어나는 이중탄생의 모티프를 가지는 점에서 천손하강형과 난생이 중복되는 혼란을 보여준다.

---

16) 김재붕, 〈난생신화의 분포도〉,《문화인류학》 4, 한국문화인류학회, 1971.

또 김알지신화는 남방계 가축으로 분류되는 닭이 나오고, 황금
궤에서 나온 사내를 알지(閼智)라 이름지었다는 이유로 난생이며
따라서 남방문화적이라는 주장이 계속해서 제기되어 왔지만 "알
은 난생의 의미가 아니라 금(金)이 알타이어로 '알'이라는 뜻이어
서 금의 '알'과 난(卵)의 '알'이 양쪽 다 왔다갔다하면서 난생화소
를 파생했을 수도 있다"[17]는 견해를 고려한다면 결코 단순치 않
다. 그렇게 보면 혁거세신화의 '말'을 위시하여 소위 북방문화적
요소로 치부해온 조건들이 무시할 수 없게 속속 제시되어 난생
화소와 남방문화론의 관계는 쉽사리 속단하기 어렵게 된다.

이런 상황에서 난생신화소가 우리나라에 들어온 경로는 해상
을 통했으면서도 크게 보아 두 계열로 나뉘며, 이것들이 모두 반
도 남부에 도착해 문화변용을 겪은 후 북상하여 주몽신화에까지
편입된 것으로 볼 수 있다[18]는 견해는 매우 시사적이다.

2. 쌀과 관련된 기사

쌀은 오늘날 우리 민족이 상용하는 가장 중요한 주식이다. 그
런데 쌀은 일반적으로 남방계 작물로 분류되고 있다. 벼의 원산
지는 인도 동부의 벵갈지방이라고 하는데 거기서 시작해서 서남
쪽으로 해서 유럽까지 가고, 북쪽으로 티베트를 거쳐 몽고-만주
-한반도까지, 동쪽으로 인도지나 수마트라 방면으로 가고 또 화
남으로 해서 대만으로 가서 이것이 다시 일본으로 건너갔다고[19]
한다.

벼가 우리나라에 들어온 경로에 관해서는 북방설과 남방설이
있고 남방설에도 한반도 서남부로 들어왔다는 것과 한반도 동남

---

17) 천관우 편, 《한국상고사의 쟁점》, 일조각, 1975, pp. 148~149.
18) 나경수, 〈한국건국신화연구〉, 전남대 박사학위논문, 1988.
19) 이춘령, 〈한국농경문화의 기원〉, 천관우 편, 《한국상고사의 쟁점》, 1975, p.
  113.

부로 들어왔다는 설이 있으며, 북방으로도 남방으로도 들어 올
수 있다는 절충설도 있다. 그러나 두 방향에서 들어올 수 있으되
남쪽이었을 가능성이 더 강하다는 의견이 지배적이다. 왜냐하면
벼가 원래 남방 식물이고, 여러 가지 자연조건으로 볼 때 양자강
방면에서 우리나라로 들어오는 편이 용이하기 때문이다.[20]

한국 고대사 연구에서 신화를 가지고 생산단계를 언급할 때는
단군신화에서 이미 수렵채취경제 단계를 지나 농경문화 단계로
들어서고 있다고 파악하고 있다. 천신과 지모신의 신성혼(神聖婚)
은 농경의 발달과 더불어 전개될 수 있는 신관(神觀) 형태이기
때문이다.[21] 그런데 우리가 고대사회의 농작물 생산과 관련된 논
의를 할 때는 농경과 도작을 구분해서 생각할 필요가 있다. 구체
적으로 단군신화에서의 웅녀와 동명왕신화에서 남쪽으로 떠나는
아들에게 오곡의 씨앗을 전해준 유화, 그리고 망아지·송아지와
오곡의 씨앗을 가지고 나무상자를 타고 제주에 이른 삼성혈신화
의 세 처녀 등이 전해준 것은 '오곡의 씨'로 상징되는 농경문화
였지 엄격한 의미의 도작, 즉 쌀농사는 아니었던 것으로 보인다.
그래서 이 글에서는 한국신화 유형 가운데 '쌀'이라는 요소가 두
드러지는 삼공본풀이신화를 중점적으로 거론하려는 것이다.

3. 뱀·지렁이 신화소

세번째로 지적하고 싶은 신화소로 '뱀'이 있다. 뱀은 동·서양을
통틀어 고대사회부터 신성성을 지닌 존재로 인식되어 왔다. 뱀
의 신성성은 무엇보다도 영원히 산다는 존재, 즉 재생을 통한 불
사(不死)의 존재이기 때문이다. 뱀은 성장하면서 주기적으로 허
물을 벗는다는 사실 때문에 죽음으로부터 매번 재생하여 영원한

---

20) 이 찬, 〈도작 전래의 남·북방설〉, 위의 책, p. 117.
21) 나경수, 앞의 글, pp. 54~56.

생명을 누리는 것으로 믿어졌다.

서양의 신화에서 뱀으로 현신하는 인류의 선조인 이브(Eve)를
페니키아의 지하 여신으로 보는 학자도 있다. 중국에서 뱀은 숭
배의 대상이었는데 주로 큰 강의 신이 뱀의 모습으로 나타난다
고 믿었다. 《열자》(列子) 황제편(黃帝篇)에 보면 복희씨(伏羲氏)와
여와씨(女媧氏)는 뱀의 몸뚱이에 사람의 얼굴을 하고 있으며 이
들은 천지개벽·문화창조 등의 위업을 수행한 것으로 전한다.
뱀은 달동물이어서 달과 연결되는데 달의 차고 기우는 즉 환원
적 재생과 더불어 여신계(女神系)와 가깝다.

뱀과 달은 물과 가까우면서, 특히 뱀은 많은 알 또는 새끼를
낳는다는 성격 때문에 풍요와 다산의 상징으로도 쓰인다. 즉 뱀
은 대여신(大女神)의 속성인 대지적 성격과 결부되어 월적(月的)
성격을 지닌다. 그래서 달-물-풍요-여성-뱀-죽음-주기적
재생이라는 고리는 신화적 상징으로 동서양에 보편적으로 알려
져 있다. 뱀이라는 신화소는 구렁이·달팽이·용 등의 상징과
그 외연을 같이하고 있다. 그러나 필자의 생각에는 뱀과 구렁이
는 물과 가깝고 달동물이라는 실제적인 성격에서 묶여지지만 용
은 상상의 동물이면서 후대에 불교, 혹은 왕권 등과 결합되어 그
속성이 다채롭게 복합된다는 점에서 다르게 취급되어야 할 것
같다.

한국신화에서 뱀·구렁이 등의 신화소가 나타나는 대표적인
유형은 신라의 혁거세신화와 백제의 무왕신화, 견훤전설 등이 있
다. 또 민담 가운데 '구렁덩덩신선비'설화(이하 '신선비설화'라 함)
를 신화적 원형으로 재구성한 연구에 따르면 신선비설화 역시
뱀 혹은 구렁이 신화소가 부각되는 한 유형으로 꼽을 수 있다.
혁거세는 알에서 태어나 알영 우물가에서 계룡의 왼쪽 겨드랑이
로부터 나온 알영과 혼인하고 61년을 다스린 뒤 하늘로 올라갔
다가 7일 만에 남은 뼈가 땅으로 흩어져 떨어졌다. 왕비도 죽어

서 사람들이 한데 모아 장사지내려 하나 큰 뱀이 따라다니며 막으므로 5체(體)를 각각 묻어서 5릉(陵)이 되었는데 사릉(蛇陵)이라고도 한다. 백제의 무왕은 그 어미가 못에 있는 지룡(池龍)과 통하여 낳았고, 후백제의 견훤도 담 밑에 있던 큰 지렁이를 아비로 해서 태어났다.

혁거세신화에서 왕이 죽은 후 시체가 여러 조각으로 나뉘고, 또 그것을 뱀이 나타나 따로 묻도록 지시한 것은 그가 농경신화의 신격으로 좌정함을 의미한다고 해석된다. 즉 그 신체의 나뉨은 곡식의 분단을 모방한 것이고 뱀은 물과 가까운 풍요를 상징하는 동물이기 때문이다.[22] 백제의 무왕신화와 견훤 전승에서 그들의 부계가 지렁이, 즉 수신계(水神系)로 설정되는 것은 무왕과 견훤이 온조로 대표되는 부여계와는 다른 마한계의 왕통임을 시사하는 것으로 해석된다.[23] 마한계는 부여족인 온조계가 반도의 남서부로 남하하기 이전에 익산 지방을 중심으로 세력을 펴던 농경사회 집단으로 논농사에 중요한 물을 중시하던 신앙을 가졌으리라 추정되고 있다.

무왕신화와 견훤전승은 부계를 상징하는 지룡이 밤을 틈타 모계쪽인 여성을 찾아들었다는 사건에서 야래자(夜來者)설화로 지칭되는데, 이 유형은 일본의 삼륜산전설과 대비되면서 한국신화와 일본 민간전승의 유사성이 지적되기도 하고 오키나와의 전설과도 비교 연구되었다.[24] 반도의 남서부, 백제 지역의 마한계 수신신화로 추정되는 무왕신화와 견훤전승 등에서 중요한 신화소로 기능하는 뱀은 달과 짝을 이루면서 해와 말로 이어지는 북방

---

22) 서대석, 〈한국 신화에 나타난 천신과 수신의 상관관계〉,《국사관논총》31, 국사편찬위원회, 1992, pp. 11~12.
23) 김성호, 〈온조백제의 왕통계보〉,《비류백제와 일본의 국가기원》, 일문사, 1982, p. 331 ; 서대석, 〈백제신화연구〉,《백제논총》1, 1985, pp. 43~50.
24) 장덕순, 〈한국의 야래자전설과 일본의 삼륜산 전설과의 비교 연구〉,《한국문화》3, 1982.

계와 대비되는 남방계의 성격이 강하다고 볼 수 있다.

　무왕신화에서 주인공이 '마퉁이'로 설정됨은 마(麻)가 남방계의 작물이라는 점에서 수신신앙이 가지는 남방적 성격을 뒷받침해 주면서 제주도의 삼공본풀이에서 주인공이 마퉁이라는 사실과 연결된다. 백제의 고토와 제주도는 무가권(巫歌圈)에서도 묶여지는[25] 다시 말하면 전통적인 신앙에서 공통분모를 가지는 지역이다. 발복유형 안에서도 두 지역의 전승에서만 남자 주인공이 마퉁이로 설정되어 남방적 성격을 드러내주고 있는데, 특히 제주도에서는 내륙 어디에도 비교할 수 없는 사신(蛇神)신앙이 융성하고 있다.

　제주도에서 뱀을 신앙의 대상으로 여기는 것은 유래가 깊다. 김정(金淨)의 《제주풍토록》(濟州風土錄)에 보면 "뱀을 신으로 숭배하여 죽이지 않으며 뱀이 보면 술을 뿌려 물러가게 하고 죽이지 않는다. 제주도는 본래부터 뱀이 많은 곳이라고 들은 바 있지만 그 많은 이유는 풍토적인 특성 때문이 아니라 사람들이 신이라고 위하여 죽이지 않았기 때문이다"라 했다. 이건(李建)의 《제주풍토기》(濟州風土記)에는 "풀이 무성하고 습기가 많을 때는 뱀이 규방이나 처마, 마루 밑, 자리 아래 어디에나 기어들어와 잠잘 때 피하기가 어렵다. 섬사람들은 뱀을 보면 부군신령(府君神靈)이라 하여 쌀과 정수(淨水)와 술을 뿌리면서 빌고 죽이지를 않았으며, 만일 뱀을 죽이면 재앙이 내려 발꿈치도 움직이지 못하고 죽는다고 알고 있다"고 기록되어 있다. 오늘날에도 사신에 대한 신앙이 일상생활 속에 깊이 뿌리내려 있고, 뱀신은 보통 여신 특히 '할망'으로 모셔 받들어지고 있다.[26]

　제주도 사람들의 사신에 대한 관념을 가장 압축적으로 담고 있는 신화가 칠성본풀이신화다. 부와 재물의 신인 칠성신은 풍

---

25) 서대석, 《한국무가의 연구》, 문학사상사, 1980.
26) 한국정신문화연구원, 《민족문화대백과사전》 '뱀' 항목 참조.

요와 풍농을 상징하며 그들이 신격으로 좌정하게 된 내력도 인
간에게 풍요를 부여할 수 있는 존재로서의 위력을 인정받았기
때문이다.

칠성본풀이신화의 기본 줄거리는 귀한 집 외동딸이 중의 자식
을 배서 쫓겨나 제주도에 들어와 뱀이 되고 자식 일곱을 한꺼번
에 낳아 그들이 신격으로 좌정하게 된 내력으로, 주인공인 여성
이 움직여 이동한다는 점도 뒤에서 언급하게 될 여성신의 움직
임과 공통된다.

뱀에 대한 민속신앙에는 '업'이라는 것이 있다. 업은 흔히 '집
안 살림이 그 덕이나 복으로 늘어가는 것으로 믿고 소중히 여기
는 동물이나 사람'이라고 한다. 업동물로는 구렁이·두꺼비·족
제비 등이 있는데 구렁이가 일반적이다. 또 업단지는 살림을 늘
게 해 주는 신을 모시는 단지로 주로 쌀이나 돈을 넣는다. 업이
라는 민간신앙은 '조령신이 주로 여신이며 그 여신은 농경의 풍
요를 기원하는 대상이 되는 신의 원형이면서 그러한 민간신화의
귀족적 표현이 황금궤에서 나온 김알지신화'라는 주장과[27] 만날
때, 사신신앙과 난생이 연결되고 남방문화적 성격도 보충될 수
있겠다. 익히 알려진 바대로 인도로부터 동남아 일대에 이르는
지역에 넓게 퍼져 있는 사신신앙과 제주도의 지역적 특징 등으
로 종합해 볼 때 '뱀' 신화소는 북방문화의 '말'과 대칭되는 남방
문화적 요소로 추정할 수 있겠다.

4. 결혼 중심의 신화

한국신화의 전개과정에서 가장 중요한 사건은 남성신과 여성
신의 만남이라고 해도 결코 지나친 말이 아닐 것이다. 남성신이

---

27) 장주근, 〈김알지 신화와 영남지방의 민간신앙〉, 《문화재》 3, 1967, pp. 22~
43 참조.

태어나 여성신을 맞이해서 결혼을 하고 자손을 얻으며 건국·치세 등의 커다란 과업을 이룬 뒤 죽어서 신으로 좌정하는 것이다. 그런데 신화자료들을 세밀하게 살펴보면 그 가운데는 남녀 주인공의 결혼이 강조되는 유형과 자손의 출생이 강조되는 유형으로 크게 나눌 수 있음을 발견하게 된다. 다시 말하면 수평적 관계가 강조되는 계열과 수직적 관계가 부각되는 계열이 있는 것이다. 대체로 수로왕·혁거세·탈해·김알지·삼공본풀이·삼성혈신화 등은 결혼이 주된 화제이고, 단군신화와 주몽신화 등에서는 2세의 탄생과 그 기능이 선명하게 제시된다.

고대사회와 관련된 기사에서 남성 주인공과 그 상대자의 결혼은 두 개의 다른 집단간의 결합을 상징하는 것으로 이해되어 왔다. 집단간의 제휴는 평화로운 절차를 거칠 수도 있고 또 그렇지 않을 수도 있다. 뿐만 아니라 서로 다른 집단의 결합은 이질적인 문화의 복합을 자연스럽게 수반하는 것이다. 그렇게 볼 때 아마도 2세의 탄생과 그 역할이 강조되는 신화는 건국과 치세에 주된 역점이 주어지는 사태를 설명해주는 기사이고, 결혼이 강조되고 2세의 탄생이 미미한 신화는 다른 두 가지 문화의 복합현상을 상징하는 쪽에 중점이 있는 듯하다.

신화에서 결혼이 강조되는가 2세의 탄생이 강조되는가 하는 차이로 그 신화의 성격을 규명하고자 하는 시각은 신선비신화의 연구에서 내린 다음과 같은 결론과도 상통한다. 즉 결론에서 한국신화를 북방계 신화와 남방계 신화로 나누고 북방계 신화는 결혼 → 출생으로 전개되고 남방계 신화는 출생 → 결혼으로 전개되며[28] 이같은 차이는 신화가 가지는 서로 다른 성격을 내포한다고 보고 있다.

그렇게 볼 때 결혼이 강조되는 신화에서 여성 주인공들은 남

---

28) 서대석, 앞의 책, p. 202.

성 주인공과 비교할 때 상대적으로 남방 문화적 성격을 많이 내
포하는 듯하다. 수로왕의 왕비 허왕후는 남쪽에서 배를 타고 온
존재이고 혁거세의 부인 알영은 우물에 있는 계룡의 옆구리에서
나왔으며,[29] 삼성혈신화의 세 처녀도 나무상자에 실려 해변에 밀
려 왔다. 이같은 추정은 남성 주인공과 상대역의 결합이 서사전
개과정에서 가장 중요한 사건이며, 두 남녀의 결합이 이질적인
문화의 만남을 상징하는 삼공본풀이신화에서 북방문화와 남방문
화의 대조적 성격을 찾아봄으로써 좀더 구체적으로 설명될 수
있을 것이다.

5. 여성 주인공이 움직인 신화

신화는 서사물이다. 아득한 옛날, 문자가 아직 인류에게 없던
시기에 신들의 내력은 그 그릇은 노래에 담겼을지라도 내용은
이야기로 엮어졌다. 서사문학에서 가장 중요한 요소는 인물이다.
등장인물이 시간과 공간이라는 배경을 넘나들며 이야기를 전개
시킨다. 그러므로 서사문학에서는 다른 어떤 요소보다도 인물이
중요하고 인물이 없으면 그것은 성립되지 않는다. 그러므로 신
화에서 가장 중요한 핵심은 등장인물 즉 신이며, 그 신이 어떻게
움직였는가, 즉 언제 어디서 어떻게 어떠한 행동을 했는가로 그
신화의 성격이 결정된다. 그런데 한국신화는 남성신이 상대역이
되는 여인을 찾아 움직이는 것으로 서술되고, 이런 표현은 남성
쪽 집단이 그 상대집단을 정복하여 지배하는 것을 의미한다고
이해되어 왔다. 단군신화와 주몽신화가 그런 성격에서 대표적이
되겠다. 한국신화가 대체로 그렇게 이해되어 온 것도 앞서 언급
했듯이 신화의 해석과 연구가 주로 남성 연구자들에 의하여 남

---

29) '알'은 卵과 연결되고 계룡은 닭과 용[뱀]과 연관되어 남방문화적 성격으로
　　거론된다.

성 중심적인 시각에서 진행되어 온 것과 무관하지 않다.

그러나 모든 신화가 다 그렇지만은 않다. 예를 들면 수로왕신화, 혁거세신화, 선도산성모이야기, 삼성혈신화, 삼공본풀이신화 등은 여성 주인공이 상대역을 찾아 움직이고 그러면서 신화가 형성된다. 단군신화와 주몽신화는 대표적인 북방계 신화로 간주되고 있다. 단군신화는 고아시아족이 만주 및 한반도 북부 지역에 정착하던 모습을 담고 있고, 주몽신화 역시 유목생활을 하던 북방계 집단이 남쪽으로 내려오면서 물과 가까운 논농사를 지으며 어느 정도 정착생활이 진행된 선주집단을 복속시켜 나간 역사적 사실의 신화적 표현이라는 것이다.

그러나 수로왕신화에서는 수로가 탄생하고 집권한 뒤에 허왕후가 찾아오고, 선도산성모이야기·삼성혈신화·삼공본풀이신화 등에서도 여성 주인공이 상대역을 찾아올 뿐만 아니라 무언가 새로운 문물이라고 여겨지는 것들을 들고 오는 것이다. 허왕후는 비단옷·철·금·은·주옥·유리그릇 등 이루 헤아릴 수 없는 값진 보화들을 가지고 왔다고 기록되어 있다. 그것들은 '값진 물건'의 의미가 크지만 선도산성모나 삼성혈신화·삼공본풀이의 주인공들은 그와는 다른 의미로 해석되는 물건을 전해준다.

선도산성모 즉 사소는 멀리 중국 황실의 여인으로 진한에 와서 혁거세와 알영 두 성인을 낳고 서연산의 산신이 되었는데 그녀는 제천의 선녀들에게 비단 짜는 것, 물감(붉은 물) 들이는 법을 가르치고, 스스로 조의를 지어 남편에게 바쳤다고 한다. 선도산성모 기사는 후대에 불교가 유입된 이후 불교적 색채와 결합된 흔적이 농후하지만, 본래 가지고 있던 신화적 성격도 여전히 보존하고 있다고 보인다. 그 제단 밑에 지니고 있던 '금'이라는 요소와 더불어 그녀가 좀더 발전된 문화를 지니고 반도로 들어온 여신(인)임을 드러내고 있기 때문이다.

여성 주인공이 앞선 문화적 요소들과 함께 남성을 찾아오는 사건을 가장 선명하게 보여주는 자료는 제주도의 삼성혈신화라 할 수 있다. 신화의 주인공은 양을나·고을나·부을나 삼형제인데 세 신인은 땅에서 솟아났고, "거친 두메에서 사냥을 하여 가죽옷을 입고 고기를 먹으며 살더니",[30] 하루는 바닷가에 밀려온 상자 안에서 세 처녀가 나오고 그녀들이 "망아지·송아지와 오곡의 씨앗"을 가지고 와서 "비로소 오곡의 씨앗을 뿌리고 소와 말을 기르게" 되었다고 전한다. 즉 생산단계로는 수렵채취사회이고 잡은 짐승의 가죽으로 몸을 가리는 문화생활을 영위하고 있던 사회에, 씨를 뿌려 농사를 지어서 작물을 거둬들이고 가축을 사육하는 방법을 알고 있으며 물감들인 천으로 옷을 지어 입을 줄 아는[31] 문화단계의 여성이 들어와 좀더 발전된 문물을 전함으로써 그 집단을 번성케 한 사실을 섬세하게 보여주고 있는 것이다.

이제까지 산만하게 지적한 바와 같이 종래 남성중심적 시각으로 신화를 해석하면서 간과해온 요소들을 주목하면서 발복설화, 즉 삼공본풀이신화를 중심으로 남방문화적 요소들을 점검해보기로 하겠다.

Ⅳ. 삼공본풀이신화의 남방문화적 성격

발복설화는 한반도 전지역에서 무속신화·전설·민담 등 다양한 장르에 걸쳐 그 유형을 전승하고 있을 뿐만 아니라 인도·몽고·일본 등 외국에도 전해 내려오는 이야기다.

발복설화는 오늘날 구전민담으로 전국에 걸쳐 전승되고 있는

---

30) 현용준, 《제주도신화》, 서문당, 1976, pp. 22~23.
31) 위의 글, p. 22. "붉은 때를 두르고 자줏빛 옷을 입은 사자가 따라 서있었다. 함을 여니 속에는 푸른 옷을 입은 처녀 세 사람과……"

데 대체적인 내용은 다음과 같다. 옛날 어느 부잣집 셋째딸이 누구 덕에 사느냐고 묻는 아버지의 질문에 제 복에 산다고 답하여 노한 아버지에게 쫓겨난다. 쌀을 한 움큼 지니고 집을 나온 처녀는 산 속 오두막에서 숯구이 총각을 만나고, 숯굽는 가마에서 생금장(生金藏)을 발견해서 부자가 되고, 딸을 내쫓은 후 거지가 되어 빌어먹으러 온 아버지를 만나 모시고 살게 된다.[32]

구전민담 가운데는 주인공이 딸인 '내복에 산다'유형(이하 '내복유형'이라 함)과 주인공이 며느리인 '복진 며느리'유형(이하 '복진유형'이라 함)이 있는데, 아마도 원래는 딸이었던 것이 후대 가족관계의 변화로 며느리로 변했으리라고 추정된다. 우리에게 발복설화 유형으로 가장 익숙한 자료는 '온달전'이다. 바보인 온달이 평강공주를 아내로 맞이해 장수로 출세하는 내용은 원래의 신화적 원형에서 시간적으로 많이 경과한 후 인물전설로 고정된 자료이다.[33] '온달전'에서는 여주인공의 성격이 온달의 이야기에 포함되어 덮여 있지만, 마지막 부분, 움직이지 않는 온달의 관을 움직이게끔 만드는 사건 속에 본래의 신화적 성격이 잔존하고 있다.

발복설화 유형이 신화적 형태로 남아 있는 것은 백제의 무왕설화와 제주도의 삼공본풀이 무가이다. 무왕설화는 야래자설화의 신화소를 지니고 있고, 《삼국유사》 기이편에 온조·견훤과 나란히 실려 있으며, 국조신화 주인공과 유사한 일대기적 성격을 갖추고 있다는 점에서 선학의 연구에 의해 시조신화로 해석된 바 있다.[34] 발복설화의 신화적 원형을 추적하는 필자의 논지를 따라 가면 역시 무왕설화는 후백제의 시조신화라는 앞의 주장과 만나게 된다. 무왕설화는 서동의 출생과 성장, 선화와의 결혼과

---

32) 김대숙, 〈여인발복설화의 연구〉,《한국설화문학연구》, 집문당, 1994.(이 설화의 자료와 논의는 모두 이 논문을 참조할 것)
33) 김대숙, 〈온달전의 구비문학적 이해〉, 위의 책.
34) 서대석, 〈백제신화연구〉, 앞의 책, pp. 43~45.

즉위, 미륵사 창건이라는 세 개의 삽화로 구성되어 있고, 세 개
의 에피소드는 긴밀한 연관관계를 가지고 있다. 서동은 용을 아
버지로 하고 과부를 어머니로 해서 태어난 수부지모형(水父地母
型) 출생배경을 가지고 있는데, 어릴 때의 처지가 마를 캐서 파
는 것으로 미천하게 설정되었다는 것은 그가 지닌 천부적 사명
을 펴기에 무언가 제약이 있었다는 사실을 암시하고 있다.

두번째의 에피소드, 그가 선화와 결혼하고 그로 인해 왕이 되
었다는 것은 선화와의 결혼이 그가 지닌 제약을 극복하게 해주
었음을 의미한다. 무왕신화는 다른 어떤 발복설화 자료보다도
남자 주인공의 적극성이 부가되어 서동이 선화공주를 차지하기
위해 신라로 가지만, 결국은 공주가 집을 떠나 서동에게로 와서
야 두 사람이 결합한다는 점에서 여성 주인공이 움직인 신화라
는 성격도 그대로 지니고 있다. 수부지모의 결합에서 태어나 수
신계(水神系) 혈통을 가진 서동이 자기보다 문화단계가 높고 힘
이 강한 집단의 선화를 아내로 맞이하여 왕이 되기에 이르는 것
이다. 그렇게 볼 때 온조·견훤과 더불어 나란한 위치를 차지하
면서 기록에 오른 무왕은 온조계와는 다른 시조일 가능성이 있
고, 그렇다면 백제에 온조계와는 별개의 왕계(王系)가 있었다는
주장을 주목하여 백제사의 맥락 위에서 해석한다면 이것은 마한
이 부여족에 복속되어 갔던 것으로 추정할 수 있다.

《삼국유사》의 기록에 의하면 마한은 "위만이 조선을 치매 왕
준이 궁인과 좌우 사람을 거느리고 바다를 건너 한의 땅에 와서
연 나라"라 한다. 한편 온조는 고구려에서 남하한 부여족이다.
마한은 반도의 남서부에 정착하여 기후와 환경에 맞춰 농경사회
로 자리잡아가면서, 농사의 풍요를 위한 가장 중요한 조건인 물
을 중시하는 수신신앙(水神信仰)을 강화시켜갔을 것이다. 그러다
가 나중에 들어온 온조계를 만나게 된다. 온조계 집단은 좀더 강
한 이동성을 가진 유목사회적인 성격이었을 것이다.

문화적 배경으로 보자면 마한계가 남방문화적 성격을 온조계는 북방문화적 성격을 각각 지니고 있었을 것이다. 마한은 땅을 중심으로는 주인 의식을 가지지만 힘의 열세로 온조집단에 병합되어 갔다. 그뒤 무왕대에 이르러 선화로 대표되는 힘있는 세력의 도움으로 마한계가 다시 재등장하게 된 것이다. 미륵사 창건이라는 세번째 에피소드는 미륵신앙이 용신신앙(龍神信仰)과 연결된다는 점에서 수신계 집단의 재등장이 가져온 당연한 신앙부흥책이라 하겠다. 용신신앙은 수신신앙이 발전된 양상으로 서동의 부계와 연결되며 남방적 성격을 그 바닥에 깔고 있다.

그런데 발복설화 유형은 한국에서만 전승되는 것이 아니라 주변의 여러 나라에서도 찾아지는 자료이다. 먼저 인도에는《잡보장경》에 선광공주의 이야기로 실려 있다. 물론 불교적으로 윤색되어 있지만 주인공 여인이 남자를 찾아가 가난한 상대를 부자로 만들어주는 발복설화의 성격은 그대로 보존되고 있다. 무엇보다도 이 자료는《잡보장경》이 인도의 갖가지 인연, 비유, 본사(本事), 본생(本生) 등의 여러 경전과 설화를 400년간 구전하다가 기원전 1세기에 집대성한 경전이므로 발복설화의 연원을 신화시대로 올려잡는 데 큰 보탬이 된다.

발복설화는 인도로부터 동북아에 이르는 넓은 지역에 걸쳐서 전승되고 있고 그 갈래도 다양하며, 시대와 사회환경에 따라 갖가지 변모 양상을 보여주고 있지만, 절대로 변치 않는 부분이 있다. 그것은 두 주인공 남녀가 만나는 중재항 부분이다. 발복설화에서는 이 만남이 핵심인데 여기서 두 남녀의 관계는 여자가 살던 곳을 떠나 타지에 가서 남자를 만나고, 두 사람을 비교하면 외모·지위·능력 등 모든 면에서 여성쪽이 우월하게 설정되어 있다.

현재까지 신화적 성격을 잃지 않고 있으며 문화적 배경을 설명하기에 가장 적합한 삼공본풀이신화를 토대로 보면, 삼공본풀이는 제주도의 큰굿에서 자식이 잘되고 부자가 되기를 비는 제차(祭次)에서 불려지는 서사무가다. 삼공본풀이의 주인공은 감은장아기와 마퉁이다. 감은장아기는 다른 어떠한 신화자료와도 비교될 수 없이 현저하게 쌀과의 친연성을 드러낸다. 감은장아기는 아버지와 다투고 집에서 쫓겨나는데, 부모는 셋째딸을 내쫓아 버리고는 걱정이 되어서 "식은 밥에 물 말아 놓은 것이라도 먹고 가라"고 큰딸에게 시킨다. 쌀로 밥을 지어 주식으로 삼는 것이 익숙한 생활방식의 표현이다. 감은장은 검은 암소에 옷과 쌀을 싣고 길을 가다가 마퉁이네 집에 이르러 하룻밤 신세를 지기로 하고 주인집의 솥을 빌린다. 마퉁이네는 마(麻)만 삶아 먹어서 솥 밑에는 마껍질만 잔뜩 눌어 있었다. 마가 주식인 것이다.

감은장이 마껍질을 씻어내고 나락쌀을 찧어 기름이 번질번질한 이밥을 지어서 주인집에 주니까 마퉁이네 식구들은 처음에는 조상이 모르는 버려지 밥이라고 안 먹는다. 셋째 마퉁이가 받아서 맛있게 먹자 그제야 두 형들도 손바닥에 올려놓고 푸푸 불면서 할쭉할쭉 먹는다. 쌀농사를 짓고 밥을 지어먹을 줄 아는 문화권의 사람과 그와 같은 단계에 이르지 못하고 채취한 식물을 익혀 먹는 문화권의 인물이 만나는 상황을 선명하게 보여주는 장면이다.

여자쪽의 문화 수준이 남자쪽에 비해 더 높다는 증거는 식생활에서만이 아니고 의생활에서도 마찬가지다. 삼공본풀이신화 서두에 주인공이 집을 떠나게 되는 원인이 되었던 부녀의 문답이 나온다. 문답의 내용을 보면 아비가 딸에게 "누구 덕에 먹고 입고 행우발신[行爲發身]하느냐?"고 묻자, 언니들은 아버님 어머님 덕임을 강조하는데 감은장은 "내 베또롱[배꼽] 아래 선그릇(배꼽으로부터 음부 쪽으로 내려 그어진 선) 덕"이라고 해서 쫓겨나게 된다. 부녀 갈등의 핵심이 먹고사는 문제 즉, 경제적인 요인에 있음을 압축적으로 보여주면서 실생활의 구체적인 내용을 먹고,

입는 것으로 표현하고 있다.

감은장아기는 집을 나설 때 검은 암소에 옷과 쌀을 싣고 떠나는데, 가도 가도 허허벌판인 길을 서산에 해가 지도록 가서 다 쓰러져 가는 초가에서 마퉁이를 만난다. 감은장아기는 그 집의 아들 가운데 막내 마퉁이와 연분을 맺고 새 신랑을 목욕시키고 새 옷을 갈아 입혀 갓·망건을 씌워놓았다. 이튿날 아침에 마퉁이가 새 옷차림으로 외출하니 큰형이 절을 꾸뻑하는 것이었다. "성님[형님] 이거 어떤 일입네까?" 하니 "아이고 몰랐노라" 하고, 둘째형도 절을 꾸뻑하며 "아이고 몰랐노라" 한다. 새 옷·갓·망건 등의 용어가 무척 후대적인 감각을 느끼게 하지만 그 문맥 안에 담긴 본래적인 의미는 결국 먹는 문화뿐 아니라 입는 문화에서도 상당히 후진적인 상태로 살고 있던 남자쪽에 좀 더 앞선 문화 수준의 여성이 들어와서 의생활의 진전을 가져오는 사건을 그리고 있는 것이다. 즉 삼성혈신화에서 잡은 짐승의 가죽으로 겨우 몸을 가리던 양·고·부 삼형제와 색색의 물감을 들인 천으로 옷을 지어 입을 줄 알고 남녀와 신분에 따라 다른 색깔의 옷을 입는 문화단계의 세 처녀가 만나는 문화접합과 같은 내용의 다른 표현인 것이다.

삼공본풀이신화에서 여성신이 쌀과 가지는 친연성은 민담의 세계에서도 지속되고 있다. 내복유형에서 집을 쫓겨 나온 셋째 딸은 쌀을 가지고 나간다. 복진유형에서 주인공은 백정의 딸이지만 복이 많은 여자인데, 그녀의 복은 "이 처녀가 하루에 가여 백미를 서 말씩 탔던 복이……"[35] "쌀 서 말씩 복을 태워주고 왔네"[36] 등 쌀의 양으로 표현된다. 내복유형에서 아버지에게 쫓겨나는 주인공은 도장[곡간]에 들어가더니 "내 복 내가 가지고 가지 하면서 쌀을 서되 서홉 퍼가지고 숯장사를 따라나서는데, 숯

---

35) 《한국구비문학대계》 7/6, 경북 영덕, pp. 600~601.
36) 《한국구비문학대계》 5/3, 전북 부안, p. 721.

장수네 집에 가서 그 가운데 한 움큼을 갖다가 밥을 하니 가마가 하나 밥이 되더래. 그게 복쌀이기 때문에"[37]라고 전한다.

복진유형에서 백정의 딸을 며느리로 맞는 시댁 식구는 그 동네를 뜨는데 새댁이 "단속곳 가랭이다가 이렇게 대님을 여기다가 매구서는 쌀 서되 서홉을 느어요……이사가서 이튿날 아침에 그 쌀을 쏟아서 아침을 해먹어요." 그리고는 시댁이 불 일어나듯 해서 부자가 되는데 가난을 면한 후에는 며느리 덕인 것을 잊고 주인공을 내쫓는다. 며느리는 쫓겨나면서 "또 쌀 서되 서홉을 단속곳 가랭이다 싸가지고 나가는 거예요. 또 쌀 서되 서홉을 또 단속곳 가랭이다 싸구서는 대님을 매구 집을 나가서 숯장사를 쫓아 오두막집에 이르러 고 쌀을 쏟아 또 밥을 허는 거여……" 라 하여 속곳 가랭이에 싸왔던 쌀로 밥을 지어 먹는다.

물론 쌀이 주식인 사회에서 복의 기준이 하루에 먹는 쌀의 양일 수 있고, 길을 떠나는 사람이 길 양식으로 쌀을 지니고 나갈 수도 있다. 그러나 발복유형에서의 쌀은 '복쌀'이고 그 쌀은 주인공과 특별한 관계에 있으며 한 움큼이면 한 가마의 밥이 되는 예사롭지 않은 쌀이다. 게다가 구전민담에는 주인공이 집을 떠나면서 이야기가 시작되는 유형이 꽤 많이 있지만, 그런 경우에 양식 쌀을 지니고 다닐 만큼 여유가 있거나 한가롭지 않다. 필자는 《한국구비문학대계》 전82권과 그밖의 설화자료집을 총망라하여 〈한국설화유형분류안〉을 만드는 작업에 참여하면서 구전민담의 모든 유형을 살펴본 바 있지만 발복설화의 주인공보다 더 쌀이라는 요소와 가까운 성격을 가지는 설화유형은 보지 못했다. 집을 나가는 주인공이 쌀을 지니고 가는 설화는 아마도 발복유형뿐인 듯하다.

그것은 이 여인이 신화시대의 쌀농사와 밀접한 관련을 가진

---

37) 《한국구비문학대계》 2/1, 강원 강릉, pp. 309~310.

존재이기 때문에 그 성격이 삼공본풀이신화에는 구체적으로, 구
전설화에는 상징적으로 반영되고 있는 것이다. 경북 월성의 자
료[38]에서는 그같은 주인공의 성격이 좀더 구체적으로 나타난다.
주인공은 백정의 딸이었는데, 정승의 아들이면서 소금장사인 시
아버지의 간청으로 시집가서 가난한 시가를 만석군으로 만들었
으나 자기가 낳은 자식들이 장성한 후 백정의 외손이라는 점 때
문에 혼인을 시킬 수 없게 되자 스스로 집을 나간다. 그녀는 "그
단지마다 곡식 담아 난[놓은] 걸 그저 한 줌씩 한 줌씩 보따리
넣고 보배로 마 금포물로[금패물을] 한 보따리 싸가마, 부질지치
[부지거치]로 가뿌랬어." 그리고는 숯구이의 오두막에 이르러 숯
구이의 노모를 만나고 자기가 집에서 가져온 쌀로 밥을 지어서
그 밥을 이고 숯구이 총각의 일터를 찾아가 생금장을 발견한다.

여기서 단지란 민간에서 제석단지·제석항아리·조상단지 등
으로 부르는 조령(祖靈)을 말함인데 이 항아리에는 쌀을 춘추로
교체해 넣고 한지로 덮어서 묶고 건드리지 않는 것을 상책으로
여긴다.[39] 만석꾼의 형편이면 곡간의 쌀이 흔할 텐데 하필 금기
시하는 조상단지의 곡식을 꺼내는 것은 그녀가 조령을 주관하는
존재임을 나타내는 것이고, 또한 한 줌씩이라는 의미는 식량이나
재화라기보다는 복을 상징하는 물건으로서의 의미가 강하다. 그
래서 주인공이 집을 떠나면 살던 집은 친정이나 시댁이거나 모
두 망해서 거지가 된다. 즉 그녀가 자신의 기능을 상징하는 쌀을
가지고 살던 곳을 떠나면 남은 가족은 복을 잃고 마는 것이다.
이처럼 주인공의 능력은 쌀과 긴밀한 함수관계를 가지고 있다.

오늘날 전승되는 발복유형 내부에서 그것이 신화이든 전설이
든 민담이든 상관없이 가장 강조되는 것은 '부자가 된다'는 변화
이다. 삼공본풀이신화의 주신인 감은장아기[가믄장아기]는 '전상'

---

38) 《한국구비문학대계》 7/1, 경북 월성, pp. 277~278.
39) 이두현·장주근·김광규, 《한국민속학개설》, 민중서관, 1974, p. 164.

을 차지하고 나온 신인데 전상은 어업이든 상업이든 어떤 직업
에 열중하여 살아가는 것,[40] 즉 먹고사는 경제생활을 주관하는
신격이다. 민담에서도 이야기의 핵심은 부자가 되는 데 있다. 주
인공 여인이 같이 사는 집은 흥하고 여인이 떠나면 가난해진다.
바로 이런 서사전개 과정의 의미는 본래 이 이야기가 신화시대
에 쌀농사를 짓게 되는 생산단계의 변동과 그로 말미암아 야기
되는 커다란 경제적 진전을 배경으로 했기 때문인 것으로 파악
된다. 그런 의미였던 것이 이야기가 전승되어 내려오면서, 시대
와 사회의 변화에 의해 '경제적인 진전'이 곧 '부자가 되는 것'으
로 집약되어 나타나고 있는 것이다. 이처럼 주인공인 신인이 쌀
과 긴밀한 관계를 가지고 있으며, 쌀이라는 요소가 서사전개의
반전을 가져오는 핵심이 되는 삼공본풀이신화, 즉 발복설화 유형
은 한국 고대 신화시대에서 남방문화적 성격을 지닌 대표적인
이야기라고 파악된다.

　발복설화 유형에서 중요한 설화요소로는 쌀뿐만 아니라 그 밖
의 마·금·말 등의 요소들도 있는데, 이들 사이의 관계구조를
추적해보면 매우 흥미로운 사실을 발견할 수 있다. 앞서 발복설
화 유형에서 가장 중요한 부분은 두 남녀가 만나는 중재항 부분
임을 밝힌 바 있는데, 주인공인 여인이 집을 떠나 만나게 되는
남자는 숯구이가 대표적이다. 구전자료의 대부분이 압도적으로
숯구이 총각으로 나타난다. 그런데 반도의 남서부 지역 자료, 곧
백제의 무왕설화와 제주도의 삼공본풀이신화에서만은 상대역이
마퉁이, 즉 '마를 캐는 남자'로 나타난다. 물론 삼공본풀이에서는
마를 캐서 주식으로 삼고 무왕설화에서는 마를 캐서 장에 나가
파는 것으로 서술되고 있어서 시간적인 배경의 차이는 보여주고
있지만, 중요한 것은 '마'라는 식물이 주는 의미이다. 마는 아시

---

40) 현용준, 앞의 책, p. 90.

아의 남방 도서에서 많이 심는 대표적인 남방계 식물(食物)로 분류되고 있다.[41]

반도의 남서부 지역에서 전승되고 더욱이 신화적 성격을 가장 많이 그리고 지속적으로 함유하고 있는 이들 자료에서 중재항 부분의 남자는 '마'와 친연성을 가진다. 그러고 보면 이들 신화는 남방문화적 성격이 가장 강한 것들로 추측된다. 그러니까 쌀과 친연성을 가지는 감은장아기와 마퉁이가 만나는 제주도의 삼공본풀이신화와 무왕설화가 남방문화적인 성격을 가장 짙게 보존하고 있는 것이다. 게다가 무왕설화는 야래자 신화소를 바탕으로 하고 있어서 물과 지룡이라는 요소 역시 태양과 천신으로 상징되는 북방계 신화와 비교할 때 상당히 남방적인 성격을 가지는 것이다. 그런데 무왕설화의 여주인공인 선화는 궁궐에서 나올 때 왕후가 순금 한 말을 주어서 그것으로 인해 서동이 마를 캐던 곳에 진흙처럼 쌓인 금을 얻고, 인심을 얻어 왕위에 오르게 된다. 감은장아기도 마퉁이가 마를 캐던 구덩이에서 금을 줍는다. 이제 '금[쇠]'이라는 요소가 등장하게 되는 것이다.

신화시대의 '금'은 무기와 의기(儀器)의 구실을 하면서 단순한 재화 이상의 가치를 지녔던 물건으로, 철기시대를 여는 문화사적 의미를 가지는 요소다. 그러기에 숯구이는 대장장이로 해석되는 것인데 발복설화에서는 마퉁이는 물론이고 압도적으로 많이 남성 상대역으로 나타나는 숯구이도 여인을 만나기 전에는 금의 가치와 용도를 모른다. 그러다가 여자를 만나고 나서야 바로 자기 옆에 있던 금의 용도와 가치를 알게 되는 것이다. 이것은 좀 더 앞선 문화단계의 여성이 자신의 집단을 이탈해서 자기보다 낮은 문화단계의 남성을 만나 그 남자를 야장(冶匠)으로 변모시킴으로써 획기적인 번영을 가져온 역사적 사건을 문학적으로 표

---

41) 천관우 편,《한국상고사의 쟁점》, 일조각, 1975, p. 113.

현한 것으로 해석된다. 특히 농사는 발달된 농기구의 사용과 병행될 때 발전될 수 있으므로 쇠를 녹이는 일은 농작물의 경작에 필수적으로 요청되었으리라 짐작된다.

발복설화 유형의 북방쪽 자료에서는 또 다른 요소, 즉 '말'이 등장한다. '온달전' 하면 가장 먼저 떠오르는 사건은 평강공주가 궁궐을 나올 때 끼고 나온 금팔찌를 팔아 병든 국마를 사고 그 말을 튼튼하게 길러 온달을 출세시키는 이야기다. 명마를 선택하는 평강공주의 능력은 항상 통시적으로 주몽신화에서 아들을 위해 말을 고르는 유화의 능력과 비견되곤 한다. 유화는 길을 떠나는 아들에게 오곡의 씨앗을 전해 주고, 후일 고구려에서 동명성왕과 더불어 모자신(母子神)으로 숭앙되었다. 그런데 우리 민족과 언어형질 등 여러 가지 면에서 아주 가깝다고 알려진 몽고에 온달전과 동일한 유형의 이야기가 조홍마라는 제목으로 전한다. 조홍마 이야기는 유목사회의 평범한 가정을 배경으로 민담화한 내용이지만 신부(커끈타나)가 채단금을 팔아 작은 말을 사서 남편을 열심히 훈련시켜 나다무라는 마술경기에서 우승시킨다는 내용이다. 이러한 서사전개는 발복설화 유형을 그대로 따르면서, 온달전에서처럼 북방이라는 지역적 조건이 '쌀'이라는 요소를 퇴색시키고 '말'이라는 유목사회의 특징물을 부각시키고 있다.

쌀과 금 즉 철기시대와의 밀접한 연관성은 일본에서 전승되는 발복설화 유형인 '숯구이 고고로' 설화에 관한 연구를 통해서도 엿볼 수 있다. 고고로 이야기에서는 공주가 고고로에게 '먹을 것'을 사오라고 '금화'를 주는 것으로 서술되어 생금이나 진흙처럼 쌓인 금보다는 후대적인 변이가 보이지만 좀더 중요한 사실은 이 숯구이가 농경의 발달과 긴밀한 관련을 가지고 있다는 견해다.[42] 한 연구에 의하면 신라의 영일 지역에서 제철 기술자들이

---

42) '숯구이 고고로' 설화의 자세한 내용은 김대숙, 앞의 책, p. 64를 참조할 것.

일본에 와서 파마(播磨 ; 지금의 兵庫縣 서남부), 출운(出雲) 지역
등에 흩어져 금속문화를 전파시켰다. 고대에 제철이 발달한 지
역은 북구주(北九州)의 박다만(博多灣), 사철(砂鐵)이 생산되는 강
산(岡山) 일대 그리고 출운 지방이다.

출운 지역은 고대 일본신화의 3분의 1을 차지하고 399개의 신
사(神社)가 있는데, 대표적인 신사인 출운대사(出雲大社)의 제신은
대국주명(大國主命)이며 그의 부친이 수좌지남명(須佐之男命)이다.
수좌는 천조대신(天照大神)의 남동생으로 그 지방에는 사람을 잡
아먹는 뱀을 그가 퇴치했다는 신화가 전래된다. 이 신화에서 뱀
은 산(山) 또는 산령(山靈)을, 수좌는 숯을 의미한다. 출운 지역에
서는 산간의 사철과 목탄을 이용해 철을 만드는 방법을 '다다라
제철'이라 하는데 당시에는 사철생산권을 쥐고 있던 자가 수장
(首長)이고 샤먼이며 정신적으로 강력한 힘을 가지고 군림했다.
수좌는 신라로부터 식목종자를 가져왔고 그의 아들 대국주명은
아버지가 개척한 제철을 크게 발전시켜 농경을 발전시켰다.[43]

위에서 인용한 바와 같이 고대 일본에서 제철기술이 발달한
병고(兵庫), 강산 등은 '숯구이 고고로' 이야기가 분포된 지역으
로 조사된 설화지도[44]와 일치하고 있어서 제철기술의 발달과 농
경의 발전 사이에 상호 긴밀한 관련성을 말해주고 있다.

그러기에 이 '숯구이 고고로' 이야기는 발복설화의 여주인공이
쌀농사를 익히 알고 있고, 그와 어울리는 농기구의 제조와 사용
을 터득하고 있던 단계에서 기존에 소속되었던 집단에서 분리되
어 나와서 자신보다 뒤떨어진 문화단계의 남자를 만나 획기적인
문화발전을 이룬 신화적 사건을 문학적으로 표현한 것이다. 그

---

43) 김사엽(동국대 일본학연구소장)은 1987년 《중앙일보》에 〈일본의 뿌리 한
　　국 문화〉라는 글을 연재했는데, 10월 29일자 9면에 제2부 4호로 '신라 天
　　日槍 일행 제철기술 전수'라는 글이 실려 있다.
44) 성기열, 《한국구비전승의 연구》, 일조각, 1971, p. 175.

런데 삼공본풀이신화에서는 남녀 주인공이 결합하는 중재항이 강조되고 2세의 탄생은 이어지지 않는다. 한국신화의 특징은 삼 대기(三代記)로 표현되는 가족구성으로 짜여져 있고, 단군신화의 웅녀, 주몽신화의 유화, 제석본풀이신화의 당금아기의 시련은 새 로운 생명을 잉태하기 위한 수난이었다. 그러나 삼공본풀이신화 의 주인공인 감은장아기의 노정은 순전히 자신이 부[번영]를 가 져오는 존재임을 확인하기 위한 과정이었다. 제주도 큰굿의 초 공본풀이, 이공본풀이, 삼공본풀이신화를 유기적으로 연결시켜볼 때 발복설화는 삶과 죽음의 다음 단계, 즉 잘살고 못사는 문제를 주관하는 단계의 신화라고 판단되며, 그렇기 때문에 2세의 탄생 이 없고 남녀의 결합은 부자가 되는 데 목적이 있다. 즉 번영과 문화적 발전이 초점인 것이다.

또한 발복설화 유형은 여자가 남자보다 모든 면에서 우위에 있으며 여자가 움직여서 남자를 찾아온다. 삼공본풀이신화나 무 왕설화 같은 신화적 성격을 보존하고 있는 자료에서는 물론이고 전설(온달전)과 민담(내복·복진유형)의 세계에서도, 그리고 역사와 문화가 상이한 외국의 자료에서도 그런 특징만은 전혀 변함없이 동일하다.

이렇게 여주인공이 남자보다 앞선 문화를 지니고 남자를 찾아 오고, 2세의 탄생보다는 두 남녀의 결합이 중시되는 삼공본풀이 신화 유형은 기존의 연구결과에서 북방계 신화를 대표하던 단군 신화나 주몽신화와 비교하면 상대적으로 남방문화적 요소를 지닌 신화라고 볼 수 있다. 단군신화·주몽신화 등의 북방계신화에서 는 좀더 앞선 능력과 문화를 배경으로 가진 세력이 남자쪽으로 설정되고 여자쪽은 그보다 약한 쪽으로 설정되어, 남자쪽 집단이 여자쪽 집단을 복속시켜나간 역사적 사실의 신화적 표현인 데 비해, 삼공본풀이신화 유형은 남방문화적 성격에서 출발해서 차 츰 북방문화적 요소도 가미된 신화 유형으로 보이는 것이다.

V. 맺 음 말

신화는 그 민족과 문화의 원초적인 내력을 다채롭게 함축하고 있는 귀중한 자료다. 특히, 무속신화 속에는 다른 문헌신화에서는 찾아볼 수 없는 천지창조신화와 인간창조신화가 들어 있어서 우리 문화의 바탕을 찾아볼 수 있게 한다. 한국의 민족문화는 주로 북방계통으로 보는 견해가 압도적이고, 그래서 문화사와 관련된 연구도 주로 북방문화와의 연관성을 찾는 데 주력해왔다.

그러나 한국의 고대문화의 바탕에는 북방계통으로만 볼 수 없는 다른 요소들도 많이 포함되어 있어서 그런 특성들을 상대적으로 남방문화라고 이름 붙이고, 북방문화 계통과 남방문화 계통을 요소별로 정리해보았다.

북방계 신화는 2세의 탄생이 신화의 중심 기둥이 되는 수직적 구조를 가지고, 단군신화의 신단수는 세계수의 이미지로 그 중심에 있다. 단군신화, 주몽신화, 혁거세신화에서 천신－태양－해[日光]라는 요소는 중요한 신화적 기능을 차지하고 있다. 동물 가운데는 곰과 말이 곰숭배 사상과 이동의 역사를 반영한다. 또 한가지 중요한 북방적 요소는 샤머니즘이다. 제정일치의 군주였을 단군·동명왕·박혁거세는 북방의 시베리아 샤머니즘과 접맥되는 흔적을 공유하고 있다.

이상의 북방계 요소와는 대조적으로 난생 신화소, 쌀과 뱀·지렁이 신화소, 결혼 중심의 신화, 여성 주인공이 움직인 신화 등을 남방적 요소로 주목하고 한국신화에서 드러나는 남방문화적 성격을 추적했다. 신화의 주인공이 알로 태어나는 과정을 거치는 주몽·수로왕·혁거세·탈해·김알지 신화는 난생모티프를 지니면서도 상당히 복합적이다. 이는 하늘에서 내려오는 천손하강 유형과는 대조되면서 무엇보다도 해상을 통한 유입 경로가 특징적인데, 아마도 이 요소는 반도 남부에 먼저 도착해서 문화 변용을 겪으며 북상해서 주몽신화에까지 편입된 것으로 추정된다. 쌀과 뱀은 두 가지 모두 물과 가까우면서, 오곡의 씨앗이나 말과는 대조되는 남방계 신화소의 성격이다.

한국신화의 전개과정에서 가장 중요한 사건은 남성신과 여성신의 만남이다. 그런데 북방계 신화에서는 이 만남을 통한 2세의 탄생 즉, 수직적 관계가 강조된다면 남방계 신화에서는 남성신과 여성신의 결혼 즉, 수평적 관계가 주된 화제이다. 위에서도 살펴본 바와 같이 수로왕·혁거세·탈해·김알지·삼공본풀이·삼성혈 신화에서는 2세의 탄생보다도 결혼 자체가 강조되고 있다.

그런데 이같은 두 신의 만남에서 여성신이 남성신을 찾아 이동한 경우가 남방계 신화이다. 그 대표적인 자료로는 수로왕과 삼성혈신화를 들 수 있다. 특히 무속신화인 삼공본풀이신화는 이상에서 살펴본 남방문화적 요소가 가장 집중적으로 함축되어 나타나고 있는 신화이다. 이 신화에서는 감은장아기라는 여성이 남자를 찾아오고 2세의 탄생은 이야기되지 않는다. 쌀을 지어 밥을 해먹는 문화단계를 보여주며, 남성신의 부계(父系)로 뱀[지렁이] 신화소가 배경이 되고 있는 등 남방적 요소를 강하게 드러낸다. 두 주인공의 만남이 문화접합을 표상하면서 인도·중국·한국·일본 등지에 퍼져 넓은 분포를 보여주는데, 전승지역과 시대에 따라 말과 금 등의 북방적 요소가 가미되기도 하여 폭넓은 문화변용을 반영해준다.

삼공본풀이신화가 시사하는 것처럼 신화의 문화적 성격은 결코 단순하지 않다. 그러므로 더더욱 한국 고대문화의 배경을 어느 한쪽 특히 북방계 중심으로만 읽어낼 것이 아니라 그 다양성과 복합성을 인정하고 포괄하는 좀더 넓은 시각이 요구된다고 하겠다.

참고문헌

김대숙, 《한국설화문학연구》, 집문당, 1994.

김성호, 〈온조백제의 왕통계보〉, 《비류백제와 일본의 국가기원》, 일문사, 1982.

김재붕, 〈난생신화의 분포도〉, 《문화인류학》 4, 한국문화인류학회, 1971.

김재원, 《단군신화의 신연구》, 탐구당, 1945.

김정배, 〈한국에 있어서의 남방문화론〉, 《백산학보》 9, 1970.

나경수, 〈한국건국신화연구〉, 전남대 박사학위논문, 1988.

변태섭, 〈한국고대사에 나타난 남방적 요소〉, 《사대학보》 5, 1963.

서대석, 〈제석본풀이 연구〉, 《한국무가의 연구》, 문학사상사, 1980.

──── , 〈백제신화연구〉, 《백제논총》 1, 백제문화개발원, 1985.

──── , 〈한국신화에 나타난 천신과 수신의 상관관계〉, 《국사관논총》 31, 국사편찬위원회, 1992.

성기열, 《한국구비전승의 연구》, 일조각, 1971.

이규보 저, 박두표 역, 《동명왕편》, 을유문화사.

일연 저, 권상노 역, 《삼국유사》, 을유문화사.

장덕순, 〈한국의 야래자전설과 일본의 삼륜산 전설과의 비교 연구〉, 《한국문화》 3, 1982.

장주근, 〈김알지 신화와 영남지방의 민간신앙〉, 《문화재》 3, 1967.

천관우 편, 《한국상고사의 쟁점》, 일조각, 1975.

현용준, 《제주도 신화》, 서문당, 1976.

신라의 삼국통일과 불교

김 영 미

I. 머 리 말

기원전 6세기 인도에서 성립한 불교는 기원을 전후하여 중국에 전래되었고, 그 뒤 고구려·백제·신라와 일본에 전파되었다. 그런데 신라를 비롯한 삼국에 불교가 정확히 언제 수용되었는지는 분명하지 않다.

동진(東晉)의 지둔도림(支遁道琳)이 고구려 도인(道人)에게 축잠법심(竺潛法深)의 높은 덕을 소개하는 글을 보냈다는 기록이 《해동고승전》에 실려 있다. 따라서 도림의 입적 연대를 기준으로 보면 고구려의 경우 소수림왕 이전에 이미 도인[승려]이 있었다고 볼 수 있다. 또 백제는 근초고왕 27년(372)에 이미 동진에 사신을 보냈다는 기록이 있는데, 동진대의 중국 불교계를 감안하면 침류왕 이전에 불교를 접했을 것이다. 당시 신라는 내물왕 때 고구려 광개토왕의 도움을 받아 왜를 물리쳤으며, 실성왕과 눌지왕의 즉위에 고구려의 영향력이 작용했다. 따라서 고구려와 긴밀한 정치·외교 관계를 유지하는 가운데 5세기초 고구려와의 교통로였던 일선군(一善郡)을 중심으로 불교가 수용되었다. 눌지왕 때 묵호자가 모례의 집에 이르러 불교를 전했고 왕녀의 병을 고쳐주었다는 내용은 불교가 처음 전해지던 정황을 설명하는 것이다. 결국 고구려·백제는 4세기에, 그리고 신라는 5세기초에 불교를 받아들였던 것이다.

그 뒤 신라에서는 소지왕 대에 이르면 내전(內殿)에 분수승(焚修僧)이 존재할 정도로 불교가 점차 민간과 왕실에 전파되었다. 즉 민간에 전래되기 시작한 불교는 점차 그 영향력이 증대하였으므로 국가와 왕실에 의해 공인되었고 지배층에 의해 적극적으로 수용 전파되었다. 고구려·백제의 경우 불교가 소수림왕 2년 (372), 침류왕 1년(384)에 각각 공인되었는데, 공인이 이루어진 후 고구려에서는 고국양왕 8년(391) 3월에 불법(佛法)을 믿어 복을 구하도록 명했고 광개토왕 2년(392) 8월에는 평양에 9사(寺)를 창건했다. 그리고 백제에서는 아신왕이 즉위하여(392년) 불법을 믿어 복을 구하라고 했다. 신라에서는 법흥왕 14년(527) 이차돈의 순교를 계기로 공인이 이루어졌으므로 고구려·백제의 경우와 비슷하게 불법을 믿으라는 왕명이 내렸을 것이다. 법흥왕 16년에 살생을 금하는 교령이 발표된 것이 이런 사실을 짐작게 해준다. 공인 이후 신라에서 불교는 법흥왕과 진흥왕이 출가할 정도로 국가와 왕실의 적극적인 후원을 받았다.

따라서 불교가 처음 수용된 지 100여 년이 지나게 되면 점차 전통신앙을 대신할 정도로 널리 받아들여진 것으로 보인다. 울주 천전리 서석의 을묘(법흥왕 22, 535)명 제기(題記)에 의하면 도인비구승(道人比丘僧)과 사미(沙弥)가 있었을 뿐 아니라 중사(衆士)와 다인(多人)들로 표현된 신자(信者)들이 있었다. 즉 낙동강 수로교통의 요지인 양산 지역에 승려와 제자들 — 사(士)인 지배층과 다인(多人)인 피지배층의 사람들이 있었다. 또 고구려로부터

불교가 전해지던 교통로로 여겨지는 순흥 지방에서 535년과 539
년에 축조된 두 개의 고분에 연꽃이 그려질 정도로 이 지방의
불교문화 수준은 경주보다 앞서 있었다. 그리고 불교의 보급과
함께 점차 대승불교에 대한 이해도 높아져 불교적 사유방식이
일반민들에게 뿌리내리게 되고, 그들의 일상생활에까지 영향을
미치게 되었다.

따라서 한국 고대사의 실상을 밝히는 과정에서 불교가 매우
중요하다는 것은 일찍부터 인식되어 왔고, 그동안 불교수용과 공
인의 역사적 의의에 대해 많은 연구가 있었다. 이 연구들은 주로
정치사에 대한 관심 속에서 왕실이 어떤 경로를 통해 불교를 공
인하고, 불교사상을 정치적으로 어떻게 이용하여 왕권을 강화했
는가를 규명했고, 아울러 초기불교의 사상은 업설(業說)과 윤회
사상이 중심이 된 것이었음을 밝혔냈다. 즉 처음 수용할 당시의
불교를 국가불교로 규정지었던 것이다. 그리고 신라가 삼국을
통일한 이후에 나타나는 전제왕권의 이념적 배경을 불교사상에
서 찾기도 했다. 한편 미륵신앙·아미타신앙·관음신앙에 대한
연구도 이루어졌으며, 신라 불교의 철학적 체계, 종파의 성립에
대해서도 논의되었다.

그런데 중국·한국·일본 즉 동양 3국의 전통적 사상과 사회
구조 등은 불교의 출현지인 인도와는 달랐기 때문에 전래된 불
교도 각 사회의 구조와 성격에 맞게 변화 수용되었다. 외래종교
인 불교가 고구려·백제·신라 3국에 전래된 이래 어떤 계층이
주도적으로 이해하고 수용하여 발전시켰으며, 불교사상의 어떤
측면이 강조되었는지는 각각의 사회구조 및 3국의 발전과정과
밀접한 관계가 있다.

또 사상·종교와 사회발전의 관계를 염두에 둘 때, 신라에 의
한 삼국통일을 주목할 수 있다. 즉 삼국통일은 일정한 한계가 있
는 것이기는 했지만 민족사와 민족문화에서 하나의 획을 긋는

중요한 사건이었다. 즉 통일을 전후하여 양적으로는 불교가 대중화되어 계층간의 문화적 간격을 좁히는 한편 일체감을 조성할 수 있었으며, 질적으로는 불교사상에 대한 연구와 이해가 심화되어 신라사회가 요구하는 사상체계를 수립할 수 있었다.

이 글에서는 먼저 그동안의 연구성과를 바탕으로 삼국 특히 신라의 발전과정에서 불교가 어떤 역할을 수행하였는지, 그리고 신라가 삼국을 통일하는 데 기여한 측면은 무엇인지를 살펴보고자 한다. 그리고 통일을 전후하여 나타나는 불교계의 변화를 살펴봄으로써 종교·사상과 사회와의 관계, 즉 종교의 사회적 기능을 조명해보고자 한다.

Ⅱ. 중고기 신라의 발전과 불교의 수용

신라에서 불교가 공인되던 때는 율령을 반포하고 왕권을 중심으로 중앙집권적인 체제를 갖추어 가던 시기로, 법흥왕 7년(520) 반포된 율령에는 17관등제(官等制)와 공복(公服)·골품제에 대한 규정 등이 담겨 있었으리라고 추정되고 있다. 또 불교 공인을 전후해 일어났던 사회적 변화는 현재까지 남아있는 법흥왕 때 세워진 울진 봉평비와 진흥왕 때 세워진 적성비·순수비를 비교해 보면 짐작할 수 있다.

1988년 발견된 '울진 봉평 신라비'는 불교가 공인되기 전인 법흥왕 11년(524) 정월 15일에 훼부(喙部) 모즉지(牟卽智) 매금왕(寐錦王), 사훼부(沙喙部) 사부지(徙夫智) 갈문왕(葛文王), 본피부(本彼部) □부지(□夫智) □□ 간지(干支), 잠훼부(岑喙部) 이사지(異斯智) 간지 등 14인이 천신(天神;祖上神)으로부터 명령을 받았으며, 하늘에 제사지낼 때 얼룩소를 희생으로 바쳤고 교령을 어길 경우 하늘에서 죄를 얻을 것이라고 경고하고 있다. 이는 지증왕 4년 (503)에 세워진 영일 냉수리비에서 왕의 교령으로 재물의 귀속을 논하며 소를 죽여 의식을 거행했던 것과 같은 성격일 것이다. 즉 불교가 공인되기 전인 524년 당시 신라에서의 종교의식은 희생 을 사용하는 제천행사가 중심이었다.

그런데 봉평 신라비가 세워진 후 법흥왕 14년(527) 이차돈의 순교를 계기로 불교를 공인했고,[1] 16년(529)에는 살생을 금하는 교령을 발표했다. 이를 울진 봉평 신라비와 관련해 생각해보면, 불교를 왕실에서 수용한 후 제천행사 등 국가의 중요 의례에서 짐승을 죽여 희생으로 쓰는 것을 금했다고 풀이할 수 있다.

또 봉평비에서는 왕의 소속부서가 훼부라고 명시되어 있다. 이는 사탁부, 본피부, 잠훼부의 장(長)이라고 보이는 사람들의 지 위와 왕의 지위가 크게 다르지 않았음을 의미한다.[2] 한편 법흥왕 22년(535)의 천전리 서석에서는 '성법흥대왕'(聖法興大王)이라고 하

---

1) 《삼국유사》 권 3, 원종흥법 ; 이기백, 〈삼국시대 불교 수용과 그 사회적 의의〉, 《역사학보》 6, 1954(《신라사상사연구》, 일조각, 1986, pp. 12~13)에 서는 상대등을 설치하여 귀족과 타협한 후인 법흥왕 22년(535)에 불교 공인 이 이루어졌다고 보았다. 그러나 천전리 서석에 의하면 535년경에는 승려 및 많은 신자들이 있었음을 알 수 있으므로, 불교의 공식적 인정이 이해에 있었다고 보기는 어렵다. 또 최치원은 〈봉암사지증대사적조탑비〉에서 아도 가 고구려에서 신라에 와 불법을 전한 것이 법흥왕이 율령을 반포한 520년 으로부터 8년째 되는 해라고 설명했다. 이것은 법흥왕 14년(527) 이차돈의 순교를 계기로 불교가 공인된 사실을 중시하여 이때 신라에 불교가 처음 전래된 것으로 보았음을 의미한다고 생각된다. 최병헌, 〈신라하대 선종구산 파의 성립〉, 《한국사연구》 7, 1972에서도 최치원이 이 사실을 특기하고 있 는 점은 당시 신라인들이 율령반포를 전후한 법흥왕 시대의 정치적 변혁을 대단히 중시하고 나아가 그러한 정치적인 변혁을 새로운 사상체계로서의 불교의 전래(사실은 공인)와 결부시켜 하나의 시기로 구분하고 있었다고 보 았다.
2) 주보돈, 〈울진봉평신라비와 법흥왕대 율령〉, 《한국고대사연구》 2, 1989, pp. 121~124에서는 법흥왕 18년(531) 상대등을 설치하기 이전의 왕은 귀족 의 대표적 성격을 지니고 있는 것으로 이해되고 있다.

고 있다. 그리고 진흥왕 12년(551) 이전에 세워진 것으로 추정되
는 적성비에서는 왕이 탁부와 사탁부 소속 관리들에게 내린 명
령을 집행함을 알 수 있는데, 여기에서는 왕이라고 칭했을 뿐 왕
의 소속 부서가 명기되어 있지 않다. 또 진흥왕 29년(568)에 건
립된 황초령과 마운령 순수비에서는 왕을 진흥대왕(眞興大王)이
라 칭했고, 그의 순수(巡狩)에 사문도인(沙門道人) 법장(法藏)과 혜
인(慧忍)이 수행했다는 기록이 보인다. 새로 정복한 지역의 민심
을 수습하는 행사에 수행한 사람들을 적은 첫머리에 승려가 기
록되어 있고, 일관(日官)과 제천행사를 주관하던 관직의 후신이
라 보이는 점인(占人)이 그보다 뒤에 나온다는 사실은 무격신앙
(巫覡信仰)과 불교의 교체를 상징한다.

봉평비의 제천행사와 관련된 글에서 왕의 지위가 다른 부의
장과 크게 다르지 않았음은 당시의 왕권을 상징할 뿐 아니라, 왕
이 지니는 종교적 의미가 다른 부의 장들과 유사했음을 나타내
고 있다. 김대문에 의하면 신라의 왕명인 차차웅(次次雄)은 무
(巫)를 의미하는 것이라고 한다. 그리고 3세기 전반까지도 고구
려에서는 소노부가 자체의 종묘와 사직에 따로 제사를 지냈다.
이에 비추어 볼 때 신라의 경우에도 각 부에서 조상신과 천신에
게 따로 제사지냈을 것이다. 이것은 왕의 종교적 지위가 초월적
이지 않았음을 의미한다. 그러나 법흥왕 후반과 그뒤인 진흥왕
대에는 왕이 다른 부에 소속한 관리들보다 초월적 위치에 서게
되었으며, 대왕이라고 칭해지게 되었다.

불교는 이와 같은 사회변동기에 전래되어 일반민들과 지방에
점차 보급되었다. 그 과정에서 소지왕 때는 탄압을 받기도 하지
만 점차 영향력이 증대함에 따라 왕실에 의해 공인되고 국가의
례의 중심을 담당하게 되었다. 그리고 승려들은 무(巫)를 대신하
여 의례를 주관하는 한편 병을 치료하는 역할도 했으며, 불교가
무교보다 우월한 것으로 강조되었다. 원광이 중국에 유학하기

전 삼기산에서 경을 외우고 있을 때 산신이 주술을 좋아하던 승
려를 벌하고 원광에게 중국에서 불법을 배워 와 혼미한 무리들
을 지도할 것을 권유했다. 그리고 병을 앓는 사람을 위해 무격이
와서 제사를 올렸으나 귀신이 떼를 지어 와서 업수이 여겼는데,
밀본법사(密本法師)가 그들을 물리치고 병을 낫게 했다고 한다.
이러한 사례들은 불교가 무교보다 우월함을 강조하면서 정착하
던 상황을 보여주고 있다.

　진평왕 때 비구니 지혜는 선도산 신모의 도움을 받아 불상과
불교 그림을, 그리고 신라 오악신군(五嶽神君)을 벽화로 그렸다.
신라의 산신들조차 무격신앙보다는 불교를 옹호하는 존재로 묘
사되며, 불교 사찰에 산신을 모시는 그림이 그려진 사실은 불교
가 전통신앙을 포섭하며 정착했음을 말하는 것이다. 또 진지왕
때는 흥륜사 승려 진자(眞慈)가 미륵의 출현을 빌어 미륵의 화신
인 미륵선화(彌勒仙花) 미시랑(彌尸郞)을 만나 화랑도의 국선(國仙)
으로 받들었다는 설화를 낳았다. 이는 진흥왕대의 전륜성왕사상
이 화랑도와 관련되어 신라에 미륵이 하생했다는 설화로 나타났
음을 의미하며, 화랑을 용화향도(龍華香徒)라 하여 미륵과 연결시
키는 한편, 미륵선화·국선이라고 부른 사실은 전통신앙과의 결
합을 보여준다.

　그리고 진흥왕 12년(551)에는 고구려 승려 혜량을 맞이하여 처
음 팔관재(八關齋)를 개최한 후, 33년(572) 10월 20일에 전사한 사
졸을 위해 팔관재를 7일 동안 베풀었다. 팔관재는 한 달에 6일만
이라도 8계(戒)를 지킬 것을 권유한 데서 나온 의례다. 이를 행
하면 지옥·아귀·축생의 3악도(三惡道)에 떨어지지 않고 불법을
배워, 미륵이 하생하여 성불한 후에 설법하는 용화회상(龍華會上)
에서 만나는 등의 공덕이 있다고 한다. 그런데 신라의 경우 팔관
재를 전쟁에서 죽은 사졸을 위해 베풀고 있다. 진평왕대 이후의
제석천신앙(帝釋天信仰)도 마찬가지 경향을 보여준다. 불교에서는

범천(梵天)이 중시되는 것과 달리 신라에서는 제석천에 대한 신앙이 나타나는데, 제석천은 33천의 중앙 선견성(善見城)에 머물며 33천을 다스리는 '여러 하늘의 임금'으로 전통적 무교의 하늘님과 상통한다. 따라서 재석천신앙은 전통적인 천신숭배를 받아들인 것이다.[3]

이와같이 불교가 무격신앙을 받아들이며 정착했지만, 불교가 수용된 이후에는 신앙대상이 변화했다. 즉 조상신이나 천신, 그리고 산신에게 자신의 소원을 기원하다가, 불교를 수용한 이후에는 전통적인 신은 하위로 밀려나고 다양한 불·보살이 신앙대상이 되었다. 원래 석가모니의 가르침은 인간의 존재 자체를 괴로움[苦]이라고 통찰하고, 이것을 바탕으로 어떻게 자유롭고 행복한 열반의 세계를 실현할 수 있을 것인가에 요점이 있다. 그런데 열반의 세계를 실현하는 데는, 곧 깨달음을 얻는 데는 두 가지 길이 있다. 그 하나는 스스로의 수행에 의한 것이고, 다른 하나는 이타행(利他行)을 실천하는 불·보살에게 의존하는 것이다. 원시·부파불교(原始部派佛敎)에서는 자신의 노력에 의한 깨달음이 강조되었지만 기원을 전후한 시기에 일어난 대승불교운동은 그 강조점을 바꾸어놓았다. 즉 이전에는 교주인 석가모니의 가르침에 의지한 자신의 노력만이 깨달음에 중요하다고 여겨졌으며, 깨달음을 얻은 자도 부처가 아닌 아라한이라고 간주되었다. 그러나 대승불교에서는 누구나 깨달음을 얻으면 부처가 된다고 보고, 깨달음을 위해 이타행을 실천하는 사람들을 보살이라고 불렀으며 세계 각지에는 이러한 보살들이 두루 존재한다고 생각했다. 따라서 이들에게 기원함으로써 자신의 소원을 이룰 수 있다고 믿었다. 삼국에서 널리 성행한 미륵신앙도 이에 해당한다고 할 수 있다.

---

3) 고익진,《한국고대불교사상사》, 동국대출판부, 1989, pp. 58~62.

　무교에서 불교신앙으로의 변화는 중고기 급격하게 발전을 이룩한 신라 사회의 내부적 요구에 기인한 것으로 보인다. 신라에서는 4~6세기에 걸쳐 농업생산력이 발달하였는데, 이것은 정치 사회적으로 많은 변화를 초래했다. 먼저 철제농기구와 우경의 보급으로 철제농기구와 소를 소유할 수 있는 신분과 그렇지 못한 신분의 빈부 격차가 심화되었다. 한편 읍락공동체 안에서의 계층 분화는 공동체의 해체를 촉진했고 읍락 자체의 독자적 정치체로서의 성격도 크게 약화되었다. 즉 읍락공동체의 해체가 진전되고, 이와 반비례하여 중앙집권적 통치조직이 정비되었다. 이에 따라 피정복지역의 지배층은 중앙귀족으로 편입되어 일원적인 관등체계 안에 편제되고, 관등제가 완성되어 율령으로 반포된 6세기초 법흥왕 무렵에는 중앙정부의 통치력이 복속한 지방에까지 미치기 시작했다. 즉 관등제의 일원화는 지방제도의 정비와 밀접한 관련을 지니고 진행되었다. 6세기 이전에는 정복한 지역에서 일정한 공(貢)을 납부받는 데 불과했지만, 6세기초부터는 자국민으로 대우하면서 지방의 유력자에게 외위(外位)를 수여함으로써 그들을 매개로 지방을 지배했다.

　신라의 중앙 국가세력은 지방의 공동체적 자치집단에 대한 정치적 편제를 강화시켜나갔는데, 지증왕 6년(505)에 실직주(悉直州)를 설치하여 이사부(異斯夫)를 군주(軍主)로 파견한 것을 시작으로 일원적 지방통치조직을 마련했다. 즉 각 지방에 지방관이 파견되는 주군제(州郡制)가 실시되었고, 중요 거점에 군대를 파견하기 위한 정(停)이 설치되고, 지방의 지배층을 편제한 외위제(外位制)가 시행되었다.

　이에 따라 국가는 점차 읍락내 소농민층을 국가의 공민(公民)으로 직접 지배할 수 있게 되었고 역역(力役) 동원체계 및 조세제도가 마련되었다.[4] 이 지배체제의 정비는 법흥왕 23년(536)에 영천 청제비를 수리할 때 7천 명을 촌락단위로 동원한 사실과,

진평왕 13년(591)에 남산신성비를 축조할 때 200여 개의 작업집
단을 동원한 사실로도 짐작할 수 있다. 적성비에 의하면 국가는
호구조사를 통해 15세 이상의 남녀를 파악하고 있었다. 이러한
역역과 조세징수를 위해 진흥왕 26년(565)과 진평왕 6년(584)에
각각 품주(稟主)와 조부(調府)가 중앙에 설치되었다.

뿐만 아니라 삼국간의 전쟁이 치열해지고 군사의 수요가 급증
하게 되자 기존의 6부병을 기초로 했던 군동원체제를 지방의 전
국민을 동원하는 징병제로 전환했다. 즉 진흥왕 5년(544)에 6부
의 병사로 구성된 6기정(六畿停)을 통합하여 대당(大幢)을 편성했
고, 그 이후 영토를 확장하고 점령지에 주(州)를 설치한 후 주마
다 군단을 설치한 결과 6정이 편성되었다. 이 6정 가운데 대당을
제외한 5개의 정은 지방민을 징발해 편성했던 것이다. 이러한
변화는 중앙에서 법흥왕대 병부를 설치하고 544년에 병부령 1인
을 증치한 사실과도 밀접한 관계가 있을 것이다.

이처럼 주변지역에 대한 지방지배체제가 변화함에 따라 지방
민에 대한 의식도 변화했다. 이 과정에서 경주를 중심으로 한 폐
쇄적 자기의식[5]을 극복하게 되고, 전쟁 및 축성 등에 지방민을
동원하기 시작하면서 지방관의 역할이 강화되었다.

7세기 중엽에 이르면 삼국간의 전쟁과 뒤이은 나당전쟁(羅唐戰

---

4) 전덕재, 〈4~6세기 농업생산력의 발달과 사회변동〉,《역사와 현실》 4,
　 1990, p. 41. 5세기경의 광개토왕비문에 의하면, 비리성(지금의 함남 안변지
　 역)에서 國烟을 징발하여 守墓시키고 있는데 이는 국가가 어떤 원칙하에서
　 국가의 역역에 동원하고 있음을 의미한다. 한편 신라의 역역 동원체계·조
　 세제도에 대해서는 이종욱의 〈남산신성비를 통하여 본 신라의 지방통치체
　 제〉(《역사학보》 64, 1974) 등을 참조.
5) 울진 봉평비에 의하면 경주의 6부인들은 자신들에게 '신라육부'라는 표현
　 을 사용하여 여러 조치와 결정의 주체인 자신들과 그 대상이 된 현지 주민
　 의 구별을 명확히 했다. 그리고 554년 성왕을 관산성전투에서 죽인 三年山
　 郡 高干 都刀가 《일본서기》 에는 '賤奴' '佐知村飼馬奴' 등으로 표현되어 있
　 다.(하일식, 〈6세기 신라의 지방지배와 외위제〉, 《학림》 12·13, 1991, p. 16)

爭) 등 치열한 전쟁이 계속됨에 따라 촌주층은 점차 외위 대신 경위(京位)를 받게 된다. 이것은 촌주들이 지방민을 전쟁에 효과적으로 동원하여 전투에 참여한 것에 대한 포상이었다. 즉 신라의 사회적 발전과 삼국간의 치열한 전쟁은 중앙정부가 지방민을 공민으로 편입시켜 전쟁 및 역역에 동원하고, 조세를 징수하는 대상으로 파악하게 했고, 그들의 자발적인 참여를 유도하기 위해 사회적 지위를 향상시키는 부수적 효과를 낳았다.

이 과정에서 국가는 왕경인(王京人) 중심의 사회에서 벗어나 전체 백성들을 일률적으로 파악 동원하게 되었으므로, 이를 뒷받침할 수 있는 사상이 필요했다. 또 신라의 새로운 지배체제에 편입되어 간 지방민들도 전쟁을 수행하는 가운데 자신들이 왕경인과 다름없음을 자각하게 되고, 그에 따라 자신들의 사회적 지위에 대한 인식이 점차 변화해갔다.

그러나 조상신신앙 등 기존의 신앙체계로는 이러한 변화를 뒷받침할 수 없었으므로 불교는 고구려로부터 전래된 이후 빠른 속도로 보급될 수 있었다. 일반민들의 경우, 계층분화가 이루어지며 공동체가 해체되어 가는 속에서 지배층의 조상신이 자신들을 지켜주리라 믿기 어려웠기 때문이다. 또 읍락공동체에서 행해지던 천신·조상신에 대한 제사의례가 공동체의 결속을 공고히 할 수 있었으므로, 국왕의 입장에서도 이를 대치할 수 있는 새로운 신앙이 필요했음은 물론이다.

Ⅲ. 중고기 불교의 사회적 역할

1. 왕권강화와 불교적 관념

신라 왕실은 불교를 공인하고 적극적으로 받아들이는 한편, 종래의 천손족설화에 대신해 전륜성왕사상(轉輪聖王思想)과 진종설화(眞種說話) 등의 불교적 관념을 통해 왕실의 권위를 내세웠다.

진흥왕은 동륜(銅輪)과 사륜(舍輪 ; 혹은 鐵輪)이라는 아들을 두었는데, 이는 진흥왕을 불교에서 생각하는 이상적 군주인 전륜성왕에 비유한 것임을 의미한다. 전륜성왕은 바른 불법에 입각하여 나라를 다스리는데, 금륜보(金輪寶)를 타고 동서남북의 여러 지방을 돌아다니면 크고 작은 나라의 왕들이 다투어 나라와 인민을 바쳐 신하되기를 자원한다. 《장아함경》에 의하면 전륜성왕은 7보(七寶)를 성취하고 4신덕(四神德)을 갖추고 있는 임금이라고 한다. 7보는 전륜성왕이 이상적인 정치를 하는 데 필요한 물심양면의 덕을 갖추고 있음을 의미한다. 또 〈대비바사론〉 권 30, 또는 〈구사론〉 권 12에 의하면 금륜왕은 4주(洲)를, 은륜왕은 3주를, 동륜왕은 2주, 철륜왕은 1주를 다스린다고 한다. 진흥왕이 두 아들을 동륜과 사[쇠]륜으로 이름한 것은 여기에 입각했다고 생각된다. 즉 진흥왕은 신라의 정복군주로서 계속되는 전쟁이 이상적인 사회를 건설하기 위한 것임을 표방함으로써 자신의 정복사업을 합리화하고 전쟁에서의 승리를 통해 자신의 권위를 강화할 수 있었을 것이다.

한편 진평왕은 제석천에게서 옥대(玉帶)를 받았다는 설화를 통해 그 권위를 보장받았고, 진평왕이 석가의 아버지인 정반왕으로, 왕비는 마야부인으로 칭해졌으므로 딸인 선덕여왕은 석가와 같은 위치로 왕위에 오를 수 있었다. 뿐만 아니라 중국에 유학한 자장(慈藏)이 오대산에서 만난 문수보살은 "너희 나라의 국왕은 천축(天竺) 찰리종왕이며, 미리 부처님의 수기(授記)를 받았다"고 했다. 곧 선덕왕은 인도의 4종성제도(四種姓制度)의 두번째 신분인 크샤트리아로서 석가와 같은 계급일 뿐 아니라 부처님의 수기를 받은 존재라고 했던 것이다. 이는 신라의 왕족이 석가와 같은 위치에 있음을 말함으로써 새로이 국교처럼 신봉하게 된 불교의 교주 석가의 위력을 빌려 왕실을 미화한 것이다.

그리고 한편으로는 전쟁이 끊임없이 계속되던 선덕왕 때 황룡사 9층탑을 세움으로써 국가적 위기를 부처의 힘을 빌려 벗어나고자 했다. 선덕왕 11년(642) 7월에는 백제의 의자왕이 서쪽의 40여 성을 함락시켰고, 8월에는 고구려와 함께 당항성을 공격하여 신라와 당의 교통로를 막고자 했으며 대야성을 함락시켜 신라 영토를 깊숙이 점령했다. 이에 위태로워진 신라는 그해 겨울 김춘추를 고구려에 파견하여 도움을 청했으나 고구려가 죽령 서북쪽의 땅을 요구했으므로 협상에 실패했다. 이처럼 급박한 상황은 진흥왕대 이후 '신라왕이 이상적 군주로서 통일을 이룩하는 전륜성왕'임을 강조하던 입장을 계속 유지할 수 없게 했다. 따라서 신라를 위협하는 고구려와 백제를 굴복시키고 전쟁을 하루빨리 끝내기 위해 민심을 안정시키고 자신감을 불어넣을 수 있는 방법이 필요했고, 이를 위해 당에 유학한 자장의 권유를 받아들여 선덕왕 14년(645) 이간(伊干) 용수(龍樹)의 지휘 아래 황룡사 9층탑을 완성했던 것이다. 이는 국민들에게는 불법으로 외적을 제압할 수 있다는 호국의 상징물이었다.

이와 같이 신라에서 불교적 관념으로 왕권을 뒷받침하려 했던 것은 자료의 부족을 감안하더라도 고구려와는 비교되는 현상이다. 고구려에서는 불교가 받아들여지고 고국양왕 9년에 '불교를 믿어 복을 구하기'를 명한 이후에도 여전히 왕실이 천손족임을 과시하고 있기 때문이다. 광개토왕 때는 평양에 절을 창건했는데도 광개토왕비에서 불교적 언급을 전혀 찾아볼 수 없고, 추모왕(鄒牟王 ; 주몽)이 천제(天帝)의 아들이며 어머니는 하백(河伯)의 딸임을 강조하고 있다. 그리고 장수왕 때 죽은 모두루(牟頭婁)의 묘지명에서도 "하백의 손자이며 일월의 아들인 추모성왕(鄒牟聖王)이 북부여에서 태어나셨으니 천하 사방이 이 고을의 가장 성스러움을 알지니"라 했다. 또 5세기에 만들어진 고구려 고분의 벽화에 불교적 내세관이 나타나면서도 전통적인 계세적 내세관

과 장생불사적 내세관이 남아 있었던 사실도 이와 같은 경향으로 보인다.[6]

수용 초기의 신라 불교가 지니는 이러한 특징은 미륵신앙과도 밀접한 관계가 있다. 왜냐하면 불교에서는 전륜성왕이 다스리는 때 미륵불이 세상에 출현하여 돕게 되므로,[7] 세상은 안락하게 되어 평화가 온다고 한다. 따라서 미륵불의 출현을 기대하게 되고, 그 결과 진지왕 때 흥륜사 승려 진자(眞慈)가 미륵의 출현을 빌어 미륵의 화신인 미륵선화 미시랑을 만나 화랑도의 국선으로 받들었다는 설화가 탄생했음은 앞에서 살펴본 대로다. 이는 진흥왕대의 전륜성왕사상이 화랑도와 연관되어 신라에 미륵이 하생했다는 설화로 나타난 것이다. 또 팔관재를 닦으면 죽어서 미륵이 하생하여 성불하는 용화회상에서 만난다고 하는 것도 미륵신앙과 관련이 있다.

미륵신앙이란 석가의 후계자로서 미래에 성불하여 중생을 구제하기로 약속한 미륵보살·미륵불에 대한 신앙이다. 중국과 신라에서 먼저 신앙된 대상은 다양한 불과 보살 중 석가불과 미륵보살이었다. 석가신앙은 불교의 설법주(說法主)인 석가모니 숭배, 그리고 기원전 2세기경부터 성행한 불탑신앙과 관계가 있다. 신라의 경우에도 불교수용 초기부터 석가신앙이 행해졌다. 진흥왕 27년(566) 황룡사를 완공한 후 35년(574)에는 황룡사에 석가삼존상을 주조하여 봉안했는데, 이는 불교 교조에 대한 신앙이므로 당연한 것이라 할 수 있다.

그런데 석가모니는 이미 열반에 들었으므로 그뒤의 불교는 그의 인격(人格)과 유리된 것이었다. 즉 인격적 분위기 속에서 인격적 대응을 행한 석가모니의 초기 가르침을 기록화된 경전에서

---

6) 전호태, 〈5세기 고구려 고분벽화에 나타난 불교적 내세관〉, 《한국사론》 21, 1989, pp. 62~63.
7) 《장아함경》 18, 전륜성왕수행경.

구하는 것은 불가능했으므로, 석가모니의 후계자로서 도솔천에 대기중인 미륵보살에게 의존하게 되었다. 중국과 신라에서 미륵신앙이 석가신앙과 함께 널리 퍼진 것도 그러한 이유일 것이다. 6세기 후반에서 7세기 전반에 걸쳐 삼국에서 미륵보살상이 집중적으로 만들어지는 것은 이 시기에 미륵신앙이 널리 성행했음을 알려주고 있다.

미륵신앙은 미륵보살이 현재 머물러 있는 도솔천에 태어나기를 원하는 상생신앙(上生信仰)과, 먼 훗날 미륵보살이 인간세계에 태어나 성불한 후 세 차례의 설법을 통해 중생을 구제하기 위해 활동할 때, 그와 만나기를 원하는 하생신앙(下生信仰)으로 구분된다. 그런데 삼국 특히 신라에서는 미륵보살이 화랑으로 태어났다는 하생신앙이 매우 성행했으며[8] 백제의 경우도 미륵사 창건 연기설화에 나타나듯이 미륵삼존이 연못 속에서 출현했다고 믿어졌다. 이처럼 하생신앙이 성행했던 것은 전란을 겪고 있던 백성들에게는 구세주의 등장을 갈망하는 구원의 신앙이고, 왕에게는 전륜성왕이 다스리는 시기에 미륵이 하생하여 성불한다는 것과 관련하여 자신의 통치를 의미있게 해줄 수 있기[9] 때문이었을 것이다. 또 화랑도의 화랑이 될 수 있었던 귀족에게는 미륵이 화랑으로 출현했다는 사실이 중요했을 것이다.

이와 관련하여 《삼국사기》 진흥왕 37년조에 실려 있는 최치원의 난랑비서(鸞郎碑序)가 주목된다. 최치원은 미륵의 화신으로 이야기되는 화랑을 전통신앙적 요소와 유·불·도 3교가 융합한

---

8) 이기백, 앞의 글, pp. 17~18.
9) 김영태, 〈미륵선화고〉, 《불교학보》 3·4, 1966, p. 145에서 진흥왕이 전륜성왕에 비기어졌음을 주장하였다. 그리고 고익진, 앞의 책, p. 45에서는 진흥왕대의 흥륜사는 전륜성왕과 미륵신앙을 결합한 정치적 이념을 확립하려는 사찰이라고 보았다. 이와 관련하여 볼 때 전륜성왕이 다스리는 시대에 인간으로 태어나 성불한 후 중생을 구제한다는 미륵이 화랑으로 출현했다면 이는 전륜성왕에 비견되는 국왕의 통치를 미화해 줄 수 있었을 것이다.

것으로 설명하고 있다. 여기서 충효관념이 유교적 덕목으로 이야기되고 있지만, 원광(圓光)의 세속오계 등과 관련시켜볼 때 미륵신앙 자체와도 크게 괴리되지는 않을 것이다. 따라서 신라 왕실로서는 충효사상의 고취라는 측면에서도 화랑도와 미륵신앙이 중요한 의미를 지녔다고 여겨진다.

그런데 중고기에 성행했던 미륵신앙의 경우에는 미륵이 이 땅에 하생한 후 성불하여 중생을 구제한다는 측면보다는 미륵이 신라에 화랑으로 하생했다는 것만이 강조되었다. 즉 미륵이 화랑으로 출현했다는 사실은 전륜성왕의 치세를 빛내줄 수 있는 요인으로 작용할 수도 있었겠지만, 미륵 하생신앙의 궁극적 목적인 중생의 제도와는 무관하게 중고기 신라사회의 요구에 부응한 형태로서 전통신앙과 융합된 채 전개되었다.

흥륜사 승려 진자는 미륵하생을 발원하면서 미륵이 화랑으로 하생하여 자신이 모실 수 있기를 바라고 있을 뿐, 하생한 미륵이 현실에서의 문제를 어떻게 해결하여 중생을 구제할 것인지는 언급하지 않고 있다. 그리고 미륵신앙은 계율을 중시했을 뿐 아니라 참회, 탑의 청소, 길을 깨끗이 하고 향과 꽃을 올리는 등의 선행공덕(善行功德)과 관법(觀法)의 실행 등이 필요하다는 점에서 일반민들이 쉽게 실천할 수 있는 신앙은 아니었다.

2. 민심의 통합과 불교대중화

신라에서는 점차 중국 및 인도 유학승들이 나오기 시작하면서 불교에 대한 이해가 깊어지기 시작했으며, 중국에서의 신앙대상의 변화도 신라 불교에 영향을 미치게 되었다. 그리고 교화승(教化僧)들에 의해 불교의 대중화도 촉진되었다.

불교의 대중화는 진평왕대(579~632) 이후 활동한 혜숙(惠宿), 혜공(惠空), 대안(大安) 등에 의해 진행되었다. 혜숙은 호세랑의

낭도였다가 안강현 적선촌에 은거하여 생활하며, 진평왕의 초대
를 거절하고 신도의 집에서 7일재를 지내주는 등의 활동을 했다.
혜공은 천진공의 집에서 고용살이하던 노파의 아들로 출가한 후
항상 작은 절에 거주하면서, 늘 술에 취해 삼태기를 지고 노래하
고 춤추며 미친 것처럼 거리를 돌아다녔다. 대안도 저자에서 바
라를 치며 "대안대안"을 외치고 다니며 교화했다.

　이들 교화승의 활동뿐 아니라 유학승이었던 자장의 활동도 주
목된다. 자장은 선덕왕의 청에 따라 선덕왕 12년(643) 귀국했는
데, 본국에 불경과 불상이 갖추어지지 못했으므로 〈대장경〉 1부
와 여러 번당(幡幢)과 화개(花蓋) 등 복과 이익이 될 만한 것을
가져왔다. 자장은 황룡사에서 7일 동안 보살계본(菩薩戒本)을 강
연하는 등 불법을 널리 폈는데, 이때 계를 받고 부처를 받드는
사람들이 열 집 가운데 여덟·아홉이었다고 한다.

　그렇다면 진평왕 이후 진행된 불교대중화의 의미는 무엇일까?
그것은 아마도 단순한 신자의 증가에 그친 것이 아니라, 불교에
대한 이해가 깊어지고 불교적 사유체계가 사람들의 의식구조 속
에 깊게 자리잡게 되었음을 의미한다고 여겨진다.

　불교가 수용되기 이전 고대사회의 사람들은 인간의 운명이 신
에 의해 결정된다고 생각하고 지배자를 천신의 자손으로 간주했
다. 따라서 현세의 길흉화복은 조상신 및 여러 신과의 관계에 의
해 결정되며 일방적인 것이었다. 또 인간의 영혼은 육체의 죽음
에 관계없이 계속 살아서 활동하며 내세란 죽은 사람의 영혼이
사는 세계라는 점에서 현세와 다를 뿐 사회구조 및 위계질서, 생
활방식은 현세와 동일하다고 믿어졌다. 그리고 죽어서도 현재의
지위와 신분을 그대로 유지한다고 생각하는 계세적 세계관에 근
거하여 순장·후장이 행해졌다.[10] 또 전쟁포로나 투항자는 노비

---

10) 변태섭, 〈한국고대의 계세사상과 조상숭배신앙〉 상·하,《역사교육》 3·4,
　1958·1959.

가 되거나 집단예민(集團隷民)이 되어 그들의 생사가 지배자에
의해 좌우되었다.

그런데 신라 사회에서 이러한 사유방식이 점차 바뀐 것으로
보인다. 즉 중고기의 사회·경제적 변화 및 불교수용 이후 승려
들의 영향으로 인간관과 내세관이 점차 변화한 것이다. 먼저 지
증왕 3년(502) 3월에 순장을 금했는데, 이것은 사람의 노동력이
중요해진 것을 의미할 뿐 아니라 국가의 성장에 따른 차별적 종
족주의가 극복되어 가는 과정에서 인간에 대한 의식이 변화한
것이라고 이해되고 있다.[11] 사후세계에서는 국왕과 주인에 대한
철저한 예속으로부터 점차 벗어날 수 있다고 여겨지게 되었던
것이 아닌가 한다.

이와 관련하여 주목되는 것은 진흥왕 23년(562) 9월 가야 공격
에 공이 많은 사다함에게 좋은 땅과 포로 200구(口)를 상으로 주
었는데, 포로는 모두 풀어줘서 양인(良人)이 되게 하고 토지는 전
사들에게 나누어주었다는 사실이다. 이 사실은 신라에서 전쟁노
비의 개인 분배가 흔히 있었음을 말해주는 동시에 이제 더이상
사유노비의 확대가 불필요했음을 말해주는 것으로 추정된다.[12]
그리고 김유신이 진덕왕 2년(648) 투항한 백제인들을 방량(放良)
해준 것으로 미루어 예민화되어야 할 투항민을 신분적으로 해방
해준 것이라고 보기도 한다. 이 견해를 받아들인다면 김유신이
문무왕 원년(661) 옹산성(甕山城)에 모여 있던 백제의 잔병을 공
격하여 패장(敗將)은 죽이고 백성들은 놓아주었던 일도 소농민을

---

11) 김기흥, 〈한국 순장제의 역사적 성격〉,《건대사학》8, 1993 참조. 또 순장
　　이 사라진 통일신라의 무덤에서는 토용이 피순장자에 대신하여 출토되고
　　있는데, 이는 사후세계관이 바뀌고 있음을 반영한다고 이해되고 있다.(김기
　　흥,《새롭게 쓴 한국고대사》, 역사비평사, 1993, p. 147)
12) 한우근, 〈고대국가성장과정에 있어서의 대복속민시책〉상,《역사학보》12,
　　1960, pp. 101~119에서는 노예소유자적 지배체제에서 직접 농민지배의 체제
　　로 전환되면서부터 이런 일이 나타나게 된 것으로 보았다.

확보하기 위한 노력으로 풀이할 수 있을 것이다.

이러한 변화는 사회적 변화와 함께 불교의 업설과 윤회설이 신라사회에서 큰 영향을 미치게 된 사실과도 관련이 있다.[13] 왜냐하면 불교의 인과응보론은 사회 여러 계층의 현실인식 및 내세관을 논리화시키게 되었기 때문이다. 즉 계세사상이 불교전래로 점차 변화되어 현세와 구분되는 내세관념이 형성되었던 것이다. 즉 현세에서 쌓는 공덕에 의해 내세의 삶이 결정된다고 파악했던 것이다. 그리고 그 영향은 지배층[14]뿐만 아니라 일반민에게서도 찾아볼 수 있다.[15]

앞에서 살펴본 것처럼, 신라는 5~6세기에 걸친 팽창의 결과, 왕경인 중심의 사회에서부터 벗어나 전영역의 백성들을 일률적으로 파악하고 동원해야 했으므로, 이를 뒷받침할 수 있는 사상이 필요했다. 또 신라의 새로운 지배체제에 편입되어 간 지방민들도 전쟁을 수행하는 과정에서 자신들이 왕경인과 다름없다는 점을 자각하게 되고, 자신들의 사회적 지위에 대한 인식이 점차 변화해갔다. 그 과정에서 원광·자장에 의한 보살계의 보급은

---

13) 업설과 윤회사상이 미친 영향과 기능에 대해서는 이기백,〈신라 초기불교와 귀족세력〉,《진단학보》40, 1975 ;《신라사상사연구》, 일조각, 1986 및 김영미,〈신라 아미타신앙과 정토관의 변화〉,《수촌박영석교수화갑기념 한국사학논총》상, 탐구당, 1992 참조.

14) 이기백, 앞의 글(1975)에 따르면 삼국시대에는 불상을 만들며 그 공덕으로 내세에 악도에 떨어지지 않고 인간세계에 태어나거나 장차 태어나는 세상에서 부처를 만나 법을 듣기를 빌고 있다고 하였다. 불상을 조상할 수 있는 사람은 경제력이 허용하는 사람들이었으므로, 지배층으로 분류할 수 있을 것이다. 그리고 통일 후의 윤회설화에서도 공덕에 의해 인간으로 윤회하기를 기원하는 경향을 보이고 있다고 했다. 또 전호태, 앞의 글, pp. 60~61에서는 고구려 고분벽화를 통해 지배층의 내세관이 변화했음을 알 수 있다고 했다.

15) 김영미, 앞의 글, p. 250에서는 선덕왕(632~646) 때의 양지가 영묘사의 장육상을 만들 때 풍요를 부르며 진흙을 날랐던 사람들이 "공덕 닦으러 오라"고 한 것은 불교의 윤회사상이 일반민들에게까지 자리잡은 사실을 나타낸다고 보았다.

중요한 의미가 있다고 하겠다.

원광은 중국에 유학하고 돌아와 귀산과 추항에게 세속 5계를 주었는데, 그때 "불계(佛戒)에는 보살계가 있어 열 가지가 있으나, 너희들은 남의 신하이니 아마 감당할 수 없을 것이다"고 했다. 원광이 귀국한 것은 진평왕 22년(600)이었고, 두 소년이 전사한 것은 2년 후인 602년이었다. 따라서 7세기초에는 이미 보살계를 신라에서 알고 있었다고 볼 수 있는데, 이 보살계는 그후 자장에 의해 적극적으로 받아들여졌다. 자장은 귀국 후 황룡사에서 보살계본을 강연했는데, 여러 상서로움이 나타났다고 한다. 원광이 보살계를 알면서도 신하된 사람들에게 지키기 어렵다는 이유로 설하지 않은 것과 달리 자장이 대중을 상대로 설하게 된 것과 관련해 당시의 시대적 상황이 주목된다.[16] 보살계는 소승계(小乘戒)에 비한다면 이타(利他)를 설한 까닭에 적극적이라 할 수 있고 외적인 형식보다는 내적 동기와 정신을 중시하는 것이다. 그러므로 국가 존망의 위기에 처한 신라에서 민심을 끌어모으는 데는 금지규정 위주의 소승률(小乘律)보다는 적극적 행위와 동기를 중시하는 보살계가 훨씬 더 요구되었을 것이다. 원광과 자장의 보살계에 대한 태도 변화는 바로 이러한 시대적 상황을 반영하는 것이라 할 수 있다.

계율에 대한 적극적인 해석은 통일전쟁기에 살았던 의적(義寂)이나 원효(元曉)에게서 잘 드러난다. 원효는 《범망경》에 대한 저술인 〈범망경보살계본사기〉(梵網經菩薩戒本私記)에서 계에 따른 무조건적 금지가 아니라 자비와 효순심(孝順心)에 근거한 중생의 구제를 강조했다. 예를 들면 경에서는 중죄라고 간주한 살생이나 자신을 높이고 남을 비방하는(自讚毁他) 경우, 원효는 이것들이 죄가 되기도 하지만 오히려 복이 되기도 한다고 말한다. 중생

---

16) 최원식, 〈신라의 보살계 수용과 그 유포〉, 《국사관논총》 29, 1991.

의 근기(根機)에 통달한 보살이, 죽이지 않으면 제도할 수 없는 근기임을 보고 살생한 경우에는 복이 되고, 실수하거나 미혹하여 죽인 경우에는 죄도 아니고 복도 아니라는 것이다. 또 상대방에게 믿는 마음을 일으키기 위해 자신을 높이고 남을 비방했을 때에는 복이 되며, 방일(放逸)하거나 선악의 가치판단이 없는 마음으로 한 경우에는 죄도 복도 아니라고 했다.

   이러한 입장에서 원효는 소승적 계율의 준수보다 계율의 근본 정신을 강조하고 스스로 실천했는데, 그 자신 신라가 당과 연합하여 고구려와 싸우는 과정에서 자문에 응하기도 했다.[17] 이러한 원효의 태도는 계율에 근거해 보면 주목된다. 즉《범망경》의 제11경계(輕戒)에서는 나라의 사신이 되어 군대를 일으켜 싸우게 하거나 군중(軍中)에 왕래하는 것을 금지하고 있다. 원광의 경우에도 걸사표를 쓰며 사문의 도리가 아니라 했던 것은 이와 관계되는데, 7세기말에 신라에서 활동했던 의적은〈보살계본소〉(菩薩戒本疏)에서 사람들의 무기 소유에 대해, 외난(外難)과 불법(佛法)을 지키기 위해 무기를 가지고 있더라도 해칠 마음이 없다면 허락되어야 한다고 했다. 또 재가인(在家人)으로 무관이 되었거나, 화친을 위해 노력할 때는 군중에 오가는 것을 허락했으며, 출가 보살의 경우에도 어떤 일로 부름이 있을 때는 율에 준하여 군중에 2, 3일 묵는 것은 허락한다고 했다.[18] 이처럼 귀인이 아닌 재가인들도 무기를 소지하고 군중을 왕래할 수 있도록 허용한 것은 의적이 삼국통일기에 전쟁을 직접 겪었거나 이를 전해들었기

---

17)《삼국유사》권1 기이1 태종춘추공. 김유신이 당군과 연합하려고 소정방에게 사람을 보내 돌아갈 시기를 물으니 그가 종이에 鸞과 송아지 두 물건을 그려서 보냈다. 그 뜻을 알지 못해 원효에게 물으니 속히 군사를 돌이키라 하였고, 그 말에 따라 회군하던 도중에 고구려군의 추격을 받았다는 얘기다.
18) 최원식,〈신라 의적의 범망보살계관〉,《하석김창수교수화갑기념사학논총》, 범우사, 1992, pp.52~55.

때문이며, 화랑도에 속해 있던 승려낭도(僧侶郎徒)의 예에서도 알 수 있듯이 승려들이 전쟁에 직접 간접으로 관여하고 있던 당시의 사정을 반영하는 것이다.

또 신라에서 주어진 보살계의 근거가 되었던《범망경》은 국왕과 재상에서부터 서민이나 노비·축생에 이르기까지 법사(法師)의 말을 알아들을 수만 있다면 모두 평등하게 계를 받을 수 있다고 했다. 따라서 범망보살계의 수용과 유포는 보살계를 받은 사람들에 대한 평등사상을 전파하는 데 일정한 기여를 했을 것으로 추정된다.[19] 즉 계를 받은 사람들은 모두 부처의 제자로 동등한 입장에 설 수 있었을 것이므로, 전통적인 조상신이나 천신에 의해 자신의 가문을 미화하던 시대와는 다르다고 할 수 있다.

그리고《범망경》은《화엄경》과《열반경》등의 사상을 받아들여 성립된 경전으로 모든 중생이 불성(佛性)을 가지고 있다고 말한다. 따라서 보살계의 수용과 유포는 신라 중고기에 수용된 불성론, 즉 여래장사상(如來藏思想)과도 밀접한 관계가 있었음을 알 수 있다. 따라서 국가는 모든 사람의 본질적 평등성을 강조하는 불교사상이 지배체제의 정비를 도울 수 있으리라 판단했을 것이다. 또 신라국가의 새로운 지배체제에 편입되어 간 지방민들은 전쟁을 수행하는 과정에서 인간의 본질적 평등성을 강조하는 불교를 받아들이게 되었을 것이다.

---

19) 최원식,〈신라 보살계사상사 연구〉, 동국대 박사학위논문, 1993, pp. 155~157. 특히 불자들이 세속의 신분이나 지위에 관계없이 보살계를 받은 순서에 따라 좌석의 차례가 결정된다는《범망경》의 규정은 주목된다고 한다. 그러나 중국에서 활동했던 신라승 승장이 보살계를 받은 순서를 우위에 두었던 데 비해 국내에서 활동한 의적은 노비와 주인의 신분은 뒤섞일 수 없는 것이므로 계를 받은 순서에 따를 수 없다고 하였는데, 이는 당시 신라의 골품제와 밀접한 관계가 있는 것으로 추정하고 있다. 여기에서 노비의 좌석은 주인보다 위에 올 수 없지만, 그 외의 일반민과 지배층 사이에서는 어떠했을까 궁금해진다. 그러나 명확한 규정은 찾아볼 수 없다.

Ⅳ. 통일 후 불교의 발전

1. 원효의 사상

원효는 34세 때 의상(義相 또는 義湘)과 함께 645년 장안에 돌아온 현장(玄奘)의 신유식(新唯識)을 배우고자 입당유학을 시도했다. 그러나 고구려와 당의 접경지대인 요동에서 첩자로 오인되어 실패했다. 그 뒤 문무왕 1년(661 ; 45세) 두번째로 유학을 시도하다가 고분 속에서 "모든 세계와 존재는 오직 심식에서 비롯되는 것"(三界唯心 萬法唯識)임을 깨닫고 돌아왔다. 그뒤 요석궁의 과공주와 결합하여 설총을 낳고 환속한 후에는 세속의 복장을 하고 소성거사(小性居士)라 자칭하며 무애행(無㝵行)을 실천했다. 그는 89부 200여 권에 달하는 많은 책을 저술했지만 현재 전하는 것은 22부 20여 권에 불과하다. 그러나 그의 남은 저술을 통해 우리는 당시 불교교학의 수준을 엿볼 수 있다.

원효는 신라 혜공·낭지(朗智)의 공사상(空思想) 및 혜공·대안의 대중교화에 많은 영향을 받았으며, 공사상[三論學]에 입각해서 《열반경》의 불성의 의미를 발전시킨 고구려 보덕(普德)의 사상을 수용했다. 그리고 당시 중국에서 성행하던 신유식 계통의 경론을 저술에서 많이 인용한 것으로 보아 그 영향도 있었음을 짐작할 수 있다. 또 의상이 유학을 마치고 귀국한 671년 이후에는 중국 지엄에 의해 체계화된 화엄학의 영향도 받았다. 즉 원효는 의상에게 시각(始覺), 본각(本覺)을 비롯한 세 가지 의문을 질문해 해결했으며, 수전법(數錢法)을 전해듣고 자기 나름대로 변용했다.

원효는 이처럼 다양한 사상을 받아들여 당시의 사상사적 과제를 해결하려고 했다. 원효가 활동하던 시기에는 공·유식·여래장사상 등 다양한 불교사상이 신라에 전해져 있었다. 따라서 각각 자신들의 교학이 우월함을 강조했을 것이며 신유식의 전래에 따라 인도·중국에서 전개되던 공(空 ; 中觀)·유(有 ; 唯識)논쟁을 알게 되었을 것이다. 원효는 이를 해결하기 위해 화쟁(和諍)을 주장했는데, 공유의 쟁론은 언어에 집착한 결과라고 보고 유는 공과 다르지 않다고 했다. 즉 각 이설(異說)들이 나름대로의 타당성을 지닌다고 보고 이설들을 적극적으로 회통(會通)시킨 것으로, 그 과정에서 중관과 유식을 일심(一心)의 진여문(眞如門 ; 본체)과 생멸문(生滅門 ; 작용)에 대응시켜 회통시킨 〈대승기신론〉(大乘起信論)에 주목했으며 이것은 중국 화엄종(華嚴宗) 법장의 사상에도 큰 영향을 미쳤다.

원효는 또 앞에서 언급했듯이 계율을 적극적으로 해석했을 뿐만 아니라 세간(世間)과 출세간(出世間)이 걸림이 없음을 강조했다. 이 역시 〈대승기신론〉의 진여문과 생멸문을 통해 해결했다. 진여문은 사물의 본체적인 면[理·體] 즉 진(眞)에 속해 있다면, 생멸문은 현상적인 면[事·相] 곧 속(俗)에 속해 있다고 할 수 있다. 그러므로 생멸문에는 법[현상]을 일으킬 능력이 있지만 진여문에는 그것이 없다.[20] 따라서 이 두 가지는 대립되는 것이라 하겠는데, 〈대승기신론〉에서는 이를 '한마음[一心]의 두 측면'으로 설명함으로써 진여문과 생멸문을 화합시켰다. 곧 일체의 분별망념(分別妄念)을 버리고 한마음의 본원에 돌아가 궁극적 진리에 안주하는 순간, 본래 분별을 깨는 강한 작용을 갖고 있는 진여문에 의해 망념과 진리라는 가치차별이 없어진다. 그렇게 되면 법을 일으키는 생성능력이 있는 생멸문에 의해 마음으로부터 다시 새로운 업이 발생한다. 그런데 이 업은 중생이 무지와 번뇌에서 일으키는 업과는 근본적으로 다르다.[21] 〈대승기신론〉에서는 그 업을

---

20) 홍정식, 〈원효의 진속원융무애론〉, 《철학사상의 제문제》 Ⅱ, 한국정신문화연구원, 1984.
21) 고익진, 〈원효사상의 화쟁적 성격〉, 윤사순·고익진 편, 《한국의 사상》, 열음사, 1984.

불가사의한 업이라고 했는데, 그 결과 피안의 세계만을 향하지 않고 중생구제를 위해 활동할 수 있는 보살행이 가능해진다. 원효는 〈대승기신론〉의 일심이문(一心二門)의 구조에 주목하여 불교의 수행을 설명함으로써 세간[俗]과 출세간[眞]이 둘로 나뉜 것이 아님을 설명했으며, 그 결과 불교가 세간을 떠난 소극적 종교가 아니라는 근거를 마련했다. 이러한 종교적 입장은 그가 당시 신라의 현실을 무시하지 않고 현실에 적극적으로 참여하도록 했음은 물론이다.

원효는 또 모든 중생이 불성(佛性) 곧 성불 가능성을 소유하고 있다고 강조했다. 그는 신유식학파인 법상종의 '일천제(一闡提)가 성불할 수 없다'는 논리를 타파하고 인(因)으로서의 불성은 누구나 소유하고 있다고 주장했다. 즉 〈무량수경종요〉에서 "한 부처도 범부가 아니었던 일이 없으며 한 사람도 부처가 되지 않음이 없다"고 하여 모든 인간의 본질적 평등성을 강조했던 것이다. 그리고 불교전래 이후 삼세인과(三世因果)와 윤회사상이 널리 받아들여짐에 따라 윤회의 주체에 대한 설명이 요구되었는데, 그는 이를 불성·일심으로 해결했다.

그런데 보통 사람들은 그 가능성을 믿지 않고 허황되이 남녀 등의 상을 구별하고 여러 가지 번뇌를 일으켜 스스로를 결박하고는 오래도록 고해에 빠져 있으면서도 벗어나기를 구하지 않는다. 따라서 원효는 사람들에게 이러한 장애를 제거하는 방편으로 불(佛), 특히 아미타불에게 예배하기를 권유하고, 〈대승기신론소기회본〉(大乘起信論疏記會本)에서 "부처에게 의지하는 것은 빚을 진 사람이 국왕에게 의지하면 채권자가 어찌할 방법이 없는 것과 같다"고 설명했다. 이는 원효가 활동하던 문무왕 9년(669)에 남의 곡식을 빌려 먹은 자에 대해 면제 조치를 취해주었던 사실과 관련시켜볼 때, 당시 사람들에게 매우 설득력 있게 받아들여졌을 것이다.

원효는 《미륵상생경》(彌勒上生經)에 근거한 상생신앙은 보살장(菩薩藏)으로 인정하면서도, 《미륵하생경》(彌勒下生經)과 《미륵성불경》(彌勒成佛經)에 근거한 하생신앙은 소승인 성문장(聲聞藏)이므로 "중생의 원(願)에 따라 불과 보살이 응현(應現)함이 없다"고 비판했다. 그리고 미륵신앙에 대신하여 아미타불의 힘에 의지하는 아미타신앙으로 극락에 왕생하여 성불할 것을 권유했다.[22] 원래 미륵하생신앙은 미륵이 인간으로 태어나 성불한 후 용화회상에서의 3회 설법을 통해 중생을 구제할 것을 약속한 것이다. 그럼에도 원효는 불·보살이 응현하지 않는다고 비판하고 있다. 그 이유는 먼 미래가 아닌 현재에 나타나서 중생을 구제하지 않는다는 점과 함께 원효가 살던 시대에 화랑으로 상징되던 미륵하생신앙의 한계를 지적하기 위해서였다고 생각된다. 원효의 이러한 신앙관은 진평왕대 이후 진행된 불교의 대중화를 더욱 촉진했다.

2. 교학 연구와 신앙

통일 이후 신라는 전쟁에 투여되던 국력을 일상생활에 이용하고 안정을 유지하게 됨으로써 뛰어난 불교미술을 이룩할 수 있었을 뿐 아니라 불교교학도 발전할 수 있었다. 신라 중대에 들어와 깊이 연구된 사상은 화엄학과 유식학이다. 원효와 의상이 현장의 신유식을 배우기 위해 중국에 가려다 실패한 사실에서 알수 있듯이 중국에서 연구된 불교교학은 신라에 바로 전해졌다. 삼국시대에도 중국에서 연구된 삼론학과 유식사상이 바로 고구려·백제에 전래되었고, 고구려의 승랑(僧朗)은 중국에 건너가 삼론종(三論宗)의 형성에 기여하기도 했다. 그리고 〈섭대승론〉(攝大乘論)을 중심으로 한 섭론학(攝論學)이 자장 등에 의해 신라에

---

22) 김영미, 〈원효의 아미타신앙과 정토관〉, 《가산학보》 2, 1993, pp. 13~24.

전래되었던 것도 그 예이다. 이러한 삼국시대 교학의 배경 위에
서 중국에 유학한 승려들은 새로 인도에서 전래 연구된 불교교
학에 큰 성과를 거두어, 중국의 불교교학 연구에도 영향을 끼칠
수 있었다. 이하에서는 통일신라의 불교교학을 널리 연구된 유
식학과 화엄학을 중심으로 살펴보기로 한다.

먼저 유식학을 대표하는 승려는 중국에서 활동한 원측(圓測)을
들 수 있다. 그는 15세에 중국에 유학하여 법상(法常)과 승변(僧
辯)에게 현장과 함께 섭론학을 배우고, 다시 현장이 귀국한 후
번역한 〈유가론〉(瑜伽論), 〈성유식론〉(成唯識論) 등을 보여주자 그
뜻을 명확히 해석했다. 당태종이 정관(貞觀) 연간(627~649)에 그
를 원법사(元法寺 ; 후일의 西明寺)에 머물게 한 후, 그곳에서 〈성
유식론소〉(成唯識論疏)를 비롯한 19부 100여 권의 저술을 남기고
후학을 지도하여 서명학파(西明學派)를 이루었다.[23] 그의 사상은
현장의 제자인 규기(窺基)가 호법(護法)의 학설을 정통으로 간주
한 것과 달리, 일승적(一乘的) 입장에서 유식학설뿐 아니라 중관
사상(中觀思想)까지 포용하는 입장이었다. 그는 불교교설 가운데
소승과 반야교(般若敎 ; 空思想)에 이어 세번째로 설해진 유식설만
이 불교의 궁극적 뜻을 드러낸 가르침[了義敎]이라는 《해심밀경》
(解深密經) 이래의 유식학적 전통에서 벗어나, 반야무상교(般若無
相敎)도 실제는 요의교로서 유식교와 뜻이 다르지 않다고 했다.
그의 유식사상은 현존하는 〈해심밀경소〉(解深密經疏)를 통해 알
수 있다.

원측의 사상 중 중국 법상종과 다른 점만 살펴보면 다음과 같

---

23) 원측은 규기가 활동하기 전에 眞諦의 구유식사상을 비판하고 현장이 전해
온 호법계 신유식을 선양하는 데 기여했다고 한다.(고익진, 〈신라 원측의 유
식학〉, 《한국고대불교사상사》, 동국대출판부, 1989, p. 148) 그러나 규기가
호법의 학설을 중심으로 한 것과는 차이가 있어, 窺基-慧沼-智周로 이어
지는 중국 법상종은 청변과 호법을 동등하게 수용하려는 원측의 사상을 비
판했다.

다. 먼저 규기는 오성각별설(五性各別說)을 적극적으로 강조하여 성문(聲聞), 독각(獨覺), 보살, 부정성(不定性), 무성(無性) 등 다섯 종성(種姓)의 차이를 인정하고, 성문·독각·무성 종성의 성불가 능성을 인정하지 않았다. 그러나 원측은 무성종성과 성문·독각 으로 정해진 2승을 열거한 이유에 대해 근기가 미숙한 때에 그 에 맞추어 설한 것으로 영구히 성불하지 못한다는 뜻은 아니라 고 주장하였다. 불성론의 입장에서 일체중생이 모두 여래장을 가지고 있으며 결국 오종성이 모두 불성을 가지고 있다고 한 것 이다. 또 진제(眞諦)의 구유식사상(舊唯識思想)에서는 〈결정장론〉 (決定藏論)에 의거하여 9식설(九識說)을 주장했는데, 원측은 이를 비판하고 진제가 세운 제9 아마라식(阿摩羅識 ; 眞如)은 제8 아뢰 야식(阿賴耶識)의 청정한 부분이므로 따로 설정할 필요가 없다고 했다. 이는 진제가 근거한 결정장론이 〈유가론〉(瑜伽論)과 동일 한 것으로 9식품(九識品)은 발견되지 않는다는 데 근거한 것이다. 한편 진제의 구유식에서는 9식이 오직 하나의 식이라고 한 데 비해 호법의 신유식에서는 8식의 체(體)가 모두 다르다고 했다. 이에 대해 원측은 전6식의 체를 하나로 보고 제8식과 제7식 의 체가 따로 존재한다는 입장을 취하고 있다. 또 인식작용을 견 분(見分), 상분(相分), 자증분(自證分), 증자증분(證自證分)의 네 가 지로 설명하는 호법의 4분설에 대해서는, 그 이전의 안혜(安慧) 의 자증분 1분설(自證分一分說)과 난타(難陀)의 상·견 2분설(相見 二分說), 진나(陳那)의 3분설이 모두 그 근본이치는 서로 어긋나 지 않는다고 했다.

　원측의 사상은 서명사에 모인 신라 승려들을 중심으로 계승되 었다. 도증(道證)은, 혜소(慧沼)가 〈성유식론요의등〉(成唯識論了義 燈)에서 원측의 학설을 논파하면서 도증의 저술 〈성유식론요집〉 (成唯識論要集)도 인용하여 함께 배척한 것으로 미루어 원측의 문 하로 추정되고 있다. 그는 효소왕 원년(692)에 귀국해 왕에게 천문도(天文圖)를 바쳤는데, 태현(太賢)이 그의 제자였다는 것으로 보아 도증의 귀국 이후 원측의 사상이 신라에 본격적으로 전해졌을 것이다.

태현은 고려시대에는 원효의 유식학을 계승한 사람으로 간주될 정도로[24] 신라 유식학을 집대성한 사람이다. 태현은 〈성유식론학기〉(成唯識論學記)에서 규기·원측 등의 학설이 서로 다른 경우 그 두 설을 소개하고 양자가 차이는 있지만 뜻은 같다고 하여 화쟁(和諍)했다. 이러한 그의 태도는 원효·원측의 학문적 태도를 계승한 것으로 여겨진다. 예를 들면 유식설의 중심이 되는 제8아뢰야식에 대해《성유식론》은 자상(自相), 과상(果相), 인상(因相)으로 설명하고 있다.[25] 이에 대해 규기는 이 3상의 관계를 전체와 부분으로 설명하여 자체[자상]는 전체이고 인상·과상은 부분이며, 부분은 전체에 포함된다고 했다. 원측은 이와 달리 인상과 과상을 떠난 자상을 내세웠는데, 이는 아뢰야식을 세 방면에서 고찰한 것으로 3상에 주반(主伴)의 관계를 부가해서 취급하고 있는 것이다. 태현은 이에 대해 그 뜻이 서로 같은 것으로 보아, 원측이 인상·과상과는 별도로 자상을 세운 것은 단지 그 구분을 드러낸 것일 뿐 규기의 뜻과 어긋나지 않는다고 해석했다.

그러나 태현은 불성론에 대해서는 원측의 입장을 따라 일체중생의 성불가능성을 인정했다. 즉 정법을 듣거나 못 듣거나 모두 깨달음을 얻을 수 있는데 그 이유는 일천제 등도 불성이 있기 때문이라고 했다.

원측 → 도증 → 태현으로 이어지는 서명학파와는 다른 입장에서 유식학을 연구하는 승려들도 있었다. 먼저 순경(順憬)은 입당

24) 〈금산사혜덕왕사진응탑비〉,《조선금석총람》상, pp. 299~300. 또 일연은 태현에 대해 유가조라고 하였다.(《삼국유사》권4 의해 현유가해화엄)
25) 아뢰야식 자체의 성질과 모습이 자상, 아뢰야식이 과거 경험과 인식의 영향을 받는 결과로서의 모습이 과상, 그리고 현재와 미래의 모든 행위와 인식을 발생시키는 모습이 인상이다.

하여 규기와 함께 현장의 문하에서 수학한 후 귀국하여 활동했
는데, 대승·소승에 두루 통했지만 특히 인명학(因明學)에 뛰어났
다고 한다.[26] 신방(神昉), 지인(智仁) 등도 현장에게 수학했다. 또
7세기 후반에서 8세기초에 살았던 경흥(憬興)도 유식학승이었다.
그는 웅천주 출신으로 삼장(三藏)에 통달했는데, 문무왕이 국사
로 삼으라고 고명을 내렸으며 신문왕 때 국로(國老)로 활동했다.
경흥은 유식학을 비롯하여 정토·열반·계율에 관한 40종의 책
을 남겼는데, 17종에 달하는 유식학 관계저술이 남아 있지 않아
그의 유식사상의 전모를 파악할 수는 없다. 다만 정토 관계저술
에서 그의 불성론을 찾아볼 수 있는데, 그는 원효나 서명학파와
는 달리 규기와 입장을 같이하여 성불할 수 없는 사람을 상정하
고 부처의 가르침을 부처가 될 가능성이 있는 사람에게 국한시
키고 있다.[27] 그 외에 의적·현일(玄一) 등도 유식학에 관한 저술
을 남기고 있지만, 현재 전하는 것이 극히 일부분에 불과하므로
그들의 사상적 계통을 구분하기는 어렵다. 다만 의적이 모든 중
생에게 불성이 있다고 하여 원효·원측의 불성론을 따르고 있음
을 확인할 수 있다.[28]

한편 화엄학도 의상 이후 활발하게 연구되었다. 의상은 661년
당에 유학해 지엄의 문하에서 화엄학을 배워 〈화엄일승법계도〉
(華嚴一乘法界圖)로 정리하여 인가를 받고 문무왕 10년(670) 귀국
했다. 〈화엄일승법계도〉는 자신의 관점으로 화엄사상의 핵심인
일승법계의 연기(緣起)를 중도적 바탕에서 치밀하게 구성하여 도
인(圖印)으로 나타낸 것이다.[29] 법계도에 나타난 사상의 핵심은

---

26) 김상현, 〈신라 법상종의 성립과 순경〉, 《가산학보》 2, 1993, p. 91.
27) 안계현, 〈경흥의 미타정토왕생사상〉, 《불교학보》 1, 1963 및 《신라정토사
    상사연구》, 현음사, 1987, pp. 155~156 ; 김영미, 〈신라 중대 초기 승려들의
    인간관과 현실인식〉, 《역사와 현실》 12, 1994 및 《신라불교사상사연구》, 민
    족사, 1994, pp. 317~319.
28) 김영미, 위의 글, pp. 312~317.

일(一)과 다(多)의 상입상즉(相入相卽)을 밝힌 "일 가운데 일체가 있고 일체 가운데 일이 있으며(一中一切 多中一) 일이 곧 일체요 일체가 곧 일이다(一卽一切 多卽一)"는 구절에서 찾아볼 수 있다. 일과 다가 상호의존적 관계에 있으므로 상대를 인정해야만 성립할 수 있다는 것으로, 사회적으로는 전체 구성원의 조화와 평등을 의미한다고 할 수 있다. 수십전설(數十錢說), 육상설(六相說) 등에 의해 설명된 의상의 화엄사상은 중국의 법장이 화엄교학을 완성하는 데 영향을 끼쳤다. 지엄 문하에서 동문수학한 법장이 교학의 체계화에 힘썼다면 의상은 실천에 노력을 기울였다.

중고기에 자장은 오대산에 문수보살이 상주한다고 하며 신라사회를 불국토(佛國土)로 간주했었는데, 의상은 이를 이어받아 현실구제적인 관음보살이 낙산에 상주한다고 했다. 이를 통해 백제·고구려·당을 상대로 전쟁하고 있는 신라인들에게 희망을 줄 수 있었는데, 이는 《화엄경》 입법계품(入法界品)에 근거한 것이며 당시 일반민들에게 널리 받아들여지고 있던 아미타신앙과도 관련이 있다. 또 문무왕 16년(676)에는 부석사를 소백산에 창건하여 아미타신앙을 고취했다. 아미타신앙과 관음신앙은 서로 관련이 있을 뿐 아니라 화엄학과도 관련을 가지는 것이다. 이러한 의상의 실천신앙은 삼국전쟁 및 당과의 전쟁을 끝내고 안정기에 접어든 신라 사회에서 기층민의 일체감을 형성하는 데 도움이 되는 것이었다. 의상에게는 지통(智通), 진정(眞定), 표훈(表訓), 도신(道身), 양원(良圓), 상원(相元) 등의 제자가 있어 그의 학풍을 계승했다. 이 외에도 화엄학을 연구한 승려로 황룡사 계통인 연기(緣起) 등이 있지만, 그의 사상을 알 수는 없다.

이상에서 살펴보았듯이 중대사회에서는 유식학과 화엄학을 중심으로 교학연구가 활발하게 이루어졌다. 그러나 불교교학은 누

---

29) 정병삼, 〈의상 화엄사상 연구 — 그 사상사적 의의와 사회적 성격〉, 서울대 박사학위논문, 1991 ; 전해주, 《의상화엄사상사연구》, 민족사, 1993.

구나 쉽게 이해하고 실천할 수 있는 것은 아니었으므로, 당시 사람들이 좀더 쉽게 접근할 수 있는 매개는 역시 신앙이었다. 특히 삼국시대 말기부터 대두하는 아미타신앙과 관음신앙은 불교교학 연구에 뒷받침된 것으로서 불교대중화에 크게 기여했다.

국가를 위한 전쟁에 동원되어야 했던 중고기의 신라인들에게 아미타신앙은 강한 호소력을 지닐 수 있었다. 먼저 아미타신앙을 권유하는 경전들에 의하면 자신의 수행에 의해서 뿐 아니라, 김인문을 위한 미타도량(彌陀道場)의 개설에서 알 수 있는 것처럼, 당사자가 죽은 후에 행해지는 가족들의 기원을 통해서도 죽은 사람이 극락왕생할 수 있다고 믿어졌다. 게다가 수행방법도 출가하여 수행하거나 재산을 시주하여 탑·불상 등을 조성하거나, 이러한 공덕을 쌓을 수 없는 사람은 아미타불의 이름을 지극히 10번만 부르면 되는 쉬운 것이었다.

또 아미타신앙은 인간이 죽을 때 아미타불의 임종래영(臨終來迎)으로 편안하게 극락세계에 왕생할 수 있다는 점을 강조하여 죽음의 세계에 대한 인간의 본능적인 두려움을 덜어주었다. 《무량수경》의 설명을 보면, 상배자(上輩者)의 경우 임종할 때 아미타불이 여러 대중과 함께 나투어서 부처님을 따라 왕생하며, 중배자(中輩者)의 경우 임종시 아미타불이 화신(化身)을 나투는데 그 상호(相好)와 광명이 찬란하여 실제 아미타불과 같으며 여러 대중과 함께 나타난다. 또 하배자(下輩者)는 임종할 때 꿈결에 아미타불을 뵙고 극락세계에 왕생한다고 한다. 그리고 극락에 왕생하여 아미타불의 설법을 들으면 성불할 수 있다고 한다.

따라서 당시 사람들은 계속되는 전쟁과 죽음 앞에서 10번만 아미타불의 이름을 부르면 아미타불과 보살들이 임종할 때 와서 극락으로 맞아가며, 죽은 후 극락에 태어나면 성불하여 윤회로부터 벗어날 수 있다는 아미타신앙을 갖게 되었다.

아미타신앙은 중국에서 경론이 전래되면서 미륵신앙과 혼동된

채 수용되었는데, 삼국시대에는 중고기의 화랑으로 상징되는 미
륵하생신앙 때문에 전면적으로 대두하지는 못했다. 그러나 삼국
시대 말기에 이르면 거대한 아미타석불상이 만들어지고 있다.
즉 7세기초와 650년경에 각각 조상된 것으로 추정되는 경주 배
리 석불입상(石佛立像)과 선도산 아미타삼존불이 그것이다. 특히
선도산 아미타삼존불 중 본존(本尊)은 마애불로 복원해본 높이가
약 7미터(현재의 높이는 남아 있는 코부분까지 5m 90cm)에 이르며,
협시상(挾侍像)인 관음보살상과 대세지보살상은 독립 원각상(圓刻
像)이어서 아미타신앙의 수용 정도를 가늠하게 해준다.

그리고 문무왕대에는 서방 극락세계에의 왕생을 원하여 아미
타불의 이름을 부르고 16관(觀)을 닦던 광덕(廣德), 엄장(嚴莊)과
같은 수행자들이 있었다. 또 문무왕 13년(673)에는 계유명 전씨
아미타삼존상(癸酉銘全氏阿彌陀三尊像)이 연기(燕岐) 지역에서 백제
유민들에 의해 만들어졌고, 문무왕 16년 창건된 부석사의 본존도
무량수불이다. 따라서 문무왕대에 이르면 아미타신앙이 널리 퍼
져 있었음을 알 수 있는데, 아미타신앙이 유포되기까지는 엄장의
극락왕생을 위해 쟁관법(錚觀法)을 지도한 원효와 부석사를 세운
의상의 노력이 지대한 역할을 했을 것으로 추측된다. 그뒤 경덕
왕대에는 염불을 1만 일 동안 행하여 극락에 가고자 하는 염불
결사(念佛結社)가 이루어졌으며, 주인의 방해에도 불구하고 계집
종이었던 욱면(郁面)이 염불로 제일 먼저 극락에 왕생했다는 왕
생담이 전하고 있다. 이 왕생담은 아미타신앙을 권유하기 위해
만들어졌을 테지만, 다른 한편으로는 계층에 관계없이 아미타신
앙이 널리 행해지고 있었음을 알려준다.

현실구복적인 관음신앙도 의상이 낙산에 관음진신(觀音眞身)이
상주한다고 강조한 이래 널리 보급되었다.[30] 효소왕대에는 적에

30) 정병삼, 〈통일신라 관음신앙〉, 《한국사론》 8, 1982 ; 홍승기, 〈관음신앙과
   신라사회〉, 《호남문화연구》 8, 1976.

게 붙잡힌 부례랑의 귀환을 위해 백률사의 관음에게, 경덕왕대에는 해상(海商)을 따라다니다가 실종된 장춘의 귀환을 위해 민장사의 관음에게 빌어 모두 무사히 귀환했다. 그리고 경덕왕대 희명은 눈 먼 자식의 눈을 뜨게 해달라고 분황사의 천수대비상에게 빌어 눈을 떴다고도 한다. 그 외에도 관음보살은 간절히 기도하지 않아도 자발적으로 나타나 경흥의 병을 웃게 해서 치유해 주기도 하고, 광덕·엄장·노힐부득·달달박박 등의 수행을 돕기도 했다. 즉 관음보살은 현실의 재난을 물리치고 복을 구하는 대상으로 신분에 관계없이 신앙되었음을 알 수 있다.

이러한 관음신앙과 아미타신앙의 성행은 신라인들이 오대산에 석가와 무량수여래(無量壽如來 ; 아미타불)·비로자나불·관음보살·지장보살이 상주한다고 믿게 했다. 또 기존의 미륵·약사신앙(藥師信仰)도 불교대중화와 함께 일반민에게까지 널리 퍼지는 등 다양한 불교신앙체계가 자리잡게 되었다.

V. 맺 음 말

이상에서 살펴보았듯이 고구려를 통해 신라에 전래된 후 민간에서 먼저 신앙되던 불교는 왕실에 의해 공인되면서 급속하게 보급되었다. 불교는 신라가 중앙집권체제를 갖추는 한편 정복전쟁을 통해 영토를 확장하는 시기에 수용되어 그 뒤 사회의 지배적 이념으로 작용했다. 즉 전통적인 무교신앙을 대신하여 수용된 후 조선시대 성리학이 지배이념이 될 때까지 사람들의 삶을 지배하는 세계관이 되었던 것이다.

먼저 불교는 전륜성왕사상·불국토사상·진종설 등을 통해 왕권을 강화하는 데 이바지했으며, 업설과 윤회사상 등이 정착하면서 기존의 계세적 세계관을 극복하고 현재의 행위에 따라 내세의 삶이 결정되므로 현재의 삶이 극복될 수 있다는 신념을 심어주었다. 또 모든 사람은 부처의 제자로 부처가 될 가능성인 불성을 소유하고 있다고 강조함으로써 누구나 평등하다는 것을 강조했다. 이러한 평등의식의 강조는 신라 국가가 지방민에 대한 차별의식을 극복하게 하여 전국을 일원적으로 지배하는 데 기여했으며, 전국민이 일체감을 느끼게 해주었다. 그러나 이 평등에 대한 주장은 현실사회에서의 신분적 평등에까지는 나아가지 못했다는 점에서 한계를 지닌다.

불교가 수용 정착된 후 차츰 중국과 인도에 유학한 승려들이 배출되었다. 이들은 불교교학을 연구해 왔을 뿐만 아니라 선진적이었던 외국문화를 받아들이는 데도 앞장섰으며, 중국과의 외교관계에서 중요한 역할을 수행하기도 했다. 승려로서 그리고 신자로서 지켜야 할 계율을 적극적으로 해석함으로써 삼국간의 전쟁에서 국가를 돕는 데 적극적으로 활동했다.

통일전쟁이 끝난 후에는 전쟁에 소요되던 국력을 문화진흥에 쏟을 수 있었기 때문에 불교교학 연구가 활발해졌고 불교문화가 크게 발달했다. 원효·의상·원측 등에 의해 연구된 교학은 중국에도 큰 영향을 미쳤으며, 신앙의 학문적 기반을 마련했다. 또 아미타신앙, 관음신앙을 비롯한 신앙이 널리 받아들여져 신라에서는 신라인이 미륵과 아미타불로 성불했다고 믿어졌을 뿐 아니라, 오대산에는 5만 진신이 상주한다고 여겨지기에 이르렀다.

참고문헌

고익진, 《한국고대불교사상사》, 동국대출판부, 1989.
김두진, 《의상》, 민음사, 1995.
김복순, 《신라화엄종연구》, 민족사, 1990.

김상현, 《신라화엄사상사연구》, 민족사, 1991.

김영미, 《신라불교사상연구》, 민족사, 1994.

신종원, 《신라초기불교사연구》, 민족사, 1992.

이기백, 《신라사상사연구》, 일조각, 1986.

강봉룡, 〈6~7세기 신라의 병제와 지방통치조직의 재편〉, 《역사와 현실》 4, 1990.

김남윤, 〈신라 법상종 연구〉, 서울대 박사학위논문, 1995

김영태, 〈미륵선화고〉, 《불교학보》 3·4, 1966.

김혜완, 〈신라시대 미륵신앙의 연구〉, 성균관대 박사학위논문, 1991.

남동신, 〈원효의 대중교화와 사상체계〉, 서울대 박사학위논문, 1995.

남희숙, 〈신라 법흥왕대 불교수용과 그 주도세력〉, 《한국사론》 25, 서울대 국사학과, 1991.

신형식, 〈삼국시대 전쟁의 정치적 의미〉, 《한국사연구》 43, 1983 ; 《한국고대사의 신연구》, 일조각, 1984.

이우태, 〈신라 삼국통일의 일요인〉, 《한국고대사연구》 5, 1992.

이종욱, 〈남산신성비를 통하여 본 신라의 지방통치체제〉, 《역사학보》 64, 1974.

이현혜, 〈삼국시대의 농업기술과 사회발전 — 4~5세기 신라사회를 중심으로〉, 《한국상고사학보》 8, 1991.

전덕재, 〈4~6세기 농업생산력의 발달과 사회변동〉, 《역사와 현실》 4, 1990.

전호태, 〈5세기 고구려 고분벽화에 나타난 불교적 내세관〉, 《한국사론》 21, 1989.

정병삼, 〈통일신라 관음신앙〉, 《한국사론》 8, 1982.

───, 〈의상 화엄사상 연구—그 사상사적 의의와 사회적 성격〉, 서울대 박사학위논문, 1991.

주보돈, 〈울진봉평신라비와 법흥왕대 율령〉, 《한국고대사연구》 2, 1989.

최원식, 〈신라 보살계사상사 연구〉, 동국대 박사학위논문, 1993.

하일식, 〈6세기 신라의 지방지배와 외위제〉, 《학림》 12·13, 1991.

홍정식, 〈원효의 진속원융무애론〉, 《철학사상의 제문제》 Ⅱ, 한국정신문화연구원, 1984.

羅末麗初의 사회변동과 사상

이 혜 옥

I. 머 리 말

나말려초는 한국 역사상 커다란 격동기였다.[1] 통일 이후 강력한 왕권을 지향하며 봉건국가로의 전환을 모색하던 신라사회가 하대(下代) 이후로는 국가권력의 약화와 함께 동요하기 시작했다. 아직도 상부구조 속에 강력히 잔존하던 고대적 유제들과 이를 청산하고 봉건질서를 구축하고자 하는 움직임 사이에 갈등이 표면화되었던 것이다. 중앙에서는 신분적 특권을 유지하려는 지배세력간의 갈등이 격화되었고 지방에서는 재지지배층(在地支配層)의 정치세력화와 사회구조의 모순에 대항하는 민의 저항이 확산되어 갔다. 급기야 진성여왕 3년(889)을 기점으로 전국적인 농민

---

1) 1960, 1970년대 이래 나말려초는 시기구분상 고대와 중세의 교체기로 보는 시각이 일반화되어 있었으나, 북한 학계에서는 이 시기를 농민항쟁에 의해 주도된 중세 내에서의 사회변혁기로 보고 있으며, 최근 우리 학계에서도 이 시기를 중세사회 내부의 단계적 변동기로 인식하려는 견해가 보인다.

항쟁이 일어났으며 이후 50여 년에 걸친 전란의 와중에 왕조교체가 이루어지게 되었다.

이러한 사회적 변동기에는 구체제의 붕괴로 인한 사회혼란, 가치기준의 상실, 현실에 대한 부적응 현상 등이 가중되면서 그에 따르는 심리적 동요를 특정 종교나 사상에 의존하려는 경향이 강하게 나타난다. 그래서 변동기의 사회변화에 조응하는 특정 종교나 사상의 사회적 기능이 강화되거나 성격이 변화하는 현상을 종종 볼 수 있다. 따라서 나말려초에 사상계의 여러 변화가 어떠한 형태로 전개되었는지, 그것이 역사발전의 방향과 어떤 관련이 있는 것인지 하는 문제 등을 고찰하는 것은 변동기 역사상을 이해하거나 또는 특정 사상에 대한 이해를 높이는 데 요긴하다.

Ⅱ. 신라말의 사회변동과 사상

1. 신라말의 사회변동

정치적으로 신라 하대에는 중대 이래의 전제왕권이 쇠퇴하고 진골 내부의 분열이 심화되어 정치적 불안이 가중되는 한편, 지방에서는 호족·군진 등과 같은 새로운 정치세력이 성장하고 있었다.

신라 하대는 복고(復古) 내물왕계인 김양상·김경신 등이 혜공왕을 살해하고, 김양상을 선덕왕으로 옹립하면서부터 시작되었다. 정변으로 왕위에 오른 선덕왕은 내물왕의 10세손이요, 그 다음에 즉위하는 원성왕 역시 내물왕의 12세손이었다. 그 이후로 왕위는 계속 원성왕계로 이어졌는데, 이에 이들과 무열왕계 사이에 치열한 왕위계승쟁탈전이 벌어졌다. 예컨대 김헌창(金憲昌)은 무열왕의 후손으로 선덕왕이 돌아간 후에 당연히 왕이 되었어야 할 아버지 김주원(金周元)이 귀족들의 반대로 원성왕에게 왕위를 빼앗기자 불만을 품고 헌덕왕 14년(822)에 웅주(熊州 ; 공주)에서 반란을 일으켰는데 김헌창의 봉기는 바로 이러한 왕계의 변화에 따른 갈등에서 야기된 사건이었다.

이후에도 왕위를 둘러싼 진골 내부의 갈등은 계속되었으며, 홍덕왕(興德王) 말년 이래로 더욱 심화되었다. 즉 홍덕왕이 죽자 후계자를 둘러싸고 상대등 김균정(金均貞)계와 시중 김명(金明) 일파가 극심한 대립을 보였다. 결국 김명 일파가 승리하여 김체륭(金悌隆)이 희강왕으로 추대되었으나 얼마 안 가 희강왕도 김명의 핍박으로 자살하고 곧이어 김명이 스스로 민애왕으로 즉위했다. 그러나 신라 하대의 왕위쟁탈전은 여기서 그치지 않고 일시 패배했던 김우징 일파가 다시 장보고의 청해진 세력을 빌려 민애왕을 제거하고 신무왕으로 즉위하기도 했다.

이렇게 진골 귀족들이 내부 분열을 보이면서 극심하게 대립하고 있는 동안, 이에 따른 정치·사회적 혼란을 틈타 한편에서는 6두품 및 호족·군진세력 등의 지방세력가들이 성장하여 점차 신라의 역사 무대를 중앙에서부터 지방으로 바꿔나가고 있었다.

6두품은 진골 다음가는 귀족신분이었으나 골품제하의 신라 사회에서는 신분상 많은 제약을 받고 있었다. 왕은 말할 것도 없고 상대등 중시(中侍) 및 각 부의 장관[令] 등 고위 관직과 당(幢), 정(停)의 지휘관인 장군들이 모두 진골의 독차지였다. 이에 반해 6두품은 17관등 가운데 겨우 6위인 아찬(阿湌)까지밖에 오를 수 없었다. 그러므로 6두품 내부에서 진골 귀족에 대한 반감과 골품체제에 대한 불만이 싹트는 것은 당연한 일이었다. 그러나 왕권이 강하고 사회가 안정되어 있는 한 이들은 주어진 한계내에서 일정한 지위를 누리는 것으로 만족할 수밖에 없었다.

신라 말기로 오면서 정치상황이 바뀌자 6두품들은 골품제 자체를 타파하려는 움직임을 보이게 된다. 그와 같은 경향은 특히 도당유학생(渡唐留學生)들에게서 뚜렷이 나타난다. 숙위학생 가운데 가장 뛰어났던 이인 최치원은 혁신정책을 주장하다가 뜻을 이루지 못하고 방랑생활로 일생을 마쳤으며, 최승우는 후백제에 가서 벼슬을 하고, 최언위는 고려의 신하가 되어버렸다. 이같은 상황에서 골품제의 동요는 가속화되고 나아가 왕조교체가 이루어질 분위기가 조성되고 있었다.

한편 지방사회에서는 진성여왕대 말기부터 광범위한 통치구조의 변화가 진행되었다. 9주5소경제를 근간으로 한 도독제가 소멸되고 군·현이 주·부로 개편되면서 지주제 군사(知州諸軍事)와 성주(城主)를 중심으로 한 지방체제가 갖추어졌다. 이와 함께 지방세력가들의 위계가 상승하고 지방통치조직이 확대되어 중앙을 방불할 정도가 되었다.[2] 신라말기 지방통치체제의 개편은 물론 지방세력의 확대와 발호에 대처하기 위한 중앙정부의 노력의 일환이었다. 그러나 중앙정부가 약화되고 사회적 혼란이 가중되자 위상이 강화된 지방세력들은 오히려 중앙정부의 영향권에서 벗어나 자립할 태세를 취하고 있었다.

촌주 출신의 토호세력이나 중앙에서 몰락하여 지방으로 내려온 귀족 출신 등에서 유래된 호족과 군진세력들은 보통 성을 쌓고 그 주인을 자처하여 성주라 일컬었으며, 성을 중심으로 조직된 사병의 지휘자였으므로 장군이라고도 칭했다. 이러한 경향은 진성여왕대 이후 더욱 두드러지게 나타나거니와, 신라말·후삼국 시기는 흔히 호족으로 불리는 이들 지방세력가들의 이합집산과 상호 다툼이 거듭하는 가운데 야기된 대혼란기였다고 할 수 있다.

또 다른 한편, 경제적으로는 지배계층의 부의 축적으로 토지지배관계가 변화했고 이 과정에서 농민층의 분해가 나타난다. 당시 신라의 지배층 즉 귀족들은 녹읍(祿邑) 또는 식읍(食邑)의 형

---

2) 전기웅, 〈신라말기 정치사회의 동요와 6두품 지식인〉, 《신라말·고려초의 정치 사회변동》, 신서원, 1994, pp. 118~129.

태로 일정한 경제력을 보유하고 있었다. 그 가운데 녹읍은 일정 지역에 대한 지배권을 의미하는 것이었는데, 이는 그 지역의 토지뿐만 아니라 주민들에 대한 노동력 징발까지도 허락되는 고대적 수취형태의 유제(遺制)라 할 수 있다. 그러므로 왕권의 전제성이 강화되었던 신문왕 9년(689)에는 단순한 수조지(收租地)로서의 관료전과 녹봉을 아울러 지급하는 제도로 대체되었으나 귀족들의 반발을 사 경덕왕 16년(757)에 다시 부활되었다.

식읍은 귀족들 가운데 특별한 공로가 있는 자나 특별하고도 예외적 신분 지위 또는 관직을 획득한 자들에게 주어졌는데, 식읍 역시 그 지역의 주민들로부터 조세뿐 아니라 공부(貢賦), 역역(力役)의 수취까지도 가능한 것이었다. 규모에서는 녹읍보다 훨씬 큰 것이었지만 녹읍처럼 일반적인 제도는 아니었으므로 중요성은 다소 덜한 것이었다고 할 수 있다. 어쨌든 신라의 귀족들은 녹읍과 식읍이라는 형태로 상당한 경제력을 소유하고 있었다.

더욱이 하대로 접어들면서 중앙정계가 정치적 혼란에 빠지게 되자 귀족들은 이 틈을 타서 그들의 소유 토지를 급격히 증대시켜나갔다. 녹읍은 원래 분립적 성격이 강했거니와 그런 경향은 한층 심화되고 규모도 커졌을 것으로 추정된다. 아울러 귀족의 사적인 대토지 소유를 의미하는 전장(田莊)이 확대되어 갔다. 물론 전장은 이 시기에 처음 생겨난 것은 아니다. 이미 통일 이전부터 귀족들의 경제적 기반의 하나를 형성하고 있었다. 그러나 하대로 오면서 더욱 그 소유가 확대되어 귀족들의 대토지 소유화를 촉진시켰다.

귀족들의 전장은 국가로부터 받은 사전(賜田)이나 신간지(新墾地)의 개척과 같은 합법적인 방법을 통한 것도 있었지만 권력에 의해 농민의 토지를 강점하거나 약탈 및 고리대 등의 방법이 동원되기도 했다. 그리하여 당시 지배귀족들은 상당한 규모의 경제력을 소유하고 있었다.[3]

당시의 대토지 소유는 귀족들뿐 아니라 승려나 사원(寺院)에 의해서도 행해지고 있었다. 당시 사원은 왕실과 귀족들의 비호를 받으며, 많은 토지와 노비를 기진(寄進)받아 상당한 규모의 경제력을 보유하고 있었다. 일례로 애장왕은 2,500결이나 되는 토지를 사원에 시납(施納)했고,[4] 승려 지증도 개인적으로 헌강왕 5년(879)에 사재(私財)인 토지 500결을 사찰에 희사했다는 것으로 보아 승려들도 개인적으로 많은 토지를 소유하고 있었음을 알 수 있다.

귀족들이나 사원의 대토지 소유와 부의 집중이 심화됨과 더불어 한편에서는 몰락 농민이 발생해 농민층의 분해현상이 촉진되었다. 원래 국가의 부세(賦稅) 수취는 농민경영의 재생산을 보장하는 기능에 그 일부가 되돌려짐으로써 존재 근거가 마련된다. 그러나 부의 편중이 심해지고 농민경영이 심각하게 위협받고 있는 상황에서도 국가는 종전의 액수대로 부세를 수취하려 했다. 이럴 경우 국가는 일종의 수탈자로 전락하게 되고 농민들은 재생산기반을 위협받게 된다. 게다가 전국 각지에서 일어난 호족들은 그 근거지를 중심으로 지배지역을 확대시켜갔다. 이런 까닭에 신라 정부는 겨우 경주 일대에 한해서만 실질적인 지배권을 행사할 수 있는 상황이었다. 이에 따라 농민들은 지방호족의 수탈과 중앙정부의 조세 독촉에 시달려야 하는 이중의 부담을 안게 되었다. 가령 "삼국 말에는 경계가 부정(不正)하여 부렴(賦斂)이 끝이 없었다"[5]든지, "궁예 치하에서 1경(頃)의 부세액이 6석이나 되었다"[6]고 하는 기록들은 이러한 상황을 잘 알려주고 있다.

---

3) 《신당서》 권 220 열전 145 신라조. 재상가에는 禄이 끊이지 않고 奴童이 3천이며 甲兵·소·말·돼지도 이와 비슷했다. 바다에서나 산에 목축을 하는 데 모름지기 먹고 싶으면 곧 쏘아 잡았다. 사람들에게 미곡을 이식하는데 다 갚지 못하면 노비로 삼았다.

4) 이홍직, 〈나말의 전란과 치군〉, 《사총》 12·13 합집, 고려대 사학회, 1968.

5) 《고려사》 권 78 식화 1 전제 서문.

이와 같은 상황에서 볼 때 신라 말기에 다수의 몰락 농민이
발생하게 되는 사태는 어쩌면 당연한 일이다. 몰락 농민의 발생
은 한편으로는 호부층(豪富層)의 대토지경영 확대에 필요한 노동
력을 제공하여 생산력을 발전시킨 면도 있다. 그렇지만 호부층
의 경영은 당시 농업조건 자체가 제약되어 있어 몰락 농민을 충
분히 수용할 수 없었고, 그렇다고 개별적으로 농지개간을 하기도
어려운 상황이어서 농민들은 결국 사방으로 유리되어 신라의 통
치권에서 멀어져갔다. 여기에 진성여왕 3년(889) 중앙에서 조세
독촉령이 내리자 농민들은 공부 납부를 거부하며, 마침내 전국적
인 봉기를 일으키게 된다.

당시 사회적으로는 신분구조의 기본을 이루고 있었던 골품제
가 동요되어 여기에 근거하고 있던 사회구조 전반에 커다란 혼
란이 야기되고 있었다. 하대에 오면 진골의 숫자가 늘어나면서
왕실 및 진골귀족집단 내부에서 혈족집단간의 분지화(分枝化)경
향이 가속된다. 이에 따라 같은 골(骨) 안에서도 여러 족당(族黨)
이 나오게 되고 같은 족 내에서도 여러 가(家)가 분립하게 되어
극히 좁은 범위의 가계집단이 정치 사회적 행동에서 하나의 단
위가 되었다. 그리하여 나말려초에는 족단(族團)이나 친족공동체
라는 용어가 그 의미를 상실할 만큼 족관념(族觀念)이 해체되어
나갔다.[7] 이와 같은 상황에서 신라 하대에는 왕위계승이나 관계
진출을 둘러싼 진골 내부의 분열이 극심해졌으며, 이에 따른 정
치 사회적 난맥상은 신라를 멸망시킨 가장 큰 요인의 하나가 되
었다.

요컨대 신라 말기는 골품제 붕괴에 따른 정치적 난맥상, 토지
지배관계의 변화에 따른 경제구조의 변화 및 국가적 수탈에 의

---

6) 《고려사》권 78 식화 1 전제 신우 14년 7월 상서.
7) 이순근, 〈신라시대의 성씨 취득과 그 의미〉, 《한국사론》6, 서울대 국사학
   과, 1980.

한 농민층의 분해 등 사회 전반에 걸친 동요가 일어나는 시기였
다. 특히, 이 시기에 진골귀족을 비롯한 지배층들의 사치와 퇴폐
는 경주를 병든 도시로 만든 반면, 지방에 반(反)신라적 정치세
력의 성장 및 몰락 농민의 발생을 더욱 촉진시켜 마침내 신라의
멸망을 자초하게 된다.

그러면 이와 같은 사회변동기에 조응하는 사상계의 모습은 어
떠했으며 또 변동기 사상의 사회적 성격과 기능은 어떠했는가?

사상이나 종교는 경우에 따라서 매우 관념적이고 현실과 유리
된 실체로 비치기도 한다. 그렇지만 그것이 인간의 사회적 역사
적 산물임이 분명하므로, 우리는 사상이나 이념이 때로 역사를
선도(先導)하기도 하고, 때로는 역사적 상황이 사상의 성격을 변
화시키기도 하는 현상을 종종 접할 수 있게 된다.

2. 선종·미륵신앙의 유행과 유교 지식인의 동향

신라 하대에는 사회변동에 조응하여 사상면에서도 새로운 경
향이 나타난다. 즉 화엄종이 특정 지배층의 이데올로기로 고착
되면서 보수화되고 관념화하여 점차 지방 토호층이나 민들과 유
리되는 현상이 나타나고, 선종과 미륵신앙이 유행하며 유학이 자
체 정비를 모색하고 지리도참과 도교사상 등이 유행하게 된다.
그 가운데서도 가장 주도적인 역할은 한 것으로는 불교와 유교
사상을 들 수 있다.

1) 불 교

(1) 선종의 유행과 교학불교의 대응

신라 하대 불교계의 동향으로 주목되는 것은 선종의 대두와
미륵사상의 유행이다. 종래 화엄종과 법상종으로 대표되던 교학
불교는 중대 말기가 되면서 초월적인 교의의 전개에 따라 공허

하고 난해한 이론에만 치우치고 교파 사이에 대립이 격화되고 있었다. 그리고 전국의 사찰들은 왕즉불(王卽佛)사상이나 윤회전생사상(輪廻轉生思想) 등을 기반으로 왕실과 중앙귀족들에게 밀착되어 내세구복(來世求福)과 현세영달(現世榮達)을 빌어주는 원찰(願刹)의 형태로 전락되기에 이르렀다. 이에 따라 불교계는 시간이 흐를수록 종파간의 대립이 격화되고 귀족화하여 일반민과 유리되어 갔으며, 마침내 전제왕권이 쇠퇴하는 하대의 변동기를 맞게 되면서 그 사회적 기반을 잃어갔다.

이런 시기에 등장한 것이 "불립문자 교외별전 직지인심 견성성불"(不立文子 敎外別傳 直指人心 見性成佛)을 부르짖고 나온 선종이었다. 선종은 교종이 가지고 있던 교학과 신앙의 이원성이라든가 종교적 삶과 일상적 삶의 이원성 등을 지양하고 이들을 일원적으로 파악하고자 했으며, 특히 개개인이 처한 실존의 문제를 중시했다. 이러한 선종은 신라말 고려초에 사회 여러 세력의 지원에 힘입어 전국 각지에 9산선문(九山禪門)을 개창하고 기왕의 교종과 갈등을 빚게 되었다.

선종은 이미 삼국시대말부터 신라에 전래되었다. 법랑은 중국 선종의 제4조인 도신의 법을 전해왔으며, 그의 제자 신행은 다시 입당(入唐)하여 북종선(北宗禪)을 전해왔고, 이어 헌덕왕 13년에는 도의가 제6조인 혜능(慧能)계의 남종선(南宗禪)을 전한 뒤 계속 도당승(渡唐僧)이 귀국하여 국내 각처에 선종 9산파가 성립되기에 이르렀다.

선종 9산파는 가지산파(伽智山派)의 개조(開祖) 도의가 귀국하는 선덕왕 13년(821)부터 9산파 가운데 최후의 수미산파(須彌山派)가 창시되는 고려 태조 15년까지 신라 하대 전 시기에 걸쳐 성립된 것인데, 도의가 개창한 가지산파, 홍척(洪陟)을 개조로 하는 실상산파(實相山派), 혜철(惠哲)의 동리산파(桐裡山派), 범일(梵日)의 사굴산파(闍掘山派), 현욱(玄昱)의 봉림산파(鳳林山派), 도윤

(道允)의 사자산파(獅子山派), 지선(智詵)의 희양산파(曦陽山派), 무
염(無染)의 성주산파(聖住山派), 이엄(利嚴)의 수미산파(須彌山派)
등이 그것이다.

그런데·나말려초의 선종사상은 진성여왕을 전후하여 크게 변
한다. 신행이나 법랑 등에 의해 전해진 선종은 진성여왕 이전까
지는 거의 유행하지 못했다. 도의도 중국에 들어가 마조도일의
법사(法嗣)인 서당(西堂) 지장(智藏)의 법인을 받아 헌덕왕 13년
(818)에 귀국하지만 대중을 끌지 못했다. 당시는 아직 교학불교
가 성했고 세태가 경전의 가르침에 젖어 있었던 까닭에 그가 전
한 선종은 허탈하다 하여 받아들여지지 않았던 것이다. 교리면
에서도 진성여왕 이전의 초기 선종에서는 수행(修行)과 증득(證
得)을 강조하고 있어 조사선(祖師禪)을 내세우면서도 교학의 권위
가 단호하게 거부되지 않았다. 또한 사회세력과의 결합면에서도
초기 선종이 지방호족을 중심으로 일부 수용되기는 했지만 아직
까지 권위를 가지고 있는 왕실과도 결별한 것은 아니었다.

그러나 진성여왕대를 전후하여 왕실의 권위가 실추되면서 선
종은 지방호족과 더 공고하게 결연하는 쪽으로 기울고 있다. 사
상면에서도 조사선을 좀더 강하게 내세우는 경향이 나타난다.
일례로 진성여왕대에 낭혜는 무설토론(無舌土論)을 주장했는데,
여기에서 그는 여래보다 선종 조사(祖師)가 우월하다는 논리를
이끌어낼 수 있는 조사선을 강하게 주장했다. 낭혜는 선자(禪者)
의 경지에는 유설토(有舌土)와 무설토(無舌土)가 있다고 주장하고,
전자가 불토(佛土)인 응기문(應機門)이라면, 후자는 조토(祖土)인
정전문(正傳門)으로 후자의 경지가 월등한 것이라 했다. 이러한
선종사상의 경향은 중생 각자에게 내재한 실아(實我)를 강하게
인식하려는 것으로 개인주의적 경향을 띠게 되고, 따라서 중앙왕
실보다는 지방호족이나 일반민을 상대로 교세를 확장시켜 나갈
수 있는 원인이 되었다.

선종의 유행에 따라 기존의 화엄종단은 커다란 타격을 받고 교세도 위축되었다. 그러나 그 존립기반 자체가 흔들렸다고 보기는 어렵다. 선종이 비록 화엄종의 문제를 극복하기 위해 새로운 사상원리로 추구된 것이며 일체의 언교(言敎)를 부정하여 상호 배척적인 면이 없지는 않았지만 기본적으로 교학의 원리를 전제로 했던 사상적인 한계 때문에 교종을 완전히 타파할 수는 없었다.[8] 선사들 가운데 선교양립적인 교판관(敎判觀)을 가진 이가 많았다는 사실도 그러한 한계성을 보여주는 예이다. 예컨대 긍양은 희양산 봉암사를 새롭게 일으키고 선풍(禪風)을 크게 떨쳤으나 경교(經敎)에도 깊은 관심을 가지고 있었으며, 혜거 역시 선사였지만 〈대운경〉(大雲經)이나 〈원각경〉(圓覺經) 등을 강의하거나 여러 불교의식을 주재하기도 했다.

선종의 교리적인 한계와 더불어 신라 하대 선종의 유행 속에서 교종이 병립하여 살아남을 수 있었던 또 다른 이유는 화엄종단이 나름대로 대응책을 강구했다는 사실이다. 화엄종단은 우선 교학 연구의 강화를 통해 교리를 재정비하면서 선종 승려들의 화엄교리에 대한 비판에 대응했다. 또한 화엄결사(華嚴結社)를 조직하여 종단의 결속력을 다졌으며 《화엄경》에 근거한 신앙을 집중적으로 유포시키는 노력을 경주했다.[9] 따라서 신라 하대의 불교계는 교종과 선종이 병립하고 있었던 것으로 보인다.[10] 그러나 실제로는 9세기 중엽까지만 해도 지배이데올로기의 위치를 차지

8) 고익진, 〈신라 하대의 선 전래〉,《한국고대불교사상사》, 동국대출판부, 1989, p. 531.

9) 남동신, 〈나말려초의 화엄종단의 대응과 화엄신중경의 성립〉,《외대사학》 5, 한국외국어대 사학연구소, 1993, pp. 146~148.

10) 신라 하대의 불교계의 경향을 기존의 선종 우위 입장에서 화엄종과 선종의 병존 또는 조화의 관계로 보려는 입장은 대체로 1980년대 이후에 공감을 얻어가고 있다.(김혜완, 〈신라 하대의 미륵사상〉,《성대사림》 8, 성균관대 사학회, 1992, p. 7)

하고 있었던 화엄종은 9세기 후반 이후가 되면 이미 지배이데올로기로서의 사상적 기반을 상실하고 그 지위를 선종에 넘겨주게 되었다.[11]

(2) 미륵신앙

신라 하대에는 선종사상의 대두와 더불어 미륵신앙이 크게 유행하여 일반민들로부터 광범한 지지를 받았다.[12] 당시 교종은 지나치게 이론에만 치중해 관념화되었고 선종 역시 실천수행을 강조하였는데, 스스로 진리를 깨달아 현세에서 성불할 수 있다고 하는 극도로 추상적이고도 현실적인 세계관을 강조했으므로 대중들에게 널리 보급되기에는 일정한 한계를 가지고 있었다. 따라서 일반민의 신앙형태는 성격이 이전과 다소 달라지기는 하나 아미타신앙이나 미륵신앙 등 종래의 신앙형태가 이어지고 있었다. 특히 미륵신앙은 신라 하대가 미륵의 용화세계를 맞는 말법시대(末法時代)라는 의식과 연결되면서 사회구원적 신앙의 성격을 띠고 영향력이 확대되어갔다.

원래 미륵신앙은 미륵보살이 주재하는 도솔천에 왕생하기를 기원하는 상생신앙(上生信仰)과 미래에 전륜성왕의 치세 때 하생한 미륵불의 설법으로 구제되기를 바라는 하생신앙(下生信仰)으로 나누어진다. 삼국시대 귀족층에 널리 유행된 것은 전륜성왕과 결부된 하생신앙이었다. 그러나 통일기에 와서는 전제왕권의 강화로 그 사회적 의미를 잃었고, 여기에 교학불교가 발달하면서 사상적 뒷받침이 부족한 단순한 미륵신앙은 더욱 위축되었다. 뿐만 아니라 원효는 미륵정토(彌勒淨土)보다 미타정토(彌陀淨土)가

---

11) 추만호, 〈신라하대 사상계의 동향〉, 《한국사》 4, 한길사, 1994, p. 312.
12) 나말 농민층에 가장 광범하게 퍼져 있었던 사상은 선사상이라기 보다 오히려 미륵사상을 기본으로 한 정토신앙이라는 견해도 있다.(채상식, 〈고대·중세초 사상연구의 동향과 국사교과서의 서술〉, 《역사교육》 45, 역사교육연구회, 1989, p. 74)

왕생하기 쉽다는 사상을 부각시켜 아미타신앙을 신라 중대 이래
의 대표적인 신앙으로 부각시켜놓았다.

그러나 신문왕대에 이르면 미륵신앙이 다시 부각되기 시작한
다. 예컨대 경흥(憬興)은 미륵정토가 아미타정토보다 결코 열세
하지 않다고 논증하면서 법상종과 연관된 미륵상생신앙을 주장
하여 사상의 폭을 넓히고 미륵사상이 다시 유행하게 하는 교학
적 계기를 만들었다. 그러나 통일신라에 이르기까지의 미륵신앙
은 그것이 상생신앙이든 하생신앙이든 할 것 없이 모두 귀족중
심적인 성격을 띤 것이었다.

그런데 진표(眞表)의 등장 이후 법상종계 미륵상생신앙은 그
성격이 달라진다. 지장신앙과 혼합된 진표의 점찰계법(占察戒法)
에 의한 미륵상생신앙은 지계(持戒)의 실천행을 강조하는 적극적
인 것으로 그 이전의 교학적 연구 성향이 강한 중류 지식층의
법상종계 미륵상생신앙과는 다른 것이었다. 또한 그의 교화활동
지역이 구고구려·구백제 지역인 금산사, 속리산, 명주 지역 등
경주와는 멀리 떨어진 지방이었고, 교화대상도 일반민중이었다
는 점에서 왕권과 밀접한 관계를 맺고 있었던 중류 지식층의 그
것과는 성격을 달리했다. 또한 진표는 자신의 철저한 참회행의
실천을 바탕으로 민중에게 계(戒)를 지키게 하고, 그에 대한 증
거로 토착성이 강한 점찰법회(占察法會)를 열어 친근감을 조성했
다. 그리고 미륵보살로부터 받은 189개의 증과간자(證果簡子)와
대국왕(大國王)으로 도솔천에 태어날 것이라는 예언은 고통받고
있는 민중들에게는 현세의 고뇌를 해결해줄 수 있는 구세주로까
지 환영받을 수 있는 것이었다.

이같은 미륵상생신앙의 민중에로의 침투는 이 사상이 반(反)전
제왕권적 성격을 갖게 했으며, 더욱이 지장신앙 속에 들어 있는
말세의식은 당대를 말세로 인식하게 하고 현세부정적 요소를 가
미시켜 현실비판적인 성향을 띠게 했다. 따라서 왕권과 밀접한

관련이 있는 미륵상생신앙이 전제왕권의 몰락과 함께 쇠퇴한 것에 반하여, 진표의 점찰계행에 의한 미륵상생신앙은 신라 하대의 반전제왕권적 반신라적 분위기에 상응하면서 영심(永深), 심지(心地) 등에 의해 계속 명맥이 이어졌다.

그리하여 신라 말기의 미륵사상은 질서의 붕괴와 더불어 새로운 미래를 전망하는 일반민들의 대표적 신앙으로 널리 유행되었다. 후삼국기에 궁예는 자신을 미륵불, 두 아들을 각각 청광보살, 신광보살로 부름으로써 일반민들의 지지를 얻고자 했을 정도로, 미륵신앙과 관련된 민중들의 현실구원적 성격이 강한 방향으로 전개되기도 했다.

2) 유교 지식인의 동향

신라 말기 유교사상은 불교의 선종·미륵신앙 등과 더불어 변동기를 이끌어간 대표적인 사상체계의 하나로 간주된다. 신라의 유교사상은 중대 이후부터 이미 그 사회적 기능이 확대되었다. 특히 신라 하대로 와서는 그 역할이 급격히 증대했다.

중대 이래 유교는 전제왕권의 강화에 따른 더욱 확대된 정치 기준의 수립과 새로운 관료층의 등장에 대한 요구로 그 역할이 증대되어 왔다. 또 전제왕권을 뒷받침해줄 수 있는 새로운 정치 이념으로 또는 중앙관리를 선택하는 방법의 하나로 채택되어 점차 사상계에 독자적인 지위를 확보해나갔다. 특히 신문왕 2년(682)의 국학 설치는 이러한 경향을 더욱 촉진시켰으며, 원성왕 때는 독서삼품과(讀書三品科)가 시행되어 국학 학생을 대상으로 한 시험제도가 마련되기도 했다.

이에 따라 유학생(儒學生)들은 일정한 관직에 임용되기도 했는데, 일부 유학생들은 수령직이나 리(吏)와 같은 직책에 임명되어 일부에서나마 골품제에 토대를 둔 것이 아니라 학문에 의지한 둔 관리가 탄생하게 되었던 것이다. 불교를 배울 것인가, 유교를 배울 것인가 하는 아버지의 물음에 불교는 세외교(世外敎)니 유학을 배우겠다고 한 강수(强首)의 대답은 당시의 시대적 분위기를 잘 나타내주는 사례라 하겠다.

결과적으로 신라 중대 이래 강수와 설총을 비롯한 뛰어난 유학자들이 많이 배출되었으며, 특히 하대에 오면 도당유학생들이 증가하여 이들을 중심으로 한 유학자군이 형성되기에 이르렀다. 이들은 유학중에 빈공과(賓貢科)에 합격하여 당에서 관직생활을 하거나 신라로 돌아와 활동하기도 했다. 그 대표적인 예가 최치원이다. 그는 12세 때 당에 유학하여 빈공과에 합격하고 선주(宣州)의 표수현위(漂水縣尉)까지 지냈으며, 헌강왕 11년(885)에 귀국하여 시독겸한림학사(侍讀兼翰林學士) 수병부시랑(守兵部侍郎)을 거쳐 군태수를 지냈다. 그러면서 진성여왕대의 혼란한 시기에 시무 10여 조를 올리기도 했다. 이와같이 신라 하대의 유학생들은 당의 문물을 경험한 당대 최고의 지식인들이었으며 세련된 유교 지식을 바탕으로 높은 정치참여의식을 가진 존재들로서 하나의 커다란 사회세력을 형성했다.

그렇다면 이들 유학자들이 가지고 있었던 사상적 특징은 어떠한가?

먼저 꼽을 수 있는 것이 도덕지상주의다. 중대 이래 유학은 불토(佛土)와 속세 이원론에 입각한 불교를 비판하고 대신 현세적 합리주의를 내세웠으며, 그 구체적인 표현이 도덕지상주의였다.[13] 가령 중대의 대표적 유학자의 하나인 강수는 원래 부곡(釜谷)의 야장(冶匠)집 딸과 정을 통하고 있었는데 그의 부모가 좀더 신분이 나은 집의 여자와 혼인을 하게 하려고 했다. 그러나 강수는 재취가 옳지 못하다는 이유로 이를 거절하며 다음과 같이 말했다고 한다.

---

13) 이기백,〈한국유학의 정착과정〉,《한국사상의 심층연구》, 우석, 1982, pp. 186~187.

　　가난하고 천한 것은 부끄러운 바가 아니지만, 도를 배우고 행하
지 않는 것은 진실로 부끄러운 바입니다. 일찍이 들으니 槽糠의
아내는 버리지 아니하고 가난할 때 사귄 친구는 잊을 수 없다고
했습니다. 미천한 아내를 차마 버릴 수는 없습니다.(《삼국사기》
권 46 열전 강수전)

　　즉 철저한 신분제 사회인 신라에서 신분보다 도덕을 더 중요
시한 강수는 분명히 새로운 가치판단을 세운 것이었으며 그가
내세운 도덕률은 곧 유교도덕이었다. 이와같이 도덕을 존중하는
입장은 유교교육 내용에도 나타나 있다. 당시 국학에서 가르치
는 과목과 독서삼품과의 시험과목에는 곡례(曲禮), 효경(孝經) 등
이 가장 기본적인 과목이었다.

　　유교의 도덕지상주의는 정치에도 반영되고 있다. 설총의《화
왕계》(花王戒)를 보면, 화왕인 모란이 장미와 할미꽃에게 취한 태
도를 국왕의 가인(佳人)과 노신(老臣)에 대한 태도에 비유하여 간
사한 신하보다 정직한 신하를 가까이 할 것을 권하고 있다. 즉
정치면에서도 물질적 욕망보다 도덕적 규범의 필요성을 강조하
고 있다. 이와 같은 유학자들의 도덕지상주의는 중대 이래 유학
사상의 특징으로 꼽을 수 있으며, 특히 신라 말기에 와서는 골품
에 근거한 신분질서의 해체에 따른 새로운 질서체계의 이념 기
준으로 기능하기도 했다. 그러나 신라 중대의 유교사상은 어디
까지나 왕의 전제권 강화를 뒷받침하는 정치이념으로 작용했고,
반(反)진골적 색채를 띠면서도 신분개혁을 주장하는 과격성과 급
진성을 보이기보다는 현실에 적응하려는 성격을 지닌 것이었다.

　　이에 반해 하대 이래의 유학자들은 신라 왕실에 비판적인 태
도를 취했으며 골품제 자체의 개혁을 강력하게 요구하고 나왔다.
일례로 진성여왕 초기 6두품 출신이며 도당유학생인 왕거인은
왕실 측근들로부터 국정에 대해 비판적인 인물로 인식되었으며,
익명으로 시정을 비방하는 글이 대로에 나붙자 범인으로 지목되

어 투옥되기도 했다. 그는 투옥을 반대하는 움직임에 의해 곧 풀려나지만, 이 사건은 왕거인과 같은 일부 도당유학생 출신의 6두품 지식인과 왕경(王京)의 국인들이 왕실에 대해 비판적인 태도를 가지고 있었음을 나타내주는 사례라 하겠다.

또한 신라말 대표적 유학자의 하나인 최치원은 중국적 권위와 학문의 힘을 빌려 골품의 권위에 대항했다. 그는 요순시대의 정치를 찬양하며 유교적 이상정치를 희구했으며, 사람은 도를 실천하는 주체이고 정치는 곧 도덕적 교화라는 인식을 가지고 있었다. 그리고 이러한 도덕적 정국관을 인정(仁政), 덕치(德治)로 구체화시키고 아울러 편당(偏黨)이 있어서는 왕도(王道)가 평탄할 수 없다 하여 당시의 정치현실을 간접적으로 비판했다. 또 진성여왕 8년에는 시무 10여 조를 올리고 있는데, 이는 시무책(時務策)의 형태를 갖추어 공식적으로 제기한 건의였다. 국가정책에 대한 제안이나 국정방향에 대한 제시가 진골 출신들에게만 허용되었던 신라 사회의 정치상황에 비추어볼 때 최치원의 시무 10여 조의 건의는 당시 6두품의 정치적 지위와 발언권의 성장을 의미하는 것이었다고 할 수 있다. 그가 진성여왕에게 바친 시무건의는 그 내용이 전하지 않아 잘 알 수는 없지만 아마도 반(反)진골 반(反)골품적 성격을 띤 것이었으리라 추정된다.[14] 그러나 "4, 5두품은 족히 말할 만하지 못하다"[15]고 한 그의 말은 동시에 하급신분에 대해서 별다른 관심을 보이지 않는 그의 태도를 반영하는 것이라 생각된다. 요컨대 신라 하대의 유교는 골품제의 모순을 극복하고 유교적 전제주의의 새 질서를 수립하려는 의욕을 표면화하고 있었던 것이다.

---

14) 이기백, 〈신라골품제하의 유교적 정치이념〉, 《신라 시대의 국가불교와 유교》, 한국연구총서 35, 1978, pp. 163~168.
15) 〈성주사낭혜화상비〉, 《조선금석총람》 상, p. 74.

3. 불교·유교의 사회적 성격

1) 불 교

이상 살펴본 바와 같이 나말려초의 불교계에서는 선종과 미륵 사상이 사회변동기에 조응하여 크게 각광을 받고 있었으며, 이에 위축된 교학불교도 나름의 대응책을 강구하고 있었다. 그리고 이러한 사상계의 움직임은 바로 당시의 사회변화를 일정하게 반영하고 있는 것이라고 볼 수 있다. 그러므로 당시 불교의 사회적 성격·기능을 살펴보면서 사상과 사회변동과의 관련성을 생각해 보기로 하겠다.

신라 말기 불교의 사회적 성격을 알아보기 위해 먼저 당시 선종이나 미륵신앙과 사회 여러 세력과의 관계를 살펴보기로 하자.

신라 말기 선종과 결탁한 주요한 사회세력으로는 6두품 이하의 하급귀족과 호족을 들 수 있다. 물론 그렇다고 해서 당시의 선종 사원들이 모두 국가와 대립적인 관계였다고 보기는 어렵다. 가령 9세기 중반 이후에도 국사(國師)로 책봉된 승려들은 모두 선사들이었으며, 신라말의 선사들은 여러 번 왕실의 초청을 받기도 하여 이들이 국가권력과 반드시 소원한 관계였다고 보기는 어려운 측면이 있다. 그러나 진감(眞鑑), 혜소(慧昭)를 비롯한 선종 승려들이 여러 번 왕실의 초청을 거부하는 것으로 보아 국가권력과 일정한 긴장관계를 견지했던 것은 사실인 듯하다. 따라서 신라 말기에 유행하던 선종의 사회적 성격은 지방에서 정치세력을 확대해가던 호족이나 하급귀족층들의 사상적 기반으로서의 기능에 더욱 주목해야 할 것 같다.

신라 하대 선사들의 신분을 살펴보면 혜소, 무염(無染), 도헌(道憲) 등 당대의 대표적 선사들이 모두 중앙귀족인 진골신분은 아니었으며 원래는 그렇다 하더라도 그들의 대에는 이미 6두품 이

하로 전락했다. 또한 대부분의 선종 9산파의 개산조(開山祖)들이
나 그 후계자들도 거의가 중앙귀족으로부터 몰락하여 토착하게
된 사람이거나 지방의 피지배층 안에서 등장하는 6두품 이하의
신분이었다.[16]

그리고 신라 하대 선종 사원의 성장 배경에는 지방호족세력들
의 사회경제적 기반이 크게 작용하고 있는 사례를 다수 찾아볼
수 있다. 즉 나말의 선사들은 대부분 지방 호족들과 연결되어 있
었으며, 선종 산문 자체가 이미 지방호족의 후원을 배경으로 성
립된 것이 많았다. 일례로 무염의 성주산파를 보호 육성한 것은
김흔(金昕)이었는데, 그는 충남 보령 지방에 커다란 장원을 소유
한 대호족이었다. 강원도 강릉 지방의 실력자로 김주원(金周元)의
자손이라 추측되는 명주도독(溟州都督) 김공(金公)은 사굴산파의
개조 범일의 후원자였다. 그밖에도 봉림산파를 후원한 김해 지
방의 호족 소율희(蘇律熙)나 희양산파를 후원 설립한 심충(沈忠),
성주산파의 여엄(麗嚴)을 후원한 경북 풍기 지방의 호족 강훤(康
萱) 등이 두드러진 예이다. 이와같이 나말의 선종사원은 호족세
력과 밀착되어 호족들에게는 종교적 문화적 요구를 충족시켜주
었고 선사들에게는 교세확장의 실천적인 계기를 마련해주었다.

당시 선종 사원들은 대단히 큰 규모였다. 일례로 성주사는 1
천여 간에 이르는 거대한 사찰이었으며 막대한 토지를 가지고
있었을 뿐 아니라 사원에는 많은 문도(門徒)가 거주하고 있었다.
성주산문의 경우는 낭혜의 이름있는 제자가 2천 명이나 되었고,
여엄의 제자가 500명이었으며, 현휘(玄暉)의 제자도 300명이나
되었다. 그외 가지산 체징(體澄)의 문인이 200명, 진공(眞空)의 제
자가 400여 명 등이었다. 이같이 신라말의 선종사원은 적게는
수백 명에서 많으면 2천 명에 이르는 많은 문도들을 가지고 있

---

16) 최병헌, 〈신라 하대 선종9산파의 성립〉,《한국사연구》7, 한국사연구회,
   1972, pp. 101~112.

었는데, 이들 문도들 속에는 상인이나 유망농민은 물론 심지어 도적의 무리까지 포함되어 있었다.[17] 이로 보아 선종은 자체의 교리적인 한계 때문에 직접 민과 영합되는 민중적 성격을 갖기가 어려웠는데도 사원에서 베푸는 신앙의례나 법석(法席) 등을 통해 광범한 일반민들을 문도로 가지고 있었음을 알 수 있다. 선종 사원이 민중 속에 얼마만한 영향력을 미쳤는가는 다음의 사료에서도 잘 나타나고 있다.

> 大中(847~859)초에 비로소 나아가 거주하고, 또 말끔히 整齊하여 그것을(웅천주 서남쪽 모퉁이에 있었던 절) 꾸몄는바, 얼마되지 않아서 道가 크게 행해지고 절이 크게 이루어지게 되었다. 이로 말미암아 사방 멀리에서 학문하는 길을 묻는 무리들이 천리길을 반걸음으로 여기고 찾아와 그 수효를 헤아릴 수 없었다. 이처럼 문도가 번성하게 된 것은 대사께서 마치 종이 쳐주기를 기다리고, 거울이(비치는 것을) 고달픈 줄 모르는 것처럼 했기 때문이다. 온 사람이면 지혜의 횃불로써 그들의 눈을 인도하고, 法悅로 그들의 배를 채워주지 않음이 없었으며 오고 가는 동안에 어리석었던 풍속을 변화시켜주었다.(〈성주사낭혜화상백월보광탑비〉,《조선금석총람》상, p. 72)

위의 무염의 비문에 의하면 당시 선종 사원의 교세와 영향력이 대단했음을 알 수 있다. 당시 선종이 호족이나 하급귀족층의 광범한 지지를 받을 수 있었던 사상적 배경은 선종의 교화방법이 애초에 문자에 기초를 둔 이론적인 교설이 아니라 수심(修心)과 실천을 위주로 한 것이어서 실천철학의 무사적(武士的) 성격을 가진 지방호족에게 어울릴 수 있는 소지를 제공했기 때문이다. 그리고 인과설을 내세워 현 체제를 합리하며 다분히 귀족적 취향을 보이던 교종과 달리 마음만 잘 닦으면 곧 부처가 될 수

---

17) 김두진, 〈통일신라의 역사와 사상〉,《전통과 사상》Ⅱ, 한국정신문화연구원, 1986, p. 80.

있다는 희망적이고 혁명적인 해석을 제시함으로써 신라의 지배체제에 불만을 품고 있던 지방호족과 하급귀족들의 절대적인 지지를 받게 되었다. 그리하여 일부 선문들은 그 소재지를 근거로 지방사회를 정치·경제·문화적 측면에서 장악하여 독자적인 세력권을 형성할 만큼 급성장하기도 했다.

교종은 부처가 깨달았던바 삼매(三昧)를 중요시하는 보편적 가치를 추구하기 때문에, 경전에 대하여 전통적 해석을 내리고 스승을 중심으로 여러 제자가 하나의 교단으로 뭉쳐졌고 자연히 교문은 전통성과 권위의식을 갖게 되었다. 또한 교학불교의 불타에 대한 권위의식은 곧 왕자(王者)계급의 권위를 합리화하는 이념체계로 작용하여 중대의 교학불교를 왕자계급과 결탁하게 했다. 그러나 유식·화엄학과 같은 교학불교는 하대에 와서 중대의 왕성한 저술활동이 갑자기 쇠잔해지며, 훈고학적인 주석학에 빠진다. 독창적인 사상이나 해석을 전개하는 문헌을 찾아보기 어렵고, 다만 훈고학적 해석에 치중하여 사상의 경직과 교의의 독선을 가져오고 학파적 갈등과 대립이 심해졌다. 이와같이 사상전개가 없는 훈고학적인 주석학은 사회를 외면하고 역사의식을 결여하게 마련이어서 당시의 사회변동에 적극적으로 대응하지 못했다.

이에 반해 선종은 교학의 권위에 대항하여 개인주의적 성향을 띠며, 독자적인 교단을 형성하여 분립적 독립적 성향을 가지므로 신라 하대 호족세력의 현실적 처지와 잘 부합될 수 있었다.

한편 미륵신앙은 주로 일반민들 속에 광범한 지지기반을 가지고 있었던 것으로 보이는데, 후삼국시기에 궁예가 미륵불을 자처하는 등 미륵신앙을 중시했던 것이나 왕건이 후삼국시기에 미륵사를 세웠던 것 등은 모두 민간에 침투된 미륵신앙을 집약하려는 의도였다고 볼 수 있다.

요컨대 신라 말기의 불교계는 선종과 미륵신앙 등이 현실사회의 모순에 불만을 품고 있던 지방의 정치세력들이나 일반민들 사이에서 크게 유행하여, 종래의 교학불교와 이를 이념적 지주로 하고 있었던 신라사회를 비판하면서, 새로운 사회를 전망하는 사상적 지주로서의 기능을 했다고 할 수 있다.

2) 유 교

신라 말기 유교의 사회적 기능도 역시 당시 유학에 종사했던 유학자들의 사회적 성격과 표리를 이룬다고 볼 수 있다. 따라서 당시 유학자들의 사회적 신분이나 그들의 사회적 활동을 살펴보는 것은 의미있는 일이다.

통일기 이후의 신라의 유학자들은 대부분 6두품 출신이었다. 강수·설총과 같은 중대의 대표적 유학자들이 모두 6두품 출신일 뿐만 아니라 최치원을 비롯한 하대의 도당유학생들도 대부분 6두품 신분에 속하는 사람들이었다. 그렇다면 왜 통일기 이래의 신라에서 특히 6두품 출신들이 유교에 매력을 느꼈을까?

말할 것도 없이 신라 중대 이래 유학자의 증가는 중앙의 전제 왕권강화책과 밀접하게 관련되어 있다. 즉 통일기의 신라왕실은 전제왕권의 강화를 위한 정치이념과 이에 따른 새로운 관료층의 선발책으로 유교교육을 장려했다. 따라서 골품제라는 신분제의 벽에 부딪혀 정치 사회적 진출에 제한을 받던 6두품 계층들이 주로 유교교육을 통해 활로를 찾고자 했던 것이다. 그러나 당시의 신라사회는 이러한 6두품 계열의 지식층을 주로 천문기술 등의 잡직이나 외교사절·말단외직 등에 임명했을 뿐이며 제도적으로도 대아찬(大阿飡) 이상으로 승진할 수 없었다.

따라서 신라말의 유학자들은 도당유학을 하나의 탈출구로 생각하게 되었다. 최치원의 부친이 12세 소년 치원을 입당시킬 때 10년 동안 급제하지 못하면 내 아들이 아니라고 하면서 보낸 것은 그러한 상황을 보여주는 것이라 할 수 있다. 이들 도당유학생들은 대개 10여 년에 걸쳐 장기간 체류하면서 당의 국학에 입학하여 선진학문과 기술을 습득하고 성당(盛唐)사회의 실태와 정치운영 등을 직접 견문했으므로 귀국하게 되면 당의 선진문물을 전파하는 새로운 지식계층으로 등장하게 되었다.

그러나 신라말의 상황도 이들 6두품 유학자들에게 문호를 열어놓고 있지는 않았다. 이러한 과정에서 유학자들은 골품체제의 모순을 생각하게 되고, 점차 현실사회에 비판적인 경향을 띤 반신라적인 집단으로 변해갔다. 즉 이들은 도덕적 권위를 내세워 신분에 기초한 골품제의 모순을 비판하고, 유교이념에 의한 집권적 전제정치를 지향하는 사상체계를 갖게 되었던 것이다. 그리고 이러한 상황이 바로 유교가 불교의 선종과 더불어 신라말 사회변동기에 새로운 전망을 제시하는 대표적 사상체계가 되게 한 사회적 배경이 되었다.

그러나 간과해서는 안 될 점은 신라말의 유학이 반사회적 반신라적 성향을 띠긴 했으나 유학자들이 신라사회의 모순을 타파하는 주도세력이 되지는 못했다는 점이다. 즉 나말의 유학자들은 당시 사회의 모순과 한계를 자각하기는 했지만 신라사회를 철저히 부정하는 내면적 동기와 현실모순을 타파할 만한 사회적 역량이 부족했다. 최치원의 사상 속에도 나타나는 반(反)하급신분적 성향은 일정하게 귀족적 특권을 옹호하는 것으로서, 나말 사회변동의 주도세력이었던 호족이나 민들과 결합하여 구체제를 극복해나가는 실천적 성격이 결여되어 있었다. 따라서 나말의 유학자들은 구질서를 극복하고 새로운 가치관을 세우려는 의욕을 보이기는 하지만 현실적으로 상당한 고뇌와 좌절을 경험하기도 했다. 특히 진골귀족들의 골품제 고수와 지방호족들의 반정부적 행동으로 인해 순수한 유교정치이념을 펴나갈 수 없는 상황 속에서 이들은 사상적으로 불교에도 깊이 쏠려 유·불·선 3교를 융합하려는 사상적 혼미를 드러내기도 한다.

III. 고려 초기의 사회와 사상

1. 건국 초기 지배체제의 정비

신라말에 이르면 호족세력 가운데 낙향호족의 세력은 점점 쇠퇴하고 토착호족과 군진세력이 제휴하여 후삼국의 혼란을 수습하면서 새로운 사회 건설의 주역으로 등장했다. 왕건은 바로 이런 세력이었다. 그의 친족은 개성지역의 토착호족이며 그의 외가나 처가는 해상의 군진세력이었다.

왕건은 원래 궁예의 부장이었으나 궁예의 전제정치가 멸망할 징조를 나타내고 인심이 그에게 쏠리게 되자 궁예를 축출하고 왕위에 올랐다(918). 새로운 왕조를 연 태조 왕건은 서울을 철원에서 자기의 본거지인 송악으로 옮겨 스스로의 정치적 군사적 기반을 확고히 했다. 동시에 중국 오대(五代)의 여러 나라와 외교관계를 수립하여 고려의 국제적 지위를 높이는 한편, 신라에는 우호적 태도를 취하고 후백제에 대해서는 무력으로 대결했다. 이와 같은 태조의 정책은 실효를 거두어 고려는 먼저 경순왕의 항복을 받아 평화롭게 신라를 병합하는데 성공했다(935). 이어서 이듬해에는 왕실이 내분을 일으켜 분열된 후백제를 일리천 싸움에서 격파하고 당시의 왕인 신검의 항복을 받아내 마침내 후삼국을 통일했다.

그러나 지방 각처의 호족들은 후삼국의 혼란기와 다름없이 독자적 무력과 경제 기반을 보유하여 독립적 상태를 유지하고 있었고, 전장에서 왕건과 고락을 같이한 호족 출신의 제장(諸將)들도 전쟁에서 얻은 포로·노획물 등을 분점하고 사병(私兵)을 거느린 채 독자적 세력을 그대로 가지고 있어서 정국은 여전히 불안한 상황이었다. 태조가 즉위한 해에 왕의 측근 인물인 마군장군(馬軍將軍) 환선길(桓宣吉)이 반역을 도모하고, 이어서 마군장군이흔암(伊昕巖)의 모역이 발생한 것은 그같은 상황을 반영하는 것이다.

그러므로 고려 초기 왕실이 당면한 가장 큰 정치적 과제는 이와 같은 호족세력들을 회유 억압하고 왕권의 안정을 다져나가는 문제와 더불어 새 왕조의 기틀이 될 제도적 정비를 통하여 민심을 수습해 나가는 것이었다.

태조 왕건은 전국에 산재한 유력한 호족가문과의 결혼정책 또는 호족에 대한 회유·견제의 성격을 띤 사심제와 기인제도를 실시하는 한편, 개경의 호족세력을 견제하기 위한 정치세력으로 서경(西京)세력을 육성하기도 했다. 그러나 혜종·정종대까지도 고려의 정국은 불안했다. 광종대에 이르러 일련의 정치적 개혁들, 즉 호족세력의 억제와 왕권 강화를 목적으로 한 노비안검법(奴婢按檢法), 과거제, 공복제(公服制) 등이 실시되었는데, 이와 같은 철저한 호족탄압책은 태조 이래 열세를 면치 못했던 고려왕권을 크게 강화시켰다. 경종대는 광종대의 공포분위기가 완화되어 왕권이 호족세력을 회유 포섭하는 시기였으며 성종대에 이르러 국가제도의 정비를 통하여 안정기에 들어섰다.

한편 고려왕조는 지방제도와 수취체제의 정비를 통해 지방에 대한 통치를 강화해나갔다. 고려왕실은 이미 국초부터 전국적으로 지방 실태 파악에 착수했다. 태조 26년(943)에는 당시 중앙행정력 속에 흡수된 청도군계(淸道郡界)에 순영(順英), 수문(水文) 등이 이심사(里審使)로 파견되어 주첩공문(柱貼公文)을 올리고, 정종 원년(946)에 다시 운문산 선원의 장생표탑공문(長生標塔公文) 등이 작성되었던 기록이 보인다.[18] 곧 태조 26년에 청도군계의 사정에 대한 전반적인 보고가 있은 연후에 정종 때에는 계내(界內)의 구체적인 사항에 대한 파악이 행해졌던 것이다. 이러한 군현 전반

---

18)《삼국유사》권 4 보양이목.

에 대한 조사보고서의 작성 목적은 당시 그 지방을 대표하는 호
족들의 동태 파악을 위한 것이라고 보아도 좋을 듯하며, 이는 호
족들에 대한 통제력 강화를 의미한다.

또한 고려초에는 금유(今有), 조장(租藏), 전운사(轉運使)와 같은
외관이 파견되었다. 이들은 아마도 이심사, 임도대감(任道大監)과
비슷한 성격을 가졌을 것이며 처음에는 대체로 파견되는 지방의
유력자가 임명되었을 것이다. 이들이 지방에서 집행하던 공무는
조세징수가 주를 이루었을 것이며 명칭으로 보아 임무가 나누어
져 있었던 듯하다. 조장의 임무는 조세징수였고, 전운사는 징수
된 공물을 운반하는 역할을 수행했을 것으로 보인다. 뿐만 아니
라 정종 4년(949)에는 광종이 즉위하여 원보(元甫) 식회(式會), 원
윤(元尹) 신강(信康) 등에게 명해 주현의 세공액을 정하는 등[19] 국
가적인 수취체계가 수립되었음을 보여주기도 한다.

이상에서 보듯이 고려 초기 정국은 호족연합적 성격을 띠고
있긴 했지만, 왕실은 차츰 호족세력을 견제하면서 왕권의 강화와
정국의 안정을 추구하는 한편, 제도정비 등을 통해 지방세력 통
제와 민심의 수습을 꾀하고 있었다.

2. 불교계의 융합과 유교적 정치이념의 정립

신라 말기에는 불교의 선종이나 미륵사상 또는 유교사상 등이
신라의 구체제를 비판하며 새로운 시대를 전망하는 호족 및 일
반민들의 사상적 지주로서 나려(羅麗) 교체기의 사회변동을 주도
해나갔다. 그러나 새 왕조가 건국되고 정치 사회적 혼란이 수습
국면을 맞게 되면서 이들 사상의 성격과 사회적 기능에도 변화
가 따르지 않을 수 없었다. 즉 불교계는 종래 교선(敎禪)의 대립
을 지양하고 양파가 융합을 추구하는 경향을 보이고, 유교는 전

---

19) 《고려사》 권 78 식화 1 전제 공부.

제군주체제를 수립하기 위한 정치사상의 기능이 강화되어 둘 다 건국초의 사회적 혼란을 수습하고 새로운 정치체계를 뒷받침하는 사상적 기반으로서의 역할이 두드러지게 된다. 이외에도 나말려초에는 풍수도참설이 크게 신앙되고 있었으나, 여기서는 가장 영향력이 컸던 불교와 유교를 중심으로 서술하겠다.

1) 불 교

신라말에 크게 유행하던 선종과 미륵사상 등은 변동기 사회의 주도적인 사상으로 부각되지만 한편으로는 이들 여러 종파가 지방의 정치세력들과 영합하여 불교계의 난립을 가져왔다. 각 지방호족들의 후원을 받고 있었던 선종사원뿐만 아니라 교종사원 내에서도 해인사의 경우 왕건과 견훤으로 대표되는 단월(檀越, 즉 施主)을 가질 정도였다. 그래서 고려 태조는 〈훈요10조〉에서 신라의 멸망 원인을 불교계의 통제가 불가능할 만큼 귀족과 영합된 지방불교의 번영에 돌리고 있다.

이와 같은 상황에서 후삼국을 통일한 후 고려 초기 불교계에 나타난 주목할 만한 현상은 불교계가 통합적 성격을 지향하게 된다는 점이다. 물론 당시의 불교계에 학파나 종파간의 교리의 차이라든가 각 교단간의 대립적인 양상이 없었던 것은 아니다. 고려 초기에 화엄종과 선종의 대립, 화엄종과 법상종의 대립은 간과할 수는 없는 부분이다. 그러나 통일 후 안정을 향한 새로운 질서를 모색하고 있던 당시의 정치 사회적 상황은 사상면에서도 대립보다는 융합을 선호하게 했던 것 같다.

선종과 교종의 통합적 경향은 이미 신라말 개성의 대호족인 왕건의 선대(先代)와 연결된 순지(順之)의 선사상(禪思想)에서부터 나타난다. 순지는 삼편성불(三遍成佛)을 논하면서 돈오(頓悟)와 점수(漸修)를 통한 성불을 주장했는데, 그 경지가 모두 똑같다고 함으로써 교·선일치의 사상 경향을 드러내고 있다. 이어 그는 돈증실제(頓證實際)에서 내증외화(內證外化)를 주장하여 화엄 사상을 융합하고, 회점증실제(廻漸證實際)에서 '회삼귀일'(會三歸一)사상을 주장하여 법화사상(法華思想)을 융합했으며, 점증실제(漸證實際)에서 '교·선일치'의 이론적 근거를 제시했다.[20] 그러한 순지의 사상은 지방호족의 독자적 세력 구축을 위한 '내증'(內證) 외에 '외화'(外化)를 추구함으로써, 대호족이 주위의 군소 호족이나 토호를 흡수하여 통합된 세력권을 형성해나가는 것을 합리화했지만, 한편으로 고려초의 교·선일치적 사상 경향을 형성시키는데도 작용했다. 또한 하대 가지산파를 개창한 체징도 처음에는 경전을 연구하다가 선종으로 들어갔으며, 가지산파를 개창한 후에는 보림사에 화엄종의 주불(主佛)인 비로사나불을 만들었으니 곧 화엄종과 선종의 융합을 말하는 것이다. 그리하여 재래 불교인 화엄종과 새로 성립된 선종이 곧 고려 초기 교·선의 융합사상인 천태학(天台學)을 성립시키는 배경이 되었다.

또 광종대에는 법안종이 중국에서 새로 도입되어 성행했는데 이 역시 선종파이면서 교종사상을 받아들인 선·교 절충적 종파로서 고려초 불교의 융합적 성향과 밀착되어 성행했다. 고려초 불교의 이러한 성향은 교·선의 융합뿐만 아니라, 화엄종과 법상종의 융합 성격을 띤 이른바 성상융회사상(性相融會思想)인 균여(均如)의 화엄사상을 성립시켰다.

그 과정은 먼저 법상종이 신법상사상으로 바뀌면서 융회적 성격을 띠게 된다. 즉 현상계의 존재를 그대로 인지하려는 법상종 사상은 비정설법(非情說法)이나 비정성불설(非情成佛說)을 주장함으로써 공관계(空觀界)에까지 그 인식의 폭을 확대시키면서 융회적 성격을 지니게 된다. 그리하여 그 이전의 법상종 사상을 고법상(古法相)이라 한다면 융회적 성격을 지닌 것은 신법상(新法相)

---

20) 김두진, 〈了悟禪師 순지의 선 사상 — 그의 삼편성불론을 중심으로〉, 《역사학보》 65, 역사학회, 1975.

으로 불렀는데 대체로 고려초에 강조되었다. 신법상에서는 삼성 즉삼무성(三性卽三無性)이라 했는데 무성(無性)이 하나로 파악된다. 이런 신법상사상의 융회적 성격은 법화(法華)나 천태(天台)의 회삼귀일(廻三歸一)사상으로 이어질 수 있으며, 광종대 성상융회(性相融會)사상을 형성시키는 데 중요한 역할을 했다. 또한 화엄종도 신라 하대를 거치는 동안 북악(北岳)과 남악(南岳)으로 갈라져 대립하는 모습을 보여주지만 고려초에는 균여에 의해 다시 통합되었다. 그리하여 본래 융회적인 화엄종사상과 다시 융회적인 성격으로 변한 법상종사상은 쉽게 융합되어 이른바 성상융회사상인 균여의 화엄사상을 성립시키게 되었던 것이다. 이와 같이 고려초에는 거의 전 불교계가 융합·조화의 방향을 택하고 있었다.

2) 유 교

고려 초기의 왕실은 적극적인 불교정책을 펴서 이를 통해 후삼국 통일의 이념적 배경을 구하고, 불교와 관련된 사회세력을 포섭함으로써 국초의 혼란을 수습하고 새 왕조의 기틀을 강화하고자 했다. 그러나 사회변화에 따른 새로운 정치이념과 명분을 제공하는 사상적 기반으로 불교 못지않게 유학 또한 중시했다. 그 근거로 고려 태조의 주변에는 승려들 이외에 도당유학생 출신인 최언위(崔彦撝), 최응(崔凝), 최지몽(崔知夢)과 같은 유학자들이 있어 그에게 유교주의에 입각한 국가의 운영을 권했고 태조 스스로도 이를 긍정하고 있다.

또한 태조가 불교와 음양설에 기울자 최응이 세상이 어지러운 때일수록 문덕(文德)을 쌓아 인심을 얻어야 한다 하며, 자기는 아직 부도(浮屠)나 음양에 의지하여 천하를 얻었다는 말을 듣지 못했다고 간했다. 그러자 태조가 지금은 병화(兵火)가 그치지 않아 다만 불신(佛神)의 음조(陰祖)와 산수의 영응(靈應)을 입어 혹 효험을 볼까 하는 고식책(姑息策)일 뿐이고, 난이 평정되면 풍속을 바꾸고 교화를 아름답게 할 것이다[21]라고 대답하고 있는 데서도 당시 태조의 유교정책을 엿볼 수 있다.

먼저 고려초 왕실에서의 유교정책을 살펴보자. 태조대에는 유교적 집권화를 시도하면서 왕권을 강화해나가려 했으므로 자연히 그 경향이 구현적(求賢的) 예교적(禮敎的) 형태로 실현되었다.[22] 그는 광평시중(廣評侍中) 내봉령(內奉令) 등의 자리에 일등공신을 제외하고 품성이 단정하고 처사가 평윤(平允)한 창업초의 종사자로 임명했으며, 광평시랑과 내봉경 이하의 차관급에도 모두 사무에 숙달하되 청렴·근면을 칭할 만한 인물을 뽑았다. 또 광평시중·내봉감 등의 실무진을 임명할 때도 품성단정이니 청근봉공(清謹奉公)이니 하는 등의 평을 한 것으로 보아 이들이 무신이기보다는 유교적 문신이었을 가능성이 크다.《고려사》기록에서도 개국초에는 "현재(賢才)를 묘간(妙簡)하여 서무를 행하도록 했다"[23]고 했는데, 이는 궁예하에서의 문신들이 광범하게 포섭되고 있었음을 나타내주는 말이다.

그는 계속하여 귀속해온 자[歸附者]를 후대하고 모반자를 엄단하는 한편 관원이나 부장을 거느리는 데 예교적 질서를 강조했다. 일례로 상주의 적장[賊帥]들이 내부(來附)해 왔는데 환영석상에서 서열을 다투는 자가 있자 이들을 모두 변방에 사거(徙居)시킴으로써 죄를 밝혔다. 뿐만 아니라 "양(讓)은 예(禮)의 으뜸(宗)이며, 교(敎)는 덕(德)의 근본임(本)"[24]을 천명한 것이나 후백제를 통일하고 "신자(臣子)는 예절에 밝아야 한다"고 한 것 등은 모두 그의 유교적 시책이 예교질서의 정립에서부터 착수되었음을 나

21) 《보한집》 상.
22) 윤남한,〈유학의 성격〉,《한국사》6, 국사편찬위원회, 1975.
23) 《고려사》 권 1 태조세가 1 신유조 조서.
24) 《고려사》 권 1 태조세가 19년 갑오조.

타내준다.

태조는 또한 교육을 통해 예교적 시책을 실현하고자 했다. 태조 13년 2월에는 서경에 행차하여 학교를 설립했으며, 창고의 곡식 100석을 내게 하여 학보(學寶)를 만들어 흥학정책을 실시하기도 했다.[25]

이와같이 태조대에는 불교와 전통적 예속 등을 건국에 필요한 현실적 기반으로 수용하고 장려하는 동시에 정치 사회적 사상 기반으로 유교적인 이념체계를 지향하고 있었다. 그리고 그의 유교적 문치주의와 고려 유학의 기본방향은 죽음에 임박하여 대광(大匡) 박술희(朴述熙)에게 친히 주었다는 〈훈요10조〉에 집약되어 있다.

태조의 〈훈요10조〉는 그 첫머리에서부터 요·순의 선양(禪讓)과 한 고조의 창업을 들어 후계자들의 방종이나 기강의 패란(敗亂)을 걱정하는 등 유교적 착상을 나타내고 있다. 가령 왕위계승은 적자상속을 상례로 삼았고, 요·순의 테두리 안에서만 형제상속을 용인했다.(3조) 또 군주와 백성의 관계는 농본(農本)과 부세(賦稅)의 경감을 전제로 한 왕도적 인정(仁政)을 표방했다(7조). 뿐만 아니라 관료는 봉읍제(封邑制)가 아닌 녹봉제(祿俸制)를 준수케 함으로써(9조) 유교적 집권화와 관료제를 목표로 했다. 그리고 이러한 유교적 정책 방향은 당의 문물과 예악(禮樂)의 수용을 당연시하는 한편 거란의 의관제도를 금수와 같이 보아 이를 금하고 수방이토(殊方異土)에 따른 특수성을 고려한 주체적인 취사선택을 훈시했다(4조). 이는 농본적이며 화이(華夷)를 준별하는 그의 유교적 문화관을 말하는 것인 동시에, 중국 오대(五代)의 국제적 대결상황에서 자존을 위한 현실적 조건을 중시한 주체의식의 표현이기도 했다. 그리고 끝에서는 "경사(經史)를 널리 읽고

---

25) 《고려사》 권 76 선거 2 학교 태조 13년.

옛 것을 거울삼아 오늘을 경계하라" 하고 주공(周公)이 성왕(成
王)에게 올렸다는 "경서의 무일편(無逸篇)을 걸어두고 출입하며
보고 반성하라"고까지 당부했다(10조).

따라서 〈훈요10조〉에서 지향하는 바는 적자상속을 원칙으로
하는 가부장주의, 경세박부(輕稅薄賦)로 표현된 인정(仁政)의 표
방, 녹봉제에 제시된 관료주의, 당문물의 수용과 거란문화의 배
척에서 나타난 화이론적 문화의식, 고문경서(古文經書)의 독서에
서 예상되는 왕도주의와 유교적 감계주의(鑑戒主義) 등 유교적
문치주의의 지향이 담겨져 있지 않은 조항이 거의 없다시피 했
다. 그러므로 현실로서의 불교적 신앙과 이상으로서의 유교적
윤리가 병존함으로써 유·불 병립적 이율성이 전제된 고려 전기
유학의 기본방향이 형성되었으며, 유교적 지향 자체는 그의 시책
이나 창업과정에서 자각된 유교의식이나 정치의식을 재확인하는
것에 지나지 않는 것이었다.[26]

이와 같은 고려 초기의 유교정책은 광종 9년(956)부터 실시되
는 과거제 실시로 더욱 발전할 수 있었다. 광종은 평소에 양재
(攘災)가 수덕(修德)만 못하다 하여 유교적 합리성을 강조했으며,
당태종의 치적을 기록한 제왕학(帝王學)의 보전(寶傳)이라 할《정
관정요》(貞觀政要)를 즐겨 읽었다는 것도 유교적 집권정치를 모
범으로 하려던 그의 문치적 지향을 말해준다.

과거제 실시는 광종과 문신들의 유교의식과 집권화의 이념정
립 및 신관료 배출을 목적으로 한 것이었으며 이것이 고려 유학
에 끼친 기능은 상당했다. 즉 당시 과거시험에는 유교가 중요과
목으로 되어 있어 과거를 통해 배출된 관료는 필연적으로 유교
적 정치이념을 가진 유교문신이 될 수밖에 없었기 때문이다.

이같은 과정을 거쳐 성종대에 오면 고려 전기의 유학이 정립

---

26) 윤남한, 앞의 글, pp. 228~230.

되는 시기를 맞는다. 성종대에는 유교적 문치주의 이념이 정립
되고 이를 실현하기 위한 제도적 장치들이 정착되어 갔다. 성종
은 철저하리 만큼 강렬한 유교의식을 가진 군주로 표현되는데
그의 유교적 정치이념의 형성에는 당대의 거유(巨儒)였던 최승로
의 뒷받침이 크게 작용했다. 최승로는 성종에게 시무 28조를 올
려 고려 전기의 문치 방향과 유교이념을 제시했다. 그는 광종의
치적을 비판하고 태조의 정적(政績)을 기준으로 한 유교주의를
천명하는 한편 유·불 병립의 전제 아래서 불교를 수신(修身)의
본으로, 유교를 이국(理國) 근원으로 내세우는 유·불 병립적인
사상체계를 정립시켰다. 다시 말해 유·불의 기능적 분화를 전
제로 하여 사실상 고려 전기의 유·불 병립적 이념을 정립시켰
는데, 이같은 경향은 고려조 말기까지 거의 일관된 기본방향이었
다고 할 수 있다.[27]

성종대의 유교적 제도의 정립은 먼저 성종 자신이 공자와 주
공의 풍을 일으키고, 당우(唐虞)의 정치를 성취하고자 하는 이상
에서 경관(京官) 5품 이상자에게 구언소(求言疏)를 내려 이념화
작업을 착수하는 데서 출발했다.[28]

그리하여 성종 2년(983)에 원구(園丘)에 기곡(祈穀)하고 적전(籍
田)에 친경(親耕)하는 예를 시작했으며, 같은 해 왕으로서의 인정
(仁政)을 과시하는 대사령(大赦令)을 내렸으며,[29] 태묘(太廟)와 대
성전(大成殿)을 설치했다. 뿐만 아니라 같은 해 12목(牧)을 설치
하고 경학박사를 두어 주·현의 자제를 수학시키게 했으며, 서경
에 수서원(修書院)을 두어 유생들에게 서적을 초사(抄寫)하고 수장
(收藏)하게 했다. 또한 학사(學舍)를 설치하고 전장(田莊)을 주어
학문을 장려했으며(11년), 효자와 순손(順孫)을 표창하기도 했다.

---

27) 위의 글, pp. 238~240.
28) 《고려사》 권 3 성종세가 원년 하6월.
29) 《고려사》 권 3 성종세가 성종 2년.

이와같이 성종은 그의 유교정치이념의 정립과 아울러 적극적인 유교시책을 펼쳐나갔다.

3. 불교·유교의 사회적 성격

1) 불 교

앞에서 살펴본 바와 같이 고려 초기의 불교계는 신라말에 크게 위세를 떨치던 선종 이외에도, 법상종·화엄종 등과 같은 교종 각파가 다시 각광을 받기 시작했으며, 나아가 이러한 불교의 제 종파들이 통합되어 융합적 경향을 나타냈다. 또 신라말에는 선종과 미륵사상 등이 호족이나 농민들의 지지를 받고 있었던 반면 고려초에는 다시 왕실과 밀착된 관계를 가지게 되었다.

고려 태조는 등극초부터 선종사찰을 비호했으며 당시 유명한 고승들을 불러들이는[招致] 데 온 힘을 기울였다. 일례로 선종 승려 현휘를 국사로 대우하고, 충주의 정토난야(淨土蘭若)에 주지하기를 청했는데, 조정 사류(士流)들이 여기에 출입하지 못하는 것을 수치로 여길 정도로 번성했다고 한다.[30] 또한 여엄이 태조의 부름으로 개경에 오자 보리사(菩提寺)에 주지하기를 청했으며[31] 이엄을 불러 개경 서쪽 해주에 광조사(廣照寺)를 세워 거주하게 했고[32] 진공대사(眞空大師) 충담(忠湛)도 원주의 흥법선원(興法禪院)을 중창하여 머물게 했다.[33] 이처럼 개국초에는 선종이 다른 종파에 비해 왕실의 비호를 받는 모습을 볼 수 있다. 이는 태조가 신라 하대 지방호족들의 비호를 받던 선종사원과의 결탁을 통해 지방세력들을 포섭함과 동시에, 근기지방에 다수의 선문(禪

---

30) 최언위 찬, 〈정토사법경대사자등탑비〉,《조선금석총람》상, p. 154.
31) 최언위 찬, 〈보리사대경대사현기탑비〉,《조선금석총람》상, p. 133.
32) 최언위 찬, 〈광조사진철대사승공탑비〉,《조선금석총람》상, p. 128.
33) 王建, 〈흥법사진공대사탑비〉,《조선금석총람》상, p. 147.

門)을 둠으로써 왕의 자문에 수시로 응할 수 있게 하고, 이를 통해 종교적인 교화나 후삼국 통일정책의 이념적인 면을 구하려고 했던 데서 비롯된 결과였다.

그러나 통일을 기점으로 왕건의 불교정책은 다소 변화한다. 즉 통일 후에는 교종에 대한 배려가 눈에 띠게 커지고 있다. 일례로 그의 주변에 행군복전(行軍福田)으로 능긍(能兢) 등 4대법사(四大法師)가 있었고, 해인사 화엄교단의 일파를 이끌던 희랑(希郎) 역시 그의 복전(福田)이었으며, 개경 내외에 법왕사·왕륜사 등의 교종 사원을 창건하고 호국법회를 열었다. 또 후백제를 멸한 뒤에 그 전승지인 연산에 개태사(開泰寺)를 새로 짓고 낙성화엄법회(落成華嚴法會)의 원문(願文)을 친히 작성하는 등 교종에 대해 상당한 관심을 보이고 있다. 즉 후삼국시기 선종 우위의 종교정책이 통일 후에는 교종에 대한 배려를 강조하는 방향으로 변화하는데, 이는 교종이 본래부터 중앙집권화를 위한 이념으로 기능하고 있었던 점과 왕권강화가 당면문제로 부각되고 있었던 당시의 정치적 상황이 서로 무관하지 않음을 보여준다.

또한 태조는 선종·교종뿐 아니라 개경에 10대사(十大寺)를 비롯한 여러 사찰을 세우고 팔관회, 연등회, 제석신앙(帝釋信仰), 무차대회(無遮大會), 미륵신앙, 도교행사 등을 행하도록 하는 등 민중과 호흡을 같이하려는 종교정책의 일면도 보여주고 있다.

이상 살펴본 바와 같이 태조는 숭불정책을 취하여 불교와 밀착된 관계를 가지고 있었으며, 종파로서는 일단 선종을 우위에 두면서 교종도 함께 장려하는 방향을 취했다. 그리고 그 외에 미륵신앙·제석신앙·도교 등 거의 모든 신앙을 수용하여 이와 관련된 사회 여러 세력을 포섭하고 종교적 교화를 통해 국초의 민심을 수습하고자 했다. 그리고 이와 같은 그의 정책은 각 종파가 각각의 지지세력을 확보하면서도 대립적인 측면보다는 융합적인 측면을 지향하게 하여 불교계의 통합적 경향을 낳게 했다.

그뒤 혜종·정종대를 거쳐 광종대에 와서도 불교는 그 교세를 크게 떨치고 있다. 잘 알려진 대로 광종은 호족세력을 누르고 왕권을 강화하는 데 온갖 노력을 경주한 군주였다. 따라서 그의 개혁정치는 추진과정에서 호족들의 거센 반발에 부딪혔고, 결과적으로 광종은 자신의 개혁을 지지 성원해줄 수 있는 더욱 광범한 세력이 필요했으며 불교는 그러한 광종의 관심을 끌기에 충분했다. 그리하여 광종 14년에는 귀법사(歸法寺)를 창건하여, 이 곳에 제위보(濟危寶)를 설치하고 각종 법회와 제회(齊會)를 개설하여 호족세력에 반발하는 피지배계층을 포섭했고, 이들을 광종 자신의 개혁을 지지해주는 사회세력으로 삼는 한편, 적극적인 불교 정책을 시행해나갔다. 그는 당시의 전 교단을 이원화시켜 정리했는데, 교종은 화엄종을 중심으로 정리하여 당시의 불교계를 주도하게 했으며, 선종은 중국으로부터 새로 법안종(法眼宗)을 도입하여 정리했다. 즉 당시 귀법사 승려였던 균여는 후삼국 이래 남악파(南岳派)와 북악파(北岳派)로 분열되어 있던 화엄종단을 통합하고 나아가 화엄사상의 입장에서 법상종 세력을 흡수하여 앞서 말한 바 있는 '성상융회'(性相融會) 사상을 표방했다. 또한 법안종은 선종이면서도 교종사상을 받아들인 선교절충적 종파였다.

요컨대 광종대의 불교계는 선·교 절충과 교종 내에서의 융합이라는 경향을 보이는데, 이러한 불교계의 동향은 곧 전제정치의 강화라는 측면과 밀접한 관련을 갖는다. 가령 균여의 성상융회 사상은 사나불(舍那佛)을 정점으로 이(理)와 사(事) 또는 성(性)과 상(相)을 융합하는 사상체계였는데, 이는 왕권의 상징인 사나불을 정점에 놓았다는 점에서 왕실의 전제주의에 잘 어울렸으므로 광종의 전제정치 이데올로기로 기능했다.[34]

---

34) 김두진, 《균여화엄사상연구》, 일조각, 1981.

2) 유교의 사회적 기능

고려 초기 유학의 성장은 신라 하대에 도당유학 등을 통해 축적된 유학자들의 세련된 지성과 문화적 잠재력이 발흥된 결과였다. 최언위·최응·최승로 등 고려 초기를 대표하는 거유들은 신라말 이래 유학자들로, 왕실의 유교장려책에 힘입어 고려 왕조에 새로운 정치이념과 명분을 제공했을 뿐만 아니라 이를 기반으로 마련된 유교적 제도의 정비에 크게 기여했다.

고려 초기 유교의 사회적 기능을 몇 가지로 정리하면, 첫째, 고려 초기 유학은 새 왕조에 혁명을 합리화하는 명분을 제시했다. 즉 고려의 건국을 유교적 혁명론에 의해 합리화시키고자 했다는 것이다. 둘째, 당시 유학은 집권적 관료국가 성립의 정치적 이념을 제시했을 뿐만 아니라 유교적 정치이념은 중앙관료를 선발하는 기준으로 정착되었다. 이미 언급한 바와 같이 광종 때부터는 과거제가 실시되어, 유학이 관료를 선발하는 주요한 기준이 되었으며, 성종대에는 과거 출신의 관료들이 커다란 정치세력을 형성하여 적극적으로 유교적 제도화를 실현하고 있었다. 셋째, 유학은 새 왕조의 혼란를 수습하는 도덕과 윤리적 기준을 제시했다. 예컨대 〈훈요10조〉에서 나타나는 적자상속을 원칙으로 하는 가부장주의나 군주 스스로가 효의 실행자로서 자각을 가지며 군주로부터 백성들에 이르기까지 효가 중요한 실천덕목이 되었던 사실들이 그것을 말해준다.

요컨대 고려초의 유학은 당시의 문치주의적 집권화 방향과 맞물려 성장하면서 중요한 사회적 기능을 담당했다. 그러나 한편으로는 사회체제를 지지하는 배타적 이념으로서의 우월성이나 독립성을 확보하지 못한 채 유·불 병존을 전제로 기능할 수밖에 없었던 한계도 아울러 지니고 있다. 또한 철학적인 면에서도 송대 유학관 같은 사상체계를 지니지 못했던바, 국가체제 정비과정에서 지역공동체를 사회구성의 기초 단위로 설정했던 고려 유학은 형태상으로는 당제(唐制)를 표방하면서 운영과정에서는 '수방이토 인성각이'(殊方異土 人性各異)로 표현되는 시의(時宜)를 토대로 하는 독특한 체제를 가졌다. 따라서 가(家)를 단위로 하는 일원적 사회체제의 변화가 배경이 되어 이루어졌던 송대 철학과 같은 사상적 체계를 이룩하지는 못했다. 아울러 고려 초기의 유학은 정치이념으로서 지배체제와 밀착된 사회상부층에 친숙한 이데올로기였을 뿐 유교교육이 미치지 못하는 기층 사회 깊숙이까지 파고드는 데는 역시 한계가 있었다.

IV. 맺 음 말

이상 이 글에서는 역사상 커다란 사회변동기의 하나인 나말려초의 사상과 그것의 사회적 성격 및 기능 등에 대해 살펴보았다.

결과적으로 우리는 사회변동기에는 사상 경향도 그에 상응하여 변화하며 그것이 전환기 사회의 전개방향을 제시하는 작용을 일정하게 담당하고 있었음을 알 수 있었다. 즉 신라사회의 모순이 심화되는 하대 이후로는 사상계에서도 불교·유교·도교 등의 사회적 기능이 강화되면서, 반체제적 현실비판적 성격을 띠는 종파들이 당시의 사회변화를 주도해나가던 새로운 전망세력들과 결합하게 되었다. 그리하여 9세기 중엽 이전까지 지배이데올로기의 지위를 차지하고 있었던 화엄종이 위축되고 9세기 후반 이후로는 선종이나 미륵사상 등이 크게 유행하면서 호족세력이나 일반민들에게 각광을 받았다. 또한 유학은 도덕적 권위를 내세워 신분제에 기초한 골품제의 모순을 비판하며, 유교이념에 의한 집권적 전제정치의 새 질서를 지향하고 있었다.

그러나 고려 건국기에 들어오면 불교·유교 등의 여러 사상은
다시 고려초의 지배체제와 결합하면서 그들의 이념적 배경으로
기능하게 된다. 즉 불교계에서는 본래 융회적인 화엄사상과 법상
종이 융합하여 성상융회사상인 균여의 화엄사상이 성립되었고,
이들 교종종파는 다시 선종과 더불어 교·선융합 경향을 나타냈
다. 이는 전제정치 강화와 흐트러진 민심수습을 추구했던 고려초
왕실의 지향과 밀접한 관련을 갖고 있었다. 또한 유교도 고려 국
가의 문치주의적 집권화 방향과 맞물려 성장하면서 고려의 새로
운 제도정립에 중요한 이념적 기능을 제공했다.

그러나 나말려초의 사회변동과 사상 경향의 관련성을 검토하
면서 위와 같은 정리가 나말려초에 나타나는 가장 두드러진 경
향을 반영하고는 있지만 그같은 대표적인 성향으로 설명될 수
없는 부분들을 여전히 존재하고 있음을 잊지 말아야 할 것이다.
예컨대 나말려초에 선종과 미륵사상 등이 크게 유행하여 당시
사회변동에 상당한 영향을 미치고 있긴 하지만 화엄종과 같은
종래의 교학사상 또한 과소평가될 수 없는 부분이다. 또 고려초
에 불교세력이 다시 왕실과 결합해 지배이데올로기의 일부로 기
능하기는 하나 그 이면에 있는 일반민들의 순수한 신앙으로서의
불교의 기능 또한 무시할 수 없는 영역이다. 따라서 나말려초의
사회변동과 사상의 검토는 최근 다시 고찰되고 있는 당시 교학
불교의 동향과 역할, 불교·유교의 순수한 신앙으로서의 측면 등
등이 사회변동과 더불어 좀더 실증적으로 검토되어야 할 것이다.

참고문헌

고익진, 〈신라 하대의 禪 전래〉,《한국고대불교사상사》, 동국대출판부,
    1989.

김두진, 〈了悟禪師 순지의 선 사상 — 그의 삼편성불론을 중심으로〉, 《역사학보》 65, 역사학회, 1975.

———, 〈현휘(878~941)와 탄문(900~975)의 불교사상 — 고려초의 선·교 융합 사상과 관련하여〉, 《고병익선생회갑기념 사학논총》, 한울, 1984.

———, 〈통일신라의 역사와 사상〉, 《전통과 사상》 Ⅱ, 한국정신문화연구원, 1986.

김혜완, 〈신라 하대의 미륵사상〉, 《성대사림》 8, 성균관대 사학회, 1992.

조경시, 〈신라 하대 화엄종의 구조와 경향〉, 《부대사학》 13, 부산대 사학회, 1989.

남동신, 〈나말려초의 화엄 종단의 대응과 화엄신중경의 성립〉, 《외대사학》 5, 한국외국어대 사학연구소, 1993.

윤남한, 〈유학의 성격〉, 《한국사》 6, 국사편찬위원회, 1975.

이기백, 〈한국유학의 정착과정〉, 《한국사상의 심층연구》, 우석, 1982.

———, 《신라사상사연구》, 일조각, 1987.

이순근, 〈신라시대의 성씨 취득과 그 의미〉, 《한국사론》 6, 서울대 국사학과, 1980.

이재운, 〈최치원의 정치사상연구〉, 《사학연구》 50, 한국사학회, 1995.

이홍직, 〈나말의 전란과 치군〉, 《사총》 12·13 합집, 고려대 사학회, 1968.

전기웅, 〈신라말기 정치사회의 동요와 6두품 지식인〉, 《신라말·고려초의 정치 사회변동》, 신서원, 1994.

채상식, 〈고대·중세초 사상연구의 동향과 국사 교과서의 서술〉, 《역사교육》 45, 역사교육연구회, 1989.

최병헌, 〈신라하대 선종9산파의 성립〉, 《한국사연구》 7, 한국사연구회, 1972.

최원식, 〈신라 하대의 해인사와 화엄종〉, 《한국사연구》 49, 1985.

추만호, 《나말려초 선종사상과 연구》, 이론과실천, 1992.

———, 〈신라하대 사상계의 동향〉, 《한국사》 4, 한길사, 1994.

麗末鮮初의 사회변동과 성리학 사상의 수용

이 은 순

I. 머 리 말

성리학은 중국 송대에 대두한 새로운 경향의 유학이다. 이는 단순히 유교 경전의 연구나 유교적 윤리를 실천하는 차원의 학문이 아니라 우주 자연의 원리와 인간의 심성을 관통하는 보편적 원리를 탐구하여 형이상학적으로 체계화하고 그에 따른 행동의 준칙들을 확립하려는 하나의 철학체계라 할 수 있다. 이는 송대까지 발달했던 도교와 불교철학의 영향을 받아 성립된 것으로 알려져 있다. 성리학은 송대의 중소계층 사대부 출신의 학자들에 의해 성립되고 발전되었으므로 여기에는 그들의 사회사상사적인 요소도 많이 내포되어 있다. 성리학은 남송대에 주자에 의해 집대성되었고 이후 중국 유학계를 풍미했다. 원대(元代) 이후에는 사서와 오경에 대한 그들의 주석이 국가의 공인된 정설로 자리잡아 과거시험의 정답이 되는 등 근대 초에 이르기까지 동아시아 사회에 커다란 권위를 가지게 되었다.

이러한 성리학은 고려말에 우리나라에 전파되어 고려 후기 사회의 구조적 모순을 새로운 각도에서 재편성함으로써 새로운 봉건체제를 질서화하는 이데올로기적 기능을 담당했다. 내부적 사회모순과 원의 외압 속에서 변화의 기로에 서있던 고려말에 이것은 사회변동에 대처하는 새로운 현실대응의 논리로 기능했고, 조선이 건국된 후에는 왕조교체의 명분론(名分論)을 제시하고 신왕조의 지배체제를 수립하는 데 중심적인 이념체계로 작용했다. 특히 조선 초기에 지배세력들은 성리학을 종래 불교적 세계관의 우위에 놓고 유교적 윤리도덕을 바탕으로 한 관료제적 통치질서, 신분적 사회질서, 가부장제적 종법제(宗法制) 가족질서 등을 포함하는 새 왕조의 보편적인 질서체계를 수립했다. 결국 여말선초(麗末鮮初)의 성리학은 고려말의 사회변동에 부응하여 수용되었으나 한편으로 그러한 사회변화를 더욱 촉진시켜 왕조교체를 통한 봉건사회의 재편을 이끌어갔다고 볼 수 있다.

Ⅱ. 고려말의 사회변동

원(元) 간섭기, 공민왕 이후의 고려 사회는 전반적인 변동의 물결을 맞는다. 14세기초 이래 고려 후기 사회는 원의 간섭과 고려 사회 내부모순의 격화라는 이중의 모순구조 아래에서 크게 동요되고 있었다. 사회 내부모순은 토지소유의 불균등과 수취문제에 집약되어 나타난다. 고려 국가는 후삼국을 통일, 새 왕조를 건국한 후 수조권적(收租權的) 농민지배를 바탕으로 하는 전시과(田柴科)체제를 마련하고 이를 토태로 수취제를 정비했으며, 농민지배를 실현하기 위해 군현지배체제를 구현했다.

그러나 12세기 이래 꾸준이 추진되어 온 간석지·저습지 개간

등 농지 개간과 시비법(施肥法), 제초법(除草法) 등 새로운 농업기
술의 발달을 통한 농업생산력의 발전은 수조권적 지배를 바탕으
로 하는 전시과체제를 붕괴시켰다. 따라서 수조권을 중심으로 역
(役)과 토지가 결합되어 있던 종래의 소유관계가 무너지고 권세
가들의 불법적인 토지침탈이 확대되면서 이로 인한 소유관계의
불균등은 심각한 사회문제가 되었다. 당시 경제정책의 근간이던
토지제의 원칙이 무너짐에 따라 민(民)의 토지는 권세가들의 침
탈 대상이 되었고 이에 기초한 국가재정은 궁핍하게 되었다.

더욱이 원에 대한 공물(供物)이라든가 빈번한 사행(使行) 등으
로 발생하는 여러 경비의 부담은 가뜩이나 어려운 고려의 국가
재정에 커다란 부담이 되었다. 결국 국가는 부족한 재정수입을
메꾸기 위해 조·용·조(租庸調) 3세 이외에 과렴(科斂), 상요(常
徭)·잡공(雜貢) 등 과중한 부담을 민에게 가중시켰고 민은 이중
삼중으로 어려운 처지에 놓이게 되었다.[1] 원의 간섭에 의한 외압
이 고려 사회의 내부모순을 더욱 심화시켰던 것이다.

이와 같은 상황에서 고려 후기에는 전국적으로 민의 유망이
광범하게 발생했다. 민의 유망은 농업경제가 기본인 전근대사회
에서 농민이 그 경영을 유지할 수 없을 정도로 수탈을 받거나
천재지변이 일어났을 때 발생하며, 이는 피지배층이 지배계층에
대해 벌이는 소극적인 저항의 형태라 할 수 있다. 이에 체제의
위협을 느낀 지배층들이 교서(敎書) 형식을 통해 소위 '개혁정치'
를 시도했으나, 당시 시급히 요구되고 있던 토지분급제의 전면
재조정, 세제의 개혁, 농장과 사급전(寺給田)의 혁파와 같은 근본
적인 해결방식과는 거리가 먼 것들이었다. 교서의 내용은 단지
그러한 폐단을 지적하거나, 제도 운영상의 부분적인 시정에 그치
는 수준으로 개혁적이라기보다는 개량적인 것이었다.[2] 그나마 개

---

1) 이혜옥, 〈고려후기 수취체제의 변화〉, 《14세기 고려의 정치와 사회》, 민음
   사, 1994.

혁정치의 내용을 담고 있는 교서는 원의 지원을 받은 국왕의 즉위나 복위 등 정치 재편기에 주로 반포됨으로써 정치적인 제스처의 성격이 강했음을 또한 배재할 수 없다. 따라서 이를 통해서는 당시의 사회모순은 근본적으로 개선될 수 없었으며, 국왕을 위시한 지배층들이 원의 지배를 받고 있는 상황에서 이들의 사회개혁이란 체제유지를 위한 미봉책에 불과했다. 더욱이 지배층들은 사회모순의 가장 주요한 원인인 토지점탈의 주체로서 적극적인 개혁의지와 능력도 미약할 수 밖에 없었다. 공민왕대에는 반원정치(反元政治)의 바탕 위에서 조금 더 진전된 내용의 개혁이 시도되었으나 개혁의 주도세력이 형성되지 못해 역시 실패로 끝났다.

이러한 상황에서 고려의 지배사상이었던 불교도 이미 현실변화에 대처할 능력을 상실하고 있었다. 13세기 전반에 신앙결사에 의해 보수적 불교계의 모순을 척결하고자 했던 시도는 무너지고, 신비적 영험과 공덕을 강조하는 경향이 팽배했다. 그러므로 당시 사람들은 공덕사상 중심의 불교에서도, 사장(詞章), 훈고(訓詁) 중심의 기존 유교에서도 현실개혁의 논리를 찾을 수 없었다. 이런 배경 아래서 사회개혁을 강력히 주장하던 신흥사대부 세력들은 성리학의 실천적 성격, 즉 경세적 측면을 받아들임으로써 현실문제를 해결하고자 했다.

Ⅲ. 성리학의 수용시기와 배경

성리학의 수용시기에 대한 논의는 다양한 편이다. 근래에는 북송 성리학이 국내에 전래되는 시기를 고려 중기로 올려잡는 경향도 나타나고 있다.[3]

---

2) 박종기, 〈14세기의 고려사회〉, 한국역사연구회 편, 《14세기 고려의 정치와 사회》, 민음사, 1994.

11세기 중반 문종(文宗)대에 최충의 9재학당을 중심으로 발전하던 유학의 경향과 수준으로 볼 때, 북송 성리학의 영향을 받았을 가능성이 있다. 적어도 송에 파견했던 사신이나 유학생을 통해 송의 사상계의 동향을 고려에서도 알고 있었던 것이라 짐작된다. 가령 1115년(예종 10년)에는 진사 김서 등 5인을 송에 파견하여 태학에 입학하게 했는데, 이런 유학생들이 북송의 성리학에 접했을 가능성은 매우 크다.

또한 북송대 성리학 발전에 크게 기여한 범중엄(范仲淹)의 사상을 계승한 남송의 양시(楊時), 문언박(文彦博), 그리고 왕안석에 대한 기록에서도 이러한 가능성을 찾을 수 있다. 양시는 성리학의 체계화에 크게 기여한 사람이었지만, 71세가 되도록 송 조정에 알려지지 않았다. 그가 송 조정에 알려진 것은 오히려 고려 인종의 다음과 같은 언급에 의해서였다.

> 마침 고려에 사신으로 간 사람이 있었는데 고려 국왕이 그 사신에게 "龜山[양시]선생은 어디에 계신가"라고 묻자 사신이 돌아와서 그것을 송 황제에게 보고했다. 그래서 황제는 구산을 불러 秘書郞을 삼고 다시 著作郞으로 승진시켰다.[4]

이같은 사실은 당시 고려 사상계의 동향과 송에 이해의 폭을 단적으로 말해주고 있다. 그리고 인종이 변방의 일을 김부의에게 묻자, 그는 송의 신종께서 문언박, 왕안석과 더불어 변방의 일을 의논하고 있었다고 대답하여 송의 문언박이나, 왕안석을 자연스럽게 언급하고 있다. 이는 고려의 사상계가 송의 사상전개에 대하여 상당한 관심과 이해를 가지고 있었음을 알려주는 사실이다.

---

3) 김충렬, 〈여말 성리학의 수입과 형성과정〉, 《고려유학사》, 고려대출판부, 1984 ; 이원명, 〈고려성리학의 사상적 배경〉, 고려대 박사학위논문, 1992.
4) 《송사》 권 428 열전 87 양시전 ; 변동명, 《고려후기 성리학 수용연구》, 일조각, p. 11에서 재인용.

그러나 고려 중기 새로운 유학은 현실에서의 실천보다 그 사변적 측면에 대한 지적 호기심이 앞섰던 까닭에 고려 사회에 바로 뿌리를 내리지는 못했다.

다만 무신정변 이후에 정권에서 소외되거나 혹은 그로 인하여 지방에 은거한 문인 유학자들에 의해서 그 맥락이 보존 계승되어 갈 정도였다. 무인정권기에 임춘·권돈례와 같은 문인에게서 성리학적 소양을 찾아볼 수 있으며, 안사준 등에 의해 주자의 성리학 경전 주석서가 받아들여져 연구되고 또 후진들에게 교습되었을 가능성이 있다 한다.[5] 그리하여 무인정권기에는 강력한 통제하에 있던 중앙 대신에 지방의 유교가 앞서가는 형국이 형성되었다. 이처럼 지방의 문인들을 중심으로 차츰 활성화되어 가던 고려 유교의 성리학화 경향은 고려 후기 원에서 전파되던 성리학을 더욱 쉽게 수용할 수 있는 토대가 되었다.

고려가 원으로부터 성리학을 본격적으로 도입 수용한 것은 안향·백이정·이제현 등에 의해서였다. 특히 안향은 최초로 성리학을 고려에 소개했으며 그 시기는 대체로 충렬왕 15년(1289)경으로 알려지고 있다. 그 뒤 충선왕은 개혁정치를 꾀하다 실패하고 1314년(충숙왕 원년)에 연경에 가서 고려의 학자들이 원나라의 문사들과 직접 학문교류를 가질 수 있도록 만권당을 세웠다. 그리고 이해에 국내의 성균관에서도 중국 강남에 사람을 보내 신서적 1만 권을 구입해 온 일이 있었다.

이들 성리학 수용의 주도층들은 성리학을 받아들여 고려의 유학을 다시 일으키기 위해 힘썼다. 성리학 수용의 사회적 기능이 고려 후기의 사회에서는 우선 흥학운동(興學運動)으로 나타났던 것이다. 충숙왕 5년(1318)에는 고려인으로 원의 과거에 급제한 인물이 나타나기 시작해 이들의 노력이 상당한 성과를 거두었음

---

5) 변동명, 위의 책, pp. 11~22.

을 알 수 있다. 또한 충목왕 즉위년에는 성리학을 상징하는 사서
(四書)가 제술업(製述業) 초장시(初場試)에 출제과목으로 채택되어
성리학의 성장을 국가에서도 공식적으로 수용했음을 알 수 있다.

고려 후기 성리학이 본격적으로 수용될 수 있었던 분위기는
이미 고려 사회 내부에서 성숙되고 있었다. 첫째, 정치 사회적으
로 14세기 이래 고려 사회는 사회의 구조적 모순이 심화되고 있
었으며 원의 고려지배로 그 모순은 더욱 깊어갔다. 그러나 이러
한 현실적 문제들을 해결할 수 있는 위치에 있었던 권문세력, 국
왕 측근세력, 부원(附元)세력 등 정치의 핵심세력들은 원의 지배
속에서 주도적으로 개혁을 해나가는 데 한계를 지니고 있었다.[6]
또한 이들은 대개가 당시 사회모순의 근본요인이었던 불법적 토
지점탈을 매개로 한 대농장을 경제적 기반으로 가지고 있었기
때문에 적극적인 현실개혁의 의지가 미약할 수밖에 없었다.

반면 이들과 정치적 대립 관계에 놓여 있었던 신흥사대부 세
력들은 자신들의 정치적 입지를 확보하기 위해 대장원주이며 중
앙권력층의 세신거실(世臣巨室)들을 사회모순의 주체로 적극 비
판했다. 다시 말해 권문세족과 사대부의 정치적인 대립구도 아
래에서, 권문세족에 의한 농장의 발달과 과중한 수취로 민의 유
망 등 사회동요가 일어나자, 신흥사대부들은 이를 틈타 정권을

---

6) 고려 후기의 정치세력을 권문세족과 사대부의 대립관계로 보고 권문세족
=대지주=친원세력, 신진사대부=중소지주=반원세력으로 이해하던 종래의
설은 최근 여러 연구자들에 의해 비판적인 경향을 보이고 있다. 최근에는
고려 후기에 권문세족과 신흥사대부의 정치적 대립구도가 확립되는 것은
공민왕대 이후로 설명되고 있으며, 원 간섭기에는 권문세족, 신진사류, 국왕
측근세력, 부원세력 등 정치세력의 범주를 설정하고 있으나 그 구분기준이
나 정치적 성향 등이 충분히 검증되고 있다고 하기는 어렵다.(김광철, 〈고려
충렬왕대 정치세력의 동향—충렬왕 초기 정치세력의 변화를 중심으로〉,《창
원대학논집》7-1, 1985 ; 이익주, 〈고려 충렬왕대의 정치상황과 정치세력의
성격〉,《한국사론》18, 1988 ; 권영국, 〈14세기 전반 정치개혁의 내용과 그
성격〉, 한국역사연구회 편,《14세기 고려의 정치와 사회》, 민음사, 1994 등
참조)

장악하고 성리학을 그들의 정치사상적 기반으로 삼게 되었던 것이다.

둘째, 중국에서 들어온 새로운 강남농법이 수용되어 농업생산력이 발전함에 따라 신유학(新儒學)에 대한 관심이 높아졌다는 설명이 있다. 우리 농업은 14세기 후반 이후 조방농업에서 집약적인 농업으로의 변천을 겪게 되는데, 그 과정에서 중국 강남농법의 영향을 받아 벼농사에 특별한 기술개선이 이루어지면서 벼농사 비중이 높아지게 되었다. 농업이 경제에서 차지하는 절대적인 비중을 감안할 때 이러한 기술적 발전이 사회에서 차지하는 비중이 컸으리라는 점은 충분히 짐작할 수 있다. 바로 이 시기에 신유학에 대한 이해가 점차 높아진 것도 이런 농업경제상의 발전과 무관하지 않으리라는 것이다.[7] 이러한 발전에 발맞추어 사대부들은 성리학을 수용함으로써, 성리학적인 사회질서를 이룩하여 사회의 변화를 이끌어가고자 했다는 설명이다.[8]

셋째, 당시 사상계의 동향을 보면, 불교계는 이미 사회변화를 주도할 만한 이데올로기로서의 위치를 상실했다. 불교는 중앙의 권력층과 일체가 되었고 경제적으로는 막대한 부의 소유자였으며 사원은 부역을 피하는 민의 은거지가 되어 있었다. 사상적으로도 불교는 신비주의와 공덕사상으로 흘러 사회변화에 현실적으로 대처할 만한 능력이 없었다. 이에 신진사대부층은 불교가 효·예·충 등의 가족·사회·국가의 윤리보다 개인의 해탈을 강조하고, 불교사원이 권세가와 마찬가지로 인민과 토지를 사적으로 점유하여 사회의 병폐가 되고 있음을 비판하고 성리학을 현실대응의 논리로 내세웠다. 따라서 고려 후기에 성리학 수용

---

7) 이태진, 〈15·16세기 신유학 정착의 사회경제적 배경〉,《조선유교사회사론》, 지식산업사, 1989, p. 81
8) 정옥자, 〈여말 주자성리학의 도입에 대한 시고〉,《진단학보》51, 1981, p 29.

을 주도했던 사대부들은 이기심성(理氣心性) 논의와 같은 사변적
형이상학적 측면보다는 현실 속에서의 윤리 도덕과 같은 실천적
인 측면을 강조했다. 윤리 도덕의 실천에서도 특히 치인(治人),
즉 경세제민(經世濟民)에 관심을 쏟았다.

Ⅳ. 성리학 사상의 전개와 지식인의 동향

고려말 성리학은 안향에 의해 소개되어 백이정·권부 등에게
전수되었다. 그리고 이제현(李齊賢), 이곡(李穀) 등에 의해 학문으
로 뿌리를 내리게 되었으며 이색(李穡)에 의해 널리 보급되었다.

이제현은 연경에서 습득한 성리학에 대한 이해와 도량을 학문
으로 정립하여 유교정치이념의 진수인 왕도정치와 인간의 심성
수양을 강조한 유학자였다. 그는 유학은 수기치인(修己治人)과 경
세치용(經世致用)의 학문으로 무실(務實) 독행(篤行)이 근본이며
그것을 권면하는 기본은 흥학육영(興學育英)에 있다고 주장했다.[9]
그는 문장에서도 뛰어났으며, 경세학에도 조예가 깊었고, 경·사·
자·집(經史子集)에도 해박한 지식을 가지고 있었다.

당시 유학계는 성리학이 어느 정도 정착단계에 접어들었으나
이에 대한 비판여론도 만만치 않게 일어나고 있었다. 비판의 논
지는 성리학이 관학화(官學化)해 가는 경향과 그것만이 정도라고
주장하는 학인들의 증가에서 비롯되었다. 이런 상황에서 이제현
은 성리학에만 치우치지 않고 유교의 대체(大體)와 유학의 정도
(正道), 유교의 본원(本源)을 회통한 통유(通儒)였으며 당시의 학
풍에 새롭고 넓은 기풍을 불어넣은 대학자였다. 또한 그는 실용
적이고 유익한 유학을 정도로 믿어 이단을 배척했는데, 특히 불

---

9) 김충렬, 앞의 책, p. 168

도(佛道)를 통해 복을 비는 것을 부정한 행위로 단정했다. 그러므로 이제현은 편협화되고 획일화해가던 성리학을 좀더 대체적이고 본원적인 유교 속에 정착시킴으로써 유학을 더욱 새로운 차원으로 끌어올렸다고 볼 수 있다.[10] 그의 사상은 이곡에게 전수되어 교화사상으로 정리되었으며, 이는 다시 아들인 이색에게 계승되었다.

이색은 고려말 정몽주·이숭인과 더불어 삼은(三隱)으로 일컬어지는 대표적인 유학자 가운데 한 사람이었다. 그는 14세에 성균시(成均試)에서 장원을 해서 이름을 떨쳤으며, 이어 원나라의 국자감 생원이 되어 그곳의 학문을 체계적으로 전수받았다. 이색은 처음 부친을 따라 원에 유학, 그곳에서 명유(名儒) 구양현(歐陽玄)에게서 성리학을 전수받았고, 귀국해서는 이제현의 문하에서 수학하고 또 그의 밑에서 과거에 장원급제 하는 영예를 안았다. 이렇게 본다면 이색의 학맥은 원의 구양현과 이제현 두 사람에게 접맥되어 있다고 볼 수 있다. 그리고 이제현이 성리학을 고려에 토착화시키는 데 성공했다면, 이색은 그것을 보급해 일반화시켰다고 할 수 있다.[11] 이는 그가 성균관 대사성에 10여 년간 재임하면서 학문의 정수를 문하에게 전수해 많은 인재를 양성할 수 있었기 때문이다.

고려말의 국학 진흥과 성리학 전수에 큰 역할을 한 이색은 그의 《직설삼편》(直說三篇)에서 보이듯이 우주의 법칙은 이(理)요, 만물의 분화는 성(性)이라 하고, 천리(天理)와 인사(人事), 물성(物性)의 동일을 주장했다. 이것은 우주만물의 생성원인을 궁극적으로 파악한 천인합일(天人合一)의 사상이며 또한 천도(天道)를 어겨서는 안 된다는 사상이다. 이러한 이색의 성리사상은 권근(權近)에게 전수되어 《입학도설》(入學圖說)에서 다시 정리되어 나타

---

10) 윤사순, 《한국유학사상사론》, 열음사, p. 21
11) 이은순, 〈이색의 사상과 사회개혁론〉, 《외대사학》 4, 1992, p. 18.

난다. 그리고 그의 이러한 질서관은 당시의 사회개혁사상에 반
영되어 개량주의로 나타났으며, 이성계 일파가 주장한 천명설(天
命說)을 끝까지 부정하고 천도를 어긴 처사로 보았다.

다음으로 이색은 심론(心論)에서 심(心)의 용(用)을 중시하고 인
성에 대해서 인간이 원래 하늘로부터 받은 심성은 공통된 것이
나 그 기질의 변화에 따라 다르게 나타나 끝내는 물(物) 속에 구
속되어 천차만별의 구속이 이루어진다고 주장했다. 이에 성인(聖
人)의 교를 받아 극기복례(克己復禮)하여 수행하면 그 본성에 귀
일하여 합일될 수 있다고 했다. 이것은 그의 의리론(義理論)의 골
격이라고도 할 수 있는 인간관계·사회관계에서 지켜야 할 윤리
를 강조한 것으로, 그 연원은 천리(天理)와 천도(天道)에서 비롯
된다고 보았다. 즉 천리에 의해 생명을 갖고 태어난 인간과 인간
의 문제를 다루는 현실인식에 초점을 맞춘 견해인 것이다.

그는 또 이·기·심(理氣心)을 일관되게 보았고, 급기야는 심과 이
에 기가 일관되게 보존되어 있다는 일통관(一統觀)에 이른다. 그
리고 사상면에서는《논어》,《맹자》를 근본으로 깔고 있으나 성
리학적 측면에서 볼 때는《주역》과《중용》을 깊이 논구했다.

이색은 고려말의 여타 유학자들과 마찬가지로 불교에 대해서
는 비판적인 입장을 취했다. 당시 방대한 사원경제의 모순과 사
치에 대해

> 불도들은 오직 그 집을 사치스럽게 할 뿐 아니라 후계자에게 전
> 해줄 것을[土地] 도모하는 일을 떳떳한 일로 삼는다.[12]

라 지적하고 그 폐단을 바로잡을 것을 역설했다. 그러나 한편으
로는 당시 사상계에서 불교가 차지하는 비중을 인정하면서 유·
불의 이원적인 조화가 이루어지지 못함을 애석해 하고, 종교적

---

12)《목은집》1, 승려사기.

차원에서는 신앙으로서 불교를 긍정하기도 했다.[13]

천리와 인사, 물성의 동일을 주장하고 우주만물의 생성을 궁극적으로 파악한 천일합일사상에서 나온 그의 질서관은 앞서 언급했다시피 당시의 사회개혁사상에도 반영되어 개량주의로 표출되었다.[14] 이 개량주의는 다음과 같은 내용들을 포함하고 있다.

첫째, 그는 당시 사회모순의 근본적인 원인을 호강(豪强)들이 토지를 불법으로 점탈해서 경계가 부정확해지고 한 토지에 전주(田主)가 여러 명이 됨으로써 농민들에 대한 수탈이 과중하게 된 점을 들었다. 그리고 충숙왕 원년에 상왕 충선왕의 실질적인 주도하에 작성된 전안(田案)인 갑인주안(甲寅柱案)과 그 이후의 공문주필(公文朱筆)을 참작하여 전제를 바로잡음으로써 모순을 극복하고자 했다.

둘째, 그는 왜·여진·몽고 등 주변 여러 민족의 침략적 정세변화를 논하면서 그에 대한 방비책으로 문과와 병행하여 무과를 설치하고 지략과 무용을 갖춘 무관 인재를 확보하며 허약한 군졸들을 시급히 정예병으로 길러 보충해야 한다고 주장했다. 특히 왜구에 대해서는 수·육병을 나누어 양성하는 구체적인 방안까지 제시했다. 이러한 이색의 국방론은 후에 왜구와 홍건적을 물리치는 주요 방비대책이 되었고 이성계 등 신진 무장들이 무공을 세워 중앙정계에 진출할 수 있는 터전이 되었다.

셋째, 그는 유학진흥책을 추진하여 유풍을 일신하고 교육을 새롭게 했다. 그의 교육사상은 윤리구현과 치인치세(治人治世)의 규범 및 풍교를 순화하려는 의리의 확립에 기초를 두었으며, 과거에만 얽매여 진정한 도덕교육에 치중하지 않음을 통탄했다. 또한 유학진흥책의 일환으로 정도전·김구용·정몽주·이숭인 등 유능한 인물들을 성균관 교관으로 임명해, 이로부터 학자들이 사

---

13) 이은순, 앞의 글, pp. 13~18
14) 위의 글, p. 19.

방에서 운집하여 국학이 진흥되고 성리학이 크게 발흥하는 계기를 마련했다.

이색의 사상은 이숭인·정몽주·정도전 등 당대 대표적 유학자들에게도 커다란 영향을 미쳤다. 이숭인은 이색의 문인으로 이제현·이곡·이색을 잇는 대유학자가 되었다. 또한 이색의 명분을 정통으로 삼는 의리학은 왕위계승 문제와 군신관계에서 수직적인 면에 대한 강조로 발전하여 정몽주 일파에게 전수되었다. 한편 부패한 고려말의 여러 개혁을 주도한 정도전 일파에게는 경세학이 전수되어 마침내 역성혁명의 논리까지 제시하게 되었다.

이처럼 이들 두 세력은 같은 연원에서 나왔으나 이후 조선건국을 전후해서는 정치철학적으로 대립되는 양상을 드러내게 되었다. 이에 따라 조선에 들어와서는 유학자들이 정도전·권근·양성지 등을 중심으로 하는 관학파와 정몽주·길재·김숙자·김종직·김굉필·조광조로 이어지는 사림파로 나뉘어 학문적 정치적으로 서로 대립하는 양상을 보였다.

그 가운데 정도전(鄭道傳)은 이색의 문인이며 권근의 스승이다. 공민왕 11년(1362)에 문과에 급제했고 성균박사를 지냈으며 친명배원정책을 적극 주장하다 유배되기도 했다. 이색이 성균관을 관장할 때 모여든 정몽주·이숭인·유소정 등과 교유했으며, 정몽주가 성절사로 명나라 남경에 갈 때 서장관으로 동행하기도 했다. 그러나 1388년 위화도 회군을 계기로 신진세력이 집권하자 이성계와 밀착하여 이색·정몽주 등과 소원해지고, 끝내는 스승 이색의 극형을 주장하다가 정몽주의 탄핵으로 투옥되는 등 험악한 정쟁(政爭)에 깊숙이 말려들기도 했다.

이와같이 성리학자들은 고려왕조를 그대로 유지하면서 성리학적 이념으로 개량하려는 정몽주 중심의 온건개량파와 혁명에 의해 고려왕조를 전복시키고 새 시대를 열 것을 주장하는 정도전 계열의 급진개혁파로 나뉘어 대립하고 있었다. 그러다가 정몽주가 살해되자 정도전은 이성계를 왕으로 추대하는 데 앞장섰고, 개국의 일등공신이 되어 조선의 새로운 체제와 이념을 창출해내는 데 앞장섰다. 그는 개혁·혁명·변혁의 중심인물로 건국초의 실질적인 정치운영에 큰 영향력을 발휘했는데, 이를 두려워한 이방원에 의해 1398년 8월에 암살되었다.

정도전은 조선초 제일의 경세가라 할 정도로 해박한 학식과 심원한 경륜, 과단성과 의지를 가진 인물로 지칭되며 자신의 사상을 이해할 수 있는 많은 저술을 남겼다. 그의 사상을 《삼봉집》에 실린 〈심기리편〉(心氣理篇), 〈심문천답〉(心問天答), 〈불씨잡변〉(佛氏雜辨) 등을 통해 정리하면 다음과 같이 요약할 수 있다.[15]

〈심기리편〉에서 그는 불교·도교·유교 3교의 문답형식을 통해 불교와 도교를 공박하고 유교의 우위성을 입증하려 했다. 즉 불교의 수심법(修心法)이 도교의 양생술(養生術)에 우선하나, 오직 유교의 올바른 의리[義理之正]만이 도교의 기는 물론 불교의 심도 다스릴 수가 있다는 논리를 펴고 있다.

불교의 심에 대해서는, 일체의 소유상(所有相) 가운데 오직 심만이 가장 영험하여 누구에게도 의탁함이 없이 독립자존하고 있으며, 그 심과 일체 소유의 상들과의 관계에서 심은 그 체가 텅 비어 있는 거울과 같아서 외연(外延)을 따름에 변하지 않고 변화에 응함에 궁하지 않는다고 하였다.

도교의 기(氣)에 대해서는 기를 지·수·화·풍(地水火風)의 가합성형(假合成形)이라 하고, 눈과 귀에 의해 추구되는 성색(聲色) 등의 욕망, 그리고 그 욕망들에 의해 빚어지는 선악이 심의 적이 되어 해치고 괴롭히는 가장 큰 요인이 되는데, 수심(修心)하기 이전의 망심(妄心)은 그와 같은 기의 지배하에 놓이지만 수심한 뒤의 심은 무념망정(無念忘情)이 되어 기가 아무리 심을 움직이고

---

15) 김충렬, 《고려유학사》, 고려대출판부, 1985, pp. 214~225.

심의 명각(明覺)을 가리려 해도 먹혀들어가지 않는다고 하였다.

이와 같은 불교의 공박에 도교는 우선 만유의 실체로서 기에 의존하지 않고 세상에 유형(流形)하는 것은 없다고 단정하고 만일 기가 없다면 심이 어떻게 홀로 영명(靈明)할 수 있느냐고 반문한다. 즉 심은 기가 자기를 괴롭힌다고 했는데, 정작 기를 괴롭히는 것이 심이 아니냐고 반문하고 모든 화의 싹은 심의 작용 때문에 생기는 것이라고 되받았다. 결국 불교와 도교는 심과 기를 독립자존하는 것으로 규정하고 서로 상대방을 용납지 않음으로써 논란의 평행선을 달리게 된다는 것이다.

이에 유교에서는 심과 기의 반목이반 상태를 이(理)라고 하는 상위개념을 내세워 통합하고 심과 기의 관계를 체용상즉(體用相卽) 관계로 안배 조정함으로써 심의 허령(虛靈)함과 기의 호방함이 서로에 의해 보장받도록 화해시켰다.

다음으로 〈심문천답〉 편은, 〈심기리편〉이 도교·불교를 누르고 유교사상을 우위에 둔 데 반해, 옥황상제를 신봉하는 도교를 누르고 운명을 묻고 무속에 의존하는 사람들의 의식을 고쳐, 인정승천(人定勝天)이라는 합리적이고도 인간을 중심으로 하는 자신력(自信力)을 북돋아준 것이다. 이 글을 쓸 때 정도전은 유배중이었으므로 자신을 심(心)으로, 천(天)을 군왕으로 가탁하여 자신의 억울함을 호소한 것으로 보는 견해가 있다. 그러나 고려인들이 믿고 있던 인간의 길흉화복, 영욕 등의 관장자인 옥황상제에게 질의문답을 해서 옥황상제 자신이 스스로의 한계를 실토하게 하고 인간 본연의 가능성을 자각하게 함으로써 옥황상제의 존재를 약화시키려 했다는 추측이 더 설득력을 가지고 있다.[16] 고려 시대에는 도교, 불교, 그리고 무속사상 등이 사람들의 의식을 지배했다. 그리고 사실 유교의 교화는 일용 사물 안에서만 행해지는

---

16) 위의 책, pp. 218~219

것으로, 이외의 영역에서는 사람들이 지나치게 운명을 믿는 나머지 교화를 가볍게 여길 가능성이 없지 않았다. 그러나 조선은 새 나라를 세우고 새로운 이념과 풍속의 시대를 열어야 했으므로 이러한 의식의 개혁은 무엇보다도 먼저 해결되어야 할 과제였다.

또한 정도전은 〈불씨잡변〉을 통해 고려말 척불론을 집대성했다. 그는 불교의 인과론이 사람을 선화(善化)하는 데 작용한 면이 없지 않으나, 유교의 윤리적 합리주의에서 볼 때는 타력으로 선화될 것이 아니라 도덕적 자각의 힘으로 선화되어야 한다고 하여 불교의 허탄함을 비판했다. 또 유교에는 심중에 이(理)가 갖추어져 있다는 것이 심성설의 요체인데, 불교에서는 이가 심 속에 없다 하여 실제 행위가 배제된 공적(空迹)만을 일삼는다고 했다. 그리고 유가에서는 어떤 행위에서 심·적(心迹)을 하나로 보는데 불교에서는 이를 판이한 것으로 보아 행위에 대한 책임을 심이 지지 않는다고 비판했다. 이와 같은 정도전의 주장은 비판을 위한 비판이라는 비난을 받기도 하지만 당시 불교계 자체에 경각심을 줄 수 있었고, 신흥하는 유교의 논리적 우위성을 확보하는 데 큰 영향을 끼쳤다고 할 수 있다.

정도전은 성리학을 받아들여 여말선초의 사회변동에 대처하는 실천적인 개혁사상을 제시하였다. 그는 여말선초라는 사회적 변동기에 새로운 사회질서를 구축하는 원리로 윤리의 실천을 강조했다. 사회의 모순과 민족적 시련의 원인을 윤리의 타락에서 오는 것으로 보고 이를 개혁하기 위해서는 무엇보다도 윤리의 재건이 필요하다고 보았던 것이다.[17] 그리고 이를 시작으로 윤리를 기저로 한 그의 정치·경제·역사·철학·과학 등 여러 분야에 관한 사상이 유기적인 맥락을 가지면서 주장된 것이다.

그의 윤리사상은 상하·존비·귀천의 명분을 바로잡아 계층적

---

17) 한영우, 《정도전 사상의 연구》, 서울대 한국문화연구소, 1973, pp. 33~76.

사회질서를 확립하고자 하는 데 그 특징이 있다. 다시 말해 모든
인간을 수평적으로 평등화시켜 질서를 바로잡는 것이 아니라 수
직적으로 상하관계를 설정하여 인간마다 자기의 본분을 지킴으로
써 사회질서를 확립하자는 것이다. 그리고 이와 같은 상하수직적
계층질서는 하위자가 상위자에 예속되거나 무조건 복종하는 것이
아니라, 상위자와 하위자의 주체성과 도덕성이 꼭같이 요구되며
다만 자질과 연령의 고하에 따라 구분된다고 했다. 즉 그의 윤리
사상은 개별적 주체성과 쌍무적 도덕성을 인정한다는 점에서 절
대적으로 불평등한 지배·예속 관계와는 다른 것이였다.[18]

　그의 철학사상은 우주본체론·인성론·인식론으로 전개되는데,
이 또한 그의 윤리사상의 형이상학적 투영에 불과한 것이다. 즉
우주 자연은 본체인 '이'(理)와 작용인 '기'(氣)로 형성되는데, 이
것은 둘이면서 동시에 하나다. 그리고 인간은 모두 인(仁)을 본
성으로 한다는 점에서 평등하며 선하다 그러므로 사람의 본래의
인이 선한 것은 '이'를 타고났기 때문이라고 했다. 다만 인간에게
귀천·청탁·선악 등의 차이가 있는 것은 '기'의 작용 때문이라
고 했다. 그러므로 인간은 본래 선하나 '기'의 차이에 의해 종종
죄악과 차별이 발생하므로 도덕적 수양이 필요하다는 것이다.

　인식론에서 그는 우주만물의 현상과 법칙, 즉 이를 인식하는
것은 마음 속에 선천적으로 갖추어져 있는 '이'를 인식하는 것에
불과하다고 했다. 즉 '심'(心)과 '이'는 둘이 아니라 하나라는 것
이다. 그러나 '심' 속의 '이'는 저절로 인식되는 것이 아니라 인간
이 능동적으로 외계 사물에 나아가 이를 경험적으로 궁구하고
인식의 주체인 '심' 자체를 끊임없이 성찰하고 깨끗하게 간직하
는 데서 달성된다는 것이다.

　그의 정치사상은 《조선경국전》에 집약되어 있는데, 정치도 역

---

18) 위의 책, pp. 206~208.

시 도덕윤리의 실현과정에 불과한 것으로 보았다. 정(政)은 인간을 바르게 하는 것이며 정치의 출발점은 윤리도덕의 실현에 있으므로 정치의 주체자도 윤리도덕을 체득한 자라야 하며, 정치의 수단도 윤리도덕적이어야 한다는 주장이다. 정치는 윤리의 실현 수단이므로 민을 근본으로 하고 민을 사랑하며 존중해야 된다고 했다. 관리는 사(士)에서 선발해야 하지만 철저한 능력주의를 원칙으로 해야 하며, 재상의 통치권은 분화가 이루어져야 한다고 보았다. 또 지방세력가에 의한 자의적인 지방지배를 배격하고 중앙정부의 관료가 전국을 지배하게 해야 한다고 했다. 요컨대 그의 정치사상은 성리학과 주례(周禮)를 기반으로 한 것으로 이후 조선 초기 정치체제에 상당한 영향을 주었다.

정도전의 경제사상은 《경제문감》 상·하에 나타나 있는데, 그는 민의 안정과 국가의 부가 달성될 때 그가 추구하는 민본적 이상국가의 물질적 기반이 확립된다고 보아 정치·경제·윤리 철학이 삼위일체를 이루는 민본국가를 추구했다.

정도전이 숭유억불을 위한 이론적인 근거를 세워서 유교를 불교·도교·무속 등의 상위개념으로 하는 논리적 토대를 마련했다면, 권근은 그 논리를 바탕으로 성리학 자체에 대한 이론적인 탐구를 심화시킨다는 데 그 진면목이 있다.

그는 성리학 수용 초기의 대학자인 권부의 증손이며 정도전의 문인이다. 17세 때 성균시, 18세 때 문과에 급제했으며, 춘추관·예문관의 청요직(淸要職)을 거쳐 성균관 대사성이 되었다. 고려말에는 신진사류로서 정도전·정몽주의 친명배원 노선에 같이하기도 했으며, 격심한 정쟁 속에서 유배지를 전전하다가 조선이 건국된 후에야 풀려나와 예문관·춘추관의 학사·대사성이 되었다. 정치적으로는 정도전과 괴리가 있었으나 학문적으로는 그를 스승으로 높였다. 그는 조선 유학의 터전을 닦았고 유학의 학문적 탐구를 위한 기원을 연 선구적인 학자였다.

그의 대표적 저술 가운데 하나인《입학도설》은 성리학의 주요 학설들을 집대성한 것이다.《입학도설》은 모두 40편으로 구성되어 있는데, 〈천인심성합일도〉, 〈오경체용합일도〉,《서경》의 〈홍범구주〉와 〈무일편〉을 밝힌 서술 등 유교 일반의 경전과 핵심문제를 광범하게 망라하고 있다.

도설 첫머리에 나오는 〈천인심성합일도〉에서는 유교의 근본사상인 천인합일의 관념에 착안하여 천인심성 4자를 혼합하여 도표를 만들었다. 그리하여 우주론을 통한 그의 가치관을 드러내고 있는데, 하늘이 음양오행으로 만물을 화생(化生)함에 '기'로써 형체를 이루게 하고 거기에 '이'를 부여했다고 한다. 또한 기론과 이론을 병행해서 다루면서 그것이 유출된 만유에 함께 존재함을 주장하여 무리없이 이기이원동재일물론(理氣二元同在一物論)을 형성하고 있다.[19] 즉 '이'의 근원에서 선하기만 하고 악은 없는 순선(純善) 무악(無惡) 사단(四端)의 정을 연역하고, '기'의 근원에서 선할 수도 있고 악할 수도 있는 가선(可善) 가악(可惡)의 정을 연역했다. 따라서 중인이라도 기질을 변화시켜 경(敬)을 가지고 존양(存養)하고 성찰하기를 계속하면 군자가 될 수 있다고 했다.[20]

〈천인심성분석도〉에서는 천(天)은 그 자체가 '성'(誠)하며 사람은 '성'이 되어야 하는 존재, 즉 천도(天道)는 '성'이며 인도(人道)는 '성지'(誠之)라 했다. 그리고 경(敬)은 나를 밝히고 지켜서 '성'되게 하는 주체라 했다. 사람은 만물의 영장이라 규정하고 그가 갖춘 인(仁)은 모든 선의 으뜸이나 인간의 타락 가능성을 경계하여 도덕적 심성을 갖춘 한에서만 인간의 조건을 부여했다. 여기서 그는 조건 여하에 따라 군자와 소인으로 구분되는 유가의 인간성취의 차등관을 밝힌 것이다.

〈대학지도〉에서는 대학에서 제일 많이 논란이 되는 격물치지

---

19) 김충렬, 앞의 책, p. 230.
20) 이병도,《한국유학사》, 아세아문화사, 1987, p. 111.

(格物致知)라는 성리학적 인식론을 밝히고 있다. 이에 대해 권근은 이른바 '격물'이란 사물에 즉하여 궁리하는 일이지 외물과 내가 만나지 못하도록 막는 것은 아니다. '치지'가 격물에 있다고 했으니 '물'은 외물이 아니요, '격'은 한격(扞格)의 '격'이 아니므로 '치지'와 '격물'은 양사(兩事)가 아님이 분명하다고 했다.

그외에도 그는 〈오경체용합일도〉에서 성리학이 비록 사서(四書)를 근본으로 전개되었다 하나 오경의 가치를 가볍게 보지 않았고, 각 경에 대하여 분석 종합함으로써 전체 대강을 밝혔다. 즉 오경을 체용(體用)의 관계로 보면서 서로의 상관관계를 밝혔다. 《주역》은 오경의 전체(全體)이고 《춘추》는 오경의 대용(大用)이다. 또 《서경》은 정사(政事)를 《시경》은 성정(性情)을 《예경》(禮經)은 절문(節文)을 다루어 제각기 일사(一事)를 전문으로 했다고 보았다.[21]

요컨대 그는 《입학도설》에서 자연의 현상을 현실의 정치적 상황과 결부시켜 당면과제의 해결방안을 제시했다. 즉 세계관·우주관을 현실정치론에 투영시켜 민본의 왕도정치를 이상으로 구성했으며 말미의 〈무일편〉에서는 군주의 정치적 태만을 경계했다. 그러나 위로는 천명을 두려워하고 아래로는 백성을 편안케 하라는 정치사상을 나타낸 것으로 보아 정도전의 이론세계에서 크게 탈피하지는 못했던 것으로 생각된다.

정도전·권근 등의 사상은 조선초 정치이념이나 국가체제 확립에 큰 영향을 미쳤으며, 이들의 정책방향은 정인지·최항·신숙주·서거정 등의 훈구세력에게 계승되었다. 이들은 정치 경제적으로 특권신분층을 형성하게 되었으며 스스로 귀족화해 갔다. 따라서 성리학을 학문적으로 깊이 연구하기보다는 과거의 유풍에 안주하여 관학을 중심으로 사장을 일삼고 있었다.[22]

---

21) 위의 책, p. 113.
22) 이을호, 《한국개신유학사시론》, 박영사, 1980, p. 55.

한편 이들과 달리 정몽주·길재의 사상을 계승했던 일련의 유학자들은 조선초에 정권에서 소외되어 주로 산림에 은거하면서 학문연구에 심취했다. 그러나 학맥을 통하여 차츰 사회세력으로 성장했으며 유향소(留鄕所)나 향청(鄕廳)을 통해 영향력을 행사하기 시작했다. 특히 성종대에는 왕의 훈구세력 견제책으로 인해 상당수의 사림들이 중앙으로 진출하게 되었다. 이에 따라 훈구와 사림세력의 대립은 피할 수 없게 되었고 급기야 사화(士禍)와 같은 정치적 쟁란이 발생하게 되었다.

초기 사림파 유학자들의 사상은 사료의 미비로 찾아보기 어렵다. 정도전·권근 등 관학파에 속하는 유학자들이 많은 저술을 남겨 그들의 사상이나 정책을 잘 드러내고 있는 것과 달리, 정몽주·길재 등의 초기 사림 유학자들은 기록이 거의 소멸되고 현재 남아 있는 문집·전기·가승(家乘)들도 거의 17세기 이후 편찬된 것이어서 윤색의 가능성이 크다.

정몽주(鄭夢周)는 23세에 문과에 세 번이나 급제하여 문명을 날렸으며, 30세에 예조정랑 겸 성균박사로 국학에서 성리학을 교수했고, 35세에는 서장관으로 명나라에 다녀와 신진사류의 주도자가 되었다. 39세에는 성균관 대사성이 되어 신진사류를 이끌고 친원파인 이인임을 탄핵하다가 언양에 유배되기도 했다. 고려말의 정치적 변동기에는 사회모순을 개혁하자는 데는 정도전 등과 견해를 같이했으나 역성혁명에는 반대했다. 또한 현실타개 방안의 하나로 외교정책의 변화를 주장했고, 북방세력과의 주종관계를 탈피하고자 했다. 또한 불교 중심의 풍속에서 벗어나 주자학·주자가례·대명률 등을 본받아 생활습성에 일대 개혁을 이루어야 한다고 보았다. 그리고 학문과 실천의 일치를 주장하여 성리학의 행위강령인 충·효를 굳게 실천하여 고려 국가의 틀 속에서 보수적 개혁을 주장했다. 그러나 급진개혁자들은 그를 개혁에 소극적인 인물로 간주하여 살해하고 그의 사상만이 문하생이었던 길재 등에게로 이어지게 된다.

후대에 나온 평가에 의하면 이병도는 《한국유학사》에서 정몽주를 성리학의 비조로서보다는 살신성인하고 사생취의(舍生取義)한 충절을 높이 평가했고, 이색은 그를 성리학의 비조로 높였으며, 달가(達可 ; 정몽주의 호)의 횡설수설은 이치가 모두 성리의 뜻에 합일했다고 하여 성리학에 대한 그의 학식을 높이 평가하고 있다.

길재(吉再)는 이색·권근 등 당대의 석학들과 교유했으며, 정몽주 문하에서 성리학을 전수받았다. 15세에 성균시에 합격하고 22세에 생원이 되었다. 그도 정몽주와 마찬가지로 사회모순을 개혁하자는 데는 공감했으나 역성혁명에 대해서는 유교의 강상, 절의(綱常節義)에 직결되는 것으로 이해하여 끝까지 자신의 절의를 지켰다. 현실모순의 극복을 위한 방법론으로는 이성계 일파의 천명론을 거부하고 고려왕실이 실정을 했다면 왕실의 녹을 먹은 신하들도 함께 책임을 져야 한다는 책임정치론을 주장했다. 그리하여 조선조에 와서도 태조·정종대를 거쳐 세 번이나 태상박사직을 거절함으로써 주장을 굽히지 않았다.

그의 성리학적 이해는 그 뒤 김숙자·김종직·김굉필·조광조로 이어지며 사림세력의 사풍을 세우는 정신적 지주가 되었다. 그리고 후에 사림들이 정치적 갈등이나 의리 명분상 진퇴를 결정하지 못할 때는 금오산의 길재의 흔적을 찾아가 답을 얻어 행동했다고 할 정도로 그가 후세 사림들에게 끼쳤던 정신적 영향력은 지대했다.

대체로 사림세력들은 재지사족(在地士族)의 입장에서 성리학을 이해하고 재지사족까지 포함된 지배층이 도덕적 실천을 통해 사회문제를 적극 해결해갈 것을 강조했다. 나아가 국가의 예제(禮制)와 함께 향촌사회의 질서, 가족제도까지도 성리학의 이념에 따를 것을 주장했다.

이러한 사림의 개혁사상은 도학사상으로 집약되었다. 성리학에 바탕을 두고 왕도사상을 재해석하여 삼강오륜의 윤리 도덕을 온전하게 실현하는 것을 정치의 기본내용으로 삼았다. 이러한 정치는 군주를 비롯한 지배층의 도덕적 실천과 함께 민에 대한 도덕적 교화를 통해 이루어질 수 있다는 것이다. 도학정치사상은 지배층의 도덕적 책임의식을 높이고 나아가 민들이 자발적으로 명분론적 질서에 따르도록 하려는 것이었다.

V. 맺 음 말

여말선초의 유학자들은 사회변동에 능동적으로 대응하기 위한 이념체계로 성리학을 받아들였다. 그러나 현실개혁의 방법이나 역성혁명에 대한 명분론 등을 둘러싸고 관학파와 재야 사림세력으로 분열되어 지식인의 양극화 현상이 나타났다. 관학파는 주로 중앙권력을 독점하여 자신들의 학문적 철학적 이해를 현실정치 또는 새로운 사회체제형성에 상당 정도 반영시켰다. 이에 반해 재야 사림들은 권력에서 소외되어 현실정치사회에는 별 영향력을 미치지 못했지만 오히려 성리학에 대한 철학적 이해에서는 전자를 능가했고, 학맥을 통해 꾸준히 세력을 확장시켜갔다.

이런 배경 아래서 조선초의 성리학이 크게 융성하는 데는 세종대의 유교진흥책이 상당한 영향을 미쳤다. 세종대에는 조선 건국초에 양산된 정치인들에 대한 정치적 안배가 필요했을 뿐만 아니라 고려 후기 이래 농업생산력 발전을 바탕으로 지방사회에서 폭넓게 성장하던 중소 지주층의 지식인화로 이들을 적절히 수용할 수 있는 제도적 장치가 절실한 상황이었다. 이에 세종은 문운(文運)을 일으키고 집현전을 설치하여 학자들을 불러모았으며 각계 각층의 지식인들을 발탁하여 찬란한 문화적 업적을 이룩했다. 나아가 이들의 활동을 통해 국가체제의 토대를 확고히 했다. 특히 집현전 학자들을 중심으로 일어난 《성리대전》의 연구와 간행 보급은 조선초 성리학 발전의 한 계기를 이루었다. 10년간에 걸쳐 강독되었던 《성리대전》은 우여곡절을 겪으면서 경학연구의 문을 열어놓았던 것이다.

그러나 세종대에 남긴 다방면의 업적들에도 불구하고, 정치적으로는 대거 정계에 등장한 정치인들 사이에 알력이 심화되었다. 특히 집현전 학사 출신의 원로대신들의 정치적 입지가 매우 높아졌으며 이는 소장학자층들의 비판의 대상이 되었다. 더욱이 세조의 왕위찬탈을 둘러싼 정치세력간의 갈등은 사육신 사건과 같은 정치적 파란을 낳았으며, 세조를 왕위에 추대한 인물들은 훈구세력을 형성하게 되었다. 이는 성종대에 사림파가 대거 등장하는 계기가 되었으며, 그 결과 정치적으로 훈구파와 사림파의 갈등·대립이 심화되어 갔다. 이러한 정치세력간의 갈등은 결국 네 차례의 사화로 번졌다. 그 과정에서 훈구파는 크게 위축된 반면, 목전의 피해가 더 컸던 사림세력은 점차 정치의 주도권을 잡아가고 있었다.

참고문헌

김광철, 〈고려 충렬왕대 정치세력의 동향―충렬왕 초기 정치세력의 변화를 중심으로〉, 《창원대학논문집》 7-1, 1985.
김충렬, 《고려유학사》, 고려대출판부, 1984.
도현철, 〈고려후기 주자학 수용과 주자서 보급〉, 《동방학지》 77~79 합집, 연세대출판부, 1993.
문철영, 〈여말 신흥사대부들의 신유학 수용과 그 특징〉, 《한국문화》 3, 1982.
변동명, 《고려중기 성리학 수용연구》, 일조각, 1995.

윤사순, 《한국유학사상론》, 열음사, 1989.

이병도, 《한국유학사》, 아세아문화사, 1989.

이원명, 《고려 성리학의 사상적 배경》, 고려대 박사학위논문, 1992.

이은순, 〈이색의 사상과 사회개혁론〉, 《외대사학》 4, 1992.

이을호, 《한국개신유학사시론》, 박영사, 1980.

이익주, 〈고려 충렬왕대의 정치상황과 정치세력의 성격〉, 《한국사론》 18, 1988.

이태진, 《조선유교사회사론》, 지식산업사, 1989.

정수아, 〈고려중기 개혁정책과 그 사상적 배경 — 북송 신법의 수용에 관한 일시론〉, 《박영석교수화갑기념 한국사학논총》, 1992.

한국역사연구회 편, 《14세기 고려의 정치와 사회》, 민음사, 1994.

한영우, 《정도전 사상의 연구》, 서울대 한국문화연구소, 1973.

허흥식, 《고려불교사연구》, 일조각, 1986.

조선 중기 성리학 사상의 발전

이 은 순

I. 머 리 말

16세기 조선 성리학의 발달은 선초 이래 완만하게 축적되어 왔던 조선 유학계의 성리학 연구가 결실을 맺은 것이었다. 이미 여말선초를 거쳐 활동했던 이색의 학맥을 이은 정도전과 권근의 경세학이나 성리학에 대한 이해는 매우 높은 수준에 도달해 있었다. 정도전은 이기론(理氣論)에 대한 해박한 지식을 바탕으로 불교를 비판했으며, 권근의 《오경천견록》과 《오경구결》, 《입학도설》 등은 당시 최고의 경학 수준과 성리학 이해를 보여주고 있다. 특히 《입학도설》의 〈천인심성합일지도〉는 후일 정지운의 《천명도》의 기초가 되었고, 이황과 기대승의 사단칠정논변을 유발한 단서가 되기도 했다.

한편 길재·김숙자·김종직으로 이어진 재야 사림의 전통은 도학을 천명하고 의리 명분을 강조하는 학풍을 조성하여 후대 성리학자들의 정신적 지주가 되었다. 그러나 정도전·권근과 맥

을 같이하는 신흥사대부들은 성리학을 정치·경제·사회를 개혁
하는 사상적 기반으로 삼을 뿐만 아니라, 정치적인 대립세력을
제거하기 위한 현실적 명분으로도 활용했다. 그러므로 그들은
수기(修己)보다 치인(治人)에 치중했으며, 이를 통해 성리학을 정
치적 이데올로기로 세우는 데는 성공했으나 인식론적인 철학으
로 체계화하는 데까지는 이르지 못했다.

16세기 성리학 발달의 배경으로는 여러 가지를 들 수 있겠지
만 그 가운데서도 특히 세종대에 실시한 유교교육의 진흥, 경서
와 성리학서의 국내 간행과 보급, 그리고 사림의 형성과 도학진
흥운동 등은 주목할 만한 내용이다.

조선왕조는 문치주의에 기초한 유교국가였으므로 교육은 양반
관료의 양성이나 사대부들의 교양습득뿐만 아니라 백성들 전체
의 유교적 교화를 위해서도 중시되었다. 15세기는 주로 관학의
진흥을 통한 국가적 차원의 교육정책이 추진되었다. 중앙에서는
성균관과 사학(四學)을 재정비하고 지방에서는 향교를 통해 교육
을 장려했다. 또 부단히 시행된 과거시험을 통해 유교교육을 독
려할 수 있었다. 그러다가 16세기부터는 지방의 사림들을 중심
으로 사학(私學)을 통한 교육운동이 일어나 성리학 학문의 전수
가 확산되었고, 명종대부터 서원(書院)이 설립되기 시작하면서
관학을 압도하게 되었다. 이러한 16세기 사림의 교육운동은 성
리학 발달의 촉매제가 되었다고 할 수 있다.

서적의 보급은 학문연구와 교육의 필수요건이다. 조선조에서
는 태종·세종대부터 여러 종류의 활자가 주조되고 세조대부터
왕성한 관찬사업(官纂事業)이 전개되면서 유교경서의 국내 간행
도 본격적으로 이루어졌다. 《성리대전》, 《사서대전》, 《주역》, 《서
경대전》, 《춘추대전》의 일부, 《예기대전》이 목판본으로 간행되
고, 뒤에 여러 차례 중간(重刊)되었다. 이러한 유교경전과 성리학
서의 국내 간행은 16세기 성리학 발달의 기반이 되었다.

　조선 성리학 발달은 무엇보다도 사림이라 불리는 성리학 전공 학자군이 형성된 후, 그들의 왕성한 학문·교육활동과 정치·사회적인 실천운동에 의해 주도되었다. 이에 비해 사림은 중소지주층 출신의 양반계급을 중심으로 형성된 광범한 학자집단이라고 할 수 있다. 종래의 사대부계층 관료들도 유학적 소양을 갖춘 이들이었지만 이들은 관료적 성향이 강하여 일반적으로 학문활동에 주력하지는 않았다. 사림은 성리학의 학문적 탐구와 윤리의 실천 그 자체를 더 우선시하고 관직은 형편에 따라 나아가기도 하고 물러나기도 하여 그것을 절대시하지 않았다. 사림도 물론 정치를 통한 도의 실천을 중시했기 때문에 관직생활을 도외시하지는 않았지만, 학문을 통한 개인적 수양을 선결조건으로 여겼기 때문에 훈구파의 직업관료들과는 그 성향이 달랐다. 16세기까지는 사림도 대체로 과거시험을 거쳐 벼슬에 나가는 경향이 많았지만, 점차 과거와 벼슬을 단념하고 성리학 자체에만 몰두하는 사람들이 나타나게 되었고, 이들을 처사(處士)나 유일(遺逸)로 칭하며 학자의 미덕으로 간주하는 경향도 생겼다.

　이들 사림은 대체로 중소지주 계층으로 재지적 기반(在地的基盤)을 가지고 있어서 관직이 아니더라도 학문을 계속할 수 있는 경제적 토대를 갖추고 있었다. 이들은 유향소(留鄕所), 향약, 사마소(司馬所) 등을 통해 재지적 기반을 강화하고 사학(私學), 서원, 서당 등을 중심으로 교육에 열중했다. 이들의 교육은 관직에 진출하기 위한 목적도 있었지만, 유교적 교양과 윤리를 확립하는 것을 급선무로 여겼고, 나아가 사변철학적 성리학의 연구로까지 확대되었다.

　사림의 성리학 학습과 실천이 심화되면서 치인보다 수기를 강조하는 경향이 두드러졌다. 조선 성리학에서 특히 이기심성론(理氣心性論)이 활발히 연구된 것도 그 때문이다. 수기(修己)를 통한 도덕성의 확립은 그들의 정치적 경쟁집단이었던 훈구파 실권자

들과 겨루는 데 필요한 도덕적 명분을 줄 수 있는 무기가 되는 것이기도 했다.[1]

사림이 대거 조정으로 진출하여 일정한 정치세력을 이루었을 때는 흔히 정치집단으로 사림파라고 부르기도 한다. 사림의 형성은 여말선초의 정변기에 지방에 은거한 절의파 학자들에 기원을 둔 것으로 알려져 있다. 사림들은 대체로 세종 때 집현전을 중심으로 중앙진출을 꾀했다. 김종직과 그의 문인들이 대표적 예이다. 도덕정치를 추구하는 이들 신진세력은 기성 훈구대신들과 정치적 성향이 달랐고, 또 자신들의 정치적 입지 확보를 위해서도 기성 관료집단의 독주를 견제하려고 했다. 이에 훈구세력은 위협을 느꼈고, 그 결과 여러 형태의 갈등과 마찰을 빚어 결국 네 차례의 사화(士禍)가 일어나게 되었다. 사화 때마다 사림은 커다란 타격을 받았지만, 그들의 활발한 후진 교육활동으로 양산된 두터운 지식인 집단의 축적과 도덕적 명분 때문에 명종 20년 이후 최종적인 승리를 거두게 되었다.

16세기에 한 무리의 학자집단에서 주도적인 정치집단으로 성장한 사림의 도학운동은 학문으로서의 성리학을 사회 저변으로 보급하고 그 연구를 심화시키는 데 결정적 역할을 했다. 그들은 사화로 인해 정치적 진출이 좌절되거나, 세태에 환멸을 느끼고 향리에 은거하여 학문 연구와 교육에 몰두함으로써 이러한 성과를 이루어낼 수 있었다. 이언적이나 이황 같은 학자들이 그러한 경우이다. 또 한편으로 처음부터 벼슬을 포기하고 학문에만 전념한 학자들도 많았다. 서경덕·성수침·성혼·조식 등이 그러한 사람들이다. 그들의 도학 천명과 실천을 향한 열의는 높았다. 그것이 정치적으로 좌절되었을 때 그들은 이론적 탐구에 몰두할 수밖에 없었다. 그리하여 다양한 연구와 진지한 토론이 이루어

---

1) 이성무, 〈한국의 성리학〉, 《한국역사의 이해》, 집문당, 1995, p. 33.

질 수 있었고 퇴계·율곡대에 와서 조선의 성리학 발전은 절정
을 이루었다.

Ⅱ. 16세기 조선 성리학계의 동향

  16세기 조선 성리학 연구의 성과는 이황과 이이의 이기심성론
으로 집약되며, 이는 각기 기대승·성혼과 장기간에 걸쳐 진행되
었던 왕복 논변의 극적인 결실이었다. 이러한 연구의 결과로 조선
의 성리학은 중국 성리학[程朱學]의 아류를 탈피하고 독자적인 개
성을 확립하게 되었다. 이황과 이이에 의해 정립되었던 조선 성리
학의 특성은 인간의 도덕성 수립과 관련된 심성론에 대한 치밀한
형이상학적 탐구라고 할 수 있다. 이러한 성격은 후대의 인물성동
이론(人物性同異論)과 함께 조선 성리학의 전통을 이루었다. 그러
나 16세기 성리학자들이 추구했던 것은 형이상학적인 이론 탐구
만은 아니었다. 사림의 주된 관심은 지치주의(至治主義)로 표현되
는 이상정치의 실현, 이를 위한 개인의 도덕적 수양과 사회교화,
성리학적 예속의 정비와 보급 등으로 나타나고 있다. 이를 포괄해
서 도학실천운동이라고도 지칭할 수 있다.
  사림이 표방했던 것은 도학이었다. 도학은 단순히 유교경전이
나 문예적 소양을 함양하는 것이 아니라 요순과 공맹으로부터
전승된 것으로 믿는 심법(心法)을 기치로 하여 하나의 도통체계
(道統體系)를 수립하고, 그 정신에 충실하려고 하는 이념적 경향
을 가진 학문 혹은 학풍을 말한다. 도학을 기치로 내세운 사림은
자아의 완성[修己]과 사회적 실천[治人]을 두 가지 과제로 표방하
여, 유교의 원리주의적인 이상을 실현하려는 성향을 가지고 있었
다. 그러므로 이들은 의리와 명분을 중시하는 일종의 원칙주의

에 전심했다.

사림의 도학운동은 먼저 그들 자신의 수양을 위한 도덕과 예의 실천운동으로 전개되었다. 대표적인 것이 《소학》과 《가례》실천운동이었다. 그들은 성리학의 기본정신을 '위기지학'(爲己之學)이라고 인식하고, 이를 위한 최선의 방안은 《소학》을 익히고 실천하는 것이라고 믿었다. 《소학》은 길재-김숙자-김종직-김굉필에 이르기까지 대대로 강학한 교재로 도학 계열의 심법 전수와도 같은 성격을 띠고 있었다. 김굉필은 특히 《소학》의 중요성을 강조하고 실천하는 데 앞장섰던 학자였다. 그는 《소학》이 수기의 요채라고 생각하여 평생동안 그것을 실천하고 가르치는 데 심혈을 기울였다. 또한 성균관 학생으로 있을 때 정여창·남효온 등과 함께 소학계를 조직하여 실천운동을 벌이기도 했다. 그의 제자였던 조광조·김식·김안국 등은 스스로 《소학》을 실천하고 조정에 건의하여 국가정책으로 권장 보급하기도 했다.[2] 《소학》은 명분과 의리의 정신을 확립하고, 절도 있는 예절을 실천하여 선비의 기강을 정립하는 원칙주의적 수신서라고 할 수 있다. 사림은 《소학》과 함께 성리학 수신서라고 할 수 있는 《심경》과 《근사록》, 그리고 《대학연의》 같은 책들도 많이 읽었다. 이러한 수신서들을 통한 심신의 훈련은 대쪽같은 성품을 양성하고 강직한 정치 성향을 키우게 했다. 이 때문에 사화가 자주 일어나던 시기에 《소학》이 훈구파에 의해 일종의 금서와 같이 여겨진 적도 있었다.

도학의 천명을 자신들의 사명으로 삼았던 사림의 대표로는 조광조를 들 수 있다. 조광조는 김굉필로부터 수기치인의 도학원리를 전수받았고, 사림계에 속하는 김식·김정·한충·김안국·김정국 등 한 무리의 신진관료들을 거느리고 정치세력을 형성하여 유교적 도덕정치를 구현하고자 했다. "도학을 높이고 인심을

---

2) 박연호, 〈조선 전기 사대부 교양에 관한 연구〉, 한국정신문화연구원 한국학대학원 박사학위논문, 1994, pp. 219~263.

바르게 하며 성현을 본받고 지치(至治)를 일으킨다"[3]는 것이 그
들의 구호였다. 그들이 말하는 지치라는 것은 율곡의 표현에 따
르면 "임금의 마음을 바르게 하고 왕도정치를 베풀며 정의의 길
을 열고 사리(私利)의 근원을 막는 일을 급선무로 하는 것"[4]이었
다. 그들이 특히 강조했던 것은 군주의 도덕성 확립이었다. 임금
의 마음이 바르지 않으면 정체(政體)가 확립될 수 없고 교화가
행해질 수 없다는 이유에서였다. 그들은 또 군자와 소인의 분별
을 유난히 강조했다. 이 때문에 그들은 기성 관료세력이었던 훈
구파 실력자들의 비도덕성을 공격하고 그들이 누리던 특권과 정
책들을 비판했다.

　　그들은 국왕의 신임을 배경으로 자신들의 학문적 소신을 실현
하고 정치적 입지를 확보하기 위한 여러 가지 개혁조치들을 시
행하려 했다. 경연(經筵)에서 국왕의 도덕성 함양을 강조하고, 도
교 제사를 담당하던 소격서를 혁파했으며, 사림의 등용을 위한
현량과를 실시하는 한편, 훈구파에 타격을 주기 위해 위훈삭제
(僞勳削除)를 추진하기도 했다. 그들은 또 향촌의 유교적 교화를
위해 향약 실천운동을 전개하여 1519년(중종 14년)《여씨향약》을
전국에 반행(頒行)하기도 했다. 이런 과격한 개혁운동이 훈구파
의 반격을 초래할 수밖에 없었고 결국 기묘사화가 일어났다. 사
림은 이러한 사화를 네 차례나 겪으면서 많은 학자들이 죽임을
당했고 정계 진출에도 심한 타격을 받았다. 그러나 그들이 내세
운 도학정치의 명분과 처신으로 인하여 학계와 정계에서 후일
표창(表彰)이 되었을 뿐 아니라, 학문과 정치의 주도권을 잡을 수
있었다.

　　조선 성리학의 심성론적 형이상학 전통에서 두드러진 특징 가
운데 하나는 철학체계를 도상(圖上)으로 표현하고 도설(圖說)을

---

3)《정암집》부록 권 1 사실.
4)《율곡전서》권 13 도봉서원기.

붙여 해설하는 방법이었다. 이것은 권근의 《입학도설》에서부터 시작된 전통이었다. 이 때문에 조선시대의 성리학자들은 대개가 도(圖)와 도설을 지어 그들의 철학체계를 표현했다. 도설류의 저작은 북송의 주돈이가 《태극도설》을 저술한 이후 성리학에서 중요시되던 학문방법이었지만 조선시대에 와서는 더욱 특징적인 면모를 보이고 있다. 권근의 《입학도설》 가운데 《천인심성합일지도》는 정지운의 《천명도》의 기초가 되었고, 이것이 이황의 《천명신도》로 발전해 기대승과의 사단칠정논변을 가져오게 했다. 정지운과 거의 동시대인 김인후도 비슷한 《천명도》를 남겼다. 이들의 도(圖)도 권근의 도설에 근거했던 것으로 보인다. 노수신은 이항과 인심도심설에 대한 논변을 벌인 끝에 《인심도심도》를 남겼고, 서경덕의 제자였던 이구는 주기설을 표현한 두 가지의 도와 도설을 저술했다. 이황은 《성학십도》와 도설을 지어 자신의 철학체계를 완성했고, 이이는 《인심도심도》, 《사단칠정인심도심설도》(四端七情人心道心說圖) 등을 그렸으며, 조식도 많은 도와 도설을 남겼다. 이후 영남학파·기호학파를 막론하고 성리학자로 자처하는 사람들은 도와 도설을 저술하지 않은 사람이 드물었다. 조선 성리학의 중심과제는 심성론에 관련된 이기설에 있었고, 그 요체는 도와 도설로 표현되었다고 할 수 있다.

III. 성리학 연구의 심화

1. 서경덕과 이언적

서경덕과 이언적은 16세기에 시작된 본격적인 조선 성리학 연구의 서막을 연 선도자들이다. 서경덕의 성리학은 주기론(主氣論) 성격을 띠었고, 이언적의 학문은 주리적(主理的) 성격을 명백히 했다. 이들의 학문은 각기 기호학파의 조종(祖宗)이 된 율곡과

영남학파의 종장(宗匠)이 된 퇴계에 영향을 주어 양대학파의 연원을 이루었다.[5]

서경덕은 개성의 화담에서 생장하여 과거를 포기하고 은거하며 학문에 몰두했다. 그는 송나라의 소옹과 장재를 사숙하여 많은 영향을 받았으나, 독서보다 주로 자연을 탐구하고 명상하면서 독학하여 독창적인 면이 큰 학문을 이룩한 것으로 알려져 있다. 한편 그의 철학은 소옹의 상수학(象數學)과 장재의 주기설에 영향을 받은 면이 있지만, 우주의 근원을 탐구하고 그것을 기일원론(氣一元論)으로 체계화한 점에서는 이들과 다르다.

서경덕은 우주의 본체를 장재와 같이 태허(太虛)로 파악하고, 태허의 담연무형(淡然無形)한 것을 선천(先天)의 '기'로, 그것이 만물로 형상화된 것을 후천(後天)의 '기'로 인식하여 모든 것이 '하나의 기'[一氣]의 운행으로 작용한다고 보았다. 즉 일기(一氣)의 아직 발하지 않은[未發]한 본체를 선천이라 하고, 이미 발한[已發] 현상을 후천이라고 인식했다. 그는 선천의 '기'가 우주만물의 본체이며 만상을 일관하는 실체라고 파악한 것이다. 이러한 '기'는 제한이 없고 시작과 끝이 없으며 항구불멸한 실체라 했다. 선천의 '기'는 스스로 작용하여 만물로 형상화하는데, 그것을 '기자이'(機自爾)라 했다.[6] 즉, '기'를 그 작용이 다른 존재에 의해 부려지는 존재가 아닌 '스스로가 능히 그렇게 되는 것'으로 본 것이다. 또 담연한 '기'는 만물에 보편타당하여 그것이 모이면 '물'(物)이 되고, '물'이 흩어지면 바로 그 본연의 '기'가 되어 선천담연(先天淡然)의 일기(一氣)에는 조금도 변함이 없다고 했다. 그에게 '이'(理)는 '기' 밖에 있는 것이 아니고 안에 있으면서 '기'의 작용을 주재하는 법칙에 지나지 않았다. 따라서 그의 철학체계에서는 '이'의 역할 자체가 설 곳이 없다. 때문에 그는 주리론자와는

---

5) 이병도, 《한국유학사》, 아세아문화사, 1989, p. 177.
6) 위의 책, p. 180.

달리 '이'가 '기'보다 선행하는 것으로 볼 이유가 없었다.

서경덕의 주기론은 율곡에게 많은 영향을 주었고, 이후 율곡학파에서는 '이'를 도덕적 명제가 아니라 형이상학의 한 형식적인 존재로 보려는 경향이 지배적이 되었다. 서경덕의 고제(高弟)로는 이구(李球 ; 蓮坊), 허엽(許曄 ; 草堂), 박순(朴淳 ; 思庵) 등의 명사들이 있어 학계에 많은 영향을 주었다. 퇴계는 주리론의 입장에서 서경덕의 철학을 비판했으나, 율곡은 서경덕철학의 독창적인 면과 이기불상리(理氣不相離)의 요체 인식을 높이 평가했다. 다만 기의 작용을 '이'와 같은 것으로 혼동했다는 것만을 비판했다. 율곡은 서경덕의 '일기장존 영혼불멸설'(一氣長存靈魂不滅說)을 비판하고 궁극적인 존재를 태극의 '이'로 보았기 때문이다. 그러므로 서경덕의 주기론이 율곡에게 영향을 주기는 했으나 그 성격이 같은 것은 아니었다. 서경덕이 기일원론을 주장한 데 비해 율곡은 이기이원론적인 주기론을 주장했기 때문이다. 율곡도 '기'의 변용에 중점을 두고는 있었으나 '이'의 궁극적 실체를 인정했다.

이언적은 서경덕과는 달리 일찍부터 관직에 나아가 이상정치를 실현하고자 했으나 을사사화 이후에 뜻을 잃고 낙향하여 학문과 교육에 종사했다. 그는 《대학장구보유》(大學章句補遺), 《속대학혹문》(續大學或問), 《중용구경연의》(中庸九經衍義), 《봉선잡의》(奉先雜儀), 《구인록》(求仁錄) 등 많은 저술을 남겼다.

이언적은 성리학의 핵심 교재였던 《대학》과 《중용》의 연구에 몰두했다. 특히 주자의 〈대학장구〉 개정에 불만을 느끼고 정자의 견해를 토대로 몇몇 구절의 차례를 바꾸고 자신의 설을 부연했다. 주자의 설에 대한 불만이나 장구 개정은 퇴계를 비롯한 후대 학자들로부터 인정받지 못했으나, 소신을 가지고 독창성을 발휘한 점은 그가 단순한 주자의 추종자가 아니었음을 말해주며, 경전에 대한 이해가 높은 수준에 있었음을 의미한다.

한편 이언적은 조선 성리학에서 최초로 철학적 논변을 벌였던

점에서 주목된다. 그는 청년시절에 조한보(曺漢輔 ; 忘機堂)와 무
극태극설(無極太極說) 문제로 여러 차례의 왕복 논변을 했다. 그
의 문집에 수록된《답망기당서》(答忘機堂書) 5편은 최초의 본격
적인 성리학 논변서라고 할 수 있는데, 퇴계가 이를 보고 "이단
을 물리치고 오도(吾道)의 본원을 천명했다"고 칭송했다고 전한
다. 이 때문에 그는 퇴계에 의해 동방 4현의 한 사람으로 추앙되
었고 후일 문묘에 배향될 수 있었다.

　이 논변에서 그는 조한보의 무극태극설이 선학(禪學)에서 영향
을 받은 것으로 지적하고 이를 성리학 입장에서 비판했다. 조한
보의 설은 전하지 않으나, 이언적의 논변서에 의하면 그는 주돈
이의 '무극이태극'(無極而太極)을 육상산과 같이 "무극에서 태극이
생겼다"고 해석한 것 같다. 그러나 이언적은 주자와 같이 이를
"무극이면서 동시에 태극이다"고 해석하여 무극을 허무와 같은
것으로 인식하지 않았다. 그 이유는 그것이 만사의 추뉴(樞紐)가
되어 우주의 총체적인 원리가 되기 때문이라 했다. 여기서 이언
적은 주자의 이원론적인 이기설의 바탕 위에서 논리를 전개했고
주리적인 입장을 고수했다.

2. 이기심성론의 심화

　사단칠정론이란 퇴계와 기대승의 논변에서 시작되어 조선 후
기 성리학계에서 지속적으로 토론된 인간의 심성에 대한 이기론
적 해석을 말한다. 즉 사단과 칠정의 발현에서 이기(理氣)의 역
할에 관한 논변이라고 할 수 있다. 이는 조선 성리학의 가장 중
요한 연구 주제가 되었으며 조선 성리학 연구의 커다란 특성을
이루는 것이다. 사단칠정 논변은 단순히 사단과 칠정을 이기의
개념과 연결시켜 전개한 논의에 그치지 않고, 인간 정신현상의
실재적인 면과 규범적인 면을 하나의 통일된 틀 속에서 설명하

고자 한 철학적 사유의 표출이었다.[7]

사단칠정에 대한 논의는 정지운의 《천명도설》에 대한 퇴계의 보정(補正)에서 비롯되어 퇴계와 기대승 사이의 왕복 논변으로 발전했고, 이후에 성혼과 율곡 사이의 논변으로 계승되었다. 이 4인에 의해 전개된 사단칠정논변은 후대 사칠론(四七論)의 원형이 되어 방대하고 치밀한 논의를 양산하게 되었다. 조선 성리학의 근원적인 문제의식이 여기에 결부되어 있다.

퇴계는 일찍이 과거시험을 거쳐 관직에 나갔으나, 1555년(명종 10년) 을사사화 이후 정치에 환멸을 느끼고 향리에 은거하며 학문연구에 몰두했다. 그의 저술로는 《계몽전의》(啓蒙傳疑), 《주자서절요》(朱子書節要), 《송계원명이학통록》(宋季元明理學通錄), 《심경석의》(心經釋義) 등과 문집이 있다. 문집 가운데 기대승과의 왕복서한이 학문적으로 특히 중요시된다. 퇴계의 학문은 대개 정주(程朱)의 학설을 추종했으며 이기심성설은 주자의 학설을 발전시킨 것이다. 주자의 이론에 근거하여 이를 보완 확충하는 데 심혈을 기울인 결과였다. 이러한 퇴계의 유학은 양반관료국가의 지배사상을 확립하는 데 공헌한 것으로 이해된다.[8]

주자는 이기의 부잡성(不雜性)과 불리성(不離性)을 동시에 말했으나 전자에 더 역점을 두었다. "이기결시이물"(理氣決是二物)이라는 주자의 언명은 퇴계의 이기론에 기초가 되었다. 퇴계는 주자의 설을 부연한 〈비리기위일물증변〉(非理氣爲一物證辨)을 지어 이기의 분별성을 강조했다.[9] 원래 주자는 "'기'는 능히 응결하고 조작하나 '이'는 정의와 조작이 없다"고 하여 '이'의 독자적 작용을 인정하지 않았다. 그러나 퇴계는 '이'와 '기'가 모두 실재적인 작용이 있다 하여 '이'를 추상적 형식적 무위적인 것으로 보지

---

7) 김 현, 〈녹문 任聖周의 철학사상〉, 고려대 박사학위논문, 1992, p. 12.
8) 이성무, 앞의 책, p. 37.
9) 이병도, 앞의 책, p. 205.

않았다. 그는 "태극에 동정(動靜)이 있는 것은 태극이 스스로 동정하는 것이요, 천명이 유행하는 것은 천명이 스스로 유행하는 것이니 어찌 또 그렇게 시키는 것이 있겠는가" 하여 '이'의 작용 능력을 강조했다. 이는 '이'가 스스로 동정하고 유행할 수 있다는 말이다.

퇴계는 주자와 같이 도기이원론(道器二元論)으로 우주를 해석하고자 했다. 그는 도를 순선무악(純善無惡)한 '이'로, 기(器)를 가선가악(可善可惡)의 '기'(氣)로 묘사했다. 즉, 도는 절대가치의 표준을 의미하고 기(器)는 상대적 가치를 지닌 것으로 인식했던 것이다. 퇴계는 심성문제를 해석하는 것도 이기이원(理氣二元)으로 분석하여 설명했다. 그리하여 심(心)의 체(體)인 성(性)을 '본연의 성'과 '기질의 성'으로 구별했고, '성'의 발(發)인 정(情)도 사단과 칠정으로 대비, 본연의 '성'과 사단의 '정'을 절대순선인 '이'의 '체'와 '용'으로 보고, 기질의 '성'과 칠정은 선악가변의 상대적 가치를 지닌 '기'의 작용으로 보았다. 또 사단과 칠정을 인심(人心)과 도심(道心)이 나누어진 것으로 생각하여, 인심은 칠정, 도심은 사단으로 인식했다.[10]

기대승은 퇴계가 〈천명신도〉에서 표현한 "사단리지발 칠정기지발"(四端理之發 七情氣之發)이란 대목에 이의를 제기했다. 기대승에 따르면 사단과 칠정은 똑같이 하나의 '정'이고, 칠정 밖에 사단이 따로 있는 것이 아니하는 것이다. 만약 사단과 칠정을 '이'와 '기'에 분속시키게 되면 '이'와 '기'를 독립된 별물로 보게 되어 사단 속에는 '기'가 없고 칠정 속에는 '이'가 없게 되기 때문이다. 그리하여 그는 사단·칠정의 문제는 인심·도심의 문제와는 달리 이기에 분속시켜 말할 수 없다고 주장했다.

이에 퇴계는 《주자어류》에서 "사단리지발 칠정기지발"이란 근

---

10) 이상은, 〈이황의 철학 — 사칠론과 대설〉, 《한국철학연구》 중권, 동명사, 1978.

거를 찾아 제시했다. 이기는 떨어져 있는 것은 아니지만 지적하여 말하자면 구별이 없을 수 없다는 것이었다. '정'에 사단과 칠정의 구분이 있는 것은 '성'에 본연과 기품의 구분이 있는 것과 같다는 인식이었다. '성'을 이기로 나누어 말할 수 있다면 '정'도 그렇게 할 수 있다는 것이며, 사단과 칠정은 모두 '정'이지만 그 소종래와 주장하는 바에 따라 이기로 나눌 수 있다는 것이다.

이러한 퇴계의 답변에 기대승은 자신의 미흡함을 인정했으나 근본적 의심은 버리지 않았다. 그에 따르면, 칠정도 발하여 모두 중절(中節)하게 되면 사단과 다를 것이 없고, 칠정은 비록 '기'에 속하지만 '이'가 본래 그 가운데 있으니 발하여 중절하는 것은 천명지성(天命之性)이요, 본연지체(本然之體)니 이기가 발하여 사단과 다를 수 없다는 것이었다. 이러한 고봉의 반론에 퇴계는 승복하지 않았으나 결국에는 자신의 설을 조금 수정하지 않을 수 없었다. 이는 퇴계가 〈심통성정도〉(心統性情圖)에서 사단칠정을 각기 "사단리발이기수지"(四端理發而氣隨之), "칠정기발이리승지"(七情氣發而理乘之)로 확정한 것에서 알 수 있다.[11]

퇴계가 심성에서 사단과 칠정을 구분한 것은 '이'의 우위성을 확보하여 칠정으로 나타나는 '기'의 타락 가능성을 지적하기 위해서였다. 그의 이기호발설(理氣互發說)은 본연과 기질을 같은 차원에서 다룰 수 없다는 확고한 도덕적 입장을 나타낸 것이다. 따라서 그는 인간의 감정 가운데 희로애락애오욕(喜怒哀樂愛惡慾)과 같은 자연 감정[七情]은 그 발출 원인이 '기'에 있지만 측은·수오·시비·사양지심(惻隱羞惡是非辭讓之心)과 같이 인의예지(仁義禮智) 도덕원리에 합치하는 사단(四端)은 '기'의 발동이 아닌 '이'의 발동에 의해 일어난다고 이해했다. 이는 모든 인간이 천부적으로 도덕적 의무와 능력을 타고났다고 보려는 성리학의 중심

---

11) 이병도, 앞의 책, pp. 207~208.

과제와 합치되는 것이기도 하다.

퇴계는 도덕적 수양을 학문의 최고목표로 삼았다. 그의 수양론은 한마디로 표현하면 '거경궁리'(居敬窮理)라고 할 수 있지만, 그는 특히 '경'에 치중했다. 그에 따르면 본연지성에서 유래하는 도심(道心 ; 四端)을 확충하고 기질지성에서 유래한 인심(人心 ; 七情)을 구분하여 인욕(人慾)에 떨어지지 않게 하기 위해서는 존양(存養)과 성찰이 필요한데, 그 바탕이 되는 것이 '경'이었다. 이 때 '경'은 인간이 도덕적 주체로서 자아를 확고부동하게 지키려는 태도이며, 진리에 나아가는 바탕을 이루는 힘이라고 할 수 있다.[12]

이상과 같은 성격을 지닌 퇴계의 성리학이 영남학파에 절대적인 영향을 미쳤고, 일본 성리학에도 큰 영향을 주었음은 학계의 정설이다.

율곡은 사림의 이상을 정치적으로 구현하기 위해 평생을 바쳤다. 그는 조광조의 지치주의를 정치활동의 신조로 삼았고 선조의 절대적인 지지와 사림의 추종을 바탕으로 사림정치 이념을 확립하고 정책에 반영하기도 했다. 그는 여러 가지 개혁적인 정책들을 건의하여 실시하고자 했으나 복잡한 정치적 요인 때문에 시행되지 못한 것이 많았다. 그는 또 사림 일반의 목표였던 개인의 수신과 향촌 교화에도 깊은 관심을 가지고 많은 저술을 남겼다. 그는 《가훈》(家訓), 《서원향약》(西原鄉約), 《해주향약》(海州鄉約)을 지어 향촌 교화를 강조했고, 《학규》(學規), 《약속》, 《격몽요결》(擊蒙要訣), 《학교모범》(學校模範) 등을 지어 교육에도 심혈을 기울였다. 그도 조광조와 마찬가지로 군주의 도덕성 확립이 지치(至治)의 핵심과제가 된다고 생각해, 임금의 학문수양을 위한 《동호문답》(東湖問答), 《만언봉사》(萬言封事), 《성학집요》(聖學輯要), 《인심도심설》(人心道心說) 등을 지어 선조에게 바치기도 했다.

---

12) 윤사순, 〈퇴계의 性觀에 관한 연구〉, 《한국유학논구》, 현암사, 1980, p. 113.

율곡은 한때 불교에 심취하기도 하고 도교에도 상당한 소양을 가지고 있었으나 후에는 성리학에 몰두하여 공맹·정주의 학을 자기 학문의 토대로 삼았다. 그도 역시 정주의 설을 철학체계의 기초로 하기는 했으나 맹목적으로 추종한 것이 아니라 자신의 독창적인 사유와 소신을 절충했다.

율곡은 《성학집요》에서 주자와 퇴계의 이기이원론을 지지했다. 그도 우주만물이 '이'와 '기'로 구성되었다는 것은 인정했으나, 그들의 이선기후설(理先氣後說) 및 이기호발설(理氣互發說)에는 찬성하지 않았다. 《주역》에서는 "태극이 양의[陰陽]를 낳았다"고 했으나 그는 이 말이 음양이 태극보다 뒤에 생겼음을 의미하는 것은 아니라고 보았다. 음양은 태극과 함께 있는 것이며 '생겨난 때'가 있지 않다는 것이 그의 주장이었다. 이 때문에 이선기후설은 불가하다는 것이었다. 그는 '이'가 무위무작용의 단순한 조리(條理)로서 만물에 대하여 절대 공평하고 증감이 없다고 인식했다. 따라서 '정', 즉 '심'의 '용'에 선악이 생기는 것이 아니라, '기'의 성질에 의하여 선정(善情)과 악정(惡情)이 구별된다고 했다. 그러므로 도덕수양을 위해서는 잡박(雜博)한 기질을 청수(淸秀)한 기질로 바꾸어야 한다고 주장했다.

율곡은 인간의 감정은 도덕적인 것, 비도덕적인 것의 구분 없이 모두 다 '기'에서 발동한 것이라고 생각했다. 다만 '기'의 발동이 '이'의 원리에 그대로 합치하는 것을 사단으로, 그 합치 여부와 관계없이 발동하는 것을 칠정으로 인식했던 것이다. 이 때문에 그는 퇴계의 설을 지지하던 성혼과 다년간에 걸쳐 이기심성 논변을 벌여야 했다. 그는 퇴계와 기대승의 사단칠정논변에서 기대승의 논리가 직절하고 명쾌한 것이라 하며 기대승을 지지했다. 퇴계는 이를 중시하여 성선(性善)을 확보하려는 윤리적 입장을 표현했지만, 기대승은 '기'를 위주로 하여 사실세계를 논리적으로 해명하려는 이론적 입장을 견지했다고 할 수 있다. 그런데

퇴계의 호발설은 무작위의 가능적 원리인 '이'에 '기'와 동등한
주체적 작위 능력을 부여함으로써 성리학의 일반적인 이기개념
에 상당한 혼란을 초래하게 되었다. 이것이 기대승의 반론 요인
이었으며 율곡이 기대승의 설에 찬동한 요인이기도 했다. 퇴계
의 호발설은 인간에게는 선한 본성이 있어 그것이 자발적으로
발현될 수 있음을 강조한 것으로 도덕적 이상주의의 표명이긴
했으나, 우주자연과 인간의 심성을 보편적으로 설명하는 데는 논
리적 취약점을 가지고 있었다.

　율곡의 주장은 인간의 감정은 도덕적인 것과 그렇지 않은 것
의 구별 없이 모두 '기'의 발동에 의해 현상화되며, 다만 그 감정
발현의 근저에 '이'가 있을 뿐이라는 것이다. 이것은 자연의 운화
현상(運化現象)을 설명하는 동일한 이론의 틀 속에서 인간의 심
리현상을 합리적으로 설명하려는 논리였다. 율곡의 이기설은 퇴
계에 비해 상대적으로 우월한 논리성을 갖추었다고 할 수 있다.
천지자연과 인간심성을 동일한 선상에서 이해하는 성리학에서는
인간 내면의 이기관계도 자연에서의 이기관계와 마찬가지로 설
명되어야 하기 때문이다.

　그러나 율곡의 심성론은 상황의 제약을 넘는 절대적인 도덕 실
천의 가능성을 제시하는 데는 미흡한 것이기도 했다. 선에 대한
가능적 원리인 이가 실재로 바람직한 모습으로 현상화되느냐의
여부는 오직 현상화의 능동성을 구비한 기의 순수성 여부에 달린
것이기 때문이다. 율곡 사칠론의 취약점은 기질의 환경이 나쁜
경우 자발적인 도덕 실천을 기대할 수 없게 된다는 것이었다.[13]

　우계 성혼은 벼슬을 단념하고 위기의 학문을 닦은 학자였다.
그는 율곡과 교분이 두터워 학문적 토론이 많았고, 고매한 재야
학자로 명성이 높아 후에 조정의 징소를 받아 좌찬성까지 지냈

---

13) 김　현, 앞의 글, p. 21.

고 율곡과 함께 문묘에 배향되었다. 그는 처음에는 퇴계의 호발설이 불가할 것이 없다고 주장하여 율곡과 논변을 벌였으나 후에는 율곡의 설에 찬동하여 기호학파의 중심인물이 되었고 수많은 제자를 양성했다.

16세기 후반에는 퇴계와 율곡 이외에도 많은 성리학자들이 배출되었다. 퇴계와 율곡 시대까지는 아직도 교조적인 학파가 형성되지 않았기 때문에 많은 학자들이 저마다 개성 있는 학설들을 제기하기도 했다. 그중 이항(李恒 ; 一齋)은 호남의 재야 유학자였다. 그는 화담에게 배우지는 않았으나 그의 이기일물설(理氣一物說)은 화담의 주기론과 흡사한 논리를 가지고 있다. 그는 이기가 혼연한 일물(一物)이라고 주장했다. '이'와 '기'는 일신의 안에 있으니 이물(二物)이라고 할 수 없다는 것이다. 이기가 비록 이물과 같은 모양을 가지고 있으나 사실은 혼연히 일물의 체라고 주장했다. 그는 '이'의 근원성과 실재성을 부정하고 '이'를 다만 '기'와 불가분의 관계에 있는 하나의 조리라고 파악했다. 이러한 그의 주기론적 세계관은 퇴계와 김인후 등에게서 비판받았다.

조식(曺植 ; 南冥)은 한때 유교 경전과 노장학(老莊學)에 심취했으나 나중에는 《성리대전》에 몰두했다. 그는 주염계의 《태극도설》, 《성론》, 장횡거의 《서명》(西銘) 등에 심취하여 자신의 학문체계를 수립했다. 조식의 학문은 의리를 숭상하고 실천을 강조하는 특색이 있으며 그의 인격에는 호탕하고 준엄한 기상이 있다. 이 때문에 그의 문하에서는 절의의 선비가 많이 배출되었다. 오건·최영경·정구·정인홍·곽재우 등이 그의 고제로 꼽힌다. 조식의 학문은 경(敬)과 의(義)를 주로 했다. 내적 수양에는 '경'을, 외적인 행동에는 '의'를 강조했고, 하학상달(下學上達)을 중시했다. 학문의 요체는 인사(人事)를 바탕으로 천리(天理)를 구하는 것이었는데 이 때문에 실천궁행(實踐躬行)을 강조했다. 조식은 일상의 인간관계에서 최선을 다할 것을 역설했기 때문에, 윤리적 실천을 소홀히 하고 천리를 입으로만 논하는 공리공담(空理空談)을 비판했다. 성명(性命)의 오묘함만을 탐구하려 한다면 그 실을 얻지 못한다는 이유에서였다.

정지운(鄭之雲 ; 秋巒)은 일생 벼슬에 나가지 않고 학문에만 몰두했다. 그는 주자의 설을 기초로 《천명도》를 지어 스승인 김안국·김정국 등에게 질의하기도 했으나, 퇴계와의 강론을 통해 그것을 완성했다. 그의 《천명도》는 양촌의 《입학도설》 가운데 〈천인합일지도〉와 대체로 부합하는데, 도 전체를 천지인으로 나누어 체계를 세우고 사단칠정을 이기로 분속시켜 호발설의 기원이 되었다는 점에서 권근의 《입학도설》과 흡사하다.

김인후(金麟厚 ; 河西)는 인종의 총애를 받다가 인종이 죽자 은퇴하여 학문에 몰두했고, 나중에 문묘에 배향되었다. 그는 한때 퇴계와 친교를 맺고 학문을 강론하기도 했다. 정지운의 《천명도해》 안에는 김인후의 《천명도》가 포함되어 있다. 이는 정지운의 것과 비슷한 시대에 제작된 것으로, 정주의 설에 기초하고 있다. 그는 퇴계와 같이 서경덕·이항(李恒) 등의 주기설을 비판했다. 그는 인성을 중(中)으로 파악했으므로 《천명도》에서 선악을 화(和)와 과불급(過不及)으로 나타냈다. 선과 악은 기(幾)에서 나뉘는데 명(命)으로부터 곧게 내려와 중으로 이어지고 다시 곧게 내려와 화(和)를 이루는 것이 선이 되고, 기에서 나뉠 때 과한 것과 불급한 것은 악이 된다는 주장이다. 이러한 그의 학문 체계에는 중용사상을 기본바탕으로 하고 있음을 알 수 있다.

이중호(李仲虎 ; 履素齋)는 서울에 살았으나 벼슬을 단념하고 학문에 몰두하고 후학을 양성했다. 그는 《심성정도》(心性情圖)를 지었는데, 권근의 도설에 근거한 것으로 퇴계가 극찬했다고 한다. 그 도(圖)는 전하지 않으나 박세채의 발문에 의하면 세 가지 도(圖)로 구성되었다고 한다. 제1도에는 성(誠)과 성(性)의 관계를, 제2도에는 성성(性誠)과 정(情)의 사단(四端) 및 기(幾)와 정(情)

의 칠정(七情)을 표현했고, 제3도에는 인도(人道)의 지(智)와 우(愚)를 표현했다.

유희춘(柳希春 ; 眉庵)은 호남 유학자로서 최부(崔溥 ; 錦南)의 외손이었다. 《육서부주》(六書附註), 《강목고이》(綱目考異), 《역대요록》(歷代要錄), 《속몽구》(續蒙求), 《주자대전어류전석》(朱子大全語類箋釋) 등 많은 저술을 남겼다. 율곡과 함께 《경서구결급언해》(經書口訣及諺解)를 찬정하기도 했다. 그의 《미암일기초》(眉庵日記抄)는 귀중한 사료가 되고 있다. 그는 박학다식했고, 경학을 중시하고 주자학을 숭상했으며 양명학을 배척했다.[14]

노수신(盧守愼 ; 蘇齋)은 을사사화로 19년간 귀양살이를 했으나, 문장과 학문이 탁월하여 영의정에까지 올랐다. 진무경의 《숙흥야매잠》(夙興夜寐箴)을 주해하고 이 문제로 퇴계와 논변을 벌이기도 했다. 그는 주자의 인심도심설에 이견을 내세운 이항과도 논변했고 그 결과 《인심도심변》(人心道心辨)을 지었다. 그의 《인심도심변》은 기대승의 사단칠정론과 분석 논리가 비슷하다. 그의 〈인심도심도〉(人心道心圖)에서는 사단칠정을 선악을 겸한 인심에 배열했다.

송익필(宋翼弼 ; 龜峰)은 성리학과 예학에 두루 박식했다. 율곡·성혼과 왕복 논변했고, 《태극문》(太極問), 《예문답》(禮問答), 《가례주설》(家禮註說)등의 저술을 남겼다.

IV. 학파의 분화

퇴계와 율곡에 의해 심화되기 시작한 성리학은 곧 영남학파와 기호학파로 나뉘어 지방색을 띠기 시작했고, 이것은 동·서 분당의

---

14) 이병도, 앞의 책, p. 228.

정치적 분파를 따라 고착적인 학파를 형성하게 되었다. 퇴계의 주리론은 남인이 주축이 된 영남을 중심으로 계승되었고, 율곡의 주기론은 기호지방의 서인들에 의해 답습되었다. 영남에는 또 퇴계학파와는 달리 의리와 기상을 중시하는 조식의 제자들이 소규모의 학파를 형성하기도 했다. 조선 후기에는 이러한 경향이 더욱 강화되어 주리론은 유리론(唯理論)으로, 주기론은 유기론(唯氣論)으로까지 발전했다. 그들의 유학 이론은 당론과 결부되어 있었기 때문에 당파와 지연적인 한계를 극복하지 못한 채 고착화 경직화되는 경향을 보였다. 이러한 경향은 사상적인 다양성을 발휘할 수 없게 했고, 다른 학설이나 이론에 대한 심한 배척의 감정을 야기했다. 이 때문에 당론과 당파에 따라 퇴계와 율곡의 이기심성론을 묵수할 뿐 그 틀을 벗어나 발전하지 못했다.

1. 영남학파와 주리론

퇴계의 제자로는 조목(趙穆 ; 月川), 이덕홍(李德弘 ; 艮齋), 정구(鄭逑 ; 寒岡), 유성룡(柳成龍 ; 西崖), 김성일(金誠一 ; 鶴峯) 등이 있다. 이들은 대체로 퇴계의 학설을 그대로 고수하고 자신들의 이설을 세우지 않았다.

조목은 퇴계의 공식적인 적전(嫡傳)으로 인정을 받았으나 별로 독창적인 학설을 남기지 않았다. 유성룡과 김성일은 다같이 임란에서 충정을 바쳐 존경을 받았고 성리학에도 상당한 조예가 있었다. 이들은 퇴계의 대표적 고제였으나 후일 이들의 서원 배향 좌차(座次) 문제로 제자들 사이에 시비가 일어나 병·호(屛虎) 양론으로 분파되었고, 이것이 퇴계학파를 둘로 나누는 계기가 되었다.[15] 유성룡 계열의 병론(屛論)은 정경세(鄭經世 ; 愚伏), 유진(柳

---

15) 김성일 계열의 학자들은 퇴계를 主祀로 한 虎溪書院을 세웠고, 유성룡 계열의 학자들은 유성룡을 主祀로 한 屛山書院을 세워, 그곳을 근거지로 屛虎

袗 ; 修庵), 유원지(柳元之 ; 拙齋) 등에게 계승되었고, 김성일을 추
숭하는 호론(虎論)은 장흥효(張興孝 ; 敬堂), 이현일(李玄一 ; 葛庵),
이재(李栽 ; 密庵), 이상정(李象靖 ; 大山), 유치명(柳致命 ; 定齋), 김흥
락(金興洛 ; 西山) 등으로 계승되었다. 호론은 근대까지 저명한 학
자들을 배출해 퇴계학의 주축을 이루었다.[16]

유성룡은 이생기설(理生氣說)과 이선기후설(理先氣後說)을 강조하
여 퇴계의 주리설을 강화했다. 그의 손자 유원지도 《상수소설》(象
數小說), 《이기설》 등을 지어 '이'의 주동(主動)과 무궁함을 역설하
고 율곡의 기발리승일도설(氣發理乘一途說)을 비판했다. 정구는 예
학에 조예가 있어서 《가례집람보주》, 《오선생예설》, 《오복연혁
도》, 《심의제도》 등의 저술을 남겼다. 그의 예학은 이후 남인계
예학의 선구가 되었다.

영남학파에서 퇴계의 학설을 옹호하고 율곡의 이기론을 가장
비판했던 학자는 이현일이다. 그는 '이'에 동정이 있으므로 '기'에
동정이 있게 된다고 하여 퇴계의 이선기후설을 지지하고 《율곡이
씨사단칠정서변》을 지어 율곡의 설을 본격적으로 비판했다. 그의
학설은 아들 이재·이상정·이광정과 유치명 등에게 계승되었다.
유치명은 '이'가 우주의 주체요, '심'의 본체라고 했다. '이'의 능동
적인 활동을 강조하고 '기'의 능력을 무력화시킨 이론이다.[17]

2. 기호학파와 주기론

율곡의 친구이자 제자였던 성혼과 정엽(鄭曄 ; 守夢), 김장생(金
長生 ; 沙溪), 김집(金集 ; 愼獨齋), 송시열(宋時烈 ; 尤菴), 송준길(宋浚

논쟁을 벌렸다.

16) 이수건, 〈조선후기 영남과 경남의 제휴〉, 《벽사 이우성교수정년퇴임기념논
총》, 1989.
17) 김학수, 〈가람 이현일 연구〉, 한국정신문화연구원 한국학대학원 석사학위
논문, 1995.

吉 ; 同春堂), 윤증(尹拯 ; 明齋), 권상하(權尙夏 ; 遂庵), 김창협(金昌協 ; 農庵) 등을 중심으로 기호학파가 형성되었다. 이들 가운데 주류가 된 것은 율곡-사계-우암-동춘당-수암 등으로 계승된 노론(老論)이었고, 우계-명재 등으로 계승된 일파는 소론(少論)의 주축이 되었다.

율곡의 주기론을 본격적으로 발전시킨 학자는 송시열이었다. 그는 사단에도 순선(純善)만 있는 것이 아니라 때에 따라 선·불선이 있을 수 있다고 주장했다. 또 '심'은 발하나 '성'은 불발한다고 하여 심즉기설(心卽氣說)을 주장했다. 이는 영남학파의 주리론에서 심즉리설(心卽理說)이 중심이 되었던 것과 비교하여 기호학파의 특색이 되며, 이후 주기론의 대원칙이 되었다. 우암은 주리·주기론자들이 서로 자파설의 변증논리로 《주자어류》의 "사단리지발 칠정기지발"(四端理之發 七情氣之發)이란 구절을 취함을 보고 《주자언론동이고》(朱子言論同異考)를 편찬하기 시작하였고, 후에 한원진(韓元震 ; 南塘)에 의하여 완성되었다.

권상하의 제자들 사이에서 인물성동이론(人物性同異論)을 둘러싼 호락논쟁(湖洛論爭)이 일어났다. 이간(李柬 ; 巍庵)은 인성과 물성이 근본적으로 같음을 주장했고 한원진(韓元震 ; 南塘)은 다름을 주장했다. 이간은 인성과 물성의 차이가 기질의 변화에서 생긴다고 주장했고, 한원진은 '성'은 '이'가 '기'로 배정될 때 형성되는 것이라 하여 인성의 배합은 물성의 배합과 다르다고 했다. 이 논쟁에서 권상하가 한원진의 이론을 지지하여 한원진이 주기파의 정통이 되었다. 한원진은 "심즉기 성즉리"(心卽氣 性卽理)를 주장하여 율곡·우암·수암 등의 주기론을 집대성했다.[18]

임성주(任聖柱 ; 鹿門)는 한 걸음 더 나아가 성즉기설을 주장했다. 이는 기호학파의 주기설을 극도로 발전시킨 것이었다. '이'와

---

18) 윤사순, 〈인성·물성의 同異辨에 대한 연구〉, 《철학》 8, 한국철학회, 1982.

'기'는 서로 분리될 수 없는 것이지만 '이'는 무위(無爲), '기'는 유위(有爲)이므로, '기'에 의하여 '이'가 표현되고 '기'에서 '이'를 발견하며, 천지는 단지 일기즉생기(一氣卽生氣)이고 사람도 역시 이 기에 의해 '성'을 보고 선악의 근원을 안다는 주장이다. 임성주는 오직 '기'의 활동만으로 우주자연이 표현되고 선악이 정해지며 '이'는 '기'의 작용을 설명해주는 원리에 불과하다고 했다. 이러한 그의 이론은 주기론의 극치라 할 수 있다.[19]

V. 《가례》 연구의 심화와 전례 논쟁

16세기 후반의 조선 성리학계에서 특히 주목되는 것은 예학의 발달이다. 이는 말할 것도 없이 성리학의 학문적 심화와 사회적 실천단계에서 나타난 일정한 수요에 응해 이루어진 현상이다. 이 시대 예학이 지향한 방향은 한 마디로 《가례》의 연구와 실천이라고 할 수 있다. 양반 사대부 계층이 확대되고 그들만의 특권과 우월의식이 확립되면서 그에 상응하는 예법과 의례가 추구되었던 것이다. 《가례》는 송대 사대부 계층 사회에서 성립된 예법으로 종래의 국가 중심적 왕조례(王朝禮)와는 지향하는 성격이 달랐다. 이것이 16세기 이후의 조선사회에서 각광을 받게 된 것은 당시 조선의 사회적 발달이나 체제가 송대와 유사한 모형을 가지고 있었음을 보여주는 것이기도 하다. 예학에서 《가례》를 중심으로 한 연구는 곧 송학적 취향을 나타낸 것이라고 하겠다. 그것은 한·당대에 체계화된 왕조례를 기초로 하여 정비되었던 《국조오례의》와는 발전의 단계를 달리하고 있다.

《가례》에 경도된 예학자들은 그것을 사회 전체에 보급하고 보

---

19) 유명종, 〈임녹문의 유기설과 나정암의 기철학〉, 《철학연구》 17, 1993.

편적으로 시행할 것을 주장했다. 이는 곧 의례생활에서 신분적 한계를 초월하려는 의식을 보여준다. 또한 궁국적으로 왕실과 사대부의 차별마저도 인정하지 않으려는 의식의 표출이기도 하다.

조선 중기 사대부들에게 《가례》가 얼마나 중시되고 깊이 연구되었던가는 예학 관계 저술 동향을 보면 잘 알 수 있다. 16세기 중반부터 17세기 중반까지 조선에서 저술·편집·역주된 예서(禮書)는 대략 90여 종에 이른다. 이 가운데 90퍼센트 이상이 《가례》와 관계된 것들이다.[20] 그중 중요한 것들을 보면 아래와 같다.

우리나라에서 《가례》와 관련된 초기 저서로는 16세기 중반의 명종대에 저술된 이현보의 《제전》(祭典), 이언적의 《봉선잡의》(奉先雜儀), 송기수의 《행사의절》(行事儀節), 김인후의 《가례고오》(家禮攷誤), 이황의 《퇴계상제례문답》(退溪喪祭禮問答) 등을 들 수 있다. 이들은 대체로 주자의 《가례》를 실용적으로 재편집하거나 간단한 주석을 붙이는 수준이었다. 이보다 조금 후대인 16세기 후반에는 이이의 《제의초》(祭儀草), 심수경의 《상제잡의》(喪祭雜儀) 김성일의 《상례고증》(喪禮考證) 등이 저술되었다. 이들 예서는 《가례》에 대한 이해가 심화되면서 한편으로 제례나 상례 등의 연구로 전문화되는 경향을 보이고 있다. 16세기말에는 신의경이 처음 편찬하고 김장생과 김집이 보완하여 《상례비요》(喪禮備要)가 만들어졌는데 이는 정밀하기로 유명했다. 이때부터 조선예학은 중국의 수준을 넘어설 정도로 발전했다. 퇴계의 제자인 유성룡의 《상례고증》(喪禮考證)과 이덕홍의 《가례주해》도 중요한 업적이라고 할 수 있다. 신식은 《가례언해》(家禮諺解)와 《의례고증》(疑禮考證) 등을 저술했는데 《가례언해》는 당시까지 축적되었던 《가례》 이해의 수준을 집대성해 보여준 것이라 할 수 있다.

송익필은 《가례주설》, 《예문답》 등을 저술했고, 김장생에게 예

20) 고영진, 《조선중기 예학사상사》, 한길사, 1995, pp. 182~185. 조선중기 예서 목록표 참조.

를 가르친 기호학파의 예학 비조격인 인물이다. 그의 예학을 계승한 김장생은《상례비요》외에도《가례집람》(家禮輯覽),《의례문해》(疑禮問解) 등을 저술해 17세기 조선 예학을 집대성한 대가가 되었다. 김장생의 예학은 윤선거와 윤증에 의해 편찬된《가례원류》(家禮源流)로 발전했고, 후에 이의조의《가례증해》(家禮增解)로 최종 정리되었다.

이 시기 예학 연구와 저술은 주로《가례》에 치중되어 있었고, 주례·의례·예기 등의 고례(古禮)에 대한 연구는 그다지 활발하지 못했다. 고례의 연구는 세종대에 국가 전례의 정비 차원에서 연구되어《국조오례의》로 정리된 후에는 큰 성과가 없었다. 그러나 17세기에 이르러 예학 연구가 심화되면서 소수의 학자들에 의해 고례 연구도 함께 추진되었다. 정구는 당시에 김장생과 쌍벽을 이룬 예학자였는데,《가례》연구와 더불어 고례에도 깊은 관심을 기울였다. 그가 저술한《오선생예설분류》(五先生禮說分類),《혼의》(婚儀),《관의》(冠儀),《오복연혁고》(五服沿革考) 등은 그 결정물들이었다. 정구의 예학은 허목에게 계승되어《경례유찬》(經禮類纂)이 저술되었고, 고례에 대한 이러한 연구는 남인들의 예학과 예론에서 고례를 중시하는 경향을 낳게 되었다. 남인계 예학에서 고례 연구는 훗날 정약용에 의해 집대성되었는데,《상례사전》(喪禮四箋),《제례고정》(祭禮考定) 등이 그 결실이다.

이와같이 16세기부터는 예서의 편찬·발간이 활발해지고 예학의 수준도 아울러 향상되었다. 이에 따라 16세기 후반부터는 왕실의 종통(宗統)에 관련된 전례(典禮)나 계승문제 등에 대해 조정이나 재야에서 활발한 논의가 제기되기 시작했고, 17세기부터는 그것이 대대적인 정치분쟁으로 발전하기도 했다. 이때 특히 문제가 되었던 것이 인조의 생부였던 원종의 추존전례와 효종의 정통성 문제를 둘러싸고 일어났던 두 차례의 복제예송(服制禮訟)이었다. 이러한 문제는 예학이 발달하지 않았던 조선 초기였다면 별로 쟁점화되지도 않았을 것이다. 그러나 17세기 이후에는 그것들이 하나하나 문제화되었다.

현종대에 두 차례에 걸쳐 진행되었던 치열한 예송은 자의대비가 효종과 효종비의 상에 입을 복제를 두고 일어났던 분쟁이지만, 문제의 핵심은 차자(次子)로서 왕위를 계승한 효종의 특수한 종법적 위상에 있었다. 남인의 삼년설(三年說)과 서인의 기년설(朞年說)은 종통론적으로 효종을 인조의 장자와 차자로 각기 다르게 보는 인식에서 비롯된 것이었다. 여기에는 당시에 발달했던 조선 예학의 두 경향으로 말미암은 학문적 시각 차이가 작용하고 있었다. 효종을 장자로 보는 쪽은 제왕가례(帝王家禮)의 특수성을 강조했다. 왕실에서는 형제의 차서보다 왕위의 계승자에게 적통(嫡統)을 주어야 한다는 이론이었다. 반면 효종을 차자로 보는 쪽은 예의 보편적 원리를 강조하여 왕실과 사서인(士庶人)의 예가 기본적으로 다르지 않다고 주장했다. 따라서 효종은 왕위의 계승에도 불구하고 차자의 신분에 변동이 없다는 것이었다. 이러한 양쪽의 주장에는 《의례》의 복잡한 주소(註疏)들이 전거로 제시되었으나, 그 전거들도 양면성을 가지고 있었으므로 분명한 단안이 나올 수 없었다. 이 때문에 논쟁은 끝없이 지속되었다.

예송은 처음 학문적 논쟁으로 진행되었으나, 여기에 내포된 하나의 금기사항 곧 효종의 정통성 시비가 촉발되면서 위험한 정치적 분쟁으로 발전하게 되었다. 윤선도에게 효종의 정통성을 부정하고 있다는 공격을 받은 서인들은 정치적으로 커다란 위협을 받았다. 그러나 서인들은 더욱 강력히 자기설을 주장하면서 남인들에 대한 대대적인 숙청을 단행했다. 이렇게 하여 조정 안에는 각기 군자 아니면 소인으로 구별하려고 하는 각박한 흑백논리가 팽배했다. 그러므로 공존을 인정하던 풍토는 사라지고 서로 견제하고 비판하는 풍조가 만연했으며, 결국 제 2 차 예송 이후 수차례의 환국(換局)을 거처 노론 일당전제로 나아가게 되었다. 따라서 예송은 조선 후기의 정치환경을 변화시킨 커다란 계기가 되었다고 할 수 있다.[21]

제2차 예송의 주제와 논리는 본질적으로 제1차 예송 때와 같은 것이었지만, 그 논쟁의 담당자들은 다른 사람들이었으며, 또 논쟁이 서인과 남인의 대결로 진행된 것도 아니었다. 이 논쟁은 서인중심의 신료집단과 현종·김석주 중심의 왕실집단 사이의 대결이라고 할 수 있다. 이것은 또 어떻게 보면 송시열 일파와 청풍김씨 일파의 대리전과 같은 성격도 띠고 있었다. 따라서 제2차 예송을 단순히 제1차 예송의 반복으로 생각하여, 이를 서인과 남인 사이의 당파 싸움의 연장으로 파악하는 시각은 편협한 것이라고 할 수 있겠다. 제2차 예송에서 서인의 대공설(大功說)을 타도한 주역은 바로 현종 자신과 외척 김석주였기 때문이다.

17세기에 극도로 발달했던 예학은 조선사회에 성리학적 예속을 보편화시키고 향촌사회를 유교 이념에 의해 교화하는 기능을 가지고 있었다. 그러나 때로는 그것이 지나친 논리의 대립으로 흘러 왕실의 전례 논쟁을 격화시키고 이것을 당쟁으로 발전시키는 부작용을 초래하기도 했다.

VI. 맺 음 말

성리학은 사대부의 학문이고 사대부는 그 학문을 바탕으로 과

---

21) 지두환,〈조선후기 예송연구〉,《釜大史學》11, 1987 ; 이은순,《조선후기 당쟁사 연구》, 일조각, 1988, p.51 ; 이영춘,〈복제예송과 정국변동 — 제2차 예송을 중심으로〉,《국사관논총》22, 국사편찬위원회, 1991 ; 이성무,〈17세기 예학과 당쟁〉,《조선후기 당쟁의 종합적 검토》, 한국정신문화연구원, 1992.

거시험을 거쳐 정치세력으로 성장한 계층이다. 전 시대와 달리 사대부 계층은 농업생산력 발전을 토대로 한 자신들의 경제적 바탕 위에서 성장했으며 성리학은 이들 사대부가 지배계층으로 성장할 수 있는 사상적 토대가 되었다. 즉 성리학의 '이'(理)는 만물의 근원성과 이법(理法)을 전제로 하여 '성'(性)과 동일시되는 것이므로 사대부들이 무한한 자유정신과 인간사회에 대한 책임을 자부하게 했다. 그 결과 성리학을 익힌 사대부는 '성'과 '이'의 개념을 통해 현실의 여러 관계를 좀더 근원적이고 체계적으로 설명할 수 있는 이론적 근거를 마련했다.

고려말에 성리학이 전파되어 신흥사대부 계층의 학문이 되고 그들의 사회개혁론의 이론적 기초가 되었다. 사대부 계층의 사회개혁론은 조선왕조 개창의 정치이념이 되었고 이후 성리학은 국가를 통치하는 기본원리가 되었다. 성리학 사상과의 접촉사실은 이미 고려 중기부터 나타나지만 본격적인 도입은 고려말에 안향이 원의 성리학을 소개함으로써 이루어졌다. 그 뒤 이색 등에 의해 본격적으로 전파되고 이숭인·정몽주·길재·정도전·권근 등 대표적인 신흥사대부들에 의해 새로운 사상체계 또는 실천철학으로 뿌리내리게 된다. 그러나 16세기 초까지 조선에서는 성리학에 대한 본격적인 연구가 이루어지지 못하고 중국 성리학자들의 연구를 학습하고 이해하는 범위에 머물렀다. 다만 이 시기는 왕조교체의 사회적 변동기였으므로, 성리학이 구시대의 모순을 비판하고 새로운 사회를 건설하는 이념적 토대를 제공하는 현실적이고도 실천적인 기능을 했다는 점에서는 특기할 만하다.

그러나 15세기 중엽부터 《사서대전》, 《오경대전》, 《성리대전》, 《주자대전》 등이 국내에서 간행되고 사림의 도학진흥운동이 일어나면서 성리학에 대한 본격적인 연구가 진행되었고, 이러한 연구를 바탕으로 치열한 학문적 논쟁들이 전개되면서 그 수준이 심화되었다. 그 결과 퇴계 이황의 주리론을 종지로 하는 영남학파와 율곡 이이의 주기론을 핵심으로 하는 기호학파의 두 학맥이 형성되어 이후 조선 성리학계를 풍미했다.

성리학의 철학적 심화는 사림의 지치주의 정치사상과 향약운동을 통한 사회교화사상, 서원을 중심으로 전개된 교육운동, 《소학》과 《가례》를 기초로 한 윤리실천운동 및 예학의 발달을 아울러 동반했다. 이리하여 성리학은 상류계층의 고답적인 학문에 머물지 않고 사회저변으로까지 확산되어 현실적인 정치·사회문제에도 커다란 영향을 끼쳤다. 가령 수기와 치인, 도덕과 정치, 학문과 경제를 겸하지 않으면 진정한 유자[眞儒]의 자격이 없다고 단정한 율곡학파는, 시무책과 부국강병론을 주장하면서 당시의 사회적 위기를 극복해야 한다고 보았다. 이에 반해 거경궁리(居敬窮理)로 집약된 수양론을 바탕으로 우월한 민족문화의식을 가졌던 퇴계학파는 정치 사회적 안정이 우선이며 그 다음에 왜적에 대비해야 한다는 내수우선주의를 표방했다.

즉 일본에 대한 강온론이 팽배하게 맞서고 있는 시점에서 퇴계·율곡 양파는 당시의 사회적 모순과 부패척결 등 시폐(時弊)를 개혁해야 한다는 점에서는 견해를 같이했으나, 내정개혁이 우선이라는 논리와 그보다는 외적에 시급히 대응해야만 한다는 논리로 대립되어 정치적 대응책에 혼선을 빚었다. 이러한 주장들은 시간이 흐르면서 당론으로 발전하여 경직화되었고, 점차 심각한 정치적 갈등으로 비화되었다.

아울러 17, 18세기부터는 중국을 통해 서구 문명이 들어오고 양명학이 대두되었다. 이 새로운 학풍을 받아들인 실용을 강조하는 학자들은 윤휴·박세당 등을 중심으로 권위주의적이고 배타적인 입장을 고수하고 있던 성리학을 비판하며, 사문난적(斯文亂賊)의 지목을 받으면서까지 학문영역을 넓혀갔다. 그러나 권위주의화한 성리학의 경향은 더욱 강해져 이러한 새로운 학풍의

성장을 저해했다. 정치적 입장에서 보면 집권세력인 노론들은
성리학의 절대화를 추구했고 소론들은 외주내왕(外朱內王)의 입
장에서 양명학을 신봉하는 경향이 일어났다. 또한 정계에서 물
러난 남인들도 소론의 학문경향과 궤를 같이하면서 실학의 새
학풍을 일으키는 데 주도적인 역할을 했다.

참고문헌

고영진, 《조선중기 예학사상사》, 한길사, 1995.
김충렬, 《고려유학사》, 고려대출판부, 1984.
김학수, 〈가람 이현일 연구〉, 한국정신문화연구원 한국학대학원 석사학
　　위논문, 1995.
김　현, 〈녹문 임성주의 철학사상〉, 고려대 박사학위논문, 1992.
박연호, 〈조선전기 사대부 교양에 관한 연구〉, 한국정신문화연구원 한국
　　학대학원 박사학위논문, 1994.
박충석, 《한국정치사상사》, 삼영사, 1982.
변동명, 《고려후기 성리학 수용 연구》, 일조각, 1995.
배종호, 《한국유학사》, 연세대출판부, 1974.
윤사순, 〈인성·물성의 同異辨에 관한 연구〉, 《철학》 8, 한국철학회,
　　1982.
──── , 〈퇴계의 性觀에 관한 연구〉, 《한국유학논구》, 현암사, 1989.
이병도, 《한국유학사》, 아세아문화사, 1989.
이상은, 〈이황의 철학 ― 四七論과 對說〉, 《한국철학연구》 중권, 동명사,
　　1978.
이수건, 《영남 사림파의 형성》, 영남대출판부, 1984.
이성무, 〈한국의 성리학〉, 《한국역사의 이해》, 집문당, 1995.
──── , 〈17세기의 예학과 당쟁〉, 《조선후기 당쟁의 종합적 검토》, 한국
　　정신문화연구원, 1992.
이영춘, 〈복제예송과 정국변동 ―제2차 예송을 중심으로〉, 《국사관논총》
　　22, 1991.
이은순, 《조선후기당쟁사연구》, 일조각, 1988.
──── , 〈이색의 사상과 사회개혁론〉, 《외대사학》 4, 한국외국어대학교,

1992.
이태진, 《한국사회사연구》, 지식산업사, 1986.
──── , 《조선유교사회사론》, 지식산업사, 1989.
지두환, 《조선전기 의례연구》, 서울대출판부, 1994.

조선 후기 사회변동과 실학

정 형 지

I. 머리말

조선 후기는 전근대사회에서 근대사회로 넘어가는 과도기에 해당한다. 이 시기에는 중세봉건사회의 구조적 모순이 사회 각 부문에서 노출되면서 봉건체제가 동요 해체되고 경제·사회·정치·사상 등 각 분야에서 새로운 변화가 나타났다. 사회체제의 동요와 해체에 따라 계급 사이의 갈등을 비롯한 각종 사회문제가 야기되었고 민생은 피폐해져 이에 대한 근본적인 대책이 요구되고 있었다. 그러나 집권세력은 명확한 개혁방침을 설정하지 못하고 일시적 미봉적인 대책으로 집권연장에 급급할 뿐이었다. 조선사회의 지배원리였던 성리학은 철학적인 면에서 괄목할 만한 발전을 했지만, 명분론을 중시한 나머지 예의식이 극도로 형식화하여 실용정신과 실증성을 결여했다. 실질보다 명분을 앞세운 탓에 현실감각이 둔해졌고, 기존 체제의 맹종과 답습을 고수하는 보수주의적인 경향을 띠어 격변하는 현실에 대한 개혁의지는 전혀 갖지 못했다. 이제 현실타개 능력을 상실한 성리학을 대신해 현실문제를 극복할 새로운 사상의 대두가 절실히 요구되고 있었다.

이 글은 이 시기 구체적인 변동의 모습을 정치·경제·사회 각 부분으로 나누어 살펴본 후, 변동기 사회의 구조적 모순을 직시했던 사회사상가[실학자]들의 현실개혁안을 고찰하고자 한다. 전근대사회의 잔영을 간직하고 있으면서 새로운 사회의 맹아를 갖추기 시작하는 이행기 사회의 실상을 현실비판적 지식인의 눈을 통해 살펴봄으로써 이행기 사회의 참모습과 전근대 사회구성체의 계기적 발전과정을 이해할 수 있으리라 생각한다.

Ⅱ. 조선 후기 사회변동

1. 정치 운영의 변화

양반 사대부를 지배계급으로 한 조선의 정치구조는 성종(成宗)대에 《경국대전》으로 정리 체계화되어 이후 200여 년간 지속되었다. 그러나 조선 후기 사회에 접어들면 이 체제가 기본 골격을 이루면서도 사회·경제 기반의 변화에 따라 정치운영상의 변화가 나타난다.

15세기말 과전법(科田法)의 붕괴 이후 과전과 공신전(功臣田)을 바탕으로 세력기반을 다진 특권적 관료집단이 생겨나 정국을 독점 주도하기 시작했다. 이들 훈척(勳戚)계열은 16세기 사회·경제 발전에 편승하여 사적 이익을 추구하고 새로운 재부를 획득하기 위해 권력을 남용하여 각종 비리와 사회모순이 누적되어 갔다. 이 무렵 훈척계열의 특권적 비리를 비판하는 새로운 정치세력으로 사림(士林)이 등장했다. 사림은 재지중소지주적(在地中小地主的) 기반을 경제적 바탕으로 가지고 있으면서 성리학의 수기치인(修己治人)을 통한 공도(公道) 실현을 기본 정치이념으로 하고 있는 재야 지식인이었다. 이들은 성리학적 공도론에 입각해 당시 만연하고 있던 훈척계의 각종 비리와 사회모순에 신랄한 공격과 비판을 가했다.

사림계의 비판으로 궁지에 몰린 집권 훈척계가 사림에 대해 가한 정치적 보복이 네 차례에 걸친 사화(士禍)였다. 사림세력은 사화로 큰 타격을 입고 정계에서 축출되었지만, 그들의 입장은 사회모순의 심화와 함께 공감대를 확산하여 17세기 이후 정국의 주도권을 장악했다.[1] 16세기 후반 이후 19세기 초까지 사림이 주도한 정치운영 형태는 붕당정치기(朋黨政治期), 환국기(換局期), 탕평기(蕩平期), 세도정치기(勢道政治期)로 나누어볼 수 있다.

먼저 붕당정치기의 정국 운영은 선조·광해군대의 과도기를 거쳐 인조·현종대에 원숙기에 이르게 된다. 선조 즉위 후 구체제 척결문제를 둘러싼 사림 내부의 의견 차이는 심의겸 문제에서 동·서 분당으로 발전했다. 이 분당은 점차 정치적 입장과 학연적 색채가 결합하면서 붕당의 모습을 확실히 나타냈다. 동·서로 구성된 붕당은 선조 22년(1589) 정여립사건을 계기로 정국 주도권을 가진 동인 내부가 다시 서경덕·조식계의 북인과, 이황계의 남인으로 분열된다.

광해군대의 정국 운영은 임진왜란을 치르는 데 주도적인 역할을 한 북인이 주도했다. 그러나 북인정권은 그 학파적 성향이 이합집산하는 성격을 띠었고, 서인·남인 등 각 붕당 사이의 세력 조정에도 실패하여 붕당의 공존상태를 이루지 못했다.

그러나 인조반정(仁祖反正 ; 1623) 이후 정치는 학파에 근거한 정파로서 서인·남인 두 세력이 상호비판 공존하는 체제로 모습을 일신한다.[2] 이 시기는 반대당의 존재와 비판을 확실히 용인하

---

1) 이태진, 〈붕당정치 성립의 역사적 배경〉, 《조선유교사회사론》, 지식산업사, 1989, pp. 168~171 ; 〈조선 성리학의 역사적 기능〉, 같은 책, pp. 131~142.

면서 양자가 서로 공도를 실현하기 위해 노력하는 붕당체제 인식과 서인의 (힘의 우위를 바탕으로 한) 포용력, 그리고 서인 독주를 경계한 국왕[仁祖]의 역량이 아울러져 대립보다는 상호 공통기반에 충실했고, 대립이 있더라도 극단적인 충돌은 일어나지 않았다.

사림이 정국운영 주도권을 장악하면서 붕당정치 운영의 제도적 장치를 마련했다. 즉 여론정치 확립을 위해 삼사(三司)의 권한을 강화했고, 독자성을 가진 삼사의 의견을 집약 통일하는 데 주도적 역할을 한 이조전랑에게 여러 가지 권한을 부여했다.[3] 그리고 각 학파에서 학식과 덕망을 겸비하여 학문적 성취가 높고 사회적 지지도가 높은 인물을 산림(山林)으로 추대하여, 국가의 전례(典禮)문제 등 정치적으로 문제가 되는 대·소사, 특히 시비(是非)와 가부(可否)가 엇갈리는 사항에 대한 여론을 주재하게 했다.

또 사림은 양란 이후 이완된 사회체제를 성리학적 질서로 재편했다. 대외적으로는 화이론(華夷論)적 대의명분에 입각한 북벌정책을 추진하여 패전의 책임에서 벗어나면서 집권을 강화하고자 했다. 대내적으로는 성리학적 실천 도덕규범인 예(禮)에 입각한 사회정의의 구현과 질서확립을 내세웠다. 이에 따라 삼강오륜, 주자가례 등의 사회윤리가 보급 확산되고 조상숭배사상이 강화되었으며 가문과 문벌을 중시하는 문벌주의가 확산되었다. 예

---

2) 정파의 학파적 조건의 구비는 성리학적 정치이념을 구현시키는 데 매우 중요했다. 성리학의 궁극적인 목표는 정치에서의 공도의 실현으로 그러한 치인을 위해서는 수기의 노력이 기본적으로 요구되고 있었으므로 정치가 학파에 근거를 가지는 것은 수기의 차원에서 필수적이었다.(이태진, 〈조선시대의 정치적 갈등과 그 해결〉, 《조선시대 정치사의 재조명》, 범조사, 1986, p. 41)

3) 송찬식, 〈조선조 사림정치의 권력구조 — 전랑과 삼사를 중심으로〉, 《경제사학》2, 1978, pp. 134~138.

에 관한 이론인 예론이 발달했고, 예론의 학문적 정리로 예서(禮書)가 편찬되었다.

그러나 공통의 정책추진 목표를 설정하고서도 주자성리학의 절대적 신봉을 주장하는 서인과 주자성리학에서 탈피해 복고적 성향을 보이는 남인은 그 학문적 차이로 인해 예론의 실천을 둘러싸고 심한 이론적 대립을 보였다. 이는 효종 승하 후 북벌론이 쇠퇴하는 가운데 예론이 대의명분의 구심점 역할을 하면서 그 정치적 비중이 커져 갔다. 그 과정에서 왕실의 복제(服制)문제를 둘러싼 이견이 정치문제로 비화한 것이 예송논쟁(禮訟論爭)이었다. 일종의 이데올로기 투쟁인 예송논쟁의 승패에 따라 정권의 교체가 이루어졌다.[4] 이러한 정치권의 모습은 붕당 사이의 정책노선 차이를 인정하지 않게 되는 비타협적 요소의 강화였으며 공존체제의 붕괴를 예고하는 것으로 볼 수 있다.

견제와 균형의 원리에 입각하여 상호비판, 공존체제를 지향하던 붕당정치는 숙종기에 와서 쇠퇴의 조짐을 현저히 드러낸다. 붕당 사이의 갈등과 대립이 첨예화되고 권력장악을 위해 상대당의 철저한 제거를 기도하는 환국정치(換局政治)가 나타났던 것이다. 숙종기 정국 동향은 현종 15년(1674) 2차 예송으로 남인정권이 성립한 후, 숙종 6년(1680) 경신환국(庚申換局)으로 남인 실각, 숙종 15년(1689) 기사환국(己巳換局)으로 남인 재집권, 숙종 20년(1694) 갑술환국(甲戌換局)으로 서인 재집권과 그 이후의 서인 일당 독주체제로 나타났다. 환국과정에서 병권(兵權)이 권력장악의 주요 변수로 등장했다. 붕당 사이의 대립을 막고 국왕권을 강화하기 위해 국왕이 환국과정에 깊숙이 개입하게 되었고 훈척의 정치적 영향력도 강화되었다.[5] 게다가 이 시기 서인 내

---

4) 정옥자, 〈17세기 사상계의 재편과 예론〉,《한국문화》10, 1989, pp. 222~228.

5) 홍순민, 〈숙종초기 정치구조와 환국〉,《한국사론》15, 1986, pp. 168~195.

부에서는 경신환국 이후 남인에 대한 정책과 학문적 입장 차이
로 인해 송시열 계열의 노론(老論)과 윤증 계열의 소론(少論)으
로 분열이 일어났다. 양자의 학문적 입장 차이는 현실문제에 대
한 대립, 갈등을 빚게 되고 결국 정치적 노선을 달리하는 계파
로 분립되었다.

이같은 정국 운영의 변화는 사회경제변동에 직면하여 명분론
위주의 정치가 한계에 부딪친 것을 의미한다.[6] 사회경제변동에
따른 정치적 이해관계가 붕당 사이의 공존의식에 균열을 일으키
고 붕당요건도 무너뜨려 척신(戚臣)을 중심으로 한 벌열(閥閱)이
정치권력의 실체로 등장하게 되었다.

숙종 후반 이후 심각해진 노·소론 사이의 대립은 왕위계승 문
제를 둘러싸고 격화되었다. 또 이러한 당파간의 대립, 갈등의 소
용돌이에 왕권이 휩쓸려들어가 왕권약화의 위기상황을 맞게 되
었다. 이에 왕권이 정쟁에 이용된 위기를 몸소 체험한 영조는 이
러한 정치구조를 타파하고자 했다. 그는 무신난(1721년 ; 영조 4년
에 일어난 이인좌의 난) 이후 일당전제체제를 타파하고 강력한 왕
권을 구축하기 위해 탕평책(蕩平策)을 표방했다. 영조는 탕평책을
긍정하고 언론이 평온하며 원만한 완론계(緩論系) 인사를 등용하
여 탕평을 주도하게 했다. 탕평을 위한 정치적 조처로서 산림제
도와 청요직(淸要職)의 기능을 대폭 축소시켰다. 당쟁의 주도자인
산림을 중앙정계에서 제외시킨 대신, 임금의 은혜를 강조하고 국
왕 자신이 제시한 의리로 대치했다. 공론의 주재자인 이조전랑
의 권한[通淸權]을 축소하여 이조판서에게 권한을 집중시키고 후
임자 천거권도 혁파했다.

그러나 영조대 탕평책은 본래 의도한 효과를 거두지 못했다.
탕평책 표방 아래 노·소론 연립정권이 수립되었지만[7] 소론은 무

---

6) 이은순,《조선후기당쟁사연구》, 일조각, 1988, pp. 132~133.
7) 정만조,〈영조대 초반의 정국과 탕평책의 추진〉,《진단학보》56, 1983 ; 이

신난과 나주 괘서사건(掛書事件 ; 1755년, 영조 31년)으로 제거되어 정국은 노론 일색이었다. 영조는 탕평을 주도한 대신에게 권력을 집중시키고 이들의 세력확대를 통해 강력한 왕권을 구축하려 했다. 그러나 탕평을 주도한 대신들이 권력 지향형의 세족(世族) 대신으로 변했다. 게다가 유자(儒者)를 기피하고 사론(士論)에 비판적이던 탓에 영조 말년 척족정치로 이행되는 것을 막지 못했다.[8]

영조를 이어 즉위한 정조도 탕평책을 계승했다. 그러나 탕평의 방법은 달랐다. 의리와 청명을 주장한 실력 있는 노론·남인 계의 청류 인사를 등용하여 탕평을 주도하게 하고 외척과의 연결배제를 중요의리로 내세웠다. 효과적인 탕평 실시를 위해 문풍(文風)과 사기(士氣)를 진작시키는 우문정치(右文政治)를 펴나갔다. 이를 위한 제도적인 장치로 규장각을 설치하고 초계문신제도(抄啓文臣制度)를 정립하여 인재를 양성했다. 재야세력으로 있던 남인 실학자를 등용하여 그들의 진보적 사상을 정책에 반영하기도 했다.[9] 그리고 좀더 효율적인 왕권강화를 위해 독자적인 군사력 확보에 주력하여 장용위를 설치하고 기존 군영의 인력과 재원을 옮겨와 중앙 군영체제의 핵심체로 만들었다.

18세기에 나타난 탕평정치는 일당전제의 출현으로 미약해진 왕권을 회복하고 정권에서 제외된 양반층의 몰락을 방지하기 위해 실시된 것으로, 왕권과 재상권 강화에 의한 관료중심 정치체제를 구축한 측면도 있다. 그러나 그 이면에는 사림의 공론에 기초한 붕당정치 기반을 제거하여 결과적으로 극소수의 노론척신 중심의 세도정치를 가져왔다. 때문에 일반 사족의 관계진출은 점차 제약되었고 사족은 토호 무단배로 간주되었다.

태진 외, 《조선시대 정치사의 재조명》, 범조사, 1985 재수록, pp. 262~263
8) 박광용, 〈탕평론의 전개와 정국의 변화〉, 이태진 외, 위의 책, p. 313.
9) 위의 글, pp. 341~347.

정조의 급작스런 서거로 나이 어린 순조가 즉위하면서 탕평 정국은 막을 내리고, 외척 가문이 전권을 장악하는 세도정치가 시작되었다. 세도정치는 왕권과 외척관계에서 생겨난 정치형태 이지만 그 근저에는 영조말 이래의 시·벽파(時辟派)의 대립이 깔려 있었다. 시·벽파의 대립은 정조 재위중에도 계속되었고, 벽파의 견제를 의식하던 정조는 어린 세자의 왕위보호를 시파인 김 조순에게 부탁했다. 그러나 순조 즉위 후 대왕대비 김씨가 수렴 청청에 나섬에 따라 정권은 벽파가 장악했다. 이에 벽파는 신유 사옥을 일으켜 정조 측근세력을 제거하고 천주교에 동조적인 시 파 세력을 탄압했다. 또 장용위를 혁파하여 왕권의 군사적 지지 기반을 약화시켰다.

그러나 김조순 일파는 벽파의 탄압 속에서도 자신의 딸을 순 조비로 책봉하는 데 성공하여 외척 지위를 확보했다. 순조 4년 (1804) 김대비의 승하로 김조순 일파가 정권을 장악한 후 안동 김씨의 세도정치는 철종대까지 지속된다. 한 가문에 권력이 집 중되고 견제세력을 허용치 않는 정치구조 속에서 왕권은 미약 해졌으며 사리사욕 추구와 권력남용으로 인한 각종 비리로 수 탈구조는 더욱 강화되어 농민생활을 파탄으로 이끌어갔다. 19세 기 척족정치는 18세기에 드러나기 시작한 가족적 이기주의가 붕당정신을 압도한 것이었다. 이 시기에는 인재를 고루 등용코 자 하던 탕평시대의 노력도 없어지고 개인의 재덕을 존중하던 정신도 소멸되었다. 가족이기주의에 의한 문벌숭상주의가 위세 를 떨치면서 중앙귀족의 전횡이 심해진 반면, 지방양반의 몰락 은 가속화되어 양반층의 부패·타락이 사회문제로 되기에 이르 렀다.[10]

---

10) 세도정치기라 일컬어지는 19세기 정치사 전반에 관해서는 한국역사연구회 19세기정치사연구반의 《조선정치사 1800~1863》(청년사, 1990)를 참조.

2. 경제구조의 변화

1) 농업생산력의 증대와 농업경영 변화

왜란·호란 두 차례의 전쟁은 국토를 황폐화시켜 국가재정 궁핍과 농민생활의 파탄을 가져왔다. 그러므로 양란 이후 조선정부가 당면한 문제는 국가재정수입을 증대시키고 농촌경제를 안정시키는 일이었다. 체제정비와 함께 농업생산력을 증대시키는 것은 이 문제를 해결할 수 있는 최선의 길이었고 이를 위해 농업기술개량과 농토개간사업이 적극 추진되었다.

조선정부는 황폐해진 농경지를 회복하고 농토를 확장하기 위해 농지개간을 장려했다. 누구나 신고만 하면 개간을 허락하고 소유권을 인정해주었으며 일정기간 면세조처했다. 그런데 이러한 정부의 정책하에서 신전개간을 주도해 농토를 확장한 층은 인적·물적자원 동원이 가능했던 왕실·관청·양반·관료·토호 및 부상들이었다. 그 결과 농지개간정책은 왕실·관청·양반 등 봉건지배층의 토지집중과 지주제 확대를 가져왔다.[11]

농업기술개량은 농민들에 의해 적극 추진되었다. 조선정부는 선진적 농업지역에서 실시되고 있던 새로운 농업기술을 수집하여《농가집성》,《색경》,《산림경제》등 농서를 간행 보급하여 선진 농법의 전국적 확산을 장려했다.

조선 후기에 보급된 대표적인 농업기술은 이앙법과 견종법이었다.[12] 못자리에 볍씨를 뿌려 일정기간 자라게 한 후 본땅에 옮겨 심는 이앙법은 직파법에 비해 여러 가지 장점을 갖고 있었다. 이앙을 하게 되면 노동력을 절감할 수 있고, 유전적으로 불량한

---

11) 이경식, 〈17세기 농지개간과 지주제의 전개〉,《한국사연구》9, 1973, p. 123.
12) 농업기술 관계는 김용섭의《조선후기농업사연구》(증보판, 일조각, 1990)를 참조.

묘목을 제거하여 수확량도 높일 수 있었다. 또 파종에서 낭비되는 곡식을 절약할 수 있고 벼와 보리의 이모작이 가능하여 단위면적당 수확량이 두 배 이상 증가되었다.[13] 노동력 절감과 수확량 증대라는 이점은 이앙법의 급속한 확산을 가져와 숙종·영조 연간에 전국적으로 보급되었고, 논농사의 7~8할이 이앙법으로 재배되기에 이르렀다.

또한 밭을 논으로 바꾸는 번답[反畓]이 유행했다. 그런데 이앙법은 반드시 수리시설의 확보를 전제해야 성공할 수 있었다. 묘목을 기르는 과정에서나 모내기 시기에 제때 물을 대지 못하면 한재(旱災)를 입게 되는 위험부담이 높은 농법이었다. 이 때문에 조선정부는 물을 끌어댈 수 있는 곳에서는 이를 허용하되 물이 없는 고지대나 밭을 논으로 바꾼 곳에서는 철저히 금했다. 그리고 수리시설에 대한 대책으로 저수지의 축조(築造), 보(洑)의 건설을 적극 장려했다.

한편 밭농사에서는 견종법이 실시되었다. 밭고랑에 씨를 뿌리는 견종법은 김매기에서 노동력이 절감되고 종자가 보호되어 수확량의 증대를 가져다주었다. 이와 함께 시비법(施肥法)의 개발로 지력 소모를 보충해주어 밭농사에서도 이모작 내지 2년3작이 실시되어 생산력을 증대시켰다.

뿐만 아니라 상품작물의 재배도 성행했다. 18세기 이후 도시인구의 증가, 유통구조의 발달, 생산력 증대 등으로 인해 농촌경제가 시장과 연결되면서, 곡물·직물·채소·인삼·약재·남초

---

13) 논농사에서 벼·보리 이모작은 이앙법이 가져다준 큰 이점이었다. 보리가 자라는 동안 못자리에 묘목을 키움으로써 이모작이 가능하게 되어 단위면적당 수확량이 두 배 이상 증가했다. 보리는 양곡이 모자라는 절량기에 양식이 되고 벼농사가 흉년일 때 구황 기능을 했을 뿐 아니라 초기에는 소작료 수취대상도 아니었다. 때문에 여러 모로 농가경제에 도움을 주었지만 이모작은 금강 이남의 기온이 따뜻한 평야지대에서만 실시될 수 있다는 한계가 있었다.

등 상품작물이 재배되었다. 특히 곡물은 지주제가 발달하고, 농촌이 분해되는 데 따른 상품화 비중이 증가하여 전국적인 곡물시장이 형성될 정도였다.[14]

조선 후기 농업생산력 증대와 유통경제의 발달은 당시 기본적 생산관계였던 지주-전호 관계에 새로운 변화를 가져왔다. 그 변화 현상은 지주제의 확대와 농민층 분해로 나타났다.

17세기 이후 지주제는 정부의 농지개간 장려정책과 토지매매, 고리대 등을 통한 토지집적에 의해 양적으로 확대되었을 뿐만 아니라 질적으로도 변화되었다. 또한 지주층에 신분적 변화가 나타나 양반 사족 이외에 상인·부민(富民) 등 비특권적 서민이 지주로 등장했다. 토지 소유의 방법도 개간, 매득(買得) 등 경제력을 바탕으로 한 것으로 바뀌었다.[15] 또 생산력 증대와 상품화폐경제 발달에 따라 자립적 소농민경영이 확립되면서 전호의 지주에 대한 인신적 예속도가 약화되고 경제적 관계가 강화되었다. 그리고 지대수취법도 지주의 경영 간섭이 심하던 병작반수제(竝作半收制)에서 경작자의 자율성이 좀더 보장되는 정액지대제[賭租法]로 바뀌고 생산물지대에서 화폐지대로 변화해 갔다.[16]

한편 농업기술의 발달은 농업경영상에도 변화를 가져왔다. 이 앙법의 보급으로 단위면적당 경작 노동력이 절감됨에 따라 광작 현상이 일어나 불필요한 유휴노동력이 농업에서 밀려났다.[17] 이

14) 이세영, 〈18, 19세기 곡물시장의 형성과 유통구조의 변동〉,《한국사론》9, 1983, pp. 219~243.

15) 이영학, 〈농업생산력의 발달과 지주제의 변동〉,《한국사》9, 한길사, 1994, pp. 236~237.

16) 이영호, 〈18, 19세기 지대형태변화와 농업경영변동〉,《한국사론》11, 1984, pp. 293~339.

17) 토지에서 밀려난 극빈농들은 자신의 노동력을 팔아 생계를 유지하는 일일 노동자로 전락했다. 이들 임노동자층 일부는 농촌에 남아 농업노동자로 고용되었으며 일부는 도시로 들어가 상인이 되거나 수공업장에 고용되기도 했고, 광산노동자가 되기도 했다. 그러나 고용기회를 얻지 못해 유리걸식하

재에 밝고 활동적인 부농층은 새로운 농업기술을 적극 수용하여
경영규모를 확대하고 합리적 농업경영으로 부를 축적하여 지대
인하투쟁, 지대법의 변화 등을 주도하는 새로운 세력으로 부상했
다.[18] 토지소유 분해로 소작인 사이에 차지경쟁(借地競爭)이 심화
되던 당시 겸병광작의 성행은 소작지에서도 배제되는 무전 농민
층을 창출하고 소작인 사이에 빈부격차를 현저하게 만들었다.
지주제 변동에 따른 농민층 분해는 후기로 올수록 국가의 조세
수탈이 가중되면서 더욱 심화되어 몰락한 소농민층은 살길을 찾
아 유리(流離)하게 되고 각 계급간의 대립과 갈등은 심각한 사회
문제가 되었다.[19]

변동기 사회구조에서 부민의 등장은 새로운 사회세력 형성과
관련지어 생각하면 주목할 만하다. 그러나 조선 후기 지주제에
새로운 변화 조짐이 나타났다 해도 지대수취는 여전히 고율이었
다. 게다가 부세제도가 공동납제도로 바뀌고 도결화(都結化)되면
서 봉건정부의 조세수탈은 더욱 가중되었다. 경제력이 있는 부
민이 조세수탈의 최적의 대상이었으니 소작지 경영확대를 통한
경제적 성장은 제한적일 수밖에 없었다.[20]

2) 상공업의 발달

조선 후기 생산력의 발달에 따라 분업이 진전되면서 상품교환
시장이 발달하고 상품생산이 촉진되었다. 재래의 상업체계가 붕

는 유랑민의 존재는 사회적 불안요소였다.(이세영, 앞의 글, p. 205)
18) 김용섭, 《조선후기농업사연구》Ⅱ(증보판), 일조각, 1990, pp. 375~385 ; 송
   찬식, 〈조선 후기 농업에 있어서의 광작운동〉, 《이해남박사화갑기념 사학논
   총》, 1970, pp. 106~118.
19) 송찬섭, 〈17, 18세기 신전 개간의 확대와 경영 형태〉, 《한국사론》 12, 1985,
   pp. 233~247.
20) 안병욱, 〈19세기 부세의 도결화와 봉건적 수취체제의 해체〉, 《국사관논총》
   7, 1989, pp. 174~175.

괴되고 새로운 상품유통체계가 수립 발전되면서 이를 주도하는 상인층의 성장과 화폐유통의 발전 등이 나타났다.

도시상업계의 변화로 새로운 어용적 특권상인인 공인(貢人)이 등장했고 시전상업체제도 변질되었다. 농촌인구의 도시유입으로 상품수요가 증대하면서 시장이 늘어나고 상업에 종사하는 인구도 늘어났다. 종래 서울상업을 주도하던 시전 외에 칠패(남대문 밖 염천교), 이현(동대문 근처)에 대규모 시장이 형성되고, 거리마다 난전이 생겨 시전 전매품을 판매했다. 시전인들은 금난전권을 확대 강화함으로써 이 사태에 대처했다.

18세기 이후 서울상업계는 정부의 특권상업 보호 육성책에 따라 금난전권이 강화되어 시장을 지배했다. 그러나 시전상인의 금난전권 발동에 따른 횡포가 심해지면서 18세기 후반에 이르면 도시경제질서는 경화되고 물가는 상승했다. 이에 정조 15년(1791) 정부는 금난전권을 완화하고 자유상공업체제를 허용했다. 그 결과 도시에서는 민간 사상인(私商人)의 활동이 활발해진 반면 특권 의존적이며 국역 부담에 시달리던 시전 상인은 경쟁력에서 뒤져 점차 쇠퇴해갔다.[21]

한편 조선 후기 생산력 발전과 분업에 따른 교환시장의 확대는 새로운 유통체계를 성립시켰다. 향촌사회 내부의 최소한의 유통을 매개하는 장시(場市)는 숙종조 화폐유통과 함께 본격적으로 발전하기 시작하여 산간지역에까지 확산되었지만, 이 시기에는 아직 고립 분산적으로 기능했다. 18세기 중엽에서야 장시와 장시 사이의 상호연계 관계가 형성되기 시작했고, 18세기말 19세기초에 이르러 시장권이 형성되면서 장시의 규모별 분화가 이루어졌다.[22] 이와 함께 17, 18세기 이후 교환수요의 증대에 따라 편

21) 오미일, 〈상품 경제의 발전과 자본주의적 관계의 발생〉,《한국사》, 한길사, 1994, pp. 188~194.
22) 한상권, 〈18세기말 19세기초 장시 발달에 대한 기초 연구〉,《한국사론》7,

리한 운송수단에 대한 사회적 욕구가 커지면서 선박을 이용한 상품유통이 발전했다. 상품으로 등장하는 물품이 많아지면서 선박 출입이 잦은 포구는 인접 지역의 장시와 선상 사이의 상품유통을 매개해주며 상업중심지로 발전했다. 18세기말 19세기초 대표적 유통시장이던 장시와 포구는 서로 유기적으로 연결되어 전국적인 시장권을 형성했다.[23]

이렇게 발달한 유통구조 속에서 조선 후기 상업을 주도한 민간상인이 성장했다. 서울의 경우 성내(城內)는 이현·칠패의 사상과, 성외의 마포·서강의 경강상인 및 송파·수원점·동작진의 사상이 난전과 연계하여 시전상인을 압박하며 활동했다. 지방의 대표적 상인인 개성상인은 전국적 조직망[松房]을 갖추고 국경무역을 담당하던 의주·동래상인과 연결하여 청국과 일본과의 중개무역을 주도하기도 했다.[24] 객주와 여각 주인은 포구를 비롯한 상업중심지에서 도산매·위탁판매·운송·금융업을 전개했다. 이들은 특히 포구의 발달과 함께 성장하여 개항기에는 조선의 대표적인 민간상인으로 활동했다. 전국 장시를 돌아다니며 소비자에게 직접 상품판매를 하던 보부상은 전국적인 조직망을 갖고 객주·여각과 연결되어 있었다.[25]

한편 수공업에서도 전기의 관영수공업이 쇠퇴하고 민간수공업이 발전했다. 생산공장을 차릴 경제력이 없던 대다수 영세수공업자들은 상인자본에 의해 선대제적으로 공장을 경영했는데, 그들 가운데는 독자적으로 상품을 생산하고 시전을 개설하여 시전상인과 치열하게 경쟁하는 이들도 있었다.

대동법 실시 이후에는 현물수탈이 줄어들면서 전업적인 자영

1981, pp. 185~235.
23) 고동환, 〈포구상업의 발달〉,《한국사시민강좌》 9, 일조각, 1992, pp. 48~50.
24) 강만길,《조선 후기 상업자본의 발달》, 고려대출판부, 1973, pp. 201~207.
25) 유원동, 〈조선 후기 상업사 연구현황〉,《조선 후기 사회경제사 연구입문》,
   민족문화사, 1991, pp. 89~98.

수공업이 발전하여 수공업 지역으로서 점촌(店村)이 발달했다.
이와 함께 직물업을 중심으로 농가부업적 수공업이 발달하게 되
었는데, 처음에는 자가수요를 위한 것이었으나 점차 상품생산단
계로 진전되고 전업으로 발전하기도 했다.[26]

광업에서도 전기와는 다른 변화가 일어났다. 조선정부는 전쟁
이후 광산개발의 필요성이 증대되자 설점수세제(設店收稅制)를 채
택했다. 효종 2년(1651)에 실시된 별장제(別將制)에 의한 설점수세
제는 호조가 자본을 투자하여 제련장과 부대시설을 갖추어주고
민간인의 광산개발을 허용한 반면 채취된 광물의 일부를 세금으
로 거두어갔다. 별장제는 18세기 후반 이후 수령이 직접 수세하
는 수령수세제로 바뀌었다. 수령수세제하의 광산경영은 자본가
로서 민간물주(주로 富商大賈)가 채광시설과 자금을 투자하고, 광
산관리는 덕대(德大)가 맡아 하는 것이었다. 덕대는 농촌에서 유
리된 농민을 광업노동자로 고용하여 광물을 채취하고 이윤을 물
주와 분배했다. 이러한 광산경영은 자본주의적 경영방식으로서,
당시 상품화폐경제의 발전과 농민층 분해를 배경으로 광업 분야
에서 새로운 생산관계가 나타나고 있음을 보여준다.[27]

3) 부세체제의 변화

조선 전기의 조·용·조(租庸調) 체제는 18세기 이후 전정·군
정·환곡과 잡세로 재조정되었다. 전정에서는 조세의 토지로의
집중(전정 운영의 확대)과 전세 징수방식의 변화가 나타났다. 대동
법 실시 이후 전세 외에 삼수미·대동미·결작미 등이 토지세로
추가되어 전정 운영이 확대되었다. 이에 따라 전세징수 방식의
재조정이 있었는데, 인조 12년(1634) 이후에는 전기의 연분법(年
分法)이 혁파되고 영정법(永定法)에 의한 정액제가 실시되었다.

---

26) 홍희유, 《조선중세수공업사연구》, 지양사, 1989, pp. 251~314.
27) 유승주, 《조선시대 광업사연구》, 고려대출판부, 1993, pp. 404~408.

이것은 토지겸병 확대에 따라 대다수 소농이 영세농화하여 담세력이 약화된 반면 각종 세가 토지에 새로이 부과되어 조세부담이 커져간 상황에서 세액을 토지 1결당 4~6말로 고정시키고, 재해에 따른 손실은 세액감면 혜택인 급재(給災)지급으로 보상해주는 것이었다. 초기의 답험정액제(踏驗定額制)는 시행과정에서 폐단이 많았다. 이에 영조 36년(1760), 답험손실법을 혁파하고 국가가 개별 납세자의 상황변화에 관계없이 군현별 총세액을 항상 거둘 수 있도록 하는 공동납적 징세방식인 비총정액제(比摠定額制)를 실시했다.[28]

한편 군역은 현역복무제에서 군포를 납부하고 복무를 면제받는 납포제로 바뀌었다. 군포제는 신분제에 의거하여 운영되어 양인만이 군포를 부담했고 결국 군역은 양역(良役)이 되었다. 양역은 17세기 이후 사회변화와 군영제의 확대에 따라 심각한 폐단을 노출시켰다. 피역자 증가와 함께 농민층 분해로 인한 농촌유리자의 증대, 군문확대로 인한 군사비 수요 증대 등은 심각한 양정(良丁 ; 양역 부담자)의 부족을 초래했다. 군다민소(軍多民少)한 상황에서 정부수요 충족을 위한 무리한 군정수행은 백골징포 · 황구첨정 · 인징 · 족징 등 폐단을 자아냈다. 또 경제력을 고려하지 않은 무리한 부과는 농민 유리를 재촉했다.[29] 이와 같은 추세속에서 조선정부는 효율적으로 군역세를 징수하기 위해 숙종 말기 이후 공동납제인 군총제(軍摠制)를 실시하고 부세 말단기구로서 면리(面里)의 기능을 강화시켜 나갔다.[30]

18세기 이후 심각한 사회문제로 대두된 양역 폐단을 시정하기 위한 개혁론이 제기되었다. 군역개혁론은 신분에 따른 부담 불

---

28) 김옥근, 《조선왕조재정사연구》, 일조각, 1984, pp. 337~347.

29) 김용섭, 〈조선 후기 군역제의 동요와 군역전〉, 《증보판 한국근대농업사연구》上, 일조각, 1988, pp.206~247.

30) 김선경, 〈조선 후기 조세 수취와 면리운영〉, 연세대 석사학위논문, 1984, pp. 83~85.

균형을 없애고 양반과 양인 모두에게 군역을 부과하자는 근본적 개혁론인 호포론(戶布論)과, 현행제도를 유지하되 군사비 부족은 다른 보조대책을 강구하자는 부분적 개혁론이 있었다. 양자의 논란은 상당히 오랜 기간 지속되었으나 결국 지배계급의 이익을 반영한 절충안인 균역법이 실시되었다. 균역법은 신분에 따른 군포 부담 불균형을 그대로 유지한 채 농민 부담을 완화시켜 농민이탈을 진정시키려는 대책이었다. 그러나 균역법은 군포감축으로 축소된 국가 재정수입을 지방재정에서 보충토록 했기 때문에 이후 수령의 지방재정 확보를 위한 농민수탈은 강화되었다.[31]

이와 함께 농민진휼을 목적으로 했던 환곡도 17세기 중엽 이후에 환곡 이자 일부를 국가재정에 활용하기 시작하면서 부세로 변질되기 시작했다. 18세기 중엽에는 중앙의 각 관아가 이자 수입을 늘리기 위해 환곡을 신설하거나 총액을 늘려갔고, 지방에서도 수입증대를 위해 독자적으로 환곡을 신설 운영했다. 환곡은 운영이 군현 단위의 공동납 징세방식인 환총제(還摠制)로 이루어짐에 따라 실무 담당자의 중간수탈과 부정이 심했다. 환곡총량 증대로 농민의 환곡 부담은 늘어가 환곡 폐해는 삼정 가운데서도 가장 심했다.[32]

조선 후기 부세제도 변화의 가장 큰 특징은 면리제(面里制), 이정법(里定法)의 정착에 기초한 군현 단위 총액제로 운영되는 공동납의 강화였다. 이는 신분제 변동과 농민층 분해에 따른 담세자의 수적 감소와 담세 능력의 약화 등 수취기반의 변동에 대응하여 조세수취의 안정을 도모하고 정부의 향촌사회에 대한 통제권을 강화하려는 의도에서 시행되었다. 그러나 이 방법은 구체

---

31) 정연식, 〈17, 18세기 양역균일화정책의 추이〉,《한국사론》13, 1985, pp. 142~179.
32) 송찬섭, 〈19세기 환곡제개혁의 추이〉, 서울대 박사학위논문, 1992, pp. 8~16 ; 한상권, 〈18, 19세기 환정문란과 다산의 개혁론〉,《국사관논총》9, 1989, pp. 116~117.

적인 수세 업무를 수령과 향촌의 지배계급에게 전임시켜야 했다. 때문에 세도정권 아래서는 집권세력의 방조로 수령-이향(守領吏鄕) 수탈체제가 고착되어 갔다. 이와 함께 전세를 비롯한 각종 부가세를 토지를 기준으로 부과하고 이를 화폐로 환산하여 일괄적으로 거두는 부세의 도결화 현상이 관행으로 정착되었다. 이 과정에서 새로운 세력으로 등장한 일부 요호(饒豪), 부민이 이 시기 중요한 수탈대상이었고, 이들 요호·부민과 농민층의 부세 수탈에 대한 반발은 마침내 농민항쟁으로 나타났다.[33]

3. 향촌사회구조와 신분제 변화

1) 향촌지배구조의 변화

조선시대 향촌사회는 기본적으로 군현제로 편제되었고 통치권은 수령에게 부여되었다. 그러나 향촌에서 수령의 실질적 권력행사는 향촌 권력기구를 통해 지배계급을 매개로 이루어지고 있었다. 그러므로 향촌의 지배질서는 지배계급인 사족과 수령과의 상대적 대항, 협조관계 속에서 이루어질 수밖에 없었다. 조선시대 향촌질서는 초기의 관 주도적인 것에서 16세기 이후 재지사족 중심의 자치적인 질서로 바뀌었고, 18세기 이후 다시 수령과 그에 밀착된 이향(吏鄕) 주도적인 것으로 변했다.[34]

16세기 이후 재지사족은 국가로부터 부여된 신분적 특권과 지주로서의 경제적 기반을 바탕으로, 자신들을 구심점으로 한 성리학적 향촌질서를 수립하고자 했다. 이들이 성리학 이념에 입각해 자신을 수양하고 통제하면서 향촌사회의 안정과 새로운 질서수립

---

33) 고동환, 〈19세기 부세운영의 변화와 그 성격〉, 《1894년 농민전쟁연구》(1), 역사비평사, 1991, pp. 122~125.
34) 김인걸, 〈조선 후기 향촌사회 권력구조 변동에 대한 시론〉, 《한국사론》 19, 1988, pp. 317~342.

에 심혈을 기울인 결과 사족 중심의 향촌자치질서가 확립되었다.

재지사족의 향촌지배는 향소(鄕所) 등 권력기구의 장악과 함께 향약보급운동을 통해 이루어졌다. 수령권과의 유착 길항관계를 바탕으로 한 재지사족 중심의 향촌지배체제는 17세기 이후 사회변동 과정에서 국가의 공익확보를 위한 향촌사회 통제정책에 제약을 받으면서도 17세기 중엽까지 지속되었다.[35]

18세기 이후 농업생산력의 발전에 따른 농민층 분해와 전호 농민의 저항, 노비 도망 등은 사족지배의 물적 토대를 위축시켰다. 그리고 생산력의 발전에 따른 신분과 경제적 상하관계의 괴리는 향촌사회내에 계급구성의 변화를 가져와 사족의 향촌통제력은 한계에 부딪치게 되었다. 이와 함께 국가의 향촌사회 지배방식에도 변화가 나타났다. 부세체계의 변화, 대동법의 실시, 환곡제의 변화 속에서 지방 수령이 독자적으로 재정기반을 확보할 수 있는 여지가 증대되었다. 이 독자적 재정기반은 수령권의 합법적인 물적 토대가 되었고, 이를 보장하고 지원한 세력이 아전·향리였다. 이러한 변화는 향촌 권력기구에도 반영되었다. 사족의 향권 장악 중심기구인 향소가 수령지배하에 들어갔고, 향회·향규의 향촌지배 기능이 축소 폐지되었다.[36]

이와 같은 변화는 사족 중심 향촌지배질서의 해체를 의미한다. 이 과정에서 향촌사회의 권력은 수령과 그에 밀착된 이향에게 돌아갔다. 당시 향촌사회에서 부를 축적한 계층이 향임직을 돈으로 사서 신향(新鄕)으로 등장, 향권에 도전했는데, 이들 신향과 사족[구향]과의 향권을 둘러싼 갈등이 향전(鄕戰)으로 나타났다.

19세기 세도정치 이후 향권 주도자인 수령에 대한 중앙정부의 통제력이 상실되면서 수령과 그에 유착된 이향의 대민(對民) 수

---

35) 한상권, 〈16, 17세기 향약의 기구와 성격〉, 《진단학보》 58, 1984, pp. 50~65.
36) 김인걸, 앞의 글, pp. 331~350.

220

탈이 노골화되었다. 이들의 수탈강화는 관과 민의 관계를 악화
시켰고, 결국 이를 견디지 못한 하층민의 반발과 도전이 농민항
쟁으로 표출되었다.[37]

2) 신분제의 변화[38]

조선시대 신분제는 개인의 능력은 인정되지 않고 각 신분 사
이의 권리와 의무의 엄격한 차별이 강조되는 불평등을 그 특징
으로 했다. 그러나 당시에는 이 신분제가 지주제와 함께 조선사
회를 지탱하는 기본구조였기 때문에 불평등한 구조를 성리학적
사회윤리질서로 합리화시키고 있었다. 그러나 후기에 사회변동
으로 인해 신분과 경제력에 괴리가 생기고 지주제가 변화하면서
신분제도 동요하기 시작했다. 양반층 안의 계층분화와 하층민의
신분상승으로 신분간의 뒤섞임과 역계층화(逆階層化) 현상이 두
드러졌고 양반 수가 급격히 증가한 반면 노비는 격감했다. 양반
신분 내부에서는 양반 수가 증가하고 그와 함께 내부 분화가 심
각하게 전개되고 있었다.

조선사회는 양반의 계급적 이익독점을 위해 양반의 수적 증가
를 철저히 통제했다. 그러나 임진왜란·병자호란 때 군사력 확
보와 군량미 보충을 위해 실시한 전공논상(戰功論賞)과 납속책은
비양반층이 양반으로 신분상승을 할 수 있는 길을 열어놓았다.
납속보관(納粟補官)과 공명첩(空名帖) 발매는 이후 정부의 재정보
충책으로 계속 통용되어 합법적인 신분상승 통로로 이용되었다.

이와 함께 양반층 안에서 사회경제적 처지에 따른 내부 분화
도 심각하게 전개되었다. 18세기 노론의 일당전제정치 구조에서

37) 고석규·한상권, 〈18, 19세기 봉건 모순의 심화와 민의 성장〉,《역사와 현
    실》 3, 1990, pp. 122~123.
38) 강만길, 〈중세적 신분질서의 붕괴〉,《한국근대사》, 창작과비평사, 1985, pp.
    114~119.

집권양반은 벌열화되었고, 권력에서 밀려난 양반의 정권참여 기회는 점차 축소되어 갔다. 정권에서 배제된 양반층 가운데는 향촌사회에서 경제적 기반을 확보하여 사족토호로 사회적 지위를 유지한 경우도 있었지만 물질적 기반을 갖지 못해 몰락한 양반들도 있었다.[39] 양인층 안의 신분변화는 농민층 분해와 동시에 이루어졌다. 당시 사회변동에 편승하여 부를 축적한 부민들은 양인에게 주어진 각종 부담에서 벗어나기 위해 매관매직을 통해 양반으로 신분상승을 꾀했다.[40] 그러나 대다수 농민은 소작농이나 임금노동자로 전락했고 대지주의 예속인으로 투탁(投託)하는 신분 역류현상도 나타났다.

중인층의 경우 신분제가 동요하는 이 시기에 양반으로 신분상승할 가능성이 가장 큰 계층이었다. 그러나 실제로 중인 가운데는 양반으로 신분상승한 경우도 있었지만 오히려 중인으로 고정된 경우가 더 많았다. 유명무실한 양반이 되기보다 중인의 역할이나 지위를 이용해 경제력을 쌓고 사회적 영향력을 높여 나가려는 실리적 경향이 강했기 때문이다.[41]

신분제 동요는 노비계급에서도 일어났다. 노비는 지배계급의 경제기반이었기 때문에 엄격한 세습제 아래에서 신분이동이 철저히 통제되었다. 그러나 양란 이후 노비의 신분해방의 길은 확대되었다. 물론 전공논상, 납속 등 합법적인 해방의 길도 있었지만 좀더 일반적이고 손쉬운 것은 도망이었다. 관노비의 경우 전쟁으로 노비문서가 소실되고 통치체제가 이완되어 도망이 더 쉬웠다. 노비가 계속해서 도망하는 현상은 곧 국가 재정수입 감소

---

39) 김용섭, 〈18세기 농촌 지식인의 농업관〉,《조선후기농업사연구》 Ⅰ, 일조각, 1970, pp. 72~75.
40) 김용섭, 〈조선 후기에 있어서의 신분제의 동요와 농지 점유〉, 위의 책, pp. 409~414.
41) 정옥자, 〈조선 사회의 변화와 중인계층의 성장〉,《조선 후기 역사의 이해》, 일지사, 1993, pp. 167~172.

를 가져왔다. 이에 노비의 양인화를 추진하여 양역부담인구를 늘림으로써 국가 재정수입을 확보하려는 대책이 세워져 노비종모법(奴婢從母法), 노비추쇄작업(奴婢推刷作業) 간소화, 노비신공(奴婢身貢) 감소 등이 실시되었다. 이와 같은 일련의 대책에도 불구하고 노비들의 도망은 끊임없이 일어나 결국 1801년 관노비(외거노비만 해당)를 해방시켰다. 물론 노비해방이 일부에 국한되었고 사노비는 계속 존속했지만, 이후 노비제 붕괴는 예고된 것이라 할 수 있었다.[42]

조선시대 지배구조의 토대를 이루던 불평등한 신분제의 이와 같은 동요는 그 자체가 조선 봉건제의 해체를 알리는 징표라 하겠다.

III. 조선 후기 사상계의 동향

1. 성리학 이론의 경색화

주자성리학은 16세기 사림파에 의한 성리학 이념의 보급과 학문적 심화과정을 거쳐 16세기 후반 퇴계와 율곡에 의해 이론적 체계를 갖추었다. 주자성리학의 토착화 내지 조선 성리학의 발전이라고 평가되는 이 시기 성리학 이론은 이기론(理氣論), 심성론(心性論)으로 축약된다.[43]

이기론은 우주와 인간에 다같이 적용되는 보편적 이법(理法)인 천리(天理)를 추구하는 우주론이다. 퇴계는 만물의 생성원리인 이(理)와 변화원리인 기(氣)를 우주생성의 2대 요소로 보는 이기

---

42) 전형택,《조선 후기 노비신분변동연구》, 일조각, 1986, pp. 207~245.
43) 윤사순,〈한국 성리학의 전개와 특징〉,《한국의 성리학과 실학》, 열음사, 1987, pp. 14~19 ; 정옥자,〈유학과 경세론〉,《한국사특강》, 서울대출판부, 1990, p. 365.

이원론(理氣二元論)을 주장했다. 반면 율곡은 모든 물질과 움직임의 총체는 '기'이고, 이 '기'에는 그를 주재하는 원리인 '이'가 내재해 있는, '이'와 '기'를 일체 양면적인 것으로 보는 이기일원론(理氣一元論)을 주장했다. 이러한 이기론의 발달은 인간본성의 수양방법을 모색하는 심성론을 발달시켰다.

심성은 인·의·예·지·신(仁義禮智信)의 단서가 되는 사단(四端 ; 惻隱·羞惡·是非·辭讓之心)과 인간의 기본 욕망인 칠정(七情 ; 喜怒哀樂哀惡欲)으로 구분된다. 이 사단과 칠정의 연관성을 이기론에 입각하여 해석하는 입장 차이가 곧 사단칠정논쟁으로 나타났고, 논쟁과정에서 심성론은 이론적으로 심화되었다.

성리학의 이론심화는 이론의 사회적 실천을 요구하게 되어 예학의 발달을 가져왔다. 임란 이후 정치권에서는 전후복구와 체제안정을 위해 대내적으로는 예치(禮治), 대외적으로는 화이론에 입각한 북벌론을 내세우면서 조선 후기 사회를 성리학적 질서와 이념으로 재편해갔다. 그와 동시에 정치적 집권 의도와 관련하여 주자학의 절대적 위상도 구축해갔다. 예치 확립을 추구하는 정책은 예학의 발달을 가져왔고, 예학은 북벌론 쇠퇴 이후 대의명분의 표상으로 간주되어 조선사회를 지배했다. 모든 인간관계와 사회관계가 예의 문제로 인식되고 가문의 계통질서 확립이 예에서 가장 중요하다는 종통의식(宗統意識)이 강조되었다. 예학지상주의는 예송(禮訟)을 야기시켰고, 예송은 정권장악을 위한 대의명분으로 이용되어 결국 환국을 초래했다. 이 과정에서 주자학의 권위는 강화되고 동시에 경색화되어 갔으며 학문과 사상의 자유는 통제되었다.[44]

18세기에 이르러 노론계 서인학자들 사이에서는 호락논쟁(湖洛論爭)[45]이 벌어져 성리철학과 이론탐구의 절정을 이루면서, 조선

---

44) 정옥자, 〈17세기 사상계의 재편과 예론〉,《한국문화》10, 1990, pp. 213~236.

성리학의 독자적 철학세계를 구축했다. 그러나 주자학 일변도의
학문 성향은 다른 사상과 이론을 배척하는 학문연구 방법의 편
협성을 가져왔다. 그리고 주지주의적 성향의 지리멸렬한 논쟁은
성리학 이론을 심화시켰지만 지나치게 형이상학 추구에 집착하
고 실질을 경시하는 풍조를 낳았다. 예학 발달로 인한 명분론적
사고의 팽배는 실질보다 명분과 형식을 내세워 실용정신과 실증
정신의 결여를 초래했고, 정체된 사고에 젖어 보수적 경향을 강
하게 띠었다. 이와 같은 학문 경향으로 인해 성리학은 당시 사회
변화에 탄력 있게 대응할 수 없었다. 이에 성리학의 한계를 극복
하려는 탈성리학적 사상이 대두되었다.[46]

2. 반주자학적 사상의 대두

1) 주자학 비판론과 양명학의 전개

주자학의 절대적 권위를 인정하며 다른 사상과 이론을 배척하
던 후기 사상계에서 주자학 일변도의 성리학 풍토를 벗어나려는
연구 경향이 생겨났다. 그 대표적인 학자로는 백호 윤휴와 서계
박세당을 들 수 있다. 근기남인(近畿南人)의 영수였던 백호는 경
전의 주를 해석하면서 주자의 해석만을 맹신하던 학풍에서 벗어
나 주자설을 비판하고 독자적으로 해석해 기존의 체제에 수정을
가했다. 왕실복제 문제에서도 고례(古禮)를 참작한 그의 예론은
집권세력의 주자가례에 근거한 예론과 대립하여 예송이 일어났

---

45) 호락논쟁은 人物性同異, 心體本善有善惡 문제를 둘러싸고, 李柬 등 주리파
   [낙론계]와 한원진 등 주기파[호론계] 사이에서 性과 理氣 개념에 대한 이
   해의 차이에서 야기된 것이었다.(윤사순, 앞의 글, pp. 20~23) 이 논쟁은 결
   과적으로 낙론계의 人物性同論이 화이론을 극복하여 북학을 수용할 수 있
   는 근거를 마련해줌으로써 낙론의 계승자들이 북학을 수용하여 성리학의
   한계를 극복해갈 수 있게 했다.
46) 윤사순, 위의 책, pp. 25~29.

고 그는 결국 사문난적(斯文亂賊)으로 배척당했다.[47]

서계 박세당 또한 주자학 일변도의 시류에서 벗어나 실증적이며 자유로운 태도로 경전을 연구했고 학문 영역도 다채로웠다. 그의 주자학에서 벗어난 실증적이며 계몽적인 학문연구 경향은 실사구시 학풍을 촉진시키는 역할을 했다.[48] 이들의 학문 경향이 당시 이단으로 배척되기는 했지만 그렇다고 완전히 주자학에서 탈피한 것은 아니었다. 다만 주자학 일변도의 경직된 학풍에 부분적인 이의를 제기하고 자유롭고 비판적인 자세로 학문하는 분위기를 열고자 했다고 볼 수 있다.

한편 이 시기 조선에 부분적으로 수용되기 시작한 양명학은 주자학 이론의 지루함을 비판하고 나온 것이었다. 양명학은 주자의 선지후행(先知後行)과 달리 지행합일(知行合一)을 주장하고, 신분보다 재능을 중시하여 재능에 따른 인재양성과 능력별 직업종사가 경세(經世)의 기본이라고 강조했기 때문에 중국에서는 광범한 사회계층에 전파되고 있었다. 그런데 양명학은 16세기 중엽 조선에 도입된 후 지속적인 배척을 받았다. 조정에서 양명학 배척이 공론이 된 것은 물론, 중국에 사절로 간 관료가 그곳 학자들과 양명학 비판문제로 논쟁을 벌일 정도였다.

주자학 절대주의와 양명학 배척의 풍조 속에서 양명학을 수용한 17세기 학자로는 장유와 최명길을 들 수 있다. 최명길은 병자호란 와중에서 실속 없이 명분과 형식만을 고집하는 조정의 분위기를 비판하고 내실을 중시함으로써 양명학을 수용하는 태도를 보였다.[49] 그러나 조선 양명학의 대표적인 학자는 18세기에 활동한 소론계의 하곡 정제두였다. 그는 공자를 배우기 위해 양

---

47) 이병도, 〈백호 윤휴의 사상〉, 《한국유학사》, 아세아문화사, 1987, pp. 326~336.
48) 윤사순, 〈박세당의 실학사상〉, 앞의 책, pp. 122~128.
49) 이병도, 〈양명학의 전래와 이해〉, 앞의 책, pp. 355~369.

명학을 수용하여 깊이 연구한 후 실용적인 입장에서 공론에 빠져 주자학의 본지를 잃어버린 성리학에 야멸찬 비판을 가했다.[50]

양명학은 노론 집권 때 주자학의 절대권위 속에서 그 학문적 발전이 저지되었다. 그러나 음성적으로는 소론계의 가학(家學)으로 전수되어 노론계 지배에 대립하는 의식의 터전이 되었다. 또 양명학의 실리적 현실적인 사상은 당시 사회문제에 대한 대응책 모색에 상당한 자극과 도움을 주었다.[51]

2) 실학의 형성

한편 현실성을 상실한 학문을 바로잡고 자아의 자각으로 우리 나라 실정에 입각한 실제적인 사고를 세우려는 새로운 학풍이 나타났다.[52] 이 신학풍을 우리는 실학이라고 부르고 있다.

18세기를 전후한 당시 실학자들은 그들 앞에 놓여 있는 역사적 모순을 직시하고, 이를 바로잡기 위한 새로운 개혁안을 유학의 토대 위에서 발견해보고자 했다. 이러한 과정에서 수취체제의 개편을 시도해 유학의 민본이데올로기를 강화시키고 전통적 왕도정치의 이념이 구현될 수 있기를 기대했다. 또한 그들은 실사구시를 지향하며 자연과학과 기술과학을 연구했고, 자신의 개혁안을 지탱해줄 철학적 이론의 수립을 위해서도 노력했다. 그들의 사상은 송·명 이학(宋明理學)의 전통을 이어받은 조선 성리학의 이념을 극복하고, 선진유학을 기초로 새로운 사유체계를 형성해보려는 탈성리학적 경향을 드러내고 있다.[53]

17세기 후반에서 19세기에 걸쳐 전개된 실학의 학문연구 분야는 사회경제·자연과학·경세학·국학 등 백과전서적으로 다양

---

50) 윤남한,《조선시대의 양명학 연구》, 집문당, 1982, pp. 214~228.
51) 정옥자,〈양명학의 발생〉,《한국사특강》, 서울대출판부, 1990, p. 357.
52) 이우성,〈실학연구서설〉,《한국의 역사상》, 창작과비평사, 1982, p. 11.
53) 조 광,〈조선후기 사상계의 전환기적 성격〉,《한국사 전환기의 문제들》, 지식산업사, 1993, pp. 161~162.

했다. 많은 학자들에 의해 다양하게 전개된 사상을 단선화시켜 설명할 수는 없지만 실학자의 연구경향과 활동시기의 공통성을 추출하여 대체로 세 개의 유파로 구분해볼 수 있다.[54]

실학의 제1기(18세기 전반)는 성호 이익을 대종으로 하는 경세치용파(經世致用派)이다. 이들은 토지제도 및 행정기구 등 제도개혁에 치중했다. 이들은 중세체제를 인정하고 중세의 기반이 되는 소농민의 안정을 위한 토지개혁을 부국강병, 민생안정의 중심과제로 삼았기 때문에 중농학파라고도 부른다.

실학의 제2기(18세기 후반)는 연암 박지원을 중심으로 하는 이용후생파(利用厚生派)이다. 이들은 상공업의 유통 및 생산기구 일반, 기술면의 혁신이 민생안정과 부국강병의 지름길임을 강조하여 중상학파라고도 부른다. 이용후생파는 낙론계 노론 집권층 젊은이들에 의해 제창된 북학운동에서 출발했다. 이들은 변화하는 사회경제적 변동에 부응하여 상공업에 대한 관심을 촉구하고 조선의 낙후성을 극복하기 위해 청의 선진문화를 배울 것을 주장하며 중세사상으로서 조선 성리학을 극복했다. 서울의 도시적 분위기에서 성장한 이들은 상공업 발전의 필요성을 통감하고 유통과 기술의 발전을 주장했다. 북학파의 북학수용론·기술개혁론 등은 박제가·이덕무·유득공 등이 규장각에서 정조의 측근으로 활동함으로써 상당 부분 정책에 반영되었다.

실학의 제3기(19세기 전반)는 종래 운동 차원에서 전개되던 북학이 한걸음 더 나아가 북학사상으로 심화되는 시기다. 완당 김정희에 이르러 일가를 이룬 제3기 실학은 1·2기 실학에서 강조된 사회개혁의 정열이 드러나지 않는 대신, 금석·전고 등에 대해 철저히 고증하고 분석함으로써 근대적 과학적 학문연구 태도를 보급하는 데 기여했다.

---

54) 정옥자, 〈실학과 근대의식〉, 《조선 후기 역사의 이해》, 일지사, 1993, pp. 148~153.

Ⅳ. 실학의 사회개혁론

실학은 중세사회 해체기의 사회구조적 모순을 개혁하여 사회의 안정과 질서를 유지하고자 제기된 사상이기 때문에 여기에는 각종 사회문제에 대한 개혁사상이 큰 비중을 차지하고 있다. 이하 대표적인 실학자의 사회개혁론을 분야별로 나누어 살펴본다.

1. 정치체제·군제개혁론

1) 정치체제 개혁론

실학자들은 후기 정국운영에서 나타난 붕당간의 대립과 그로 인한 양반층의 내부 분열 및 노론 일당전제 후 각종 제도의 문란과 부정부패를 조선 봉건체제를 이완시키는 문제로 여겨 이에 대한 개혁안을 제시했다.

우선 붕당에 대해 이익은 붕당의 분열이 내정문란을 자초하고 국난을 초래하는 국가적 해악이라 비판하고 이는 이해가 상반되는 데서 생긴다고 생각했다. 즉, "양반사회가 생업에 종사하지 않고 관직만을 유일한 입신출세의 길로 여기기 때문에 제한된 관직을 둘러싸고 과잉된 관리 후보자가 서로 쟁투하는 것이므로 붕당은 탕평으로도 근절될 수 없다. 오직 사·농합일의 직업관을 수립하고 관직체제 및 운용과 과거제도의 합리적 실시 등을 통해서만 붕당은 근절될 수 있다"고 주장했다.[55] 유수원은 당론의 근원이 관제에서 연유되었으므로 관제를 개혁할 것을 주장했다. 그는 전랑의 권한을 축소하는 대신 관리를 차례로 승진시키는

---

55) 이 익, 《성호집》 권 25 잡저 논붕당 ; 유원동, 〈성호 이익〉, 《한국실학개론》 정음문화사, 1984, p. 106.

법[序陞法]과, 관직에 오래 임용해 전문가로 만드는 구임법(久任法)을 써서 관직 사이에 통하는 길을 없앨 것을 주장했다.

과거제는 18세기 이후 관리선발 기능을 제대로 수행하지 못하고 있었다. 핵심 정치관료의 충원제도인 문과시험은 집권당이 독점하여 각종 부정과 비리가 자행되고 있었다. 반면 무과와 생원 진사과는 양반계급의 정신적 사회적 욕구충족을 위해 시험 횟수와 정원을 확대함에 따라 양반신분 자격을 부여하는 기능으로 전락해버리고 말았다. 여기에 매관매직까지 성행하여 과거제 문란은 신분제 동요의 한 요인이 되기도 했다. 이에 대해 실학자들은 과거제 문란이 당쟁의 근원이므로 과거제 폐단을 근절하고 합리적이고 공정한 시험을 실시하여 정치사회. 기강을 바로잡을 것을 역설했다. 이익은 과거제 실시 횟수와 정원을 대폭 줄이고 시험과목도 실용적인 과목으로 하여 응시자의 신분적 지역적 제한을 없앤 개방적인 자세로 능력 있는 자를 뽑아 관리로 기용할 것을 주장했다.[56]

정치사상에서도 상당히 혁신적인 주장이 제기되었다. 실학자들은 공통적으로 당시의 민생피폐와 사회동요가 정치가 잘못된 것에서 기인하므로 정치가 바로잡혀야 한다고 생각했다. 그러나 대부분의 경우 정치기강, 정치운영이 잘못된 것으로 보았을 뿐 군주제의 통치원리 자체에 문제가 있다고 생각지는 않았다. 그런데 정약용의 경우는 달랐다. 그는 종래의 하향적인 정치를 지양하고 상향적인 정치를 실시해야 하며, 정치의 주권은 백성에게 두어야 한다는 주권재민적인 생각을 갖고 있었다. 그는 천자는 천명의 대행자가 아니라 백성에 의해 추대된 통치자이기 때문에 통치자가 자격을 상실할 경우 백성이 그를 바꿀 수 있다고 생각했다. 그러므로 통치자는 엄연히 백성을 위해 존재하며 법도 백

---

56) 유원동, 위의 글, pp. 107~110.

성을 위해 만들어져야 한다고 보았다. 그렇지만 백성들은 정치의 담당자가 될 수 없으므로 덕과 예를 갖춘 군주가 백성을 위한 왕정을 실시하는 것이 이상적인 정치형태라고 여겼다. 이러한 개혁사상은 한계점이 있기는 하지만 상당히 혁신적이고 근대지향적 사상이라고 할 수 있다.[57]

2) 군제개혁론

조선 후기 군사제도는 군포수취를 기반으로 한 모병제를 근간으로 삼고 있었다. 그러나 군포수입의 전용(轉用)과 유용(流用)으로 상비전력은 약화되었고, 군정문란에 따른 대민착취는 노골화되어 농촌사회를 피폐하게 했다. 이러한 사태에 대해 실학자들은 국방력 강화와 민생안정을 목적으로 한 군제개혁안을 피력했다. 이들은 군사력 약화를 우려하여 모병제를 반대했다. 대신 토지제도 개혁에 바탕을 둔 병농일치제, 즉 토지소유권 내지 토지경작권의 항구적 부여에 따른 반대급부로 의무병역제를 주장했다. 이와 함께 군대편제에서도 이익은 보병 이외에 기병 등 특수병 양성을 주장했다. 홍대용은 참모직 설치를 통한 군대의 효율적 운영을 바람직하게 여겼다. 그러나 토지제도개혁을 바탕으로 한 군제개혁안은 실현 가능성이 희박했기 때문에 차선책으로 양역폐단 시정을 통한 민생안정을 생각했다.

실학자들은 군역부담의 불균등이 각종 폐단의 원인이며 신분적 차별은 모순이라고 여겼다. 그러나 양반의 군역부담에 대해서는 실학자 사이에 의견이 달랐다. 유형원·이익·안정복 등은 양반의 군역부담에 이의를 제기했지만 정약용 등은 양반의 군역부담을 주장했다. 특히, 정약용은 양반의 군역부담을 전제로 신포제(身布制)를 호포제로 전환하자는 획기적인 개혁안을 제의하기도 했다.

---

57) 한우근·이성무, 〈실학 — 경세관의 변화〉, 《사료로 본 한국문화사》, 일지사, 1974, pp. 72~75.

이와 함께 실학자들은 군역부담 기간을 줄여 민의 부담을 덜어 주고자 했다. 당시 군역부과 대상자는 15세 이상 60세까지의 정남(丁男)이었고, 어린 아이들은 군적에 수록치 못하도록 규정했다. 그러나 이 원칙은 무시되어 황구첨정·백골징포가 자행되고 있었다. 이에 대해 유형원은 군역부담자 연령을 20~60세로 할 것을 주장했고, 정약용은 16세 이상 55세 미만으로 하는 등 종전 규정보다 군역복부기간을 5~6년 정도 단축시킴으로써 민의 군역부담을 줄이는 계책을 제의하기도 했다.[58]

2. 경제개혁론

1) 토지개혁론[59]

조선 후기 농업구조 변동 속에서 영세소빈농의 몰락·파탄을 목격한 실학자들은 소농경제 안정을 위해 다양한 개혁방안을 제기했다.

반계 유형원은 균전론(均田論)을 주장했다. 즉 사유화되어 있는 전국의 토지를 국유화하고 이것을 일정 기준에 의해 전국의 민에게 재분배함으로써 민의 경제생활을 균등하게 하려 했다. 농지는 농민이 20세가 되면 지급하며 군역이 면제되는 60세에 환수하되 70세까지는 연장하여 경작할 수 있게 하고 60세 이전에 사망하면 100일 후 교체토록 했다. 양반은 퇴직 후에도 그대로 경작할 수 있으며, 군역은 면제되었지만 농지는 일꾼을 두고 직접 경작토록 했다. 그밖에 서리·상공인에게도 농민의 절반씩

---

58) 실학자의 군제개혁론은 조광의 〈조선 후기 실학자의 군제 개혁론〉(《조선 후기 문화 — 실학 부문》, 동양학 학술회의총서 5, 단국대출판부, 1988)에 의거 정리했다.

59) 이재룡, 〈중농적 제도개편론 대두〉, 《한국사》 14, 국사편찬위원회, 1975, pp. 186~189 ; 유원동, 〈초기실학사상〉, 《동양학》 17, 1987, pp. 450~455.

토지를 분배할 것을 주장했다. 이같은 반계의 토지개혁안은 지주제를 해체시켜 민의 경제생활을 안정시키고자 한 것이지만 토지분배 과정에서 양반의 대농장경영을 초래할 수도 있었다.

이익은 한전론(限田論)을 주장했다. 이는 토지사유권을 인정한 위에 토지소유 상한선을 정해 소수인의 과다한 토지겸병을 막고 그 토지가 무전농민에게 돌아가도록 한다는 것이었다. 성호 이익의 한전론은 기존 지주제를 당분간 온존시키는 것이었지만 장기간 꾸준히 추진하면 효과를 거둘 수 있는 타협적인 개혁안이었다.[60]

유수원도 한전론을 제시했다. 그는 지주·상인·역관 등이 토지를 겸병하여 민이 빈곤해지고 국고가 허실해지는데, 이는 사민(四民)의 직업이 분화되지 않은 데 기인한다고 생각했다. 이 문제는 사회적 분업을 발전시켜 각자 직업에 전력하고 비농민의 토지소유를 억제하며, 토지는 농민만이 갖도록 하면 해결되리라고 생각했다.[61]

18세기 중엽 이후 토지겸병과 광작은 더욱 늘어나고 부세제도의 모순도 한층 심해졌다. 농업문제가 심각해진 만큼 이를 위한 해결방안 또한 철저해지고 다양해졌다. 정약용은 공동농장을 설치함으로써 농촌경제를 근원적으로 안정시키는 내용의 여전론(閭田論)을 제의했다. 그의 주장은 "전국의 토지를 일시에 국가에 귀속시키고 이것을 전국 촌락단위로 배분하여 집단농장을 만든 후 구성원들이 공동으로 경작하고 소득은 노동력의 다과에 따라 분배한다"는 것이었다. 여전제는 이상적이기는 했지만 현실성이 희박했다.[62] 이에 다산은 만년에 실현 가능성이 높은 정전론(井田

60) 김용섭, 〈조선 후기 토지개혁론의 추이〉, 《조선후기농업사연구》 Ⅱ, 일조각, 1971, pp. 436~438.
61) 위의 글, pp. 438~439.
62) 신용하, 〈다산 정약용의 여전제 토지개혁사상〉, 《정다산연구의 현황》, 민음사, 1985, pp. 202~216.

論)을 구상했다. 즉 평야 지대에서는 정전을 설치하고 정전 설치가 곤란한 지역에서는 토지면적을 계산하거나 공전(公田)만 설치한 다음 정전제 원칙에 입각하여 운영한다는 내용이었다. 그리고 국유지와 자영농민의 농지를 먼저 정상적인 정전제로 개편하고 지주층의 농지는 현존 체제대로 유지시키면서 장기간에 걸쳐 점차적으로 정전제로 바꾸고자 했다. 이때 그는 지주제의 존속을 인정하면서도 전호농민의 경영 확대를 제한하고 지주의 작인 지배도 견제해야 한다고 강조했다.[63]

상공업의 육성을 통한 국가경제 안정을 주장한 박지원도 균전론을 제시했다. 그의 균전제에서는 노동력의 다과에 따라 토지 분급 규모가 조정되었으며 균전 지급대상은 농민을 비롯한 모든 민호였고 양반계급은 일반농민보다 많이 지급받도록 했다.

그런데 이와 같은 토지제도 개혁안은 실현 가능성이 희박했고 이 점은 실학자들도 인식하고 있었다. 그래서 현실성 있는 소농경제 안정화 방안이 제기되기도 했다. 유형원은 토지소유권은 인정하되 지대를 대폭 인하하여(생산물의 20%) 지주제 자체가 존립할 수 없게 하는 감조론(減租論)을 주장하기도 했다. 이와 함께 소작지를 균등하게 확보하여 빈부의 차이를 줄이고 농민의 생활 안정을 보장해야 한다는 균경균작론(均耕均作論)도 제기되었다. 정상기(鄭尙驥)는 토지소유권은 종전과 같이 소유주에게 인정하되 관리권은 국가가 장악하여 지방단위로 농민에게 균등하게 배분할 것을 주장했다. 즉, "20세가 된 농민에게 일정면적의 농지를 주었다가 60세 때 환수하되 잉여노동력이 있으면 20부(負)를 더 준다. 양반에게는 농민의 2배, 상공인에게는 농민의 절반을 주고 녹봉을 받는 자, 유리걸식하는 자, 양반집 노복에게는 주지

---

63) 강만길, 〈다산의 토지소유관〉, 강만길·정창렬 외, 《다산의 정치경제사상》, 창작과비평사, 1990, pp. 145~153 ; 안병직, 〈다산의 농업경영론〉, 같은 책, pp. 195~206.

않는다. 이때 작인은 수익의 절반을 지대로 바친다. 단 지주가 직접 농사를 지을 경우 농부 1인의 면적을 초과할 수 없고 나머지 땅은 모두 소작으로 주어야 한다"는 내용이었다.[64] 이러한 균경균작론은 겸병광작의 확산과 함께 상당히 널리 주장되어 19세기 이규경·이광한도 제시했다.[65]

이처럼 조선 후기 실학자의 토지개혁사상에 상당한 편차가 있는 것은 그들 개개인의 학문적 성향과 사회적 입장, 현실인식의 차이에 의한 것이지만, 좀더 근본적으로는 그들이 직접 목격하고 인식한 농촌사회의 변동상황이 시기별로 달랐기 때문이다. 농업문제가 더욱 심각해지는 후기로 올수록 급진적이고 과감한 개혁안이 제기되고, 현실적용 가능성이 높은 절충방안이 나온다는 것은 그러한 분위기를 단적으로 나타낸다 하겠다.

2) 상공업개혁론[66]

조선 후기 상품화폐경제 발달은 여기에 적극 편승한 지주, 부민들의 부를 축적시켜준 반면 농촌의 일상생활에서도 화폐가 긴요해져 농민의 궁박판매(窮迫販賣)를 강요했고, 결국 소농민의 몰락을 촉진하는 계기가 되었다. '빈익빈 부익부' 현상은 심각해졌고 돈이 일부에게 몰림으로써 사치와 낭비 풍조가 생겨 계층간의 위화감이 조성되었다. 이같은 현상에 대해 보수적 양반층의 우려의 소리가 커지고 진보적인 학자들의 적극적인 개혁론도 제기되었다. 실학자들 사이에서도 소농경제의 안정을 바탕으로 국

---

64) 김용섭, 〈조선 후기 토지 개혁론의 추이〉, 《조선후기농업사연구》 Ⅱ, 일조각, 1971, pp. 441~442.

65) 이윤갑, 〈18세기말의 균병작론〉, 《한국사론》 9, 1983, pp. 149~159 ; 김용섭, 〈18세기 농촌지식인의 농업관〉, 《조선후기농업사연구》 Ⅰ, 일조각, 1970, pp. 25~29.

66) 강만길, 〈실학파의 상공업 발전론〉, 《한국사상의 심층연구》, 우석, 1984, pp. 365~378.

가발전을 생각하는 경세치용파는 상공업의 발전에 소극적인 견
해를 보인 반면, 상공업의 발전을 통한 국가경제 활로 개척을 주
장한 이용후생파들은 적극적이고 구체적인 발전방안을 제시했다.

우선 이들은 상공업의 건전한 발전을 위한 기초로 기존의 상
업에 대한 부정적 사고를 배격했다. 유수원은 국가경제가 피폐
한 것은 사민(四民)의 직업이 나누어지지 않고 상공업을 천시한
때문이라 생각했다. 그래서 사민의 직업을 철저히 전문화하고
천업관(賤業觀)을 타파해 상공업자의 전문직업인으로서의 위치가
확보되면 양반지식인도 상공업에 종사하게 되어 상공업이 발전
하리라 여겼다.

박제가는 소비가 단순히 소비에 그치는 것이 아니라 재생산을
자극하는 것이므로 절검만이 미덕이 아님을 강조했다. 생산을
위한 소비를 자극하고 그 매개체인 상업을 발달시킴으로써 생산
력을 증대시키고 나라의 부를 이룰 수 있다고 믿었다. 그 역시
종래의 천업관을 타파하고 놀고먹는 양반 유식자를 상업에 종사
시키면 상업도 발전하고 국가경제를 좀먹는 놀고먹는 자가 줄어
들 것이라고 주장했다.[67]

유통수단으로서의 화폐 통용도 적극적으로 강조되었다. 17세기
후반 화폐가 전국적으로 통용되기 시작한 이후 여러 가지 문제점
이 발생했다. 특히 18세기 초부터 나타나기 시작한 전황(錢荒 ; 화
폐 부족 현상)은 심각한 사회문제가 되었다. 이익은 이 문제에 대
해 극히 부정적인 입장을 취했다. 그는 화폐의 유통이 상업의 발
달, 농업 위축, 고리대 성행, 농민몰락, 소비사치풍조 조장을 가져
와 국가경제를 피폐하게 하므로 동전유통을 금지시켜야 한다고
주장했다.

그러나 유수원·박제가·정약용 등은 화폐유통은 국가경제 발

---

67) 김용덕, 〈정유 박제가 연구〉, 《조선 후기 사상사 연구》, 을유문화사, 1974,
pp. 168~178.

전을 위해 불가피한 것이므로 운영상의 문제점만 시정하면 된다
고 보았다.[68] 유수원은 전황이 일어난 원인은 각 관청이나 부호
가 사장시켜 놓은 화폐 때문이므로, 관청에 비축되어 있는 화폐
를 시중에 방출하고 화폐를 교환수단이 아닌 치부수단으로 보는
말업관(末業觀)을 불식하여야 원활한 화폐유통이 이루어질 것으
로 보았다. 또 화폐전담 발행기구를 두어 총통화의 수급조절을
시도할 것도 제의했다. 박제가는 전황은 화폐의 유통속도가 너
무 완만하여 발생하는 것이므로 상품교환이 활발히 진행되어 전
화의 유통속도가 빨라지면 저절로 해소되리라고 생각했다. 그리
고 당시 정부의 전황대책인 화폐남발을 반대하고 화폐의 질을
높여 화폐유통을 활성화시킬 것을 주장했다.

정약용은 화폐가 국가재정을 돕고 국민생활을 보호할 뿐 아니
라 화폐를 통한 거래가 활발해짐으로써 국가경제는 활성화된다
고 보았다.[69] 당시 화폐정책의 모순과 유통계의 혼란을 시정하기
위해 상설조폐기구로서 전환서를 설치하고 군영에서 이를 관리
하여 동전주조를 획일화할 것을 제의했다. 동전원료의 공급난을
극복하기 위해 광산개발을 추진하고 고액전을 발행할 것과, 금·
은화를 화폐로 주조 통용시켜 실질가치를 유지하면서도 외국과
의 지불거래를 원활히 할 것도 주장했다.[70]

이와 함께 실학자들은 다양한 상공업 진흥방안도 제시했다.
유수원은 대상인 위주의 상공업 육성정책과 자본형성론을 주장
했다. 그는 유통경제가 발전하는 현실 속에서 부족한 국가재정
을 보충하면서 상업경영 합리화를 꾀할 수 있는 가장 효과적인
방법이 대상인 중심의 상공업 육성책이라고 생각했다. 전국의

---

68) 김용덕, 〈중상론과 기술학의 도입론〉, 《한국사》 14, 국사편찬위원회, 1975,
pp. 247~255.
69) 유원동, 〈다산 정약용〉, 《한국실학개론》, 정음문화사, 1984, pp. 309~310.
70) 이재룡, 앞의 글, p. 218.

상업은 허가제로 하고 허가를 받지 않은 상행위는 철저히 금지할 것과 도시상업은 대자본의 상점에 판매독점권을 부여하여 그들로 하여금 무허가 난전을 금지하게 할 것을 제의했다. 이와 함께 소상인을 위한 대책으로 영세상인끼리 소자본을 합자할 것을 제시했다.[71] 이에 비해 정약용은 상인의 임무는 원활한 물자유통에 있다고 보고 상인의 이익을 보장해야 한다고 생각했다. 정부가 특권적 독점판매를 인정하는 것은 대다수 상인의 이익을 뺏는 것일 뿐만 아니라 독점으로 인해 국민의 일상생활에 피해를 주고 부가 소수인에게 집중되는 결과를 초래하므로 바람직하지 못하다고 비판했다.[72]

상업발전을 촉진시키기 위해 각 지방 중심지에 상설시장을 개설해야 한다는 논의도 제기되었다. 유형원은 행정·교통의 중심지에 상설점포인 포자(鋪子)를 설치할 것을 주장했다. 지방 관아에서 물건을 구입할 때 반드시 정당한 값을 지불할 것과 양반, 아전의 포자 침탈을 금지할 것도 강조했다. 유수원은 우리나라의 지방문화가 발달하지 못한 것은 문화시설과 상설시장이 없기 때문이므로 지방마다 상설상점인 액점(額店)을 설치할 것을 주장했다. 그는 각 고을에 액점을 설치하면 자연히 상품을 생산하는 수공업자가 생기고 각종 문화와 의약, 서적과 교육기관이 갖추어져 사람이 살기 편한 곳이 될 것이라 보았다. 두 실학자 모두 상설시장의 설치는 그 지역 유통계 발전의 지름길이며, 결과적으로 정기시장은 축소 또는 폐지될 것으로 전망했다.[73]

뿐만 아니라 생산기구·운송수단 등 기술개혁의 필요성도 강

---

71) 강만길, 〈실학자의 상업관〉,《조선 후기 상업자본의 발달》, 고려대출판부, 1973, pp. 32~38.
72) 강만길, 〈정약용의 상공업 정책론〉,《정다산 연구의 현황》, 민음사, 1985, pp. 168~174.
73) 강만길, 〈실학자의 상업관〉,《조선 후기 상업자본의 발달》, 고려대출판부, 1973, pp. 39~47.

조되었다. 박제가는 당시 상품의 지역적 가격 차이가 심한 것은 교통이 불편하기 때문이라 하여 이를 개선하기 위해 수레를 사용할 것을 주장했다. 그는 수레를 쓰면 상품유통이 활발해져서 사방의 물가가 평준화될 것이며, 그 결과 전국적 시장이 형성되고, 시장이 확대되면 생산물의 수요가 증대되어 농업·수공업도 발전하게 된다고 보았다. 이들은 생산성 향상과 부국강병의 기본조건인 기술개발을 위해 북벌론을 탈피하고 선진 중국의 기술을 배워야 한다는 북학을 주장했기 때문에 북학파라고도 불린다. 정약용도 병자호란 때의 적개심 때문에 청국을 오랑캐로만 보고 그 문물을 수입해 오지 않아 선진문물의 통로가 막혀버렸고, 이 때문에 국내의 기술수준이 낙후되었다고 비판하고 중국 기술을 도입할 것을 주장했다.

이밖에 해외시장과의 연결을 통해 국내산업과 유통계의 발전을 추구하는 해외통상론을 주장하는 이들도 있었다. 박제가는 지금 우리나라의 가난을 구제하는 길은 중국과 통상하는 길뿐이라고 하여 중국과의 민간교역을 강조하고, 해외통상을 통해 양국 간 상품의 교역이 활발해지면 조선의 국가경제도 발달할 것이라고 했다. 이러한 해외통상론은 19세기 이규경·최한기에게로 이어졌고 개항기 박규수의 문호개방론으로 연결되었다.[74]

3) 부세제도개혁론

18세기 이후 재편된 부세체제는 급변하는 변동구조 속에서 각종 폐단과 부조리를 야기하며 농민을 수탈하는 도구로 변질되고 있었다. 실학자들은 이에 대해서도 다양한 개혁안을 제기했다. 유형원과 이익은 전결세(田結稅) 운영개선을 통해 농민부담을 완화시키고자 했다. 유형원은 역(役)을 제외한 모든 부담을 토지를

---

74) 강만길, 〈실학파의 상공업 발전론〉, 《한국사상의 심층연구》, 우석, 1984, pp. 376~378.

기준으로 부과하고 세액 규모는 수입의 20분의 1로 할 것을 주장했다. 그는 중간 실무자의 농간으로 국가수입이 줄고 농민부담은 가중되는데, 이들이 중간수탈을 행하는 이유는 일정한 보수가 없기 때문이라고 생각했다. 따라서 국가에서 필요한 인원의 3분의 2를 증원하여 교대근무시키고 이들에게도 일정한 녹봉과 토지를 보수로 지급하되 부정행위는 엄단해야 함을 강조했다.[75] 이익은 대동법 실시 이후 토지 1결당 전결세로 쌀 4말을 징수하는 것은 10분의 1세로서 과다한 것이라 볼 수 없지만, 이 수량을 초과하는 어떤 잡세도 없어야 하며 전결세 납부는 지주부담이 원칙임을 강조했다.[76]

유수원은 정부 재정수입 증대를 위해 상공업 분야에서 새로운 조세원을 확보할 것을 주장했다. 그는 모든 상인과 상품에 대해 세금을 부과해야 하며 철저한 상세징수를 위해 도시의 모든 상점을 상설화하고 떠돌아다니는 지방행상에게는 인표(引票)를 발급할 것을 주장했다. 세무부과 기관인 세과사(稅課司)를 나루터·성문 등 물건이 모이는 집산지에 설치하여 인표발급 등 그 지역 상업세 부과사무를 총괄토록 하고, 세무감독 기관을 교통과 상업 중심지에 설치하여 상인에 대한 통제와 처벌을 맡길 것 등도 주장했다.[77]

정약용은 토지와 농민을 중심으로 한 인두세에 치우쳐 있는 부세제도의 모순을 타개하기 위해 토지세 이외의 부분과 농민 이외의 인구에게로 세원을 확대할 것을 주장했다. 그는 사민의 직업을 철저히 분화 전문화시켜 각 직업 종사자 모두에게 세금을 부과할 것을 제의했다. 그의 이같은 생각은 상업 부문의 조

---

75) 이재룡, 앞의 글, pp. 190~193.
76) 유원동, 〈성호 이익〉, 《한국실학개론》, 정음문화사, 1984, pp. 119~120.
77) 강만길, 〈실학자의 상업관〉, 《조선후기 상업자본의 발달》, 고려대출판부, 1973, pp. 55~58.

세원 확대론에서 잘 나타난다. 국가 재정수입 확대를 위해 시전 상인뿐만 아니라 전국을 무대로 활동하는 선상·행상에게도 철저히 수세해야 한다고 주장했던 것이다.[78] 또 종래 군포 부담에서 제외되던 양반층도 인두세 부과대상이 되어야 하며, 인두세도 재산정도에 따라 차등있게 부과해야 한다는 수익세화(收益稅化)를 강조했다. 이러한 수익세화론은 당시 빈부격차와 계급대립이 심각해지던 시대상황을 감안한 진보적이고 획기적인 개혁안이었다.[79]

실학자들은 진휼 기능을 상실하고 부세화되어 간 환곡에 대해서도 여러 가지 개혁안을 제시했다. 유형원과 이익은 소농민적 입장에서 진휼 기능을 상실한 환곡제는 폐지하고 사창제나 상평창제를 실시할 것을 주장했다.

이에 비해 정약용은 환곡이 국가재정에서 차지하는 비중, 즉 부세 기능의 실효성을 인정하여 환곡 혁파는 불가능한 것으로 생각했다. 그러나 소농민경제 안정을 위한 환곡의 진휼 기능도 중요한 것이므로 두 기능을 효과적으로 발휘하기 위해 환곡 운영상의 모순을 개혁할 것을 강조했다. 그는 환곡총액을 고정시키고 환곡부담도 정액화하여 환곡총액을 호별총액으로 나누어 평균분배하는 호환(戶還)이 최선책이라 생각했다. 이와 함께 환곡 이자를 20퍼센트로 상향 조정하여 현실화함으로써 불법수탈을 막아 농민부담을 줄일 수 있다고 보았다. 그리고 상평창을 실시하여 상실된 환곡의 진휼 기능을 보완하고 농민경제를 안정시켜야 한다고 강조했다.[80]

---

78) 강만길, 〈정약용의 상공업 정책론〉,《정다산 연구의 현황》, 민음사, 1985, pp. 174~179.
79) 강만길, 〈정약용의 세제개혁론〉,《다산학의 탐구》, 민음사, 1990, p. 120.
80) 한상권, 〈18, 19세기 환곡문란과 다산의 개혁론〉,《국사관논총》9, 1989, pp. 116~130.

3. 신분제 개혁론[81]

조선 후기 신분제 동요에 대해 당시 보수적 양반지식인들은 조선사회의 기본체제와 질서가 와해되는 것으로 인식하여 깊은 우려를 나타냈다. 실학자들은 당시 신분제 동요는 조선시대 신분제의 구조적 모순에서 기인한 것이므로 그것을 근본적으로 개혁 시정하면 조선사회는 안정될 수 있다고 보았다.

유형원은 사람이 같은 사람을 재물로 삼는 노비법은 잘못된 것이라 하여 노비제개혁을 주장했다. 그는 고려 이래 노예가 되는 길은 넓고 노비에서 빠져나올 방법이 없어 노비의 수는 늘어가고 양인 수는 줄어드는 것이므로 노비제 문제를 해결하기 위해서는 그 세습법을 고쳐야 한다고 생각했다. 그 결과 그는 종모법을 실시하여 노비해방의 길을 열어주고, 또 노비제를 폐지하는 대신 돈을 주고 사람을 고용하는 고용제를 실시할 것을 주장했다.

이익은 노비법은 천하의 악법이므로 철폐되어야 한다고 주장했다. 그러나 당시 현실 속에서 노비제 폐지는 용이한 일이 아니므로 대토지 소유자의 노비소유 한도를 100명으로 제한하고 그 이상은 해방시키도록 하며 5살 이하의 어린 노비는 노비대장에 올리지 못하게 하는 등 점진적인 노비해방의 길을 제시했다.

정약용은 당시 현실에서 신분제도의 완전폐지는 불가능하다고 보고 신분차별로 인한 사회불만을 해결하기 위해 각 신분에 대한 개혁안을 제시했다. 그는 양반신분이 능력에 관계없이 혈통에 따라 세습되며 놀고 먹는 데도 각종 특권을 누리는 것은 모순이며, 이 모순이 하위신분층의 신분상승을 유도하여 나라에는 유식자만 늘어가고 민생은 피폐해진다고 비판했다. 이에 그는 양반의 신

---

81) 유원동, 앞의 책, pp. 61~62, p. 120 ; 전형택, 〈19세기초 내시노비의 혁파〉, 《조선후기 노비신분 연구》, 일조각, 1989, pp. 236~238.

분적 특권을 폐지하고 그들도 생업에 종사시켜야 하며 신분과 지역, 당파에 관계없이 능력에 따라 인재를 선발해 관직에 임명할 것을 제의했다.[82] 중인에 대해서는 기술관 차별, 한품서용제(限品敍用制)를 폐지하고, 이들을 중국에 유학 보내는 등 우대할 것과 향리의 수탈을 방지하기 위해 향리 세습제를 폐지하고 임기를 한정하며, 감독기관을 신설할 것 등을 제의했다. 그는 또 나라의 기본생산자층인 양인의 지위향상을 강조했다. 노비제에 대해서는 노비종모법을 실시하고 양인으로 노비가 된 자는 조사하여 해방시켜 줄 것이며 노비에게 월급을 지불할 것 등을 강조했다.[83] 유수원은 노비제를 존속시키되 노비제도를 합리적으로 운영하고 인권유린은 금지해야 함을 주장했다.[84]

V. 맺 음 말

지금까지 조선 후기 사회변동의 구체적 모습과 실학자의 사회개혁론을 살펴보았다. 실학자들은 지배층에 속하기는 했어도 정권에서 배제된 재야세력이거나 정치권 핵심에서 밀려나 정책결정에 참여하지 못한 부류였다. 이들은 권력핵심부에서 비켜서 있었기에 변동기 역사적 모순을 직시하고 사회변동의 흐름을 냉정하게 고찰할 수 있었다. 또한 경직된 조선 주자학의 이념을 극복하고 현실에 입각한 실제적 사고를 했기 때문에 이들은 조선 후기 사회모순에 대한 근본적이고 혁신적인 사회개혁안들을 제시할 수

---

82) 김한식, 〈다산의 민권사상〉, 《정다산 연구의 현황》, 민음사, 1985, pp. 105~106.

83) 신용하, 〈다산 정약용의 사회신분제도 개혁사상〉, 《다산학의 탐구》, 민음사, 1990, pp. 116~118.

84) 한영우, 〈유수원의 신분개혁사상〉, 《한국사연구》 8, 1972, pp. 39~41.

있었다. 실학자들과 그들 사상의 이러한 특성 때문에 오늘날 우리는 실학을 진보적이고, 근대 지향적인 체제개혁사상이라고 이해하고, 심지어 공리공론화한 성리학을 대신해 조선 후기 사회발전을 이끈 사상이라는 평가까지 하고 있다. 이같은 적극적인 평가는 내재적 발전론의 연장선상에서 나온 것이었다.

그런데 실제 실학자들의 사회개혁론은 상당 부분이 중세사회의 존속과 유지를 위한 현실적 정책대안으로 제시된 것들이었다. 이는 그들이 자신들의 사상적 토양을 이루고 있는 성리학적 요소를 완전히 극복할 수 없었다는 현실적 한계를 보여주는 것이다. 이러한 점으로 인해 실학사상은 범유학적 탈성리학적 입장에서 전개된 개혁사상이라고도 하고 개신유학적 성격을 가진다고 평하기도 한다. 실학사상이 범유학적인 사상이었기에, 조선사회를 지배한 성리학과 공존할 수 있었지만, 이는 한편으로는 실학이 주장하는 개혁정신의 궁극적인 관철을 어렵게 하는 요인이기도 했다. 결국 실학사상은 중세사회 해체기의 사회모순을 찾아 문제점을 드러내고 개혁방향을 제시하여 다가올 근대사회의 사회사상에 정신적 토양을 제공한 점에서 긍정적으로 평가할 수는 있지만, 당시 사회의 변화와 발전을 이끌었던 유일한 사상으로 이해하는 데는 무리가 있다고 하겠다.[85]

참고문헌

강만길, 〈실학파의 상공업 발전론〉, 《한국사상의 심층연구》, 우석, 1984.
───, 《조선 후기 상업자본의 발달》, 고려대출판부, 1973.
고동환, 〈포구상업의 발달〉, 《한국사시민강좌》 9, 일조각, 1992.

---

85) 조 광, 〈조선후기 사상계의 전환기적 성격〉, 《한국사 전환기의 문제들》, 지식산업사, 1993, pp. 160~161.

244

고석규·한상권, 〈18, 19세기 봉건모순의 심화와 민의 성장〉, 《역사와 현실》 3, 1990.

김옥근, 《조선왕조재정사연구》, 일조각, 1984.

김용덕, 〈실학자의 경제사상〉, 《조선후기사상사연구》, 을유문화사, 1979.

김용섭, 〈조선 후기 농업문제와 실학〉, 《동방학지》 17, 1976.

──, 《증보판 조선 후기 농업사연구》, 일조각, 1990.

김인걸, 〈조선 후기 향촌사회 권력구조 변동에 대한 시론〉, 《한국사론》 19, 1988.

송찬섭, 〈17, 18세기 신전개간의 확대와 경영형태〉, 《한국사론》 12, 1985.

──, 〈19세기 환곡제개혁의 추이〉, 서울대 박사학위논문, 1992.

안병욱, 〈19세기 부세의 도결화와 봉건적 수취체제의 해체〉, 《국사관논총》 7, 1989.

유승주, 《조선시대광업사연구》, 고려대출판부, 1993.

유원동, 《한국실학개론》, 정음문화사, 1984.

윤남한, 《조선시대의 양명학 연구》, 집문당, 1982.

이경식, 〈17세기 농지개간과 지주제의 전개〉, 《한국사연구》 9, 1973.

이세영, 〈18, 19세기 곡물시장의 형성과 유통구조의 변동〉, 《한국사론》 9, 1983.

이영호, 〈18, 19세기 지대형태변화와 농업경영변동〉, 《한국사론》 11, 1984.

이은순 《조선후기당쟁사연구》, 일조각, 1988.

이태진, 《조선 후기 정치와 군영제변천》, 한국연구원, 1976.

── 외, 《조선시대 정치사의 재조명》, 범조사, 1986.

정옥자, 〈17세기 사상계의 재편과 예론〉, 《한국문화》 10, 1989.

한국역사연구회 19세기정치사연구반, 《조선정치사 1800~1863》, 청년사, 1990.

한상권, 〈18, 19세기 환곡문제와 다산의 개혁론〉, 《국사관논총》 9, 1989.

홍희유, 《조선중세수공업사연구》, 지양사, 1989.

조선 후기 서학의 수용과 갈등

백 옥 경

I. 머 리 말

17세기에 접어들면서 우리나라는 종전까지의 역사에서 접촉이 없었던 전혀 이질적인 서학, 곧 서양의 종교와 학문에 접하게 되었다. 이러한 서학의 수용과 발전은 우리 전통문화의 내재적인 발전과정에 외래의 자극 요소로 작용함으로써 일정한 역할을 담당했다. 해체상황에 접어들고 있었던 조선사회의 봉건적인 질서를 청산하고 근대사회로 이행해 가는 데 주요한 동인으로 작용했던 것이다. 특히 조선 후기 서학의 수용은 당시 사회의 내재적 요구와 조선인의 자주적 노력에 의한 것이었지만, 주로 청나라 연경을 왕래한 연행사(燕行使)를 매개로 간접적으로 이루어졌다는 점에서, 중국·일본과는 그 내용을 달리하고 있다.[1]

조선 후기 이래 조선의 서학에 대한 인식과 그 수용 양상은

---

1) 강재언, 《조선의 서학사》, 민음사, 1990, p. 13.

시기적으로 변화하게 되는데, 이를 구분해보려는 노력은 이미 여러 학자들에 의해 시도된 바 있다. 대표적인 견해는 서학의 수용과 발전을 4단계로 구분하여 각각 서학접촉기(1601~1750), 서학탐구기(18세기 중엽), 서학실천기(1777~1800), 서학탄압기(1801~)로 설명하고 있다.[2]

한편 17세기 초부터 18세기 전반까지를 서교 및 서학의 전파기, 정조 시대를 중심으로 한 18세기 후반기를 서교 및 서학의 수용기, 19세기 80년간을 서교 및 서학의 조락기로 나누는 견해도 있다.[3] 이 견해는 17세기 초에 서양의 서교와 서학이 처음 소개된 후, 그 실질적인 수용기는 18세기 후반기에 불과하며 1801년의 신유박해를 계기로 그 발전이 단절되었다고 주장한다. 1801년 이후의 무분별한 탄압으로 우리나라는 중국·일본에 비해 서학연구가 낙후하게 되었으며, 또한 우리의 주체적인 근대화 준비작업까지 지연된 것으로 보는 입장이다. 특히 서양의 종교와 윤리의 측면을 서교(西教), 그 학술적 측면을 서학(西學)으로 구분하여 양자간의 엄연한 차별을 강조하고 있다.

이 글에서는 기존의 시기구분론을 종합하여, 17세기초부터 시작되는 서학의 전래와 그에 대한 조선내의 반응을 역사적으로 고찰해보고자 한다. 이를 위해 다음과 같은 단계 설정을 시도했다. 우선 서학의 단순 전래기로, 여기에서는 조선의 지식인들이 서학에 처음 접촉하게 되는 17세기 초부터 18세기 초까지를 다루었다. 이때는 서학이 본격적으로 연구되거나 탐구대상이 되지는 못하고 다만 호기심으로 일부 한역 서학서들이 중국에 다녀오는 사신 일행을 통해 전래되는 시기다. 두번째는 초기 수용의 시기로 주로 실학자들을 통해 서학이 연구되는 18세기 중엽을 다루었다. 이 시기의 특성은 서학이 하나의 신문화운동으로 수

---

2) 이원순,《조선서학사연구》, 일지사, 1989, pp. 13~18.
3) 강재언, 앞의 책, p. 14.

용되고 전개되어 나갔다는 데 있으며, 이는 교회가 설립된 후 그 성격이 변질되어 가는 것으로 보인다. 세번째 단계는 교회 설립 이후 서학에 대한 본격적인 탄압이 이루어지기 전까지로, 서학이 신앙적 실천기로 접어드는 시기다. 이때는 서학이 널리 전파되어 민중적인 성격을 갖는 한편, 이에 대한 지배층의 경계 또한 고조되는 수용과 갈등의 시기로 규정될 수 있다. 그리고 네번째 단계는 서학에 대한 탄압이 심하게 진행되어 서학이 쇠퇴하는 시기다. 그러나 서학의 단순 쇠퇴기로 보기보다는 민중적인 성격이 가장 두드러지는 시기로, 서학이 민중종교로 정착되어 나가는 측면을 함께 살펴보고자 한다.

Ⅱ. 서학의 전래

서학이라는 용어는 본래 명나라 말기부터 청나라 초기까지 중국에서 선교활동에 종사하던 예수회 소속의 가톨릭 성직자들이 서양 학술을 한역할 때 사용한 것이다.[4] 예수회 선교사들은 중국의 전통적인 유교문화에 대해 타협적인 문화주의적 전교 활동을 펴면서 천주교 신앙을 전도하는 한편, 서양 문명을 이식하기 위해 서양의 종교·윤리 및 지리·천문·역산·과학과 기술 관계 서적을 한문으로 번역 저술하기도 했다. 이들은 서양에 관한 학문을 서학이라는 말로 소개했는데, 대표적인 것으로는 바뇨니(Alphonsus Vagnoni) 신부가 저술한 《서학치평》(西學治平), 《민치서학》(民治西學), 《수신서학》(修身西學), 《서학제가》(西學齊家) 등과, 1613년에 중국에 입국한 알레니(Julius Aleni)의 《서학범》(西學凡) 등이 있다. 서학이라는 용어는 바로 이러한 책 이름에서 유래되

---

4) 이원순, 앞의 책, p. 11.

었으며, 예수회 성직자들과 학문적으로 접촉하던 중국 지식인들도 일찍부터 이 용어를 사용했다. 이러한 서학이라는 용어에는 천문학·지리학·수학·의학 등의 분야가 포괄되어 있는 서양의 과학기술, 스콜라 철학과 가톨릭 신학을 기초로 한 기독교사상이라는 두 가지 의미가 모두 내포되어 있는 것으로,[5] 유·불교와는 이질적인 그리스도 신앙과 그것이 담겨져 있는 문화체계를 뜻하는 역사 용어라고 하겠다.

조선에서는 원래 서학이란 서국(西國)에 가서 불교의 교의를 구하는 의미로 사용되었다고 한다.[6] 그러나 영조 연간 하빈(河濱) 신후담(愼後聃)이 서학을 '서태지학'(西泰之學)으로 규정하면서[7] 마테오리치(Matteo Ricci)의 학문을 뜻하는 것으로 사용하고, 홍대용 (洪大容)도 서학의 본의를 예수회 선교사들의 신학문을 뜻하는 것으로 이해하고 있다.[8] 이와같이 조선 후기에 이르면 점차 서학은 천주학(天主學), 혹은 천주학 및 서구과학을 뜻하는 것으로 사용됨을 알 수 있다. 이 글에서는 조선 후기의 이러한 서학 개념에 의거하여 논리를 전개하고자 한다. 특히 조선의 서학은 소위 중국을 통해 들어온 서구 문명으로, 북경에서 사신 일행에 의해 17, 18세기에 도입된 것이며, 19세기에는 동학에 대칭되는 표현으로 사용되기도 했다.[9]

이미 언급했듯이 조선에 서학이 전래되기 시작된 것은 17, 18세기 주로 중국에 다녀오는 사신 일행을 통해서였다. 이전에도 몇 차례 서양인들이 표류해 왔고, 이를 통해 서양 문명에 접할 수 있는 기회가 있었지만, 이때까지만 해도 그 서양인들은 단순

---

5) 최소자, 〈중국과 조선의 서학 수용에 대한 비교〉, 《동서문화교류사연구》, 삼영사, 1987, p. 213.
6) 이원순, 앞의 책, p. 8
7) 《河濱集》 권 2 內篇 紀聞編 星湖紀聞.
8) 《湛軒日記》 1 劉鮑問答.
9) 최소자, 앞의 글, p. 214.

한 호기심의 대상에 불과했다. 그러던 것이, 해마다 중국에 파송되던 사행원에 의해 서양 기기와 한역 서학서가 입수됨에 따라 조선의 학자들에게도 서학을 연구할 수 있는 기회가 마련되었다.

이러한 움직임은 선조 대 이후부터 비롯된 것으로 여겨진다. 선조 37년(1603) 이광정(李光庭)은 북경에 사신으로 갔다가 마테오리치가 제작한 한역 지도인 〈곤여만국전도〉(坤輿萬國全圖)를 가져왔는데, 당시 이수광(李睟光)도 이를 보고 그 정교함에 감탄했다고 한다. 이후 이수광은 1614년 완성된 《지봉유설》(芝峰類說)에서 《천주실의》(天主實義), 《교우론》(交友論) 등의 한역 서학서를 읽고 서학에 대한 촌평을 하기도 했다. 마테오리치가 본격적으로 북경 활동을 하면서 서양 문물을 명나라에 전해주기 시작한 것이 1601년이라는 점을 상기해 볼 때 서학의 조선 도입은 매우 빠른 편이었다고 하겠다.

인조 때 정두원(鄭斗源)도 다양한 서양 문물을 전래한 인물이었다. 그는 진주사(陳奏使)로 갔던 인조 8년(1630) 등주(登州)에서 서양 선교사 로드리게스와 상봉하여, 그에게서 서양화포·염초화·천리경 등과 《치력연기》(治曆緣起), 《천문략》(天問略), 《직방외기》(職方外紀), 《홍이포제본》 등의 한역 서학서를 기증받아 왔다. 그리고 당시 진주사 일행이었던 역관 이영준(李榮俊)은 로드리게스로부터 선사받은 천문학에 관한 서적을 읽고 서신을 교환하기까지 했다. 인조 때 청에 인질로 갔던 소현세자 역시 당시 청의 흠천감정(欽天監正)이었던 아담 샬과 친교를 맺어 천주교와 기타 서학에 접하게 된다. 그는 귀국할 당시 천문, 산학(算學) 및 천주교에 관한 서양 서적과 여지구(輿地球) 등을 선사받아 가져왔다. 김육(金堉)은 서양식 신력(新曆)인 시헌력(時憲曆)을 도입하고자 노력했고, 숙종 때 고부겸주청사(告訃兼奏請使)로 입연(入燕)했던 이이명(李頤明)은 북경 흠천감을 방문하여 신부들과 서학에 관해 문답을 하는 한편, 귀국하면서 천주교와 천문 역산서 등의 학술서를 가지고 왔다.

이처럼 주로 사행원에 의해 조선에 전래된 서학은 한역 서학서가 그 대부분을 차지하며 내용은 크게 과학과 기술에 관한 서적, 서양 윤리와 종교 관계의 서적으로 양분된다. 과학과 기술에 관한 서적 가운데는 조선이 농업국가였으니만큼 주로 농업 중심의 역산과 기술서가 주류를 이루었다. 특히 조선 지식인들은 서양 역법인 시헌력에 주목하여 적극 도입하려 했는데, 이는 조선 전통 지식인의 우주관에 변화를 촉구하게 되었고, 나아가 실증적 학문방법의 도입을 진전시켰다. 조선에서는 서학을 받아들일 사상적 터전이 마련되어 있지 않았던 17세기부터 이미 서양 시헌력 수용을 위해 비상한 노력을 기울이고 있었다. 역법이 제왕(帝王)의 급선무라는 인식이 깊이 내재해 있었기 때문이다. 이러한 노력을 통해 도입된 천문·역법 관련 서학서로는 《천문략》, 《치력연기》, 《칠요력》(七曜曆) 등이 있다.

하지만 이러한 서적들은 천주교 전도에 유리하게 선택 조절된, 즉 전교(傳敎)와 학문이 혼합된 한역 과학 문명서였다는 점에서 이후 조선이 서양 문명을 소화하고 근대 문명으로 접근해가는 데 지장을 초래하기도 했다. 또한 조선의 천문·역법의 발전은 비록 서학을 수용하려는 모습을 보인다 해도 정치와 관련된 관료의 어용학적 테두리를 벗어난 것이 아니었으며, 순수과학으로의 이론적 발달을 이루지 못하는 한계를 가지고 있었다.[10]

한편 한역 세계지리서의 전래는 조선의 유교적 양반이 품고 있던 중화 중심의 지리 지식과 형이하학적인 지구과학 이해에 변화를 촉구했다. 이에 의해 지리 인식 범위가 세계적인 차원으로 확대되어 유럽 세계에 대한 문화적 관심이 제고되기도 했음은 물론이다. 나아가 지구설(地球說)을 확신하게 되어 마침내는

---

10) 이원순, 앞의 책, p. 74.

화이론에 입각한 중화적 세계관에서 벗어난 근대적 지리 인식에
까지 도달하게 되는 중요한 요인이 된다. 이와 같은 영향을 주었
던 한역 세계지리서로는 《직방외기》 등이 있다.

　서양의 윤리와 종교 서적은 사실상 그것이 매우 이질적인 문
화세계의 소산물이며, 비유교적 학술인데도 조선 지식인들에게
커다란 학문적 호기심을 일으켰다. 《천주실의》, 《교우론》 등의
서양 윤리 및 종교 서적은 대체로 기독교 교리를 스콜라 철학으
로 전개하여 유교적 지식인들이 수용하기 좋게 꾸민 책들이었다.
그러면서도 기독교를 전면에 내세우지 않고 인문·사회의 여러
분야를 포괄하고 있었다.[11] 또한 천주를 설명하면서도 유교적인
개념을 사용하여 중국의 상제(上帝)와 동일시하고 전례 문제에도
비교적 온건한 입장을 표명하고 있었다. 즉, 기존 전통가치체계
인 유교를 이해하고 이를 보완하는 입장의 보유주의(補儒主義),
전통윤리와 문화를 존중하며 서양윤리와 그 문화를 이식하는 문
화주의의 전교 활동을 내용으로, 유교문화에 타협적 자세를 취함
으로써 유교사회에서 용이하게 천주교를 선교하고자 한 것이다.
이러한 현실타협적 내용으로 인해 조선의 지식인들은 서학을 새
로운 학문의 사조로 받아들이는 데 별 다른 문제를 제기하지 않
았던 듯하다.

　이와같이 17세기초부터 1세기 반에 걸친 서학과의 만남은 대
개 조선 사행원의 능동적인 자세에서 비롯된 것이었다. 그리고
그 특징으로는 중국을 통한 간접적인 접촉이었다는 점과, 당시까
지는 사행원 개인의 학자적 관심에서 이루어졌다는 점을 들 수
있다.

---

11) 김기협, 〈예수회선교의 적응주의 노선과 중국, 일본의 서학〉, 《역사비평》
　　25, 1994년 여름호, p. 319.

Ⅲ. 초기 서학의 수용

18세기 중엽 조선에서는 중국으로부터 전래되는 한역 서학서가 다채로워지고 그 양도 점차 증가함에 따라, 서학에 대한 단순한 호기심에서 벗어나 마침내 학문적 탐구가 진행되기 시작한다. 특히 이는 조선 후기 사회의 전반적인 변화, 그중에서도 사상계의 탈주자학적 경향과 맞물려 적극적으로 이루어지는데, 당시 주자학은 실질보다 명분을 앞세워 현실타개 능력을 상실하고 실용과 실증을 결여함으로써 이를 대신하여 현실문제를 극복할 새로운 사상의 대두가 절실히 요구되고 있었다. 그 해결을 모색하는 과정에서 서학의 도입이 진전되며, 이러한 기풍은 성호 이익의 학문과[12] 그 문인에게서 시작된다.

그 가운데서도 특히 성호 이익은 단순한 학문적 호기심에서 한 걸음 더 나아가 학문적 탐구 노력을 기울였던 인물로, 한역 서학서의 체계적 이해를 통해 이른바 서학의 길을 열어준 이라고 할 수 있다. 그는 서양의 천문·지리·과학은 물론 천주교 교리에 대해서도 깊은 관심을 가지고 있었다. 뿐만 아니라 자신이 이해하고 있던 서학 내용을 제자들에게 설명하는 과정에서 이들에게 서학서를 구해 읽는 계기를 마련해주었다.

그는 강렬한 실증적 비판의식과 실리적 박학정신(博學精神)에 의거하여 주자학의 권위에 대결하고 현실모순의 극복 방법을 모색하며, 당시 국내에 유포되고 있던 서양 과학기술 문명과 접하려고 노력했다. 천문과 역산에 특이한 관심을 보였던 그는 티코 브라에(Tycho Brahe)의 천문 과학을 위주로 한 그리스도교적 천

---

12) 이원순, 앞의 책, p. 15.

문학을 전적으로 수긍했다. 또 지구 중심의 천동적(天動的) 우주
체계를 수용했고, 시헌력의 선진성을 이해했다. 그리하여 조선
유가의 전통적 우주관, 역산론에서 실정(實正)과 실용의 새로운
우주구조, 천체체계와 역산 이해로 인식의 폭을 넓혔다. 한편 예
수회 선교사들이 제작한 한역 세계지도를 통해 중화적 세계관을
극복하고, 폭넓은 자연 지리 지식을 가짐으로써 형이상학적 세계
관에서 이탈했다. 또한 서양 과학기술에 대해서도 다각적인 검
토를 통해 그 선진성을 이해했다.

　이익이 이상과 같이 서학의 물질적 면, 즉 '기'(器)적인 측면에
만 그의 실증적 비판의식을 발휘한 것은 아니었다. 그는 정신적
면 즉 '이'(理)적인 측면도 예리하고 세밀하게 검토했다. 이익은
윤리서에 대한 제자들과의 토론을 통해 천주교가 선유(先儒)의
상제사상과 통하는 보유론적(補儒論的)인 체계임을 이해하면서,
그것이 당옥설(堂獄說) 등의 부조리를 포함하고 있어 결국은 불
교와 같은 오류를 범하고 있다고 보았다. 그러면서도 천주교는
불교보다는 실용적인 가치가 있다고 파악하고 있다.[13]

　하지만 성호의 문인들로 이루어진 성호학파의 학자들은 '성호
우파'와 '성호좌파'로 나뉘어 서로 다른 입장을 표명하고 있다.
이는 성호의 서학에 대한 이중적인 인식과 각각이 처한 학문적
사회경제적 배경의 차이에서 기인한 것으로 보이는데, 이후 이는
조선에 서학이 확산되는 과정에서 커다란 대립구도로 존재하게
된다.

　성호우파는 성호의 실학의식과 서학 탐구정신을 계승하면서도
전통적 문화의식과 가치관을 계승하는 자들로, 신후담, 안정복(安
鼎福), 이기경(李其慶) 등 재야 학자와 채제공(蔡濟恭)과 같은 관료
학자들이 그 주류를 형성하고 있다. 이들은 서양의 과학기술·

---

13) 이원순, 〈성호 이익의 서학세계〉,《조선서학사연구》, 일지사, 1989, pp. 131
　　~152.

천문·역법에는 깊은 관심을 보이면서도 천주교 교리에 대해서는 매우 비판적 태도를 보인다. 이들의 비판론은 성리학의 경학적(經學的) 측면에서 비롯된 것으로 벽이론(闢異論)에 근거하고 있었다. 주자학의 논리와 그 경전해석을 벗어나지 못했던 것이다.[14] 성호좌파와는 달리 양명학 등의 이단에 대해 주자학의 입장에서 비판 논리를 전개하고 있었던 이들은, 서학에 대해서도 보유론의 논리를 용납지 않았으며 천주교의 종교관과 윤리관, 자연관·등을 강하게 비판하고 있다. 특히 천주교의 적선을 중시하는 교화적 측면은 인정하기도 하지만 중심 교리 부분의 황당함과 오류를 지적하고 있다.

그 가운데 중점적으로 비판의 대상이 되고 있는 내용은 다음과 같다. 첫째는 만물의 창조주인 천주에 대한 비판이다. 예수회 선교사들은 하나님을 설명하는 데 천주라는 개념을 도입해 설명했다. 즉, 천주란 고대 유가에서 말하는 상제라고 함으로써, 천주와 상제를 동일시했던 것이다. 따라서 당시 지식인들은 천주교 신앙을 천주를 섬기는 종교로 파악했고, 유가의 상제와 동일한 것으로 이해했다. 그러나 이들은 만물의 주재자로서의 상제 개념은 인정하지만, 만물의 창조주로는 인정하지 않았는데, 그 이유는 천지는 '이'와 '기'의 결합에 의해 이루어지는 것에 불과하다고 보았기 때문이다. 그러므로 이런 관점에서 본다면 상제도 역시 태극의 조화 후에 천지를 주재하고 기르는 존재이며, 천주교에서 주장하는 전지전능한 만물의 창조주로서의 천주는 부인될 수밖에 없고, 인격적인 면도 부정되는 것이다.

두번째는 영혼론과 천당지옥설에 대한 비판이다. 천주교에서는 영혼불멸을 주장한다. 즉, 사람이 죽더라도 영혼은 불멸하여 선을 행한 이는 천당에 올라가고 악을 행한 자는 지옥에 들어가

---

14) 차기진, 〈천주교의 유입과 지배층의 대응논리〉,《역사비평》 25, 1994 여름호, pp. 295~296.

므로 학자는 마땅히 그 힘을 다하여 천당에 오르기를 구해야 한다는 내용이다. 그러나 성리학의 입장에서 본다면 사람의 혼이란 형체에 의해 존재하는 것이고, 의거할 형체가 없으면 무(無)로 돌아간다. 그러므로 영혼도 필경 없어지는 것이지 불멸일 수는 없다고 하는 것이 이들의 주장이다.

천당지옥설에 대해서도 교화를 위한 것으로 이해하면서, 군자의 도리는 애초에 일상적인 생활에서 벗어나지 않는다고 한다. 즉 부모와 군주를 섬기며, 천하를 다스리고 법률을 제정하며, 사람을 대하며 말하고 행동하는 것이 모두 도리가 아닌 것이 없다. 저들은 세간의 만사는 오래 계속하기 어려우며 오직 하늘에 있는 변함없는 복만을 구해야 한다고 여기는데, 그렇다면 모든 일상적인 일은 폐지되고 마음이 한결같이 하늘 위의 참된 복에 매달려 있는 것이라고 파악한다. 이는 윤리와 도리를 어기는 것이 되고 불교와 유사한 것이라 했다.[15]

결국 이들에게 천주교는 현세를 부인하는 비현실적 종교였으며, 비합리적 미신의 논리로 인식되었다. 더 나아가 이것은 불교의 한 가닥이며, 불교와 같이 배격되어야 할 것으로 생각되었다. 따라서 성호우파 학자들은 여러 한역 서학서를 검토한 끝에 천주학이 비이성적이고 비합리적이며 불교·도교와 상통하는 이단의 교설이니 배격되어야 한다는 척서학적 위정논리(斥西學的 衛正論理)를 폈으며 서학 배격에 앞장서는 학문활동을 전개한다. 그러나 아직까지는 각자의 학문 바탕 위에서 형성된 이론적 비판 단계의 척사론이었다.[16] 이후 척사론은 단순히 천주학의 교리를 논박하는 데서 끝나는 것이 아니라 이를 위험체계로 배척하기 위한 수준 높은 척사론서를 꾸미는 것으로까지 발전하게 된다. 그리고 그 논리는 천주교 박해와 척사 논리에 활용된다.

---

15) 이원순, 앞의 책, pp. 186~202.
16) 차기진, 앞의 글, p. 300.

성호좌파는 성호우파와는 달리 능동적인 개방의식을 가지고
서학을 연구하고 이를 수용하려는 성향을 나타내던 자들로, 권철
신(權哲身), 권일신(權日身), 이벽(李檗), 정약전(丁若銓), 정약종(丁若
鐘), 이기양(李基讓) 등이 포함된다.

이들은 이미 지나치게 교조화되고 경직화된 주자학 일색의 학
문 경향에 대해 불만을 가지고 있던 사람들이었다. 바로 이러한
불만의 맥락에서 서학에 대한 접근이 시작되었고, 서학 연구가
진전됨에 따라 서학의 '기'(器) 측면뿐 아니라 '이' 측면인 천주교
신앙까지 수용하고 이를 종교활동으로 실천했다. 이들은 한역
서학서에 포함되어 있는 천주교 관계 서학서를 가까이 하고 천
주교에 각별한 관심을 가졌으며, 마침내 천진암(天眞庵) 주어사
(走魚寺) 강학 모임에서 공동연구와 토론을 하면서 천주교에 빠
져들어갔다. 그 후 계속되는 연구 끝에 북경에 사행하여 그곳에
서 세례를 받고 정식 교인이 된 이승훈(李承薰)이 귀국하자, 그를
법통적 출발자로 하여 이벽, 권일신, 김범우(金範禹) 등이 입교했
다. 이들은 정기적으로 종교집회를 가졌고 드디어 1784년 한국
천주교회를 창설해 하나의 신앙공동체를 이루게 되었다.

이들의 사회 경제적인 배경을 보면 대개 양반층이었고 기호
남인으로 중소지주들이었다. 또한 이들의 가문은 숙종대의 '경신
대출척'(庚申大黜陟) 이후 오랫동안의 휴지기를 거치다가 정조 연
간의 탕평책에 힘입어 관직에 진출할 수 있었다. 그 결과 학풍면
에서는 대다수 유업(儒業)에 종사하며 학문연구에 전념하고 있던
사람들이었지만, 한편으로는 6경 중심의 고학(古學) 연구를 하면
서 당시의 주자학적 학문 풍토에 비판의식을 가지고 있었다. 또
한 이들은 예의 본원성을 중시하기보다는 그 시의성을 존중하는
입장을 취했으며, 선진(先秦)시대의 유학을 연구하고, 주자학 이
외의 여타 사상에 대해서도 탄력적 입장을 드러냈다. 그러기에
그들 가운데 권철신을 비롯하여 이기양 등은 당시 사문난적(斯文

亂賊)으로 규탄받고 있던 양명학에 특별한 관심을 갖고 이를 연구했고, 정약종은 도가사상에 각별한 관심을 갖기도 했다. 이렇듯 초창기 서학에 접근했던 인물들 가운데 양반 출신들은 이전부터 이미 '이단적' 사상에 관심이 있던 인물들이었다.[17]

그들에게서 드러나는 이와 같은 현상은 조선 후기 사회에서 일어나고 있는 주자학에 대한 도전으로 볼 수 있다. 그들은 주자학을 대체할 수 있는 신문화를 수용하려는 입장에서 서학을 받아들였던 것이다. 앞서 언급했듯이 조선 후기의 학문과 사상계의 동요 속에서 이들은 이미 주자학에 대해 비판의식을 가지고 있었으며, 선진유학에 의지해 범유학적(汎儒學的) 입장에서 주자학의 가치체계를 변혁시켜보려던 인물들이었다. 이러한 그들에게 한역 서학서를 통해 전파된 서학은 새로운 학문관과 세계관 및 질서를 제시했으며, 특히 보유론적 서학은 비교적 쉽게 이해될 수 있는 사상이었다. 따라서 그들은 자신들이 기초하고 있던 범유학적 입장을 포기하지 않고서도 서학에 접근할 수 있었고, 서학 자체도 변혁의 이념으로 파악하고 이를 연구해나갔다.

그러나 아직까지 이들은 자신들이 간직하고 있는 유교문화적 전통 속에서 서학에 접근할 수 있다고 생각했던 것으로 여겨진다. 그리고 이를 자신들에게 친숙한 선진유학적 이론의 연장선에서 이해했다고 보인다.[18] 왜냐하면 전례 문제와 관련해 서학에 대한 탄압이 실시됨에 따라, 교회 창설에 참여했던 이들 가운데서도 서학을 떠나 유교문화로 회귀해 가는 사람들이 다수 나타나기 때문이다. 그러므로 사실 신문화수용운동의 일환으로 서학을 받아들여 실천했다고 평가되는 이들의 서학에 대한 인식은 제한되고 한계가 있는 것이기도 했다.

---

17) 조 광, 〈조선 후기 서학의 수용층과 수용논리〉,《역사비평》25, 1994년 여름호, pp. 283~284.
18) 위의 글, p. 287.

Ⅳ. 서학의 확산과 갈등

1784년 교회 창설 이후 조선 후기의 서학 전파는 이전과는 다른 양상으로 전개된다. 서학수용운동이 단순히 일부 양반 지식인층의 사상적 동향이었던 데서 벗어나 민중적 신앙운동으로 확산되어 가기 시작한 것이다. 따라서 1784년 이후로는 조선에서 서학이라 할 때 천주교 신앙만을 의미하는 경우가 많았다.

우선 교회가 창설된 지 2년 만인 1786년경에는 천주교 신도의 구성에 큰 변화가 일어나, 천주교는 이미 농부나 고공(雇工), 일반 서민들의 종교로 자리잡아가고 있음을 볼 수 있다. 또한 부녀자들이 신도 가운데 상당 부분을 점하게 되었다. 그리고 천주교 신앙은 연령에 무관하게 광범위한 지지를 얻고 있었다.[19]

단시일 내에 이와같이 서학이 민중적 신앙운동으로 확산될 수 있었던 데는 우선 조선 후기 사회의 해체가 본격화되면서 나타난 민중들의 의식 변화와 서학의 사회적 기능, 한글로 번역된 천주교 서적의 유통이 주요한 작용을 했다.

18세기 후반에 이르게 되면 조선 후기 사회의 전반적인 동요와 해체가 심화되고, 이의 해결을 위한 모색도 시도되고 있었다. 그러나 이미 조선사회 전반에 팽배한 개혁의 움직임과 요구에도 불구하고 정부의 민중에 대한 핍박과 수탈은 오히려 가중되고 있었다. 이에 민중들이 사회지배층에 대한 반발과 저항의식을 증대시켜갔음은 물론이다. 그런 상황에서 대두된 천주교의 '인간 평등' 의식은 민중들에게 큰 충격을 주었고 급속도로 전파되는 계기를 마련해주었다.

---

19) 위의 글, p. 284.

천주교 교리에는 창조주 천주에 대한 내용과 더불어 피조물인 인간에 대한 가르침이 자리하고 있다. 인간은 천주의 형상에 따라 창조되었기 때문에 고귀한 존재라는 인식에서 출발하여, 인간의 상호평등을 강조하고, 사람은 신분이나 재산·학식·재주·외모 등에 의해서가 아니라 단지 인격적 존재이기 때문에 귀중하다는 내용이다. 그리고 이 존엄한 인간에게는 마음법 즉 양심법이 있으며, 이 마음법은 천주가 직접 인간에게 부여해 준 것이므로 결코 침해될 수 없다고 주장하고 있었다. 이는 사회적 평등의 실천을 의미하며, 천주교 신도들은 여기에서 한걸음 더 나아가 가부장적 가족주의 질서에 대한 도전을 시도하고 있다. 이는 전통적 효개념에 대한 수정을 통해 드러나기도 하며, 가정 내지는 사회에서 여성들의 위치를 새롭게 설정하려는 노력과도 관련하여 나타난다.[20]

이렇게 볼 때 천주교신앙은 당시 변화된 사회상을 인정해주고 있음과 동시에 사회의 변화를 촉진시키고 있었다. 즉, 당시 사회에서는 신분제도의 문란과 함께 새로운 인간관과 평등성에 대한 자각이 강화되고 있었는데, 천주교에서는 이러한 변화의 정당성을 교리를 통해 설명하고 있으며, 또 다른 변화를 촉진시키고자 했던 것이다. 이는 천주교신앙이 종교적 복음이라는 의미와 함께 사회적 복음의 역할을 하고 있음을 의미한다.[21] 천주교의 이러한 특성은 비특권적인 하층 민중들에게 강한 호소력을 가질 수 있었고, 서학이 계속해서 확산될 수 있는 요인이 되었다.

또한 한글로 번역된 천주교 서적은 일반 민중들이 천주교신앙에 접근할 수 있는 기회를 제공했다. 한글 번역 천주교서는 당시 민중들의 적극적인 요구로 나타났고, 교회 창설 3년 후인 1787년

---

20) 노길명,《가톨릭과 조선 후기 사회변동》, 고려대민족문화연구소, 1988, pp. 87~104.
21) 조 광, 앞의 글, p. 289.

에는 조정에서 한글 번역 천주교서의 폐해가 논의될 정도로 전
파되어 갔다. 게다가 이렇게 번역된 한글 천주교 서적은 목판으
로 간행되어 비교적 저렴한 가격에 보급되고 있었다. 뿐만 아니
라 정부의 금령에도 불구하고 서울의 일부 세책방(貰冊房)에서는
천주교 서적을 빌려주고 거금을 벌었다는 기록도 나타나고 있으
며, 천주교 서적의 보급에 직업적으로 종사하는 사람들도 나타났
다. 그 결과 1801년에는 약 83종에 이르는 한글 천주교 서적들이
번역되거나 저술되어 읽히고 있었을 정도였다.[22]

　　그러나 이러한 천주교의 확산은 지배층들에게는 국가질서에
도전하는 요소로 받아들여졌고, 서학에 대한 정부의 경계를 더욱
강화시키는 계기가 되었다. 특히 이때는 이전 단계에서 나타났
던 반서학(反西學)의 움직임도 이론적 비판에 그치지 않고 실제
로 천주교 신봉을 견제하는 척사론으로 발전하게 된다.[23] 척사론
의 공론 조성에 앞장선 인물은 안정복으로, 그는 《천학고》(天學
考), 《천학문답》(天學問答) 등을 저술해 그 선봉에 나섰다. 이러한
공론 조성의 결과 정부는 서학을 '어리석은 백성을 유혹하는 술
수'나, 혹은 '무부무군(無父無君)의 종교', '세상의 변혁을 바라고
생각하는 사람들의 무리' 등으로 규정해 탄압을 정당화하고 있었
다. 한역 서학서의 수입을 금지하는 조치들이 취해지는 한편, 천
주교 서적들의 국내 유통을 엄금하는 정책을 강행하기도 했으며,
그 유포를 금지하고자 하는 강력한 정책을 시행하기도 했다.[24]

　　여기에 1791년 발생한 진산사건(珍山事件)은 갈등구조를 더욱

---

22) 조　광, 《조선 후기 천주교사 연구》, 고려대 민족문화연구소, 1990, p. 91.
　　1801년 신유박해 당시 형조에 압수되어 소각된 천주교 서적은 모두 120종
　　117권 199책이었다. 그런데 이 가운데 한글로 씌어진 책은 83종 111권 128
　　책이었으며, 한문본은 37종 66권 71책이었다. 이로써 조광은 그 당시 신도
　　들이 읽었던 천주교 서적의 상당수가 한글본임을 확인할 수 있었다 한다.
23) 차기진, 앞의 글, p. 300.
24) 조　광, 앞의 책, pp. 179~182.

첨예화시켰다. 진산사건은 윤지충(尹持忠)과 권상연(權尙然)이 천
주교의 교리에 따라 조상의 신주를 불사른 사건으로, 두 사람은
참수형에 처해졌으며 그 여파로 기호지방 도처에서 천주교에 대
한 탄압이 강행되었다. 이는 이미 서학을 주자학에 대한 중대한
도전으로 받아들이고 있던 당시 위정자들에게 더욱 큰 경계심을
갖게 만들었다. 그러므로 천주의 창조성과 인격성이 비판되면서
서학서에 들어 있는 보유론의 논리가 근본적으로 비판되고, 종래
정교하다고 인정되어 온 천문·역법 등 과학기술까지 비판의 대
상이 되었다.

한편 이 사건으로 천주교 내부에도 많은 변화가 초래되었다.
이 사건을 통해 천주교에서 조상에 대한 제사를 금지한다는 사
실이 밝혀지고, 조정에서는 왕의 명령에 의해서 이제 서학도들을
선비의 반열에 끼워주지 않게 되었다. 그리하여 이후 양반 출신
신도들 상당수가 서학을 포기하고 유학으로 되돌아갔다. 대개
문화적 관심에서 학문을 통해 보유론적 천주신앙에 도달했던 성
호좌파계의 천주교도들은 그후 교리를 계속 탐구하여 유교와 천
주교의 차이를 명백히 파악함에 따라 신앙생활이 무너질 수밖에
없는 취약성을 지녔던 것이다. 그러므로 조선교회 창설에 참여
했던 양반신분층의 많은 인물들이 별다른 양심의 가책을 받지
않고 천주교를 떠나 유교문화로 회귀해갔다. 이들이 문화적, 학
문적 입장에서 접근해서 얻은 보유론적 천주신앙은 사회 경제적
모순 속에서 현실위안을 구하는 사회복음적 의미와 현세에서 찾
지 못하는 복락을 영생의 신앙에서 찾으려는 중인, 서민의 신앙
과는 일정한 거리가 있었기 때문이다.[25]

그 결과 1791년 이후에는 교회의 지도층이 양반에서 중인 이
하의 신분층으로 이동하는 신분구성의 변화가 나타났다. 새로이

---

25) 조 광, 앞의 글, p. 287.

교회의 지도자로 등장한 인물들은 주로 의약계 중인들이었던 것
으로 밝혀지는데, 이들은 자신들의 약방과 약국을 거점으로 신앙
집회를 자주 가졌고 전교 근거지로 삼아 활동했다.

천주교신앙의 수용 초기부터 우리는 중인 신도들의 존재를 확
인해 볼 수 있다. 이들은 비록 한역 서학서 연구 단계에는 직접
간여하지 않았으나,[26] 이승훈의 귀국 후 시작되는 천주신앙 실천
과 교회 창설, 그리고 초기 발전과정에서는 주목할 만한 활동을
보인다. 이들은 대부분 역관계(譯官系)와 의관계(醫官系) 가문 출
신이었는데, 전자는 그의 직무 관계로 비교적 해외정세에 밝았고
이질적인 문화와 접촉할 기회가 많았으며 또한 전통적인 주자학
에 대한 집착이 적어 개방된 문화의식을 깨우칠 수 있었던 신분
층이었다. 또한 역관무역에도 관계해 경제적 여유를 누리고 있
는 신분층이기도 했다. 한편 의관계 가문은 정직(正職)을 제수받
지 못하더라도 도시에서 약방·약국을 경영해 많은 사람과 접촉
할 수 있었고 시정의 정보에도 밝았으며, 의약서를 통해 그 나름
의 문화적 감각을 가질 수 있었다. 그들 또한 경제적 부를 축적
할 수 있는 층이었음은 물론이다. 바로 이와 같은 문화, 사회, 경
제적 공통점이 이 두 계층이 일찍부터 천주신앙을 수용할 수 있
게 한 배경이라고 생각된다. 이들은 양반 출신 신도들과 함께 한
때 교회의 지도부를 형성하기도 했다.[27]

특히 이러한 중인들과 대다수의 민중들은 보유론과 정통 천주
교와의 주요 논쟁점이었던 조상제사 문제나 공자숭배 문제와 무
관했다. 그러므로 이들은 조상제사 문제가 발생했어도 교회를
떠날 하등의 이유가 없었다. 그리하여 진산사건 이후 교회는 주
로 중인이나 비특권적 민중들에 의해 지도되기에 이르렀다. 교

---

26) 이원순, 〈조선 후기 사회 중인층의 서교 수용〉,《한국문화》8, 서울대 한
    국문화연구소, 1987, p. 46.
27) 위의 글, p. 60.

회에 남아 있던 양반층 신도들도 더이상 국가나 사회로부터 선비로서 대우받을 수 없게 되었다. 그런 상황에서도 서학에 계속 관여하고 있던 양반들은 양반으로서의 특권을 스스로 포기한 사람이거나 양반의 특권을 이미 주장할 수 없을 정도로 몰락한 사람들이었다.[28]

V. 서학에 대한 박해

이전 단계에서 시작된 서학에 대한 탄압과 박해가 본격화된 것은 1801년부터라고 할 수 있다. 신유박해 이후 계속되는 서학 탄압은 서학의 발전을 위축시키고 심각한 공백을 초래한 것이 사실이다. 이러한 견지에서 본다면 이때를 서학의 조락기로 규정하는 것도 타당하다. 그러나 이때도 신앙운동으로서의 천주교 운동은 지속되었으며, 민중들에게는 그 위치가 더욱 견고해진 것도 사실이다. 따라서 이 글에서는 이 시기를 단순 쇠퇴기로 보기보다는 민중종교로서 천주교가 자리하는 모습에도 주목하고자 했다.

신유박해를 기점으로 서학에 대한 박해 양상은 이전과는 달라진다. 이전에는 탄압이 있었다고 해도 천주교 부분에만 집중된 것이었고, 기타의 다른 서양 과학 등의 분야에는 어느 정도 이해와 지지가 주어지기도 했기 때문이다.[29] 그러나 정조가 승하하고 순조가 즉위하면서부터 척사론이 정치적인 보복의 성격으로 변질됨에 따라 천주교도 박해를 빌미로 천주교도가 많았던 남인시

---

28) 조 광, 앞의 글, p. 285.
29) 여기에는 정조의 역할이 컸다. 정조는 천주교와 서양의 과학기술 등을 구분하여 대처하였으며, 서양의 과학기술 등에 대해서는 그것을 수용하고 실용화하는 데 큰 관심을 두었다고 한다.(강재언, 앞의 책, p. 179)

파(南人時派)에 대한 본격적인 탄압이 시작된다. 이러한 탄압은 서양 과학과 천주교를 구분하지 않고 무차별적으로 이루어졌다는 데 그 특징이 있다.

신유박해는 1801년 1월 10일 대왕대비 김씨가 천주교를 사학(邪學)으로 규정하고, 인륜을 고수하고 백성을 교화하기 위해서는 천주교를 엄금해야 할 것임을 하교하는 데서 비롯되었다.[30] 여기에는 그들의 반대파인 남인시파에 대한 정치적 보복의 의도가 내재되어 있었던 것으로 보인다.[31] 그 결과 1801년 2월에는 이가환(李家煥), 권철신(權哲身)이 옥사하고 이승훈, 정약종, 최필공(崔必恭)과 조선교회 총회장 최창현 등이 참수당했고, 남인시파들도 모조리 정치적 숙청을 당했다. 당시 천주교에 대한 탄압은 서울부터 경기도·충청도·전라도 지방에까지 미치는 전국적인 것이었다.

더욱이 1801년 9월에 있었던 황사영백서(黃嗣永帛書)사건은 정부에 큰 충격을 안겨주었다. 황사영은 정약용의 사위로 천주교도였다. 그는 신유박해가 일어나자, 그 박해의 전말과 순교자들의 약력, 조선교회의 재건책을 적은 백서를 북경 천주남당(天主南堂)의 고베아에게 전달하고자 했다. 그러나 이 사실이 사전에 발각됨으로 해서 그의 백서는 압수당했고, 가혹한 추국(推鞫) 끝에 처형당했다. 그의 백서에는 "양박(洋舶) 수백 척에 정병 5, 6만 명을 파견해서 무력으로 개교(開敎)를 강요할 것" 등, 종교를 국가주권의 위에 놓고 종교의 자유를 위해서는 나라의 주권 침해도 불사한다는 내용이 기재되어 있었다. 이는 위정자에게 천주교가 무부무군(無父無君)의 사술(邪術)이라는 반증으로 이용되

---

30) 《조선왕조실록》 순조 원년 정월조.
31) 강재언, 앞의 책, pp. 172~174. 영조말 이래 정치세력은 시파와 벽파로 나뉘어 대립하고 있었다. 순조의 즉위로 정권을 장악하게 된 벽파는 신유박해를 통해 천주교에 동조적인 시파 세력을 탄압했다.

었다.[32] 그 결과 신유년 1년 동안에 순교한 천주교도는 300여 명에 달할 정도였다.

신유박해는 서학 특히 천주교의 역사적 충격에 대응하는 유교적 봉건집권세력의 격렬한 배척이 현실화되어 나타난 것이었고, 주자학적 가치체계를 옹호하기 위한 유교사회세력의 반충작용이기도 했다. 물론 신유박해 이전에도 천주교에 대한 탄압과 박해가 없었던 것은 아니다. 그러나 이때의 박해는 그 대상을 무차별 확대하면서 마침내 서학의 전면봉쇄, 전면금압으로 확산되기에 이른다.[33]

이후 이러한 박해는 1839년의 을해박해, 1846년의 병오박해, 1866년의 병인박해 등으로 이어졌다. 그리고 국내에 잠입했던 프랑스 선교사 12명 가운데 9명이 처단된 1866년의 탄압은 드디어 7척의 프랑스 원정 함대가 침략하는 병인양요의 원인이 되었다. 천주교에 대한 이같은 계속적이고 집요한 탄압은 조선에서의 서학수용을 위축시켰으며, 1882년 5월에 조·미수호통상조약이 체결될 때까지 서양세계에 대한 완고한 쇄국정책이 지속되었다.[34] 다만 이런 상황에서도 서학수용의 필요성을 강조한 학자들은 있어 그 맥이 이규경(李圭景), 최한기(崔漢綺), 김정희(金正喜) 등으로 이어지고 있을 뿐이었다.[35]

하지만 서학의 민중에의 전파는 더욱 확대되고 있었다. 그 결

---

32) 위의 책, pp. 175~176.
33) 이원순, 앞의 책, p. 17.
34) 강재언, 앞의 책, p. 186.
35) 이들은 서학이 두절된 이 시기에도 서학 수용의 필요성을 강조하고, 시대 역행적인 쇄국정책을 비판하였다. 이규경은 자신의 저서인 《五州衍文長箋散稿》에서 서학서 연구의 필요성을 강조하고 있다. 뿐만 아니라 서양에 대한 완고한 쇄국정책을 반대하고 해외통상에 의한 부국책을 강조하는 등 개국통상론을 제기하고 있다. 최한기도 역시 조선의 폐쇄적인 사상 경향을 비판하면서 서학의 필요성을 주장하는 태도를 보이고 있다.(위의 책, pp. 186~190)

과 교세는 더욱 확장되어 1831년에는 로마교황청에 의해 북경교구에서 독립해 파리 외방 전교회에 소속하게 되고 프랑스 선교사들이 파견되기도 했다. 당시 신도들의 구성을 살펴보면 민중적 특성이 더욱 선명하게 드러나고 있는데, 19세기가 시작될 무렵 정부 당국자들의 인식을 살펴보면 서학도들 가운데는 무지몽매한 서민이나 아녀자들이 주류를 이루고 있는 것으로 파악되고 있었다. 사실 이때 서학도의 지도층에는 '최구두쇠'와 같은 서민이 명기되어 있기도 하며, 강완숙(姜完淑)이나 윤점혜(尹占惠)와 같은 여자가 여회장을 맡고 있었다. 이와 같은 경향은 천주교에 대한 탄압에 비례해 더욱 강화되었다. 그리하여 1839년의 천주교 탄압 사건인 기해박해 과정에서는 이러한 현상이 더욱 강화되었고, 1850년대에는 한때 프랑스 선교사들이 몰락양반 출신의 신도들을 중용하려 하자, 조선인 신부였던 최양업(崔良業)과 같은 이는 이에 반발하며 신분제의 폐단에 대한 공격을 시도하기도 했다.

그리고 1866년 이래 수년간 계속된 천주교 박해 과정에서 정부에 체포돼 신문을 받은 사람들은 대부분 일반 서민들이었다. 이들 가운데는 대체로 소상인이나 수공업자들이 많은 비중을 차지하고 있었으며, 이외에도 하급 서리나 의원 등 중인들도 계속해서 확인되고 있다. 그밖에 농민·점인(店人)·사공·광대·역졸 등도 있었는데, 이들은 당시 사회에서 안정적 경제생활을 영위할 수 없었던 사람들이라 하겠다. 이들은 민중종교운동의 일환으로 천주교신앙을 실천하고 있었다.[36] 조선 후기 사회의 변동과 천주교 서적을 통해 새로운 인간관과 사회관에 도달할 수 있었던 이들은 이미 자신들의 신앙에 대해 강한 자부심을 가지고 이를 실천해 나가고 있었던 것이다. 그러므로 계속되는 탄압에도 불구

---

36) 조 광, 앞의 글, p. 286.

하고 서학은 쇠퇴했다기보다 당시 사회에서 민중들에게 새로운
사회를 형성할 수 있는 사상으로서, 즉 민중종교로서 자리매김을
하게 되는 것이다.

VI. 맺음말

이상으로 17세기초 서학이 처음 전래된 후 조선에서 전개되는
서학의 수용과정과 그 속에서 나타나는 갈등양상을 살펴보았다.
이 글에서는 이를 조명하기 위해 기존의 설들을 종합하여 조선
의 서학 수용과정을 4단계로 구분해보았다.

우선 처음에는 서학의 단순 전래기를 설정하여, 비록 호기심에
서 출발한 것이기는 하지만 일부 한역 서학서들에 대한 조선 지
식인들의 접촉이 이루어질 수 있었던 과정을 고찰해보았다. 이
를 통해 17세기 이래 시작된 서학에의 접촉과 전래는 개별적인
것이 다수였으며, 그 통로는 주로 중국에 다녀온 사신 일행이었
음을 알 수 있었다.

두번째 단계로는 초기의 서학인식과 수용을 살펴보았다. 시기
적으로는 서학을 학문적으로 탐구하기 시작한 18세기 중엽 이후
부터 교회의 설립 이전까지로 볼 수 있다. 이때 수용의 주체는
주로 실학자들이었다. 실학자들은 조선 후기 사상계에 나타나고
있던 변화에 부응하여 새로운 학문을 수용하려는 적극적인 움직
임을 나타내고 있었다. 이러한 맥락에서 역시 청나라에 사신의
일행으로 다녀온 사람들의 손을 거쳐 전래된 한역 서학서를 학
문적 연구의 대상으로 탐구했다. 이들은 특히 서학의 과학기술
적인 측면에 깊은 관심을 표명하여, 이를 조선사회에 적용하려는
태도를 보이고 있었다. 이러한 실학자들의 태도는 신문화운동의

일환으로 설명되곤 한다. 그러나 그 반응은 수용과 거부의 엇갈림으로 나타나게 되고, 이 구도는 이후 서학의 전개과정에서 커다란 갈등과 대립구도를 형성하게 된다.

세번째 단계는 1784년 교회의 설립과 더불어 천주교신앙으로 서학이 조선에 정착되어 가는 단계라고 할 수 있다. 이때는 서학이 일반 민중에게 확산되어 가는 한편, 이를 경계하는 배척의 움직임도 본격화 공론화되어 가는 시기이다. 처음 학문적 관심에서 출발했던 서학연구는 점차 신앙의 실천으로 이어지게 되었으며, 따라서 서학의 과학기술적 측면보다는 사상적 측면에 관한 관심이 상대적으로 높아졌다. 그 결과가 바로 교회의 설립으로 나타났고, 전 단계의 신문화운동이라는 성격에서 신앙운동의 측면이 보다 강해지게 된다.

수용 계층에서도 변화가 나타나, 일부 양반들에 의해 주도되어 오던 서학은 일반 민중들에게 확산되고 그 결과 민중종교의 성격도 갖추게 된다. 천주교신앙과 서양의 과학기술이 서학이라는 동일한 범주 안에서 이해되던 상황에서, 천주교 즉 서학이 조선정부로부터 금지되고 탄압 받게 되자, 양반들이 서학의 과학기술적 측면을 적극적으로 수용하는 데는 상당한 제약이 따르게 되었던 것이다. 그리하여 1784년 이후에 조선에서 서학이라 할 때에 이는 곧 천주교 신앙만을 의미하는 경우가 많게 되었다.

네번째는 바로 서학에 대한 박해의 시기라고 할 수 있다. 1801년의 신유박해 이후 천주교에 대한 격심한 탄압이 이루어지는데, 이는 서학의 일시적인 단절을 가져온다. 특히 이때는 조선 후기 사회의 근대화에 기여할 서구의 과학기술마저 전면 거부하는 양상으로 전개되면서, 우리의 주체적인 근대화를 위한 사상적 준비까지 말살하고 서학의 공백시대를 초래하기도 한다. 그러나 이 시기에도 민중 사이의 천주교신앙은 지속적으로 유지되며, 오히려 그 뿌리가 깊게 내려지는 것을 볼 수 있다.

참고문헌

강재언,《조선의 서학사》, 민음사, 1992.
김기협,〈예수회선교의 적응주의 노선과 중국, 일본의 서학〉,《역사비평》
    25, 1994 여름호.
노길명,《가톨릭과 조선 후기 사회변동》, 고려대 민족문화연구소, 1988.
안화숙,〈조선 후기의 천주교 여성활동과 여성관의 발전〉,《최석우신부
    화갑기념 한국교회사논총》, 한국교회사연구소, 1982.
이원순,〈조선 후기 사회 중인층의 서교 수용〉,《한국문화》 8, 서울대
    한국문화연구소, 1987.
──── ,《조선서학사연구》, 일지사, 1989.
정세화 외,〈한국여성사 정립을 위한 인물 유형연구 Ⅰ〉,《여성학논집》
    5, 한국여성연구원, 1988.
조 광,《조선 후기 천주교사 연구》, 고려대 민족문화연구소, 1990.
──── ,〈조선 후기 서학의 수용층과 수용논리〉,《역사비평》25, 1994 여
    름호.
차기진,〈천주교의 유입과 지배층의 대응논리〉,《역사비평》25, 1994 여
    름호.
최소자,《동서문화교류사연구》, 삼영사, 1987.

동학사상과 갑오농민혁명

최 유 리

I. 머 리 말

19세기에 들어선 조선사회는 이제껏 경험하지 못했던 극심한 혼란과 위기에 놓여 있었다. 특히 이 시기에는 조선이 안고 있었던 내부적인 모순에 밖으로부터 밀려들어오는 여러 가지 압력이 가중되면서, 사태는 조선왕조의 조정 능력을 넘어선 상태가 되고 있었다. 이런 상황 속에서 생존권을 위협당하고 있던 조선의 민중들은 당시 조선의 지배이념으로 자리잡고 있으면서도 이미 그 기능을 상실한 채 오히려 세도정치의 도구로 전락해버린 성리학을 대신해,[1] 내외의 모순을 해결할 수 있는 새로운 사상을 갈망했다. 따라서 동학의 창도는 당시 도탄에 빠져 있는 농민들에게 새로운 이상세계를 제시해주는 것이었으며, 자연히 반봉건·반

---

1) 박맹수, 〈동학의 성립과 사상적 특성〉, 역사학연구소 편, 《근현대사강좌》 5, 한울, 1994, p. 23.

외세의 성격을 띠는 사상으로 귀결될 수밖에 없었다.

동학을 창도한 최제우(崔濟愚)는 불우한 몰락양반이자 서자 출신으로, 오랜 방랑을 통해 농민층의 생활상을 자세히 알고 있었기 때문에 당시 조선이 처한 내외의 혼란 속에서 민중이 의지할 수 있는, 즉 민중과 밀착된 사상을 만들어낼 수 있었다. 동학교리는 동양의 경천사상(敬天思想)에 바탕을 두고, 유·불·선 삼교를 모두 포함하면서도, 비기도참사상(秘記圖讖思想)과 민간신앙까지 수용함으로써 민중들의 감정을 충실히 반영하고 있었던 것이다.

이 글에서는 동학사상을 논함에서, 우선 동학이 출현할 당시의 조선의 상황을 정리해보고, 이어서 동학의 내용과 구조를 살펴보고자 한다. 그리고 갑오농민혁명의 전개과정을 통해 동학의 정치·사회의식이 이 사건에 어떻게 투영되고 있는지 살펴봄으로써 동학사상과 갑오년에 일어난 사건 사이의 관련성에 대한 시각을 정립할 단서를 찾아보고자 한다. 끝으로 동학과 갑오농민혁명의 관계를 둘러싼 종래의 여러 견해들을 정리해보았다.[2]

Ⅱ. 19세기 전반의 사회변동

그러면 먼저 당시 조선이 처해 있었던 상황을 구체적으로 살펴봄으로써 동학이라는 종교·사상이 출현하게 되는 배경을 살펴보기로 하겠다.

---

2) 이 글에서는 19세기 이래 꾸준히 전개되고 있었던 농민항쟁을 계승하면서도, 다른 한편에서는 고립 분산적이던 농민을 조직하고 사건을 전국적인 규모로 확대시켜 봉건적인 정치·경제·사회체제의 전면적인 철폐와 반외세를 목적으로 내세웠다는 점에서 잠정적으로 '갑오농민혁명'이라는 명칭을 사용했다. 용어문제에 대해서는 맺음말에서 다시 상세히 언급하겠다.

먼저 조선왕조가 안고 있던 내부적인 모순에 대해 살펴보자. 이미 임진왜란과 병자호란의 양란을 거치면서 지배체제의 와해현상이 나타나고 있던 조선은 17세기 이래 나타난 농업생산력의 발전을 기반으로 농업·수공업·상업 등 모든 경제분야에서 서서히 자본주의적 생산관계가 발전하고 있었다. 즉 농업생산력의 발전, 상품화폐경제의 발달과 이에 따른 장시(場市)의 형성이 빠른 속도로 이루어지고 있는 가운데 이를 기반으로 신분제의 동요, 농민층 분해가 나타나면서 봉건사회의 붕괴과정이 더욱 뚜렷이 진행되고 있었다.

특히 이 가운데에서도 농민층의 분해현상은 조선사회의 존재기반을 위협하는 것이었다. 18세기 이후 소수의 농민들이 소작지를 넓혀가면서 상업적 농업을 통해 소위 '경영형 부농'이나 '서민지주'로 성장할 수 있었던 반면, 대다수의 농민들은 부농들에게 소작지마저 빼앗긴 채로 빈농으로 전락했다. 그 결과 많은 빈농들이 부농의 대규모 토지경영에 따른 노동력 부족을 보충하는 농업노동자로 종사하게 되었다. 또 한편에서는 양반이면서도 오랫동안 관직을 얻지 못한 이들이 경제적으로 몰락해 소작농민이 되었고, 평민이나 천민이라도 돈을 벌어 지주가 될 수 있었다. 이제 신분이라는 것은 경제적 지위와 반드시 일치하지 않을 수도 있는 상대적인 개념으로 변해가고 있었다. 이처럼 농민층 내부에서 계급분화가 진전되자 자연히 농촌내 계급구성이 재편될 수밖에 없었고, 그에 따른 계급대립도 첨예화되었다.

그러나 이와 같은 사회·경제면에서의 급속한 변화에도 불구하고 19세기에 들어서면서 등장한 세도정치라는 정치체제의 파행현상은 이러한 변화를 수렴·발전시키기는커녕 오히려 수취체제의 문란과 연결되면서 봉건체제의 붕괴를 가속화시켰다. 1800년 정조가 갑자기 사망하자 순조는 11살의 나이로 왕위에 오르게 되었다. 그러자 순조의 장인이었던 김조순이 권력을 장악했고, 이때부

터 안동김씨의 세도정치가 시작되었다. 순조 말년부터 헌종대에
는 풍양조씨 일파의 외척세력이 대두하기도 했으나, 철종이 즉위
하면서 다시 안동김씨 세력이 정국을 주도했으며 이 시기에 세도
정치는 절정에 달했다. 세도정치는 18세기 이래 진행되고 있던
권력의 집중현상을 서울의 소수 명문가문 위주로 더욱 심화시키
는 작용을 했다. 그리하여 정권의 지지기반은 더욱 축소되었고
지배계급내의 갈등과 대립은 더욱 심해졌다. 정권을 잡은 세도가
들은 자신들의 권력을 이용해 매관매직을 일삼았고, 이는 결국
관리들의 탐학행위와 삼정(三政)의 문란을 가중시켰다.[3]

   게다가 주기적으로 반복되는 자연재해와 질병으로 민중의 생
활은 극심한 피폐상태에 놓였다. 때문에 19세기 내내 전국에서
농민항쟁이 그치지 않았는데, 1811년 평안도 농민전쟁, 1862년
농민항쟁 등이 대표적이라 할 수 있다. 이외에 지역적인 규모의
농민항쟁은 1800년의 안동농민항쟁, 1808년 북청과 서천농민항
쟁, 1811년 해주와 황주농민항쟁 등 이루 헤아릴 수 없을 만큼
빈번하게 일어나고 있어서 가히 '농민항쟁의 시대'라고 불릴 만
했다. 이는 민중들의 생존권 수호를 위한 몸부림이자, 조선정부
의 입장에서 본다면 왕조의 기틀을 흔드는 심각한 내부의 도전
이기도 했다.

   다음으로 당시 조선이 직면한 대외적인 위기는 지금까지 조선
이 겪어왔던 주변 국가들의 침략양상과는 전혀 이질적인 성질의
것이었다. 흔히 서양 세력의 동점(東漸)으로 불리는 동아시아에
대한 서구열강의 침략은 이미 16세기 이후 지속적으로 이어지고
있었다. 조선의 경우는 가장 원초적인 형태로 중국에서 들어오
는 서학(西學)을 통해 이들 서양세력과 간접적으로 부딪치고 있
었다. 당시 조선의 지식인들은 서학이 포함하고 있는 종교적 사

---

3) 한우근, 《동학란 기인에 관한 연구》, 서울대출판부, 1971 참조.

상적인 면에 대한 입장에서는 대립을 보였지만 서학의 근대적 과학기술과 합리성에 대해서는 기본적으로 수용하는 태도를 보였다. 물론 서학이 내포하고 있는 기술적인 측면과 정신적인 측면을 분리해서 받아들인다는 것 자체가 근본적으로는 불가능하지만, 어쨌든 서학을 통한 조선의 서양에 대한 인식은 반드시 부정적인 것만은 아니었다.

그러나 이러한 분위기는 19세기, 특히 최제우가 동학을 창도하는 1860년대 무렵에는 크게 달라지고 있었고, 조선의 서양에 대한 인식 또한 매우 부정적인 쪽으로 옮겨가고 있었다.[4] 그 이유로는 크게 두 가지를 들 수 있다. 하나는 조선내의 천주교도들의 움직임과 관련된 것으로 대표적인 예가 '황사영백서'(黃嗣永帛書) 사건이다.[5] 이 사건은 심한 박해에 시달리던 천주교도들이 신유박해(辛酉迫害)를 계기로 조선정부가 천주교를 공인하도록 서양 열강들이 무력 간섭을 해줄 것을 북경 주교에게 청한 밀서가 발각된 것이다. 이 사건으로 조선정부는 서학이 서양의 무력과 직접 연결될 수 있다는 인식을 갖게 되었고, 이는 곧 반서학적(反西學的)인 태도로 이어졌다.

또 하나의 이유로 들 수 있는 것은 동아시아 문명권의 종주국이었던 중국에 대한 서양열강들의 침략과 여기에서 나타나는 중국의 무기력에서 온 위기감이었다. 1840~1842년의 아편전쟁과 1856~1860년의 애로우호전쟁의 결과는 조선에 커다란 충격을 주었으며, 더구나 1860년 영·프연합군이 북경을 점령한 사건은 곧바로 중화질서의 몰락을 예견시키는 위기감으로 연결되었던 것이다.[6] 게다가 서양의 함선이 조선 연안에까지 출몰하는 상황

---

4) 김용덕, 〈동학사상의 독자성과 세계성〉, 《한국사시민강좌》 4, 일조각, 1989, p. 65.
5) 위의 글, p. 66.
6) 박맹수, 앞의 글, p. 22.

이 전개되면서 조선인들의 서양에 대한 인식은 무력 침략과 곧
바로 연결되었다.

이상과 같은 대내외적인 위기에 직면한 조선에서는 정부 스스
로가 그 해결방안을 내놓지 못하는 가운데 현실문제를 극복할
만한 새로운 학풍으로 종래 성리학적 이념을 대신해 실학이 나
타났다. 그러나 실학사상은 그 개혁적 성격에도 불구하고 재야
학자들이 중심이어서 실현되기는 어려웠다. 그 결과 피폐할 대
로 피폐한 현실로부터의 구원을 고대하던 민중들은 진인(眞人)의
출현을 기대하게 되었고《정감록》과 같은 비기도참서가 크게 유
행했다. 뿐만 아니라 이러한 진인 출현을 믿는 신앙은 당시 빈번
했던 민란과 연결되어 민중들의 이념으로 자리잡기도 했다.[7] 당
시 민중들은 이미 수탈도구로 변신한 성리학을 대신해 자신들을
구원해줄 새로운 사상의 출현을 갈망하고 있었고, 실제로 농민항
쟁을 통해 지배체제에 대한 저항을 표출해 나가면서 상당한 정
도의 의식성장을 이루어가고 있었다.

Ⅲ. 동학의 창도와 그 사상

조선왕조가 해체기에 들어서면서 대내외의 혼란과 위기가 가
중되는 가운데 19세기 중엽 지식인들 사이에는 이러한 모순들을
해결하기 위한 새로운 사상조류들이 등장했다. 그 대표적인 것
이 개화사상, 위정척사사상, 그리고 이 글에서 살펴보게 될 동학
사상이다.[8] 그러면 동학사상의 구체적인 내용과 구조를 논하기에
앞서 동학을 창도한 최제우의 사상형성과정을 살펴보도록 하자.

---

7) 위의 글, p. 24.
8) 이현희, 〈동학사상의 배경과 그 의식의 성장〉,《한국사상》18, 1981, p. 73.

최제우는 1824년(순조 24) 10월 28일(음력) 경주 가정리(稼亭里 ; 현 경상북도 월성군)에서 출생했다. 본관은 경주이며, 본명은 복술(福述), 관명은 제선(濟宣), 자는 성묵(性默), 호는 수운(水雲)이다. 제우라는 이름은 어리석은 중생을 구제한다는 뜻으로, 그가 35세 되던 해 창생(蒼生)을 구제하기 위한 수도를 하면서 만든 것이다. 최제우의 가계는 통일신라시대까지는 육두품의 집안이었다가 신라가 멸망한 후 향리층이 되어 조선 전기까지 계속 신분이 격하되면서도 상당한 영향을 가진 지방토착세력으로 이어지고 있었던 것 같다.[9]

최제우의 집안이 양반신분으로 상승한 것은 최제우의 7대조인 최진립(崔震立)에 와서였다. 최진립이 임진왜란·병자호란 때 의병을 일으키고 순국하자 조선정부는 그에게 병조판서를 추서했고, 이를 계기로 양반신분이 되었다. 그러나 문무차별이 심한 사회분위기 속에서 문반으로 사회적 지위를 확립하는 데에는 성공하지 못했던 듯하다. 최제우의 부친인 최옥(崔鋈)은 영남 일대에서는 꽤 알려진 문사(文士)로 퇴계의 학풍을 이어받았지만, 과거시험에는 낙방했다. 이러한 학문적 분위기에 힘입어 최제우도 상당한 수준의 유교적 교양을 닦았다고 알려지고 있다.

최제우는 그의 부친이 두번째 부인이 아들을 낳지 못하자 곡산 한씨와의 사이에서 63세에 얻은 아들로 말하자면 재가녀(再嫁女)의 자손이었다. 때문에 서얼차별제도가 극심했던 조선사회에서 최제우는 어려서부터 심한 좌절감을 느꼈으리라 추측된다. 최제우는 13세에 울산 박씨와 결혼했다. 17세에 그의 부친이 죽자 3년상을 마치고는 20세(1843)에 집을 나와 31세(1854)에 부인에게 돌아와 정착할 때까지 전국 각지를 유랑했다.

이 유랑 기간 동안 최제우는 안 해본 일이 없다고 할 정도로 조선사회의 많은 것을 체험하면서 당시 조선이 안고 있었던 내외의 모순을 절감했고, 이것이 그 자신의 개인적인 갈등과 연결되면서 그 해결방안을 모색하는 데 커다란 영향을 주었다.[10] 특히 이 시기에 최제우는 민중들이 양반관료들의 지배와 착취 속에서 도탄에 빠져 있고, 악질(惡疾)에 시달리면서 정신적으로 방황하고 있다는 사실과 함께, 이러한 민중들의 정신적 방황이 이미 침투해 들어와 있던 서학으로 경도될 가능성이 있다는 사실을 깊이 인식했다. 뿐만 아니라 중국으로부터 들려오던 서양세력의 침입 소식은 그의 이러한 생각을 더욱 구체화시켜주었다.[11]

그러나 유랑기간 동안 뚜렷한 해결방법을 얻지 못했던 최제우는 32세(1855)에 일종의 신비체험을 하고 이를 계기로 다음해 경상남도 양산 통도사 내원암(內院庵) 근처의 동굴에서 49일간 기도생활을 한 후 다시 종교체험을 했다. 그러다가 36세(1859)에 1854년 이후 머물렀던 처가에서 고향으로 돌아와 수도를 계속했고, 1860년 음력 4월 5일 드디어 결정적인 종교체험을 하고 도를 얻었다. 이 득도과정은 최제우 자신이 직접 회상해 기록한 〈용담가〉, 〈안심가〉, 〈교훈가〉 등 한글 가사와 〈포덕문〉(布德文), 〈논학문〉(論學文) 등의 한문 저작 속에 잘 나타나고 있다.

최제우는 1861년 〈포덕문〉을 지은 후 자신의 도(道)를 '동학'(東學)이라 명명하고 포교를 시작했다. '동학'이라는 명칭은 최제우가 유랑기간 동안 느끼고 있던 서학을 통한 서양세력의 침입에 대한 대결의식을 강조한 것이다. 즉 서양의 침입으로부터 나라를 지켜 백성을 편안하게 하고(保國安民), 양반관료의 억압과 수탈로 도탄에 빠져 있는 백성을 널리 구제하는(廣濟蒼生) 새로운 사상·종교로서 자신의 사상을 위치지은 것이다.[12] 물론 동학

---

10) 박맹수, 앞의 글, p. 27.
11) 신용하, 앞의 글, p. 8.
12) 위의 글, p. 11.

자체는 하나의 종교에 불과하다. 그러나 동학이 창도될 당시의 사회적 배경, 특히 최제우가 긴 유랑생활 동안 경험한 내외의 모순들은 동학이 일정한 사회의식과 역사의식을 내포하도록 했고,[13] 최제우 스스로도 이러한 모순을 해결해보고자 하는 의식 속에서 동학을 창도했다는 것을 기억할 필요가 있다.

그가 포교를 시작하자마자 약 3천 명이 몰려와 제자가 되었는데,[14] 특히 경주·영덕·대구·청도·청하·연일·안동·단양·영양·신영·고성·울산 등지에 교도가 상당히 많아 1862년말에는 이 지역에 접소(接所)를 설치하고 접주(接主)를 두었다. 새로운 사상을 갈망하던 당시 조선 민중들의 호응이 얼마나 대단했는가를 알 수 있다. 이후 1863년 12월 평시사란(平時思亂), 즉 내란을 도모했다는[15] 죄명으로 체포돼 1864년 3월 10일 참형으로 순교할 때까지 약 4년간 최제우는 직접 교도가 많은 지방을 순회하면서 포교했다. 그 포교의 중심지는 경주 일대였다. 최제우의 순교 이후에는 제2대 교주인 최시형(崔時亨)에 의해 포교가 이어졌다.

최제우가 확립한 동학사상의 내용은 2대 교주 최시형 등이 만든 《동경대전》과 《용담유사》에 잘 나타나 있다. 이하에서는 동학사상의 중심이 되는 내용과 구조를 몇 가지 들어보기로 하겠다.

동학사상의 중심 내용 가운데 첫번째는 시천주사상(侍天主思想)에서 비롯된 평등이념이다. 동학은 기본적으로 지기일원사상(至氣一元思想)에서 출발한다. 이에 의하면 우주와 만물은 모두 지기[16]로 이루어지며, 천·지·인·귀신·심(天·地·人·鬼·神·心) 모두가 지기로 생긴 것이다.[17] 그러므로 이 지기를 매개로 천과 인

---

13) 정창렬, 〈동학의 사회의식〉, 《한국학논집》 9, 한양대 한국학연구소, 1986, p. 275.
14) 신용하, 앞의 글, p. 15.
15) 김용덕, 〈동학혁명운동의 성격〉, 《한국사의 재조명》, 1985, p. 523.
16) 궁극의 상태이며 원래의 상태는 형체도 없고 보이지도 않으면서 모든 사물에 간섭하고 또 지배하는 어떤 힘.

이 합일할 수 있는 기초가 마련된다. 최제우의 '천인합일사상'(天人合一思想)은 이전의 동양사상에서 보이는 천인합일사상과는 달리 그 합일의 중심이 천에 있는 것이 아니라 인간에게 있다는 점이 특징이다.[18]

이와 같은 인간 중심의 천인합일사상이 바로 '시천주사상'으로 발전했다. 시천주사상은 말 그대로 사람이 천주, 즉 하느님을 몸과 마음에 모시고 있다는 것으로 천주가 따로 존재하는 것이 아니라 바로 우리 자신 속에 있다는 의미다. 그리고 천주를 사람의 마음 속에 모셔 천주와 일체를 이룰 수 있는 방법으로 '수심정기'(修心正氣)의 수행법, 즉 마음을 닦고 기운을 바르게 하는 것을 제시하고 있다.[19] 이 수심정기를 실천하는 길로는 '시천주 조화정 영세불망 만사지'(侍天主 造化定 永世不忘 萬事知) 13자 주문을 외우는 방법을 말하고 있다.[20] "천주를 모시고 조화로써 덕에 합치되도록 마음을 정해서 평생토록 잊지 않으면 모든 일을 알 수 있다"는 의미로 학문에 접할 기회가 없는 민중들이 주문을 외우는 것만으로 군자가 되는 방법을 보여줘 큰 호응을 얻었다.

이 시천주사상은 최시형에 이어져 "사람이 하늘이니 사람 섬기기를 하늘과 같이 하라"(人是天 事人如天)는 내용으로 발전되었다. 또한 최시형은 이 사인여천사상을 '경'(敬) 개념과 결부시켜 '경천·경인·경물'(敬天·敬人·敬物)을 말함으로써[21] 그 대상을 사물에까지 확대시켰다. 3대 교주 손병희(孫秉熙)는 이를 다시 "사람이 곧 하늘"(人乃天)이라는 용어로 바꿔 조선 민중들에게 근대적인 평등이념을 전파시켜나갔다. 이는 기성 종교들이 하느님을 인간과 만물의 주재자로 설정해 인간은 그 아래 무조건 복

---

17) 신용하, 앞의 글, pp. 26~27.
18) 위의 글, p. 28.
19) 박맹수, 앞의 글, p. 32.
20) 신용하, 앞의 글, p. 31.
21) 박맹수, 앞의 글, p. 40.

종해야 하는 피지배자로만 설명하고 있는 것과는 전혀 다른 주
장으로 인간을 하느님과 동격에 놓고 있는 것이 특징적이다. 그
리하여 하느님을 마음 속에 모시고 있는 인간은 남녀·신분·적
서·빈부·귀천·노소에 관계없이 본래 평등하며,[22] 각자의 수행
에 따라 모두 군자가 될 수 있다는 이념은 조선 민중들이 지금
까지 접해보지 못한 새로운 평등세계의 시작을 알리는 신호이기
도 했다.

동학사상의 두번째 큰 줄기는 후천개벽사상(後天開闢思想)이다.
최제우는 인류의 역사를 크게 선천(先天)과 후천(後天)으로 구분
하고 있는데, 선천개벽은 인류사회가 최초로 열리는 변혁을 가리
키는 것으로 그 이후 5만 년의 시간이 지났다고 설명하고 있다.
그리고 자신이 동학을 창도하기 직전을 '각자위심'(各自爲心)의
시대,[23] 즉 온갖 모순으로 가득찬 선천의 종말기로 파악했다. 또
한 이러한 모순을 더욱 증폭시킨 것이 서학과 서양세력의 침투
라고 했다.

이런 구도설정 속에서 최제우는 자신의 시기를 선천이 막 끝
나고 후천이 시작되는 때로 설명해 한편으로는 혼란한 시기의
종말을 주창하면서도, 다른 한편으로는 동학에 입도하여 동학의
도를 깨우친 군자들의 동귀일체(同歸一體)의 새시대가 도래할 것
을 예언하고 있다.[24] 이러한 선천과 후천의 교체는 천운(天運)과
시운(時運)에 따라 이루어질 수밖에 없는, 즉 불가피한 것이라고
하면서[25] 동학을 후천세계 5만 년을 이끌어갈 사상으로 자리매김
했다. 그리하여 모든 사람들이 동학에 입도해 도를 깨우쳐 군자
가 되면 이 세상은 지상천국이 되리라는 유토피아사상으로까지

---

22) 김용덕, 앞의 글, p. 71.
23) 정창렬, 앞의 글, pp. 276~279.
24) 위의 글, pp. 290~297.
25) 신용하, 앞의 글, p. 40.

발전시키고 있는 것을 볼 수 있다.[26]

흔히 이러한 동학의 후천개벽사상을 동학의 혁명성으로 이해
하면서, 갑오농민혁명의 사상적 기반으로서 동학의 역할을 평가
하는 연구경향이 있다. 분명 동학의 후천개벽사상은 지나간 시
대를 부정하고, 새로운 시대의 시작을 알리는 혁명적 성격을 지
니고 있다. 그렇지만 이러한 종교적 혁명성이 곧바로 갑오농민
혁명을 이끌어온 사회적 혁명성으로 연결될 수 있는가 하는 문
제는[27] 계속 논쟁점으로 남아 있고, 갑오농민혁명의 역사적 성격
을 규정하는 데에도 중요한 요소로 늘 등장하고 있다.

동학의 세번째 중요사상으로 무위이화사상(無爲而化思想)을 들
수 있는데 이에 대한 해석 문제도 동학사상이 진정으로 혁명성
을 내포하고 있는가 하는 논쟁을 불러일으키는 원인 가운데 하
나가 되고 있다. 무위이화는 조화로 설명되는데, 여기서 조화는
하느님의 작용으로 자연현상, 인간현상 모두에 나타나는 것이다.
특히 이 조화는 인간현상에서는 시운(時運)의 형태로 나타나는
것으로 인간의 주체적 목적의식적 영위(營爲)와는 무관하며, 동
시에 인간이 주체적 목적의식적 영위를 하면 이 조화는 이루어
지지 않는다는 운명론적인 의미로까지 이어지고 있다.[28] 그러므
로 동학에서는 인간의 수심정기(修心正氣)를 통한 노력만을 강조
할 뿐, 아무리 모순이 극심하다 해도 후천개벽이 되면 모두 조화
에 의해 해결된다고 설명하고 있다. 동학의 이러한 논리는 2대
교주인 최시형에 이르면 '양천주사상'(養天主思想)로 발전하면서
더욱 수양적인 측면만을 강조하게 된다. 이런 점들을 고려할 때
과연 동학의 후천개벽사상에서 보이는 종교적 혁명성이 농민들이

---

26) 위의 글, pp. 45~46.
27) 위의 글, p. 46.
28) 정창렬, 〈동학농민전쟁인가 갑오농민전쟁인가〉, 역사학연구소 편, 《근현대
　　사강좌》 5, 한울, 1994, p. 13.

주체적 행동을 통해 봉건질서를 근본적으로 개혁하고 새로운 사회를 만들고자 했던 갑오농민혁명의 정치적 사회적 혁명성을 설명하는 데 유효한 것인가 물음에 대해서는 회의적일 수밖에 없다.

한편 무위이화의 내용을 다르게 파악하는 입장도 있다. 최제우가 주창한 무위이화는 당시 동점해온 서양세력의 조선침략에서 비롯된 모순을 없던 것으로 만들자는 뜻이라는 설명이 그것이다.[29] 이 입장에서는 무위이화를 "하는 일 없이 저절로 이룬다"는 식으로 해석해 인간의 적극적 실천의지를 배제한 운명론적 사상으로 이해하는 것은 잘못이라고 주장한다. 오히려 이와는 반대로 무위이화의 진정한 의미를 침략행위를 일삼고 있던 서양열강에 대한 비판과 왕도정치에서 벗어나 수탈을 계속하고 있던 조선왕조 지배층에 대한 비판을 함께 내포한 것으로 이해해야 한다는 주장이다.[30] 따라서 이 견해를 취하는 입장에서는 갑오농민혁명이 바로 동학의 혁명적 성격에서 영향을 받아 일어났다고 파악한다.[31]

이와같이 동학사상의 내용과 구조를 둘러싼 해석의 차이, 더 나아가 이 사상과 갑오농민혁명의 관계를 어떻게 볼 것인가 하는 문제는 지금까지도 해결되지 못한 채 논쟁거리로 남아 있다. 그러나 동학이 당시 조선 봉건사회가 안고 있던 내적인 모순과 함께, 서구열강의 위협이라는 외적인 위기상황에 직면해 가장 큰 고통을 받고 있던 조선 민중들에게 그들의 염원을 대변하면서 새로운 사회의 지평을 제시하고 있었다는 점은 부정할 수 없는 사실인 듯하다. 때문에 19세기 들어서 농민항쟁의 형태로 끊임없이 표출되고 있었던 민중들의 저항의식 속에 파고들어 이들과

---

29) 박맹수, 앞의 글, p. 30.
30) 박맹수, 〈동학농민혁명에 있어서 동학의 역할〉, 동학농민혁명기념사업회 편, 《동학농민혁명과 사회변동》, 한울, 1993, p. 40.
31) 위의 글, p. 51.

결합할 수 있는 가능성은 충분히 있었다고 보아야 할 것이다. 다
만 동학사상이 내포하고 있었던 혁명적인 성격의 일단이 정치변
혁운동으로 질적 전환을 할 수 있었던 계기를 무엇으로 보아야
할 것인가 하는 문제가 연구의 과제로 남는다.[32]

IV. 갑오농민혁명에 나타난 동학의 개혁사상

1864년 최제우가 순교한 이후 1890년을 전후까지 동학은 불법
화되어 탄압을 받았고, 따라서 침잠한 채 지하 포교에 의존하고
있었다. 2대 교주인 최시형은 동학이 불법화되는 과정 속에서도
교단의 기틀을 마련했고, 교조 최제우의 문집을 편찬하는 한편
동학 경전을 만드는 등 조직적인 포교활동을 펼 기반을 만들어
갔다. 뿐만 아니라 종래 경주 일대를 중심으로 했던 교세는 영서
지방으로 확대되었고, 1880년대에 이르면 영남·호남지방뿐만
아니라 경기도 일대까지 교도들이 몰려들었다. 특히 호남의 경
우는 1890년대 들어서면서 교세가 급격히 확장되었다.[33]

교세가 삼남지방을 거의 포괄할 정도로 비약적인 증가를 보이
는 가운데 특히 주목할 만한 사실은 비교적 신앙경력이 짧은 지
도자들이 부상해 직접 교도들을 지도했다는 사실이다. 더구나 이
시기 동학에 입교한 사람들 가운데는 동학의 교리 그 자체에 대
한 관심보다는 부패한 지배층의 수탈을 견디다 못해 들어오는 사
람이 많았으므로, 기본적으로 동학의 교단조직을 이용하려는[34] 일

---

32) 박맹수, 〈동학과 동학농민전쟁 연구동향과 과제〉, 《백산박성수교수화갑기
   념논총 한국독립운동사의 인식》, 1991, pp. 265~289 참조.
33) 배항섭, 〈동학농민전쟁의 배경〉, 역사학연구소 편, 《근현대사강좌》 5, 1994,
   pp. 49~50.
34) 위의 글, p. 51.

단의 세력이 교단내에 생성될 수 있는 조건이 충분히 만들어져
있었다. 민중들은 동학에 귀의하면 고통을 해결할 수 있다고 믿
었고, 지도자들의 가르침에 따라 주문을 외우고 부적을 불사르며
수련을 계속했지만, 한편으로는 사회경제적 고통으로부터 바로
벗어나기를 바라면서 지도자들에게 현실적인 해결책을 요구했다.
이러한 민중들의 양면적 심성을 올바로 반영하면서 현실적인 해
결책을 제시하려 하는 집단이 등장했고, 이들이 바로 전봉준(全琫
準) 등 교단내의 변혁지향적인 성향을 지닌 집단이었다. 특히 이
집단은 남접을 중심으로 하고 있었다는 점에서 특징적이다.

　이러한 분위기 속에서 각지의 교도들과 교단내의 변혁지향적
인물들은 교조신원운동과 함께 최제우 순교 이후 전개해온 지하
포교방식을 청산하고 포교의 자유를 획득할 것을 주장했다. 이
러한 일련의 움직임이 바로 교조의 신원과 동학교도에 대한 가
렴주구의 금지를 요구하는 공개적이고 조직적인 운동인 1892년
10월의 공주집회, 11월의 삼례집회, 1893년 2월의 복합상소, 3월
의 보은집회와 금구취회로 나타났다.[35)

　이 가운데 공주집회와 삼례집회는 대체적으로 종교적인 성격
을 띠고 있었고, 변혁세력의 독자적인 움직임은 아직 나타나지
않는다.[36) 그러나 그 뒤 1893년 2월의 복합상소 시기를 전후해서
'척왜양'(斥倭洋)을 주장하는 괘서가 나타났고, 교단측이 국왕의
"각자 편안히 생업에 종사하라"는 말에 순순히 따르고 있었던
데 반해, 변혁세력은 계속해서 독자적인 움직임을 보이고 있다.[37)
1893년의 보은집회에 이르면 종교적인 요구와는 거리가 먼 '척왜
양창의'(斥倭洋倡義)의 기치가 내세워지면서 집회가 본격적으로

35) 장영민, 〈동학의 대선생신원운동에 관한 일고찰〉, 《백산박성수교수화갑기
　　념논총 한국독립운동사의 인식》, 1991, pp. 231~263 참조.
36) 배항섭, 앞의 글, p. 52.
37) 위의 글, p. 53.

정치적 성격을 띠어가고 있다.[38] 한편 금구집회를 추진한 세력들
은 보은집회에 참가한 변혁세력들과 연합해 서울로 올라가 탐관
오리 척출운동을 벌이려고 계획하는 등[39] 보은집회 이후의 운동
양상은 이미 종교적 성격을 벗어나 반봉건·반침략으로 나아가
고 있었다.

보은집회나 금구집회에서 나타났던 척왜양의 구호는 변혁세력
과 교단측 모두에게 공통으로 나타나고 있다. 그러나 그 의도에
서는 양측이 차이를 보이고 있다.[40] 교단측은 이러한 구호를 내
세워 충효를 강조함으로써 동학이 서학과 다르며 유학과 같다는
점을 부각시킬 수 있다고 생각했다. 이에 반하여 변혁세력은 종
교적 집회를 정치적 집회로 바꾸려는 의도와 함께 민중들에게
이 운동이 척왜양을 위한 의병임을 인식시켜 그들이 적극적으로
가담하는 명분으로 활용할 수 있다는 점을 고려한 것이었다.

어쨌든 공주집회로부터 금구집회로 이어지는 일련이 동학운동
은 민중들을 동학교단조직에 의해 동원하고 조직화하는 중요한
경험을 제공했다. 그리고 당시 민중들의 반봉건·반침략의 요구
조건을 수용하는 과정에서 이것이 단순한 종교운동이 아닌 정치
변혁운동으로 발전할 수 있는 가능성을 충분히 보여준 것이기도
했다. 또한 이제까지 고립분산적으로 이루어졌던 민중의 저항운
동을 지역적으로 조직화시키는 데 동학교단조직이 적극적으로
이용되었고, 이러한 조직화를 주도한 이들은 전봉준·손화중·
김개남과 같은 변혁세력이었다.

변혁세력을 중심으로 한 운동이 본격화되는 계기는 1894년 1월
의 고부민란(古阜民亂)이었다. 고부민란이 일어나기 전인 1893년
11월에 이미 전봉준 등은 사발통문(沙鉢通文) 거사계획을 도모하

---

38) 정창렬, 〈고부민란의 연구(상)〉,《한국사연구》48, 1985, p. 126.
39) 위의 글, pp. 130~131.
40) 배항섭, 앞의 글, pp. 53~54.

고 있었다. 이 계획은 고부를 무력으로 점거하여 조병갑(趙秉甲)을 처벌하고 이어 전주를 점거한 후, 서울로 상경해 정치운동을 벌인다는 내용이었다. 이전의 운동은 종교적 집단을 가지고 전국적인 차원에서 척왜양을 실현하고 탐학지방관을 척출한다는 막연한 생각을 지니고 있었다. 이에 반해 사발통문의 거사계획은 고부라는 특정 고을의 탐학관인 조병갑을 처벌하려는 구체성을 띠고 있었고, 운동의 주체도 단순한 종교집단이 아닌 민중들로 옮겨지고 있었다는 점이 특징적이다.[41] 특히 서울로 올라가려고 했다는 사실은 교단조직과는 별도로 변혁을 지향하는 집단들에 의한 운동의 움직임이 존재하고 있었음을 단적으로 보여준다.

그런데 이 계획은 정부가 군사력을 동원하고 조병갑이 익산군수로 전임 발령되자 일단 보류되었다. 그러다가 1894년 1월 9일 조병갑의 재임이 결정되자 이틀 뒤인 1월 11일 고부민란이 터졌다. 고부민란에 전봉준이 조직자로 개입했다고 보기는 어렵다는 것이 일반적인 통설이다.[42] 물론 앞서 살펴본 바와 같이 고부를 중심으로 하는 거사계획이 이미 존재하고는 있었지만, 고부민란은 계획적이었다기보다는 자연발생적으로 촉발된 소농과 빈농들의 농민항쟁이었다. 그러나 이 자연발생적인 농민항쟁을 지속적인 운동으로 발전시키고 종래의 농민항쟁과는 질적으로 다른 양상으로 변모시킨 것은 전봉준 등 지도자들의 탁월한 능력이었음도 부인할 수 없는 사실이다.

전봉준은 고부민란을 전라도 각지로 확대시키기 위해서 2월 20일경 전라도와 충청도 지역으로 통문을 보내 전면적인 봉기를 촉구했다.[43] 그러나 이러한 전봉준의 의도는 민중들의 즉각적인

---

41) 정창렬, 〈고부민란의 연구(하)〉,《한국사연구》 49, 1985, p. 130.
42) 위의 글, p. 131.
43) 김양식, 〈1894년 농민전쟁의 전개과정〉, 역사학연구소 편,《근현대사강좌》
   5, 1994, p. 64.

호응을 얻지는 못한 채 지역적 한계를 뛰어넘지 못했고, 신임군수 박원명(朴源明)의 설득과 이어지는 안핵사 이용태(李容泰)의 탄압으로 3월 13일경 난민들은 완전히 해산하고 말았다.[44]

그런 와중에 봉기를 촉구하는 전봉준의 통문을 듣고 각지에서 민중들이 들고 일어났고, 이에 전봉준은 부하 50명만을 거느리고 고부를 빠져나가 무장(茂長)의 손화중에게 갔다. 손화중의 협력을 얻은 전봉준은 3월 20일경에 총봉기할 것을 결정하고 각지에 통문을 보냈고, 이에 민중들이 3월 16일경부터 무장으로 모여들어 봉기를 준비했다.[45] 한편 전봉준 등은 봉기를 알리는 창의문(倡義文)을 발표해, 자신들의 투쟁목표가 보국안민의 이념 아래 수탈을 일삼는 봉건관료들을 제거하는 데 있으며, 농민군의 투쟁대상과 지역이 한 고을에 국한된 것이 아닌 전국적인 규모임을 보여주었다.[46] 즉 지금까지의 농민항쟁과는 차원이 다른 투쟁이며, 그 중심이 반봉건 · 반침략 투쟁에 놓여 있음을 천명한 것이다. 이것이 농민군의 제1차 봉기이다.

3월 20일경 봉기한 전봉준 등 농민군들은 3월 23일 고부를 점령했다. 그 후 3월 25일에는 고부 백산(白山)에서 농민군 대회를 개최하여 농민군의 조직과 투쟁방향을 점검하고 있다. 여기서 전봉준은 농민군 대장으로 추대되었고 농민군의 4대 강령이 발표되었다.[47] 이와 함께 3월 20일의 창의문 내용을 재확인하는 격문도 함께 발표했다. 여기서 한 가지 주목할 만한 점은 이들 농

---

44) 정창렬, 〈고부민란의 연구(하)〉, 《한국사연구》 49, 1985, pp. 110~115 참조.
45) 배항섭, 앞의 글, pp. 58~59.
46) 김양식, 앞의 글, p. 66. 창의문의 내용은 권태억 등 편, 《자료모음 근현대 한국탐사》, 역사비평사, 1994, pp. 74~76 참조.
47) 위의 글, p. 66. 그 내용은 ① 사람을 함부로 죽이지 않고 가축을 잡아먹지 않는다. ② 충효를 다하여 세상을 구하고 백성을 편안하게 한다. ③ 왜놈을 몰아내고 나라의 정치를 바로잡는다. ④ 군사를 몰아 서울로 쳐들어가 權貴들을 모두 제거한다는 것이었다.

민군이 농민을 주축으로 구성된 것은 사실이지만, 창의문과 격문들을 통해 당시 봉건지배층의 수탈대상이었던 모든 계층의 이익을 대변한다는 뜻을 천명한 것이다. 그렇게 함으로써 소농·빈농층뿐만 아니라 일부 지주층을 비롯하여 부농·아전·천민·상민·수공업자 등도 농민군에 가담할 수 있게 했다.[48]

농민군은 3월 27일경부터 서울을 최종 목적지로 하고 우선 전주를 점령하기 위해[49] 태인(泰仁), 금구(金溝), 부안(扶安) 등으로 진격했다. 한편 3월 29일과 4월 4일 사이에 행동지침으로 4개조의 약속과 12개조의 계령(戒令)을 정해 농민군을 엄격히 통제했다. 그 내용은[50] 대체로 충효제신(忠孝悌信) 등의 유교윤리적 덕목에 기초한 것이었고, 진격하는 지역의 백성들에게 피해를 주지 않았기 때문에 백성들의 호응이 컸다. 또한 농민군은 각지에 보낸 격문을 통해 개혁되어야 할 9개조의 폐정조항을 지적했는데,[51] 이것은 국가 차원의 폐정개혁 요구였다는 점에서 이전의 민란의 요구사항이 한 지역에 국한되었던 것과 좋은 대조를 보이는 동시에 질적인 차이를 보여준다. 또한 점령지역에서는 농민들의 소망에 따라 단기간이라 할지라도 폐정을 교정하는 사업을 했는데 이 사업의 책임자로 접주를 차출해 '집강'(執綱)에 임명했다.[52]

---

48) 위의 글, p. 67.
49) 신용하, 〈집강소의 성립과 개혁의 성격〉,《동학농민혁명과 사회변동》, 1993, p. 126.
50) 농민군의 4개조 약속의 내용을 소개하면 다음과 같다.
 ① 적을 대할 때는 언제나 칼날에 피를 묻히지 않고 이기는 것을 가장 큰 공으로 삼는다. ② 비록 부득이 싸우더라도 절대 인명을 상하지 않는 것을 귀하게 여긴다. ③ 행군하면서 지나가는 장소에서는 절대 사람이나 물건을 해쳐서는 안 된다. ④ 효성스럽고 충성스러우며 형제간에 우애있는 사람이 사는 마을 10리 안에는 주둔하지 않는다.(권태억 등 편, 앞의 책, p. 76)
51) 김양식, 앞의 글, p. 68.
52) 신용하, 〈집강소의 성립과 개혁의 성격〉,《동학농민혁명과 사회변동》, 1993, p. 126.

이후 농민군은 4월 7일 정읍, 8일 고창, 9일 무장, 12일 영광, 16일 함평을 점령했고, 이 시기 각지에 글을 보내 국가와 지방 차원의 탐관오리 징계와 폐정개혁을 천명했으며, 또한 대원군의 집권까지도 요구했다.[53] 여기서 대원군을 거론한 것은 당시 부정부패의 온상이었던 민씨정권을 타도한 후의 정치적 대안으로 대원군의 집권을 구상했기 때문이다. 이에 대해 농민군 지도부가 독자적인 정권구상을 갖지 못하고 대원군의 섭정에 의지하려 했다는 부정적인 평가도 있다. 그렇지만 그보다는 민씨정권을 축출하고 민의를 수렴해 개혁을 추진하고 외세에 강력히 대응할 수 있는 현실적인 정치세력으로 대원군을 내세웠다는 견해가 더 강하다.[54] 그리고 이와 같은 대원군과 농민군의 연결은 전봉준의 핵심 측근이었던 송희옥(宋熹玉)에 의해 이루어지고 있었다고 알려져 있다.[55]

4월 23일 장성 황룡촌 전투에서 양호초토사(兩湖招討使) 홍계훈(洪啓薰)이 이끄는 정부군을 대파한 농민군은 25일 원평에서 국왕의 윤음을 가져온 이효응(李斅應)을 죽임으로써 해산을 거부했다. 이어 27일에 전주성을 점령한 후 전주성을 포위한 홍계훈 부대와 4월 28일, 5월 3일 전투를 벌여 패한 후 4일부터 정부와 협상을 벌였다. 이처럼 조선정부와 농민군이 협상에 들어갈 수밖에 없었던 것은 전주함락 직후인 4월 30일 조선정부가 청에 대해 차병 요청을 하자 천진조약의 내용을 이유로 일본 역시 군대를 파견하는 등 조선을 둘러싼 청·일 양국의 간섭이 노골화되고 있었던 급박한 상황 때문이었다.[56] 이에 따라 정부와 농민군은

53) 김양식, 앞의 글, pp. 68~69.
54) 위의 글, p. 69.
55) 노용필, 〈동학군의 집강소 설치와 운영〉, 역사학연구소 편, 《근현대사강좌》 5, 1994, pp. 101~104.
56) 이현희, 〈동학혁명과 청·일의 대응─동아시아 정세의 변화를 중심으로〉, 역사학연구소 편, 《근현대사강좌》 5, pp. 110~127 참조.

'전주화약'을 맺었는데 농민군은 27개조의 폐정개혁 요구 조항을 상주할 것과 농민군의 신변안전을 보장할 것을 조건으로 5월 8일 전주성에서 철수했다.[57]

정부군과 '화약'을 맺은 농민군은 연합부대를 구성해 전투를 했던 데서 전봉준·김개남·손화중이 이끄는 부대로 각각 나뉘어 활동하면서 각 지역의 폐정을 개혁하는 데 주력했다. 이는 앞서 잠시 언급했던 집강을 통한 폐정개혁사업을 이은 것으로, 농민군의 집강소 설치는 이 시기 처음 시도된 것은 아니었다. 특히 이 집강소는 향촌사회에 종래부터 있었던 그 지역의 기강확립을 담당하던 기관을 농민군들이 그대로 활용한 것이다.[58] 이는 한국 역사상 처음으로 농민통치를 실행한 농민의 기관이라는 면에서 매우 획기적이었다.[59] 대체로 5월 하순경까지는 각지에 집강소가 설치되었던 것으로 보이며, 6월 15일경 전봉준이 남원에서 김개남과 함께 개최한 남원대회에서는 군과 면의 농민군 세력 상황에 따라 산발적으로 설치되던 집강소를 군 수준에서 전라도 53개 군현에 빠짐없이 설치하기로 결정했다.[60]

그런데 남원대회 6일 후인 6월 21일 서울에서는 일본군이 경복궁을 침범해 정권을 교체시키는 한편 청일전쟁을 도발하고 있었다. 이처럼 상황이 국난으로 치닫게 되는 시기에 전봉준은 전라감사 김학진(金鶴鎭)의 초청을 받아들여 전라감영에서 회담을 가졌는데 이 자리에서 정부는 농민군의 집강소 설치를 공인했다.[61] 일본군의 경복궁 점령사건은 민중들에게 큰 충격을 주었고 전라도를 비롯하여 충청도와 경상도 여러 곳에서 재기병의 움직

---

57) 김양식, 앞의 글, p. 71.
58) 노용필, 앞의 글, pp. 86~87.
59) 신용하, 〈집강소의 성립과 개혁의 성격〉, 《동학농민혁명과 사회변동》, 1993, p. 126.
60) 위의 글, pp. 130~131.
61) 위의 글, p. 131.

임이 일어났다. 그러나 전봉준의 입장은 일단 집강소를 운영하면서 사태를 관망하자는 것이었는데, 그 이유는 6월 23일 민씨정권이 무너지고 개화파 정권이 들어서면서 개혁사업이 추진되고 있었고 대원군이 집권하게 되는 등의 변화를 만족스럽게 생각했기 때문이다.[62]

그러면 당시 농민군에 의해 운영되고 있었던 집강소의 구조와 기능에 대해 잠시 살펴보겠다.[63] 각 군의 집강소는 대개 공해(公廨), 즉 관청내에 설치되었는데, 먼저 집강소의 집행기관은 집강(執綱), 서기(書記), 성찰(省察), 집사(執事), 동몽(童蒙)으로 구성되었다. 집강은 집강소의 총책임자로 주로 동학 접주 가운데서 임명되었다. 한 군에 여러 개의 접이 있는 경우에는 상위의 접주를 집강으로 임명하여 실질적인 군수 역할을 하게 했다. 서기는 집강소 농민통치의 문부(文簿)를 작성하고 또한 관리의 문부를 검열하며 집강의 비서와 같은 역할도 담당하는 직책이었다. 성찰은 집강소 농민통치의 치안과 경비를 담당하고 순찰과 감찰을 담당하는 직책으로 집강소의 호위군과 직접 연계되어 경찰과 같은 임무를 맡아보았다. 집사는 집강소의 행정과 공사를 관리하는 행정요원이었으며, 동몽은 주로 청소년으로 구성되어 집강소 간, 혹은 각 기관 사이의 전령과 연락을 담당하기도 하고 집강소 간부를 호위하거나 성찰을 보조하기도 했다.

집강소 조직 가운데 논란을 빚고 있는 것이 바로 집강소 내의 의사기관 혹은 의결기관의 존재를 둘러싼 문제다. 집강소의 정책과 의사결정에 대해 의사기관을 설치하고, 여기에 약간의 의사원을 두어 토론과 검토를 거친 후 결정이 이루어졌다고 보는 견해와[64] 별도의 의결기관이 있었던 것이 아니라 접주들이 모여 그 집

---

62) 김양식, 앞의 글, pp. 75~76.
63) 신용하, 〈집강소의 성립과 개혁의 성격〉, 《동학농민혁명과 사회변동》, 1993, pp. 133~140 참조.

강소의 현안을 논의해 처리했다고 보는 견해가[65] 대립하고 있다.

이러한 군집강소들을 총괄하는 도집강소[대도소]는 두 곳에 설치되어 있었는데, 하나는 전주에 설치되어 전봉준이 전라우도와 전라도 전체를 지휘하고 있었고, 다른 하나는 남원에 설치되어 김개남이 전라좌도를 지휘했다.[66]

그러면 농민군이 집강소를 통해 실시하고자 했던 폐정개혁의 내용은 어떠한 것이었는지 살펴보기로 하자. 농민군의 폐정개혁 요구는 1차 봉기 이후 여러 차례 제시되었으나, 여기서는 농민군이 전라감사 김학진과의 합의 아래 구체적으로 실시하고자 했던 12개조의 행정요강을 소개해보겠다.[67]

① 道人과 정부 사이에 오래 끌어온 혐오의 감정을 씻어버리고 모든 행정에 협력할 것
② 탐관오리는 그 죄목을 조사해 일일이 엄징할 것
③ 횡포한 부호는 엄징할 것
④ 부랑한 儒林과 양반의 못된 버릇을 징벌할 것
⑤ 노비문서는 불태워버릴 것
⑥ 七般賤人[68]의 대우는 개선하고 백정 머리에 쓰는 평양립은 벗겨버릴 것
⑦ 청춘 과부의 재가를 허락할 것
⑧ 무명잡세는 일체 거두어들이지 말 것
⑨ 관리의 채용은 地閥을 타파하고 인재를 등용할 것
⑩ 외적과 내통하는 자는 엄징할 것
⑪ 공사채를 물론하고 기왕의 것은 무효로 돌릴 것

64) 위의 글, pp. 35~36.
65) 노용필, 앞의 글, p. 97.
66) 신용하, 〈집강소의 성립과 개혁의 성격〉, 《동학농민혁명과 사회변동》, 1993, p. 138.
67) 권태억 등 편, 앞의 책, pp. 80~81.
68) 조선시대에 천인 취급을 받던 백정·장인·기생·노비·승려·무당·판수(점치는 일을 업으로 삼는 소경)·광대 등을 말한다.

⑫ 토지는 평균하게 나누어 경작케 할 것

이상의 폐정개혁안과 농민군이 여러 차례 제시했던 개혁요구 내용을 다시 정리해보면 탐관오리에 대한 징계, 신분해방과 신분제도 폐지, 횡포한 부호에 대한 응징, 국가수취제도에 대한 개혁, 고리채의 탕감, 지주제도의 개혁과 폐지, 외국 상인의 상행위에 대한 규제 등으로 봉건적인 정치·경제·사회제도의 전면적인 철폐와 반외세를 그 목적으로 했음을 알 수 있다.[69]

그러나 집강소 체제내에도 여러 가지 문제가 있었다. 우선 농민군을 구성하고 있는 계층이 광범위하여 그 안에 많은 갈등요인을 안고 있었다. 특히 집강소 시기가 농사철이었던 관계로 1차 봉기 때와는 달리 토지를 가진 다수의 농민들이 귀가한 상태에서 농민군에는 유민(流民)이나 공·사노비(公私奴婢), 역졸(驛卒), 재인(才人), 화적(火賊) 등 하층민과 빈농들이 대거 참여했다.[70] 이와 같은 구성원의 변화는 농민군의 투쟁을 더욱 강경하게 만드는 요인이 되었고 이는 전봉준의 타협적인 노선에 대한 비판으로 나타나기도 했다. 뿐만 아니라 일시적인 보신(保身)을 위해 농민군에 가담한 일부 사람들의 기회주의, 농민군 간부들의 정치적인 실무능력의 결여 등도 적지 않은 폐해를 낳았으며,[71] 개혁을 가로막는 장애요인이 되기도 했다.

한편 일본군의 경복궁 침입을 계기로 일부에서 나타나고 있었던 재기병의 움직임은 8월 하순경에 본격화하기 시작했다. 즉 청일전쟁에서 우세를 점한 일본의 침략이 더욱 노골화되고, 또 개화파 정권의 개혁사업이 많은 한계점을 드러내게 되자 각지의 농민군들은 7~8월 동안 유지되고 있었던 집강소 체제를 거부하

69) 이이화, 〈폐정개혁과 갑오개혁의 연관성 규명〉, 《동학농민혁명과 사회변동》, 1993, pp. 162~163 참조.
70) 김양식, 앞의 글, p. 74.
71) 강재언, 〈봉건체제해체기의 갑오농민전쟁〉, 《조선근대사연구》, 1970, p. 185.

고 재기병에 나서게 되었던 것이다. 이러한 움직임을 주도한 것이 김개남을 중심으로 한 8월 25일의 남원농민군 대회였다. 본래 집강소 체제에 소극적이었던 김개남은[72] 전봉준과 손화중의 만류에도 불구하고 서울진격을 준비했다. 이러한 재기병의 움직임은 커다란 반향을 불러일으켜, 전라도 외에 충청도·경상도·강원도 일대에서 농민군과 일본군 사이에 전투가 일어났다. 재기병의 분위기가 확산되자 전봉준도 태도를 바꾸어 재기병을 결심하게 된다. 그의 이러한 태도 변화에 영향을 미친 여타의 요인으로는 대원군의 실각, 정부 개혁사업의 부진, 그리고 정부와 일본군이 농민군에 대한 토벌계획을 구체화하고 있었던 상황 등 농민군을 둘러싼 여러 불리한 여건들을 들 수 있다.

재기병을 결정한 전봉준은 9월 10일경 전주를 출발, 금구와 원평을 거쳐 9월 14일경 삼례에 도착해 일본군을 몰아내기 위한 의병을 제창하는 통문을 각처에 띄우고, 보은에 있던 동학교단과 남원에 주둔하고 있던 김개남에게 연합부대를 결성할 것을 제의했다.[73] 그러자 농민군 봉기에 가담하지 않았던 교단도 이 제의를 받아들여 9월 18일 충청도 청산에서 기병을 결정했다. 즉 반침략을 위한 기병이라는 명분을 무시할 수 없었을 뿐만 아니라, 일본군과 정부군에 의한 동학교도들의 학살을 바라보고만 있을 수 없었던 것이다. 이처럼 2차 봉기에서도 북접을 중심으로 하는 교단측의 태도는 비교적 소극적이었고 또 어디까지나 교단의 보위, 교도의 보호라는 차원에 머무르고 있었다.

일본세력의 구축과 친일세력의 제거를 목표로 한 2차 봉기는 10월부터 본격적인 전쟁으로 발전했다. 그리고 반침략을 내건 봉기의 목적 때문에 지금까지 농민군에 부정적이었던 지주층과 유생들, 그리고 동학교단까지도 포함한 전민족을 망라한 계층이

---

72) 이이화, 앞의 글, p. 162.
73) 김양식, 앞의 글, p. 79.

전쟁에 참가했다.

농민군의 전투 양상을 보면,[74] 이들은 개별단위를 중심으로 독자적으로 싸우면서도 일정한 연계 아래 전투를 수행했다. 전봉준 부대는 공주를 거쳐 서울로, 김개남 부대는 청주를 거쳐 서울로, 김인배 부대는 전주를 거쳐 부산으로 진출을 기도했고, 이들 주력부대가 출전한 전라도 광주·남원·순천에는 잔류부대가 후방을 방비하면서 반농민군(反農民軍)인 민보군(民堡軍)과 정부군에 대항했다. 그리고 이밖에도 강원도·황해도에도 농민군이 결성되었다. 한편 정부군은 10월 12일 서울을 출발한 772명과, 16일 출발한 1,962명, 합계 2,800명이었고, 일본군은 10월 13일 용산에서 출발한 제19대대를 비롯한 후비보병, 군함 2척, 해병대 2개 중대였다. 규모면에서는 작지만 정규군으로 근대식 무기를 갖춘 정부군과 일본군은 농민군을 전라도로 몰아 초토화시키는 포위전략을 구사했다.

10월 하순부터 11월 상순에 걸쳐 충청도를 비롯한 전국에서는 정부군과 일본군 연합부대와 농민군 사이에 치열한 전투가 이어졌다. 하지만 전봉준 부대는 11월 9일 공주 우금치(牛金峙)전투에서, 김개남 부대는 11월 13일 청주전투에서 결정적인 패배를 한 후 후퇴를 거듭했다.[75] 한편 동학교단은 11월 5일 청산전투에서, 김인배 부대는 진주·하동에서 각각 패전했다. 이같은 연이은 패배로 농민군은 수세에 몰리고 전라도 서남단으로 쫓기는 상황이 되었다. 이러한 상황에서도 농민군은 여러 차례 반격을 시도했으나 모두 실패로 돌아가고, 전봉준은 11월 27일 태인전투를 마지막으로 12월 2일 체포되었다. 김개남이 12월 1일에, 손화중은 11일에 체포되었다.[76] 이후 농민군은 1895년 1월 24일의 대둔

---

74) 위의 글, pp. 81~82 참조.
75) 노용필, 앞의 글, p. 107.
76) 김양식, 앞의 글, p. 82.

산전투에 이르기까지 저항을 계속했으나[77] 결국 정부군과 일본군에게 궤멸당하고 말았다.

V. 맺 음 말

이상으로 동학사상의 형성배경 및 내용과 갑오농민혁명의 전개과정을 살펴보았다. 지금까지 동학사상과 갑오농민혁명을 둘러싼 많은 연구가 이루어졌는데, 그 가운데서도 동학사상과 갑오농민혁명의 연관 문제에 대한 논의가 가장 쟁점으로 부각되고 있다. 여기서는 그 문제에 대한 여러 견해들을 정리해 결론에 대신하고자 한다.

이 글에서는 잠정적으로 갑오농민혁명이라는 명칭을 사용하고 있지만 동학사상과 갑오농민혁명의 연관문제는 1894년의 사건을 어떻게 명명하는가 하는 용어의 문제에서 가장 뚜렷하게 입장의 차이가 드러나고 있다. 즉 1894년에 일어난 반봉건·반외세투쟁이 과연 동학이라는 사상과 어떠한 유기적 관계를 갖고 있는가에 대한 시각 차이는 바로 이 사건을 어떻게 명명하는가 하는 데에서 가장 상징적으로 나타나고 있는 것이다. 여기서는 용어의 사용을 둘러싼 시각 차이를 소개함으로써 지금까지 학계에서 이루어지고 있는 동학사상과 갑오농민혁명의 관련 문제에 대한 연구성과를 정리해보겠다.

먼저 동학사상이 1894년의 사건의 지도원리가 되었다고 보는 입장을 살펴보겠다. 이러한 견해를 대표하는 입장에서는 이 사건을 지칭할 때 '동학'이라는 접두어를 사용함으로써 그 상관관계를 부각시키고 있는데, 동학사상이 이 사건에 사상적인 영향력

---

77) 노용필, 앞의 글, p. 107.

뿐만 아니라 조직적인 측면에서도 적극적인 역할을 했다고 파악하고, 더 나아가 동학이 없었다면 사실상 이 사건이 있을 수 없다는 논리로 귀결되고 있다. 이러한 시각 아래 가장 먼저 사용된 명칭은 '동학란'이었다. 그러나 '난'이라는 용어는 전통사회에서 일어나는 치자(治者)에 대한 피치자(被治者)의 저항이라는 의미로 치자의 일방적인 가치판단에 입각한 부정적인 의미를 지니고 있다. 때문에 민주주의가 발전하고 민중들이 역사의 주체로 인식되기 시작하면서 이 용어는 거의 사용되지 않았다. 그 대신 이 사건의 성격에 대한 평가와 연결되면서 '동학농민혁명' 또는 '동학농민전쟁' 등의 명칭이 사용되고 있다. 대체적으로 농민혁명이라는 관점에서 이 사건을 파악하는 사람들은 일반적인 사회변혁의 움직임을 지칭하는 의미로 사용하는 경우도 있고, 혹은 기존 정치·경제·사회체제의 전면적인 부정이라는 의미에서 사용하기도 한다. 반면 농민전쟁이라는 용어는 16세기 독일농민전쟁에서 보이는 종교적인 영향하에서의 봉건질서에 대한 투쟁을 그 원형으로 하고 있지만, 반드시 여기에 집착하기보다는 농민들이 군대를 편성해서 지속적인 전투를 벌인 사건이라는 보편적인 의미로 쓰고 있다. 어쨌든 '동학농민혁명', '동학농민전쟁'이라는 표현 속에는 이 사건에 대한 동학사상과 동학조직의 영향력을 높이 평가하고 있는 견해가 반영되고 있다.

다음의 견해로는 동학과 1894년의 사건을 분리해서 파악해보려는 입장이다. 이러한 시각을 견지하고 있는 연구자들은 대개 '동학'이라는 접두어 대신에 '갑오'라는 간지를 쓰거나 '1894년'이라는 연도를 붙임으로써 이 사건을 동학으로부터 따로 떼어 이해한다. '갑오농민혁명', '갑오농민전쟁', '1894년 농민혁명', '1894년 농민전쟁' 등의 용어를 사용하는 경우가 대표적인 예이다. 여기에도 크게 두 가지의 흐름이 있는데, 그 하나는 1894년의 사건을 동학과 완전히 별개로 구분해보려는 입장으로 동학사상이 지니는 혁명성을 부정하고 대신 19세기 이래 계속되어 온 농민항쟁의 연장선상에서, 그리고 그러한 과정 속에서 나타난 민중들의 의식 성장과 경제 상황이 이러한 대규모의 반봉건·반외세투쟁을 가능하게 한 것이라고 본다. 다른 하나는 동학과 1894년의 사건을 일직선으로 파악하지는 않으나 이들 사이에 일정한 연관성을 인정하는 견해로, 동학이 이 사건에서 하고 있는 일정한 역할이란 매개·외피 역할에 지나지 않는다고 보는 견해이다. 즉 동학은 이 사건에 조직적인 면에서는 어느 정도 역할을 했다고 인정할 수 있으나, 특히 사상적인 지원이란 측면에서의 역할은 거의 없었다고 보는 것이다. 또 이 경우 동학의 역할을 어떤 면에서 파악하느냐에 따라 견해는 더욱 다양하게 나타난다.

이러한 가운데 1894년의 사건은 형태적인 방법으로 볼 때는 농민전쟁의 특징을 갖고 있으므로 '갑오농민전쟁'으로 명명할 수 있는 한편, 역사적 사회적 성격으로는 농민혁명운동의 특징으로 보이므로 '동학농민혁명운동'으로 규정할 수 있다는 등 새로운 의미 부여 움직임이 등장하고 있다. 이러한 다양한 시도는 동학과 1894년의 반봉건·반외세투쟁을 논하는 데 좀더 넓은 시야와 안목을 제시해주고 있다.

참고문헌

강재언, 〈봉건사회 해체기의 갑오농민전쟁〉, 《한국근대민족운동사》, 돌베개, 1980.
김용덕, 〈동학사상의 독자성과 세계성〉, 《한국사시민강좌》 4, 일조각, 1989.
김의환, 〈동학사상의 사회적 배경〉 1·2, 《한국사상》 6·7, 1963, 1964.
박맹수, 〈동학과 동학농민전쟁 연구동향과 과제〉, 《백산김성수교수화갑기념논총 한국독립운동사의 인식》, 1991.

300

──, 〈동학농민혁명에 있어서 동학의 역할〉, 동학농민혁명기념사업회
　　편, 《동학농민혁명과 사회변동》, 한울, 1993.
──, 〈동학의 성립과 사상적 특성〉, 역사학연구소 편, 《근현대사강좌》
　　5, 한울, 1994.
박찬승, 〈동학농민전쟁의 사회·경제적 지향〉, 《한국민족주의론》 2, 창작
　　과비평사, 1985.
배항섭, 〈동학농민전쟁의 배경〉, 역사학연구소 편, 《근현대사강좌》 5, 한
　　울, 1994.
신복룡, 《동학사상과 갑오농민혁명》, 평민사, 1985.
신용하, 〈서세와 체제에 대한 동학의 대응〉, 《한국의 사회와 문화》 19,
　　한국정신문화연구원, 1992.
──, 〈집강소의 성립과 개혁의 성격〉, 동학농민혁명기념사업회 편, 《동학
　　농민혁명과 사회변동》, 한울, 1993.
역사학연구소, 《농민전쟁 100년의 인식과 쟁점》, 거름, 1994.
우　윤, 《전봉준과 갑오농민전쟁》, 창작과비평사, 1993.
이이화, 〈동학농민전쟁의 현재적 의미〉, 역사학연구소 편, 《근현대사강좌》
　　5, 한울, 1994.
이현희, 〈동학사상의 배경과 그 의식의 성장〉, 《한국사상》 18, 1981.
정창렬, 〈고부민란연구〉 상·하, 《한국사연구》 48·49, 1985.
──, 〈동학사상의 사회의식〉, 《한국학논집》 9, 한양대 한국학연구소,
　　1986.
──, 〈동학농민전쟁인가 갑오농민전쟁인가〉, 역사학연구소 편, 《근현
　　대사강좌》 5, 한울, 1994.
조경달, 〈동학농민운동과 갑오농민전쟁의 역사적 성격〉, 《갑신갑오기의
　　근대변혁과 민족운동》, 청아, 1983.
한국역사연구회 편, 《1894년 농민전쟁 연구》 1~3, 역사비평사, 1991~
　　1993.
한우근, 《동학란 기인에 관한 연구 ─ 사회적 배경과 삼정의 문란을 중심
　　으로》, 서울대 한국문화연구소, 1971.

개화사상과 개화운동

이 배 용

I. 머 리 말

1876년 개항으로 인한 문호개방과 대외통상은 전근대 한국사회의 봉건체제 해체와 아울러 근대 자본주의사회로의 전환을 가져오는 계기를 마련하였다. 그런데 한국의 개항이 갖는 독특한 성격, 즉 서구열강의 지원을 받고 있던 일본에 의한 불평등하고 타율적인 개항이라는 성격은 한국이 자율적 근대화를 꾀하고 대등한 대외정책을 펴나가기 위해서는 반드시 극복되어야 할 것이었다. 이 문제를 어떻게 극복하느냐에 대해 주체적인 근대적 개혁을 통한 자주국가를 이룩할 것인가 아니면 제국주의 국가의 식민지가 될 것인가의 민족적 과제가 주어졌다. 따라서 봉건체제의 극복과 외세의 침략에 대한 투쟁이 개항 이후 서구와 일본의 외압 속에서 시작된 한국의 근대사회의 변혁운동에서 가장 중요한 관건이 되었다.

개항 이후 한국 사회에서는 이러한 국내외의 위기 상황을 타개하기 위해 반봉건과 반제, 즉 근대화와 자주화를 꾀하려는 노력들이 부단히 전개되었다. 이러한 우리나라의 근대민족운동은 그 주체세력과 지도이념에 따라서 부르주아개혁운동과 농민운동으로 나누어 살펴볼 수 있다. 이 글에서는 당시 근대 민족운동의 흐름들 가운데 대체로 지배층을 중심으로 위로부터 추진된 근대화운동에 관해 그 연구사를 중심으로 검토해보고자 한다. 왜냐하면 이 부문은 당시 역사적 사실을 해명하는 데 있어 서로 다른 견해와 평가가 학계에서 다양하게 제기되고 있기 때문이다.

당시 개화파들은 발달된 서구의 문물과 이미 서양화되어 있는 일본 문명을 받아들여 부국강병을 이룩해야 함을 시대적 과제로 인식했다. 이러한 인식과 그에 기초한 정치적 노선은 각 시기마다 다른 목표를 내걸면서 여러 모습으로 나타났다. 이를 시기별로 대별해보면 1870년대에는 '주체적 개국'이, 1880년대에는 '부국강병과 문명개화'가, 1890년대에는 '국권과 민권수호'가 그 강조점으로 부각되었음을 확인할 수 있다. 또 이 시기마다의 목표들은 현실의 실천과정에서 1884년의 갑신정변과 1894년의 갑오개혁, 1896년에서 1898년의 독립협회운동, 그리고 1905년 이후 애국계몽운동으로 가시화되어 관철되었다.

이러한 근대사회로의 역사적 이행과정에서 나타난 근대변혁운동의 성격에 대한 규정은 한국근대사에 대한 체계적인 연구가 진행되면서 이루어졌다. 우리가 위로부터의 근대개혁운동의 전개과정과 역사적 성격을 파악하기 위해서는 우선 개혁을 이끌었던 사상적 배경과, 개혁의 구상과 실천방법, 제국주의 세력에 대한 인식과 대응논리 등을 분명하게 파악 규명하여야 할 것이다.

II. 개화사상의 연원과 형성시기

근대 개혁운동인 갑신정변에 대한 연구는 1960년대 후반부터
내재적 발전론에 입각하여 종전의 타율적이고 부정적인 평가를
비판 극복하면서 새롭게 이루어졌다. 우선 그 사상적 배경으로서
개화사상의 도입과 형성과정에 대한 연구가 진행되었는데, 개화
사상은 주로 중국에서 간행된 《이언》(易言), 《해국도지》(海國圖
志), 《조선책략》(朝鮮策略) 등의 영향을 받아 발전했음이 확인되
었다.[1] 개혁운동의 주체적 동인으로서의 개화사상이 조선 후기
실학, 특히 18세기 후반의 북학사상에서부터 자생적으로 형성되
었다는 연구도 진행되었다.[2] 실학과 개화사상의 연결고리로는 첫
째, 실학의 이용후생과 실사구시 논리, 둘째, 실학의 민족주의적
성격, 셋째, 실학의 민권사상, 넷째, 실학의 통상개국론 등에서
찾을 수 있다. 그리고 이 시기 개화사상가들에 대한 개별 연구를
통해 그들의 사상적 연원과 구체적인 활동상을 살펴보았다.[3] 개
화사상의 원류를 북학사상에서 찾으면서 그 인적 계보 역시도
밝히고자 했다. 개항 초기에 개화운동을 추진하는 데 중요한 역
할을 했던 강위에 관한 연구를 통해 그의 스승이었던 실학자 김
정희와의 관계를 밝혀냄으로써 '실사구시파'(實事求是派)와 개화사
상의 연관을 주장했다.[4]

그런데 이와는 반대로 박영효의 상소문 분석을 통해 개화파가
일본의 문명개화론자 후쿠자와 유키치(福澤諭吉)의 사상적 영향

---

1) 이광린, 《한국개화사연구》, 일조각, 1969, pp. 2~30 참조.
2) 김의환, 〈우리나라 개화운동고〉, 《우리나라 근대화사 논고》, 삼협출판사,
   1964 ; 김영호, 〈실학과 개화사상의 연관문제〉, 《한국사연구》 8, 1972.
3) 이광린, 《개화당연구》, 일조각, 1973.
4) 이광린, 〈강위의 인물과 사상〉, 《한국개화사상연구》, 일조각, 1979.

을 크게 받았다는 점이 제기되었다. 이는 개화사상이 그 형성기에 일본 메이지유신의 개혁론을 수용했음을 의미하는 것이다.

이처럼 개화사상이 북학사상 → 중국의 양무파적 개혁사상 → 변법사상 등의 단계를 밟아 형성되었다는 견해[5]가 있는 반면, 그런 과정을 전혀 밟지 않은 채 일본의 메이지유신을 교조적으로 적용한 관념적인 사상이라는 견해[6]도 있다. 이러한 연구성과들은 대체로 개화사상이 근대적 개화파에 의해서 북학사상을 계승 발전시킨 내재적 사상기반 위에 외래사상을 가미해 자생적으로 형성되었다고 정리할 수 있다.

한편 실학과 개화사상의 관련을 중시하면서도 양자의 차별성을 명확해야 한다는 주장도 나왔다. 기본적으로 실학사상에서 근대사상의 맹아가 보임은 분명하지만 실학사상은 일단 전근대 사상의 범주로 처리해야 한다는 것이다. 이 입장에서는 다소 관념적 분석이긴 하지만 개화사상이 조선의 유교적 지배체제를 부정하고 근대 자본주의체제를 지향하는 급진적 개혁사상으로 전환하는 데는 불교의 사해평등(四海平等)과 기독교 등의 사상적 영향이 컸다고 보고 있다. 또 이들은 개화사상이 근대사상으로 발전하는 도중에 나타나는 둘 사이의 연속과 단절의 과정을 중시하면서 두 사상의 연결고리 역할을 했던 계보로는 박규수를, 두 사상의 단절이라는 면에서는 역관 오경석 등 중인층의 영향을 들고 있다. 그런데 박규수의 정치적 사상적 위치 평가에 대해서는 그가 개화사상으로까지는 나아가지 못한 과도기적 인물이라고 보는 견해와, 대원군의 쇄국정치하에서 북학파의 자주적인 해외통상론을 계승해 개항과 개화를 주장했던 선진적 인물이라

---

5) 姜在彦,《朝鮮の開化思想》, 岩波書店, 1980 ; 靑木功一,〈朝鮮開化思想と福澤諭吉の著作〉,《朝鮮學報》52, 1969.
6) 梶村秀樹,〈朝鮮近代史と金玉均の評價〉,《思想》 519, 1966 ; 조일문,〈정치사상으로서의 개화사상고〉,《건대학술지》20, 1976.

고 보는 견해가 서로 입장 차이를 보이고 있다.[7]

한편 두 사상의 단절 계기는 역관 오경석, 한의사 유대치 등의 선각적인 중인 출신 지식인들에게서 찾고 있다.[8] 오경석은 1853년부터 1875년까지 역관으로 무려 13차례나 북경을 왕래하면서 서양세력 앞에서 무력한 청을 목격했고, 적극적인 개항만이 조선의 국가적 위기를 타개할 수 있는 유일한 방법이라고 생각했다. 이러한 생각은 유대치를 거쳐 이동인·김옥균·박영효로 이어졌다. 선진사상가였던 오경석이 역관의 업무를 뛰어넘어 병인양요 처리를 위한 실무에 참여했고, 1876년 조일수호조규 교섭 담판 현장에서 실무를 담당하는 등 정치활동가로도 활동했음이 최근 연구에서 밝혀졌다.[9] 이와 동시에 그가 제국주의의 침략성을 간과했으며 조일수호조규 담판과정에서 보여준 문명개화론의 실천적 한계가 지적되기도 했다. 그러나 이러한 한계성과는 분리하여 근대국가 수립과 연계돼 나타났던 조선사회의 문명개화에 대한 전망 역할에 대한 평가는 올바로 이루어져야 할 것이다.

이처럼 개화사상의 연원과 발전과정에 대한 연구들이 다각도로 이루어지고 있지만 여전히 북학사상이 개화사상으로 전환되는 계기와 과정을 분명히 정리할 필요가 있다. 아울러 박규수의 사상사적 위치를 어떻게 볼 것인가의 문제도 여전히 남아 있다.

한편 개화사상의 형성시기에 대해서는 1850~1860년대설과 1870년대설이 있다. 1850~1860년대설은 중신 출신의 지식인들에 의해 '초기개화파'가 형성되기 시작했고 이들이 10여 년간의 연구를 통해서 1860년대에 문명개화론을 하나의 사상으로 형성시켰다고 보는 견해이다.[10] 북한의 《조선전사》에는 "개화사상의

---

7) 이완재, 〈박규수의 생애와 사상〉, 《사학논지》 3, 1975 ; 原田環, 〈1960年代 前後において朴奎壽の政治思想〉, 《朝鮮學報》 86.
8) 신용하, 〈오경석의 개화사상과 개화활동〉, 《역사학보》 107, 1985.
9) 김하원, 〈초기 개화파의 대외인식—오경석을 중심으로〉, 《釜大史學》 17, 1993.

형성은 1850년대부터 중인 출신 지식인들에 의해 싹트기 시작했
고 1860~1870년대에 더욱 성숙되었으며 1880년대에 하나의 사
상조류로서의 체제를 이루는 역사적 발전단계를 거쳤다"고 정리
되어 있다.

　개화사상의 형성시기에 대해서는 이처럼 다양한 견해들이 제
기되고 있는데, 대체로 1870년대설이 지배적이다. 특히 이광린은
개화사상의 전개과정에 대해서 1870년대에는 개화와 개국이 동
의어로 사용되면서 해외에 대한 지식을 가져야 한다는 내용이
주를 이루었고, 1880년대에는 외국기술을 도입해 부국강병을 이
룩해야 한다는 것이, 1890년대에는 국권과 민권에 대한 주장이
주가 되었다는 3단계설을 제시했다.[11]

　어쨌든 개화사상은 그 원류가 18세기 후반 북학사상의 계보를
잇는 박규수와 오경석, 유대치 등 봉건권력 내부의 개명관료와
선각적인 중인 출신 지식인들에 의해 형성되었다고 볼 수 있다.
그리고 개화사상의 형성은 1876년 개항을 전후로 한 민족적 위
기 상황 속에서 이미 구미자본주의 열강에 문호를 개방한 청나
라의《해국도지》와 양무론, 일본 메이지유신의 문명개화론의 일
정한 영향을 받아 1870년대에 발전했다. 그리고 이러한 개화사
상은 실학사상의 민권적 요소를 계승하고 서구사상을 수용하면
서 미약하나마 조선의 자유민권사상을 형성시켜나갔다고 보았
다. 이는 갑신과 갑오기에 부국강병을 위한 민력양성론·민권보
장론·정치개혁론으로 발전했고, 근대적 정치개혁 시책에 반영
되어 갔다. 갑신정변에서의 입헌군주제와 지방자치제 구상, 갑오
개혁에서의 군민공치체제의 추구 등이 바로 그것이다.[12] 이와 동

---

　10) 1850년대설은 강재언(〈조선에 있어서 부르주아혁명운동〉,《조선의 개화사
　　　상》)의 주장이며, 1860년대설은 사회과학원 역사연구소에서 편찬한《김옥균》
　　　(1990, 역사비평사 재출간) 및 〈개화사상과 개화당의 형성〉(오세창,《한국사
　　　학》1, 1980)에 나타나 있다.
　11) 이광린,《개화당연구》, 일조각, 1973.

시에 개화사상이 지니는 개화지상주의를 비판하기도 한다. 더욱
이 외세의 반침략적 성격을 외면했기 때문에 외세를 불러들이고
말았다는 비판도 제기되고 있다.

최근 개화사상가 유길준의 사상을 중심으로 당시 개화사상의
구조와 특징을 파악하려 하는 연구가 진행되었다. 연구자들은
그의 《서유견문》 분석을 통해 그가 보수·점진적 성향을 지녔다
고 보았다.[13] 즉 유길준은 서구의 자유주의 사상과 제도를 이상
적이라 했지만 조선의 전통과 맞지 않으며, 저급한 조선민중의
정치의식 수준으로는 그 채택이 보류되어야 한다고 주장했다는
것이다. 즉 그는 갑신정변의 급진개화세력이나 독립협회의 민권
론자들의 변법사상과는 성격을 달리하는 온건개화파적 개혁사상
을 대변한다고 볼 수 있다.

한편 유길준이 전제군주권과 민권과의 상호관계를 어떻게 파
악하고 있었는가에 대한 연구에서는 그가 군주권을 제한하고 교
육과 율법에 의해 민권을 확립하는 것을 기본골격으로 하고 있
었다고도 한다. 즉 그는 전통에 바탕을 둔 자주적 개화를 주장했
으며 개화의 방법은 온건했지만 갑오개혁을 통해 현실로 구현된
것을 볼 때 당시로서는 변법적이고 대단히 진보적인 주장을 폈
음을 알 수 있다. 따라서 그의 사상은 갑신정변의 기본정신을 바
탕으로 이루어진 것이라고 할 수 있다.[14]

이외에도 어윤중·김윤식의 정치사상에 대한 연구에 따르면
어윤중은 온건개화파 계열로 당시 권력의 핵심집단인 민씨정권
과의 제휴 속에서 점진적 개혁을 추구했던 실무자의 한사람이었

---

12) 유영렬, 〈개화기의 민주주의정치운동〉, 《한국사상의 정치형태》, 일조각, 1993.
13) 유영익, 〈서유견문론〉, 《한국사시민강좌》 7, 일조각, 1990 ; 이조영, 〈유길
   준의 군주론 연구〉, 《동아연구》 22, 1991.
14) 김신재, 〈유길준의 정치개혁구상과 그 특질—'서유견문'과 '정치학'을 중심으
   로〉, 《경주사학》 11, 1992 ; 김봉렬, 〈유길준 개화사상에서의 전통인식〉, 《경
   대사론》 7, 1994.

다 한다.[15] 신사유람단으로 파견되어 일본을 시찰한 후 조선의
부강이 시급함을 깨달아 이것이 그의 부강론 형성의 기초가 되
었고 이로써 갑오개혁에 참여하게 되었던 것이다.

Ⅲ. 개화파의 형성과 개혁론의 분화

개화사상에 의거해 근대적 개혁을 수행한 정치세력을 개화파
라고 했을 때, 그러한 정치세력으로서의 개화세력, 즉 개화파가
형성되었던 시기를 구체적으로 어디로 잡을 것인가 하는 문제가
제기된다. 이는 곧 개화사상이 실천력을 갖추어 나가기 시작한
시기를 의미하는 것으로 갑신정변의 평가와도 연결된다. 아울러
개화파의 분열시기에 대한 연구도 진행되면서 각 정치세력의 형
성과 개혁론의 성격에 관한 문제가 제기되었다.

개화파가 정치세력으로서 형성된 시기에 대해서 제기된 몇 가
지 견해를 보면 다음과 같다.

첫째, 1860년대 중반설에 따르면, 1860년 중반에 박규수의 사
랑방에서 초기개화파가 형성되었고 이들이 1874년경에 새로운
개화사상을 가진 소장정치집단으로 성장했다.[16]

둘째, 1870년대 초반설에 따르면, 《갑신일록》(甲申日錄)의 기록
을 중심으로 김옥균 등이 1874년 이전에 이미 개화사상에 공명
한 선각자들을 결합해서 독자적인 정치적 세력인 개화파를 형성
했다 한다.[17]

---

15) 최진식, 〈어윤중의 부강론 연구〉,《국사관논총》 41, 1993 ; 이상일, 〈운양
    김윤식의 정치사상연구〉,《태동고전연구》6, 1990.
16) 신용하, 〈개화파의 사상과 역사적 재평가〉,《한국근대사의 재조명》.
17) 사회과학원 역사연구소 편,《김옥균》, 역사비평사(재출간), 1990.

셋째, 1879년설에 따르면, 김옥균 등이 1877년 박규수가 죽은 후 유대치의 영향을 받으면서 정치적 결사로서의 개화당을 형성해 국가의 근본개혁을 요구하게 되었다 한다.[18] 1879년은 바로 김옥균 등이 유대치와 접촉한 지 2~3년이 경과된 해였고, 또한 사상적 동지인 이동인을 일본으로 파견한 때이기도 하다.

넷째, 1882~1884년설에 따르면, 개항을 전후한 시기 세도가문 출신의 소장관료 사이에 친목도모의 집단이 형성되었으나 아직 정치집단화하지 못했고, 동도서기론적 입장에서 정부가 추진하는 개화정책의 실무자로 등용되었을 뿐이었다. 그 후 1882년 김옥균이 일본을 방문한 후 일본의 문명개화론을 수용하면서 사상적 분화가 나타났고 비로소 '개화당' '개화파'로 인식할 수 있다고 했다.[19]

이외에도 1879~1880년대 초반에 이르는 시기에 서서히 성립되었다고 보는 견해도 있다.[20] 현재 새로운 소장개혁파의 형성시기에 대해서는 1879년 설이 가장 실증적으로 설득력을 지니고 있다. 반면 개화당의 형성시기를 임오군란 이후로 잡는 경우는 갑신정변을 수구파의 공세에 대한 반격의 일환으로 관료간의 정권쟁탈로 보고 있다. 반면에 개항 이전으로 보는 견해는 갑신정변을 계획하는 준비기간을 인정하면서 갑신정변을 적극적으로 평가하고 있다.

한편 개화파의 분화과정에 대해서는 1880년을 전후하여 등장한 많은 개화사상가 중에서 개화사상의 실현방법과 외세에 대한

---

18) 이광린, 〈개화승 이동인〉,《개화당연구》, 일조각, 1973 ; 민태원,《갑신정변과 김옥균》.
19) 주진오, 〈개화파의 성립과정과 정치·사상적 동향〉,《1894년 농민전쟁연구》 3, 역사비평사, 1993.
20) 이현희,《한국개화백년사》,〈개화당의 개혁운동〉,《한국사》16 ; 박명규, 〈개화파와 도막파의 사회경제적 배경과 근대지향성에 관한 비교〉,《한말일제하의 사회사상과 사회운동》, 문학과지성사, 1994.

대응을 둘러싸고 재편성되어 나타났다고 볼 수 있다. 대체로 적
극적이고 진보적인 정책을 실시하여 급진적으로 개혁하여야 한
다고 주장한 '급진개화파'와 온건적인 정책을 통하여 점진적으로
개혁하여야 한다고 주장한 '온건개화파'로 분화되었다고 보고 있
다.[21] 전자는 일본의 메이지유신을 체제변혁의 모델로 삼은 김옥
균 중심의 정치집단을 들었고 후자는 청의 양무자강파와 유사한
성격으로 김윤식·유길준이 대표적 인물이라고 할 수 있다.

급진개화파와 온건개화파의 차이점을 정리하면 대체로 다음과
같다.

첫째, 전자는 청과의 봉건적 사대관계를 청산하고 일본의 메이
지유신을 개혁의 모델로 삼아서 완전한 자주국가를 수립하고자
했던 반면, 후자는 청과의 전통적 관계를 중시하면서 청의 양무
운동을 표본으로 삼았다.

둘째, 전자는 집권층으로서의 수구파와 대결하여 군권을 완전
히 장악하고 급진적인 개혁을 추진했던 반면 후자는 수구파와의
대결을 피하고 타협하면서 점진적인 개량을 모색했다.

그런데 김홍집·김윤식 계열을 개화세력으로 보지 않고 동도
서기라고 하는 별도의 사상체계를 가진 세력으로 보는 견해도
있다.[22] 이들 역시 기호학통의 '기용이척'(器用理斥)에서 그 원류를
찾고 있으나 서양의 도를 인정한 개화사상을 비판하며 문명조선
에서 개화의 필요성을 느끼지 못한다는 입장을 지니고 있다고

---

21) 이광린,《개화당연구》, 일조각, 1973. 강재언은 전자를 '개량적 개화'로 후
   자를 '변법적 개화'로 구분하고 이들은 청국과 수구파에 대한 대결적 변법
   인가, 타협적 개량인가 하는 정치적 자세에서 차이가 나타난다고 했다. 그
   리고 이것이 결정적으로 표면화된 것은 1882년 임오군란에 대한 양자의 대
   처방식에서부터라고 하였다.(《朝鮮の開化思想》, 岩波書店, 1980)
22) 정창렬,〈한말 변혁운동의 정치경제적 성격〉,《한국민족주의론》1, 창비사,
   1982 ; 권오영,〈신기선의 동도서기론연구〉,《청계사학》1, 1984 및〈동도서
   기론의 구조와 그 전개〉,《한국사시민강좌》7, 일조각, 1990.

보았다. 이는 중국의 '중체서용론'(中體西用論)과 궤를 같이하는 것이었다. 1881년 신기선이 논리적으로 체계화시켰고 1882년 김윤식이 찬술한 고종의 교서 이후 1880년대 정부 중심의 근대화정책의 이론으로 성장했다고 했다. 이러한 바탕 위에서 통리기무아문이 설치되고 외교관계 기관으로 동문사(同文司) 등이 설치되었다.

한편 최근에는 급진파와 온건파의 범주로 나누는 입장을 비판하면서 개화파들의 사상적 차별성을 강조하여 그들의 정치사상적 동향에 대한 분석이 진행되고 있다.[23] 개화론을 북학론의 연장선상에서 파악되어야 하지만 계승이라기보다는 단절로 보아야 한다고 했다. 개화론은 1882년경의 문명개화론에서 출발한 것으로서 동도서기론에 입각한 정부의 근대화정책이 진행되는 가운데 개화파들은 실무관료로서 육성되었다는 것이다. 개화관료들이 정치집단화한 시기는 1870년대 말경이었으나 아직 동도서기론의 입장을 완전히 벗어난 것은 아니라는 것이다. 이들이 1882년 이후 일본과 서양문물을 접하게 되면서 중화적 동아시아 질서를 타파하고 독립국으로서의 조선을 인식하게 되면서 비로소 문명개화론으로 전환했다고 했다. 외부로부터 수용된 문명개화론의 사상적 특성은 조선의 현실이 개화되지 못한 상태로서 이미 개화된 나라의 경험을 적극적으로 수용하여야 한다는 것이었다. 이들이 문명개화를 현실에서 실천하고자 일본의 지원을 얻어 일으킨 것이 갑신정변이었다. 그러나 외세의 침략적 본질을 올바로 인식하지 못한 사상적 한계와 청과의 정면 대립을 회피하고자 했던 열강들의 외면으로 갑신정변은 실패했던 것이다. 이들은 1890년대에 들어와서 문명개화론이 조선의 현실에 적용되는 것이 불가능함을 깨닫고 동도서기론의 입장을 수용하여 변

23) 주진오, 〈개화파의 성립과정과 정치·사상적 동향〉,《1894년 농민전쟁연구》 3, 역사비평사, 1993.

법적 개화론으로 전환되어 갔다고 했다.

이렇듯 개화사상과 개화세력의 성격에 대해서 다양한 견해가 제기되고 있는 가운데 현재 일반적으로 급진개화파 세력들이 무장정변으로 수구파 세력과 대립하고자 갑신정변을 추진했던 반면에 온건개화파는 이에 반대하여 현실정치에 적극 참여하여 국왕을 통한 제도개혁을 목표로 이후 갑오개혁을 추진했다고 파악하고 있다.

Ⅳ. 근대적 개화운동의 전개

1. 갑신정변

개항 이후 정부는 동도서기론에 입각하여 서양의 발달한 산업과 기술제도 등을 도입하려는 근대화정책을 추진했다. 이를 추진하기 위해서 1880년 12월 통리기무아문을 설치했고 청과 일본에 영선사(領選使)와 신사유람단(紳士遊覽團)을 각각 파견하여 새로운 근대화정책들을 배워오게 했다. 이러한 정부의 근대화정책의 실무를 맡은 관료들이 바로 김옥균·홍영식·서광범·박영효 등이었다. 이들은 중인 출신의 오경석과 유홍기의 영향을 받으면서 더욱더 근대적 개혁이 필요하다고 인식하게 되었다.

그런데 1882년 군인들의 봉기를 진압하는 과정에서 조선의 내정에 대한 청의 간섭이 노골화되었고 민씨정권이 친청수구의 입장을 띠면서 급진개화파들이 정권에서 점차로 소외되어 갔다. 특히 고갈된 정부재정을 충당하기 위하여 급진적 개화파들은 민씨 친족정권이 당오전 발행을 주장하는 것에 반대하여 일본으로부터 재정차관을 들여오려던 계획이 실패하면서 이들의 정치적 지위는 급속히 약화되었다.

급진개화파는 이러한 정치적 위기를 타개하고자 1884년 봄부터 정변을 준비했다. 정변을 일으켜 민씨정권을 몰아내고 권력을 장악하여 개혁을 실시하기로 결의했다. 당시 청이 프랑스와의 전쟁 때문에 조선 주둔병력 3천 명 가운데서 절반을 철수시키자 개화파는 이를 절호의 기회로 여겼다. 반면에 일본은 죽첨진일랑(竹添進一郞) 공사를 통해 정변에 대한 군사적 지원과 재정적 지원을 약속했다.

드디어 1884년 12월 4일 김옥균·박영효·홍영식 등 개화파 관료들은 우정국 개설 축하연을 이용하여 자체 무장력과 일본군을 동원하여 봉건적 요소를 청산하고 자주독립과 부국강병의 근대화를 꾀하고자 집권수구파 세력인 민씨일파를 제거하고 정권을 잡았다. 이들은 곧바로 고종을 경운궁으로 옮겨서 국왕으로 하여금 일본공사에게 '일사내위'(日使來衛)의 교서를 보내 일본군의 보호를 요청케 했다. 이것이 바로 갑신정변이었다.

정변에 성공한 이들은 이튿날 신정권 수립에 착수하여 이재원을 영의정에, 홍영식을 좌의정에 임명했고 군사와 외교, 그리고 재정에는 박영효·서광범·서재필·김옥균이 임명되어 실권을 장악했다. 그리고 새 정권에서 실시할 개혁안, 즉 14개 정강을 발표했다. 청에 대한 사대외교의 폐지와 자주독립을 역설했고, 문벌폐지와 능력에 따른 인재등용, 지조법 개정, 국가재정의 일원화 등을 내세웠다.

그러나 이 개화파 정권은 청군의 무장공격을 받아 '3일천하'로 끝나고 말았다. 이때 군사적 지원을 약속했던 일본군은 철수하고 말았다. 홍영식·박영교 등은 청군에게 살해당했고 김옥균·박영효·서광범·서재필 등은 일본으로 망명의 길을 떠나야 했다.

이러한 1884년 갑신정변에 대해서 철저하지는 못했지만 우리나라 근대변혁운동의 시작이었다고 하는 점에 주목하여 그 역사적 의의와 한계가 다양하게 평가되고 있다. 지난 1884년 갑신정변 100주년을 맞이하여 다양한 학술대회와 연구논문들이 발표되었다. 특히 북한과 일본학계의 연구동향에 대해서도 검토했다.[24] 갑신정변에 대해서는 위로부터의 개혁으로서 개혁주체의 현실인식과 변혁의 방법론을 분석함으로써 이들의 근대화 노선이 파악되었는데 이에 대한 역사적 평가는 몇 가지 견해로 나누어져 있다.

첫째, 개화파의 개혁의도와 목적에 대한 견해를 살펴보면 타율론적 입장에서는 정강 14개조의 공포를 부인하고《갑신일록》의 사료적 가치를 비판하면서 갑신정변의 의도는 단순히 청·일 양국과 결탁한 수구세력과 개화세력과의 정권쟁탈전의 성격을 강하게 띠었다고 보았다. 결코 부르주아적 개혁의 요소는 하나도 없었다고 보았다.[25] 또한 그들의 개혁내용이 담겨 있는 정강의 분석을 통해 보았을 때고 봉건적 토지소유에 대한 근본적인 철폐가 아닌 지주제의 유지 위에 개량적 개혁노선을 추구했다고 하는 한계성을 지적하기도 했다.

그런데 이후 갑신정변에 대한 연구의 경향은 종전의 타율적이고 부정적인 견해를 비판하고 좀더 긍정적인 차원에서 이루어지면서 부르주아개혁이라고 하는 측면에서 어느 정도 합의를 보게 되었다. 내재적 발전과정에서 이루어진 개혁으로서 개화파의 사상과 행동은 부국강병과 문명개화를 목표로 하여 오래전부터 근대개혁 이념을 가지고 정변을 준비하고 정강에 대한 논의를 계속하여 왔음을 실증적으로 검토했다.[26]

둘째, 갑신정변의 수행방법에 대해서는 외세와의 관련성과 민중의 지지 결여에 초점을 맞추고 있다. 긍정적인 입장에서는 개화파의 세계정세의 파악은 대체로《조선책략》에서 보이는 '균세

법'(均勢法)에 입각하고 있다고 보았다. 이를 두고 여전히 개혁운동이 급박해진 상황에서 시민계급의 성장을 기다리기보다 일본의 무력을 이용하여 일본의 위로부터의 길을 모방한 개혁수행이 당시로서는 최선의 길이었다고 주장했다.[27] 이는 외세라는 변수를 그다지 고려하지 않고 개혁운동으로서의 진보적 의의를 높이 평가하는 입장이었다.

그러나 부정적인 견해로는 갑신정변의 수행과정에서의 한계성이 지적되는데 즉, 제국주의에 대한 불철저한 인식으로 인해 반외세의식이 박약했으며, 결국 정변으로 인해 일본의 침략이 가속화되어 갔다고 비판하면서 갑신정변이 부르주아적 개혁운동으로서의 의의를 인정하면서도 근대민족운동의 주류로 설정하기에는 많은 한계를 내포하고 있다고 평가하고 있다. 세계자본주의 열강의 식민지 침탈에 대한 적극적인 비판의 관점을 결여한 채, 도리어 사회진화론적 인식에 치중하는 대외인식의 치명적인 결함을 가지고 있었다고 보았다. 따라서 제국주의 침략에 대항하는 근대 민족주의의 선구적 운동이라는 관점에서 갑신정변을 파악하려는 시도는 매우 한정적으로 사용되어야 한다는 것이다.

셋째, 갑신정변의 성격에 대한 평가를 유형화해보면 셋으로 나눌 수 있다. 부정적 견해와 긍정적 견해, 그리고 절충적 견해가 그것이다. 부정적 견해의 가장 전형적 논리는 갑신정변을 일본측의 사주에 의하여 조선에서 친청수구세력을 몰아내고 김옥균 등의 친일정권을 수립하려는 책동에서 이루어졌다고 하는 것이다.[28] 역사적 내재성을 전혀 무시한 평가였다. 반면 긍정적 평가로서는 갑신정변이 당시 봉건제도의 모순과 민족적 위기를 해결하고자 하는 진보적이며 애국적인 최초의 '근대적 개혁' 또는 '근

27) 신용하,《개화운동과 갑신정변》, 삼성문화문고, 1977 ; 천관우,《한국의 개화사상》, 삼성출판사, 1978.
28) 山邊健太郎, 앞의 책,

대적 혁명'의 본격적 시도였다는 견해가 있다. 그리고 한편으로
는 갑신정변의 개혁의도와 동기는 높이 평가하면서 '개화지상주
의' 내지는 '근대미화의식'으로 자주성이 결여된 한계성을 지적하
는 절충적인 입장이 있다.

넷째, 갑신정변이 실패하게 된 원인에 대해서도 제각기 분석하
고 있다. 무장정변을 획책하고자 했음에도 충분한 무장력을 갖
추지 못했기 때문에 처음부터 승산이 없었다고도 보았다.[29] 그리
고 갑신정변 주체세력의 신분적 한계로 인하여 실패하게 되었다
고도 보았다.[30] 신분적 성분이 지주층이었고, 따라서 농민적 토지
소유를 지향하는 농민층과 대립이 심화되었을 때 외세에 의존하
여 그 모순을 제거하려 했다고 비판했다. 한편 갑신정변의 주체
세력들이 민중의 지지를 받지 못하고 외세에 의존할 수밖에 없
었기 때문에 결국 실패하게 되었다고도 보았다. 그런데 외세의
존에 대한 평가 역시도 다르게 이루어지고 있다. 개화파의 외세
의존이 반외세적인 민족의식이 불철저했다기보다는 봉건체제와
의 대립에서 미숙한 정치력을 보완하기 위한 불가피한 선택이었
다는 평가가 있는가 하면,[31] 내부적 기반 없이 외세의존적이었기
때문에 실패할 수밖에 없었다고 보는 경향도 있다.[32] 그들의 급
진적 개혁사상을 일반지식인이나 국민의 의식이 계몽되기 이전
이라 미처 따라가지 못한 상황에서 일반의 지지를 받지 못했다

---

29) 이광린, 〈갑신정변에 대한 일고찰〉,《개화당연구》, 일조각, 1973.

30) 김용섭, 〈갑신갑오개혁기 개화파의 농업론〉,《동방학지》15, 1974.

31) 서영희, 〈개화파 국가구상의 추이〉,《제36회 전국역사학대회발표요지》, 1993 ;
    〈개화파의 근대국가 구상과 그 실천〉, 한국사연구회 편,《근대국민국가와
    민족문제》, 지식산업사, 1995.

32) 정옥자, 〈개화파와 갑신정변〉,《국사관논총》 14, 1990 ; 최영호, 〈갑신정변
    론〉,《한국사시민강좌》 7, 일조각, 1990 ; 최문형, 〈갑신정변 전후의 정황과
    개화파—외세와 연관된 정변의 재평가를 중심으로〉,《제국주의 시대의 열강
    과 한국》, 민음사, 1990 ; 박성수, 〈서재필에 대한 재평가〉,《서암조항래교수
    화갑기념 한국사학논총》, 아세아문화사, 1992.

는 것과, 더욱이 정변의 목적과 의도가 정권탈취에 있었기 때문
에 일반의 동의와 협조를 얻어낼 수 없었기 때문이라고 보았다.
그리고 외세에 의존함으로써 당시 일본에 대한 적개심을 가지고
있었던 상황에서 국민적 공감대를 얻지 못했다는 것이다. 결국
갑신정변이 추구했던 국민국가의 건설이라든지 자유평등사상 등
에서는 다소 긍정적인 측면도 있겠으나 결과론에서는 일본의 경
제적 침탈과 청의 조선에 대한 종주권 강화라고 하는 부정적인
상황을 가져올 수밖에 없었던 한계성이 지적되고 있는 것이다.

2. 갑오개혁

갑신정변이 실패하면서 다시 정권의 핵심세력이 되었던 민씨
일파는 더욱 청에 의존하면서 정권유지 차원에서 개화정책을 실
시했다. 정부는 전환국(典圜局), 기기창(機器廠), 광무국(鑛務局) 등
의 기관을 설립하여 근대적 산업기술을 도입했으며 또한 육영공
원을 설립하여 근대적 교육을 추진했다. 이러한 근대화정책의
실무는 급진개혁사상을 가진 세력들이 처형되거나 망명해 버린
상황에서 온건한 개혁을 추구하는 개화파가 이에 참여했다.

당시 조선을 둘러싼 청일간의 각축은 더욱 심화되었다. 한반
도에서 영국과 러시아와의 세력다툼이 청의 중재로 일단락 되면
서 내정간섭이 심해졌으며, 일본도 역시 갑신정변의 실패로 주춤
해 졌던 세력을 만회하기 위해 기회를 엿보고 있었다. 외세의 침
략이 노골화되는 가운데 정부의 봉건적 부패와 문란에 대한 비
판이 마침내 갑오농민항쟁으로 폭발되었다. 이의 진압을 이유로
정부는 청에 원병을 요청했고 일본군도 군대를 파견했다. 일본
은 이를 기회로 청과의 전쟁을 통해서 청의 영향력을 제거하고
조선을 보호국으로 만들고자 하는 계획을 가지고 있었다. 일본
은 미리 짜놓은 내정개혁안의 시행을 강요했다.

　이보다 앞서 조선정부는 농민군의 폐정개혁안을 수용하면서 일본의 내정간섭을 배제하고자 교정청이라고 하는 개혁기구를 설치했다. 그러나 일본은 무력으로 새벽에 경복궁을 기습 점령하여 민씨정권을 무너뜨리고 개화파 관료들을 중심으로 한 정권을 수립시켰다. 갑오정권에는 갑신정변에 가담하지는 않았지만 동도서기론적 입장에서 1880년대 정부주도의 개화정책에 참여했던 김홍집·김윤식·어윤중·유길준·안경수 등이 참여했다. 이들은 군국기무처라고 하는 개혁기구를 통하여 갑오개혁을 추진했다.

　개혁의 내용은 우선 궁내부(宮內府)를 설치하여 국정과 왕실을 분리했고 입헌군주제를 지향했다. 과거제도의 폐지와 새로운 관리임용법을 마련했다. 또한 '신식화폐발행장정'을 공포하여 은본위제에 입각한 신식화폐를 발행 유통시켰으며, 지세의 금납화를 완전히 실시했다. 그리고 문벌과 노비제의 폐지, 과부의 재가금지 등의 폐지를 단행했다.

　이후 징세제도의 개혁, 사법권의 분리, 지방제도의 실시 등 의결된 개혁안은 모두 200여 건이 되었다.

　그런데 일본은 청일전쟁에서 승세를 잡으면서 조선에 대한 내정간섭을 강화했다. 갑신정변으로 인하여 망명해 있던 박영효를 귀국시켜 김홍집과의 친일적인 연립내각을 구성케 했다. 군국기무처가 해산되면서 정부 각 부서에는 일본인이 고문관으로 들어와 개혁과정에 깊숙이 개입하게 되었다. 나아가 일본은 '홍범14조'를 발표케 하여 청의 간섭과 왕실의 정치 간여를 배제시켰다.

　갑오개혁이 추진되는 과정에서 개화파들은 농민항쟁을 '망국의 난적'으로 여기면서 일본군과 합세하여 진압했다. 그리고 1895년 일어난 민비시해사건의 처리문제를 둘러싸고 일본의 범죄행위를 은닉시키고자 했으며 단발령을 반포하기에 이르렀다. 이에 개화파 내각에 대한 비판이 일어나면서 전국 각지에서 반일의병운동이 전개되는 가운데 1896년 고종의 아관파천으로 인해 이완용 중심의 친러내각이 수립되고 갑오정권은 붕괴되었다. 개혁은 중단되었고 개화파 관료들은 대부분 살해되거나 일본으로 망명했다.

종래 갑오개혁에 대한 평가는 식민사관에 입각하여 일본제국주의의 침략의 연장선상에서 타율적인 개혁으로 이해되었다. 그러나 이러한 평가를 비판하면서 한계성을 지니는 부르주아적 개혁으로서의 적극적 평가가 진행되고 있다. 갑오개혁의 성격에 대해서는 현재 자율적 개혁으로 볼 것인가,[33] 타율적 개혁으로 볼 것인가,[34] 아니면 한정된 자율론[35]으로 볼 것인가의 논의들이 여전히 진행되고 있다. 이처럼 갑오개혁의 성격을 규정짓는 주요한 논점으로는 개혁의 주체세력, 개혁이 추진되었던 시기, 개혁의 성격과 한계 등이 제기되었다.

첫째, 갑오개혁의 성격을 규정짓는 가장 중요한 문제중의 하나가 바로 개혁의 대상시기를 어떻게 잡을 것인가 하는 것이다. 자율적 개혁론을 주장하는 입장에서는 개혁의 시기를 광의와 협의로 나누어 정리하고 있다. 광의의 개혁은 1894년 7월부터 1896년 2월까지로 잡고 있으며, 협의로는 일제의 소극적 간섭기인 1894년 7월 21에서 12월 17일까지로 구분하고 있다. 이 시기에 교정청과 군국기무처에서 행한 일련의 개혁을 갑오개혁의 범주로 보는 입장이다. 한편 타율적 개혁론의 입장에서는 개혁의 시기를 더욱 넓게 잡는데 1894년 6월에서 11월까지를 '1차 내정개혁'으

---

33) 과학원역사연구소, 〈1894(갑오) 부르조아 개혁〉, 《조선전사》 13, 1980.

34) 田保橋潔, 〈近代朝鮮にぉぃて政治的改革〉, 《近代朝鮮史研究》, 1944 ; 박종근, 〈조선에 있어서 1894·5년의 김홍집정권(개화파정권)의 고찰〉, 《역사학연구》 415·417, 1974·1975.

35) 유영익, 〈갑오경장을 위요한 일본의 대한정책―갑오경장 타율론에 대한 수정적 비판〉, 《역사학보》 65, 1975 ; 김영호, 〈개화사상·갑신정변·갑오경장〉, 《한국사연구입문》, 지식산업사, 1981.

로, 청일전쟁 이후 1895년 5월까지 김홍집·박영효 연립내각에
의해 전개된 20개조 개혁안을 토대로 한 개혁을 '2차 내정개혁'
으로 잡았다.[36] 최근에는 갑오·을미연간에 내무대신이었던 박
영효의 개혁구상과 정치활동을 통하여 자율적 개혁이었음을 다
시 한번 강조했다.[37] 일시적으로 일본공사 이노우에(井上)와 제휴
했으나 일본의 제국주의적 이권 요구를 거부하고 1888년 '건백
서'에서 제시한 개혁안들을 적극적으로 실천에 옮기고자 했다고
보았다.

그런데 이처럼 갑오개혁의 대상시기를 제각기 다르게 설정한
다면 개혁의 성격에 대한 논의는 무의미해진다. 당연히 일제의
내정간섭이 심화되고 자유스러운 정책입안이 이루어질 수 없는
상황에서의 개혁은 일제의 식민침탈에 유리한 조건을 부여해주
었다고 하는 부정적 견해가 강조될 수밖에 없게 된다.

둘째, 개혁의 지도사상과 추진세력에 대한 것이다. 대체로 갑
오개혁의 지도사상은 1884년 갑신정변을 계승한 개혁사상으로
보고 있다. 그런데 그 내용에서 반봉건사상과 반침략사상을 기
본적 특징으로 하고 있는가에 대해서는 의견이 엇갈리고 있다.
이 논의는 농민군이 제기한 폐정개혁 요구와 어떻게 연관지어
바라볼 것인가의 문제로 이어진다. 갑오개혁의 주요한 사회제도
개혁안이 기본적으로 동학농민군이 제기한 폐정개혁안과 유관성
을 찾고자 함으로써 개혁의 원동력을 동학농민군에서 찾는 것이
현재 보편적으로 받아들여지고 있다.[38] 이에 대해서 최근 사료의
재해석을 통하여 동학농민군의 폐정개혁안과는 별개로 개화파
관료들에 의한 외세의존적 개혁이었음이 제기되기도 했다.[39] 즉

---

36) 원유한, 〈갑오개혁〉, 《한국사》 17, 1973.
37) 유영익, 〈갑오·을미연간 박영효의 개혁활동〉, 《국사관논총》 36, 1992.
38) 신용하, 《한국근대사회사연구》, 일지사, 1985 ; 한국역사연구회 편, 《한국사
    강의》, 한울아카데미, 1989.
39) 이이화, 〈폐정개혁과 갑오개혁의 연관성 규명〉, 동학농민혁명기념사업회 편,

갑오개혁의 주체세력들이 농민군의 폐정개혁안에서 강하게 개진
했던 반봉건과 반외세의 입장을 강하게 수용하면서도 현실인식
을 달리하고 있었기 때문에 개혁의 방향은 정반대의 성격을 지
니게 되었다고 했다. 또한 갑오개혁의 실제적 실행기구였던 군
국기무처가 일본군사력의 강압에 의한 괴뢰정부의 기구로 발족
된 것으로 일본의 개혁구상안에 이미 제시되어 있었다고 보았다.
이에 일본의 조선침략과 연결되는 내용을 수용함으로써 주체적
개혁이 될 수 없다고 했다. 이와 관련하여 갑오개혁의 주도세력
이었던 김홍집·어윤중·유길준·박영효 등의 관료층에 대한 규
정 역시도 개혁의 평가와 맞물리면서 이루어지고 있는데, 자율론
의 입장에서는 '개화파 출신의 혁신관료' 내지는 '온건개화파'라
고 규정했고,[40] 타율론의 입장에서는 '친일관료·매국노'라고 규
정하고 있다.

셋째, 갑오개혁의 성격을 규정하는 데서도 다양한 논의들이 전
개되었다. 갑오개혁의 동기는 조선봉건지배의 최후 위기단계에
있어서 조선사회가 필연적으로 요구했던 광범위한 근대적 개혁
의 시도였으며, 일본의 내정개혁안이 아니라 1894년 이래 개화파
가 구상한 지도원리였으며, 사실상 부르주아적 계몽사상가에 의
해 추진된 것이라고 분석하기도 했다. 이와 동시에 민중적 기반
을 확보하지 못했다는 것과 일본의 군사적 침략의도를 정확히
파악하지 못한 정세인식의 오류를 함께 지적했다.[41] 또한 갑오개
혁의 근대적 개혁정책의 내용분석을 통하여 갑오개혁의 근대성
과 자주성을 밝히기도 했다. 갑오개혁시기 정동파의 개혁활동,
특히 교육부문에서의 활동을 고찰함으로써 개혁이 자율적이었고

《동학농민혁명과 사회변동》, 한울, 1993.
40) 유영익, 〈갑오경장과 사회제도 개혁—개혁주체, 개혁안 및 경장의 역사적
  의의에 관한 통설의 재검토〉, 《한국사회발전사론》, 일조각, 1992.
41) 김인순, 〈조선에 있어서 1894년의 내정개혁의 연구〉, 《국제관계론연구》 3,
  1968.

또한 정동파가 주요한 역할을 담당한 개혁운동이었음을 지적했다.[42]

한편 갑오개혁의 반대세력의 동향을 살펴봄으로써 개혁의 역사적 성격을 평가하려고 했다. 1894~1898년간의 보수파 관료와 유생들의 상소문을 통하여 갑오개혁에 대한 이들의 비판을 검토했다.[43] 이들은 특히 단발령 시행에 반대하고 있으며, 성균관 관제의 복구와 엄형주의의 부활, 고종의 위호(位號) 변경 및 개국기원의 사용반대 등을 주장했다. 이들은 위정척사적 관점에서 갑오개혁의 성격을 침략적 친일매국적 비자주적 급진적이었다고 보았다. 또한 갑오·을미연간의 의병활동과 갑오개화파를 대비시킴으로써 갑오개혁의 역사적 위상을 구명해보고자 하는 시도도 있었다.[44] 갑오·을미의병은 '존화양이론'(尊華攘夷論)과 '개국망국론'(開國亡國論)이라는 논리를 가지고 갑오개혁 전체를 기본적으로 부정했다. 특히 지방제도와 군사제도의 개편 또는 단발령과 변복령 공포에 대해서는 행동으로 항의하기도 했다. 전국적으로 농민군과 의병들이 개혁에 비판적이었고 저항했음에도 불구하고 김홍집내각이 유지될 수 있었던 이유로는 일본군의 비호가 있었기 때문이었다고 보았다. 그 결과 일본에 추종하는 근대화 정책을 전개할 수밖에 없었던 타율적이고 친일의존적 개혁이었다고 평가했다.

넷째, 갑오개혁이 자율적이었는지 타율적이었는지간에 위로부터의 개혁이었다고 하는 점은 대체로 합의되어 있으나 이를 평가하는 데는 견해가 엇갈리고 있다. 하나는 이들이 봉건체제의 근본모순을 해결할 수 없는 한계를 지니고 있었기 때문에 진정

---

42) 한철호, 〈갑오경장중(1894~1896) 정동파의 개혁활동과 그 의의〉, 《국사관논총》 36, 1992.

43) 오영섭, 〈갑오개혁 및 개혁주체세력에 대한 보수파 인사들의 비판적 반응: 그들의 상소문을 중심으로〉, 《국사관논총》 36, 1992.

44) 김상기, 〈갑오경장과 갑오·을미의병〉, 《국사관논총》 36, 1992.

한 변혁주체가 될 수 없다고 지적되었다.[45] 또 한편으로는 갑오
개혁의 내용은 일본의 조선침략 정책에 부응한 면이 있기는 하
지만 조선의 독자적 의지가 강하게 작용한 것으로 근대적 국민
국가로 자립하는 데 필요한 여러 조치를 망라한 것으로 한국근
대사의 기점이라고까지 주장하고 있다.[46]

이렇듯 다양한 논의들이 진행되는 가운데, 최근에는 자율인가
타율인가의 소모적인 논쟁을 중단하고 갑오개혁은 한국 근대변
혁운동과정의 내재적 산물로서 봉건체제를 해체시켜 근대사회로
변화시키려 했던 개혁으로 보아야 한다는 주장이 나오고 있다.[47]
갑오개혁이 하나의 분절된 사실로 존재하는 것이 아니라 조선후
기 이래 자본주의적 관계의 발생·발전 그리고 그 결과로 나타
난 개화파의 갑신정변 및 농민항쟁에서의 변혁요구를 반영하고
있으며 이후 민권운동과 의병투쟁 등의 매개고리가 된다고 보고
있는 것이다.

V. 맺 음 말

19세기 후반 불평등하고 타율적 강요에 의한 개항은 우리 민
족에게 근대적이고 자주적인 민족국가 수립이라고 하는 시대적
과제를 안겨주었다.

그리고 이를 해결하기 위한 방편으로 개화사상이 형성되었고

---

45) 김용섭, 〈갑신·갑오개혁기 개화파의 농업론〉,《한국근대농업사연구》, 일조
   각, 1975.
46) 도면회, 〈근대=자본주의사회 기점으로서의 갑오개혁〉,《역사와 현실》9,
   1993.
47) 하원호, 〈갑오개혁—자주성과 친일성〉,《역사비평》1991년 가을호 ; 주진
   오, 〈갑오개혁의 새로운 이해〉,《역사비평》26, 1994.

이를 사상적 기반으로 한 개혁운동이 전개되었다. 개화사상은 봉건체제의 모순심화와 서구자본주의 열강의 침략이라는 대내외적 조건하에서 형성되었고 자주와 방어라는 시대적 과제의 해결을 위하여 실천적 역할을 수행했다.

따라서 개화사상은 정형화된 틀을 가지고 있었던 것이 아니라 각 시기마다의 시기적 과제와 더불어 다양한 형태로 체계화되어 갔다. 이는 개화의 개념과 방법 등의 차이로 나타났다. 1870년대에는 개국, 1880년대에는 문명개화와 부국강병, 1890년대에는 민권사상으로 이어지면서 한국 근대변혁운동을 전개시켜나갔다. 따라서 이들에 대한 평가는 국내 정치세력의 동향과 정책의 집행상황, 열강의 대조선정책, 갑신정변 이후 일련의 변화된 정국의 양상을 염두에 두고 한국 근대변혁운동사의 전체적 흐름 속에서 그것이 지니는 성과와 한계를 총체적으로 인식하여야 한다.

이와 더불어 개화사상과 개화파의 성격을 더욱 정확히 파악하기 위해서는 개화파의 기본사상과 구별하여 정책으로서의 개혁사상과 권력구조에 대한 분석이 이루어져야 할 것이다.

참고문헌

姜在彦, 《朝鮮の開化思想》, 岩波書店, 1980.

과학원역사연구소, 〈1894(갑오) 부르조아 개혁〉, 《조선전사》 13, 1980.

권오영, 〈동도서기론의 구조와 그 전개〉, 《한국사시민강좌》 7, 일조각, 1990.

김봉렬, 〈유길준 개화사상에서의 전통인식〉, 《慶大史論》 7, 1994.

김상기, 〈갑오경장과 갑오을미의병〉, 《국사관논총》 36, 1992.

김신재, 〈유길준의 정치개혁구상과 그 특질—'서유견문'과 '정치학'을 중심으로〉, 《경주사학》 11, 1992.

김영호, 〈실학과 개화사상의 연관문제〉, 《한국사연구》 8, 1972.

───, 〈개화사상·갑신정변·갑오경장〉, 한국사연구회 편, 《한국사연구

입문》, 지식산업사, 1981.

김용섭, 〈갑신갑오개혁기 개화파의 농업론〉, 《동방학지》 15, 1974.

김의환, 《우리나라 근대화사 논고》, 삼협출판사, 1964.

김인순, 〈조선에 있어서 1894년의 내정개혁의 연구〉, 《국제관계론연구》 3, 1968.

김하원, 〈초기개화파의 대외인식―오경석을 중심으로〉, 《釜大史學》 17, 1993.

도면회, 〈근대=자본주의사회 기점으로서의 갑오개혁〉, 《역사와 현실》 9, 1993.

박명규, 〈개화파와 倒幕派의 사회경제적 배경과 근대지향성에 관한 비교〉, 《한말일제하의 사회사상과 사회운동》, 문학과지성사, 1994.

박성수, 〈서재필에 대한 재평가〉, 《서암조항래교수화갑기념 한국사학논총》, 아세아문화사, 1992.

박종근, 〈조선에 있어서 1894·5년의 김홍집(개화파정권)의 고찰〉, 《역사학연구》 415·417, 1974.

사회과학원 력사연구소 편, 《김옥균》, 1990 ; 역사비평사 재출간, 1964.

서영희, 〈개화파 근대국가구상과 그 실천〉, 한국사연구회 편, 《근대국민국가와 민족문제》, 지식산업사, 1995.

신용하, 《개화운동과 갑신정변》, 삼성문화문고, 1977.

―――, 〈오경석의 개화사상과 개화활동〉, 《역사학보》 107, 1985.

―――, 《한국근대사회사연구》, 일지사, 1985.

오세창, 〈개화사상과 개화당의 형성〉, 《한국사학》 1, 1980.

오영섭, 〈갑오개혁 및 개혁주체세력에 대한 보수파 인사들의 비판적 반응―그들의 상소문을 중심으로〉, 《국사관논총》 36, 1992.

원유한, 〈갑오개혁〉, 《한국사》 17, 1973.

유영렬, 〈개화기의 민주주의정치운동〉, 《한국사상의 정치형태》, 일조각, 1993.

유영익, 〈갑오경장을 위요한 일본의 대한정책―갑오경장 타율론에 대한 수정적 비판〉, 《역사학보》 65, 1975.

―――, 〈갑오경장과 사회제도 개혁―개혁주체, 개혁안 및 경장의 역사적 의의에 관한 통설의 재검토〉, 《한국사회발전사론》, 일조각, 1992.

―――, 〈갑오·을미년간 박영효의 개혁활동〉, 《국사관논총》 36, 1992.

이광린, 《한국개화사연구》, 일조각, 1969.

―――, 〈갑신정변 '정강'에 대한 재검토〉, 《동아연구》 21, 1990.

―――, 《개화당연구》, 일조각, 1975.

이배용, 〈개화사상, 갑신정변, 갑오개혁에 대한 연구현황과 과제〉, 《한국사론》 25, 국사편찬위원회, 1995.

이상일, 〈운양 김윤식의 정치사상연구〉,《태동고전연구》 6, 1990.

이완재, 〈박규수의 생애와 사상〉,《사학논지》 3, 1975.

이이화, 〈폐정개혁과 갑오개혁의 연관성 규명〉,《동학농민혁명과 사회변동》, 한울, 1993.

이조영, 〈유길준의 군주론연구〉,《동아연구》 22, 1991.

정옥자, 〈개화파와 갑신정변〉,《국사관논총》 14, 1990.

정창렬, 〈한말변혁운동의 정치경제적 성격〉,《한국민족주의론》 1, 창비사, 1982.

조일문, 〈정치사상으로서의 개화사상고〉,《건대학술지》 20, 1976.

주진오, 〈개화파의 성립과정과 정치사상적 동향〉,《1894년 농민전쟁연구》 3, 역사비평사, 1993.

──── , 〈갑오개혁의 새로운 이해〉,《역사비평》 26, 1994.

천관우,《한국의 개화사상》, 삼성출판사, 1978.

최문형, 〈갑신정변 전후의 정황과 개화파─외세와 연관된 정변의 재평가를 중심으로〉,《제국주의 시대의 열강과 한국》, 민음사, 1990.

최영호, 〈갑신정변론〉,《한국사시민강좌》 7, 1990.

최진식, 〈어윤중의 부강론 연구〉,《국사관논총》 41, 1993.

하원호, 〈갑오개혁─자주성과 친일성〉,《역사비평》 가을호, 1991.

한국정치외교사학회,《갑신정변연구》, 평민사, 1985.

한철호, 〈갑오경장중(1894~1896) 정동파의 개혁활동과 그 의의〉,《국사관논총》 36, 1992.

위정척사사상과 의병전쟁

이 배 용

I. 머 리 말

한국 근대사에서 민족의식을 형성하고 시대적 과제를 해결하는 데에서 정치사상적 기조를 이루었던 사상의 계보로 흔히 세 가지를 들고 있다. 즉 개화사상, 동학사상, 그리고 위정척사사상의 세 조류가 대체적으로 근대적인 변혁을 지향하는 세력과 자주독립을 수호하려는 세력들을 각각 포섭하면서 한국 근대사상사에서 중요한 위치를 점하고 있었다. 때문에 이들 사상들은 당시의 한국사회가 처하고 있던 국내외 정치상황에 대한 인식의 차이와 사상을 창출하고 주도해 갔던 세력들이 지향하는 바에 따라 각자 다른 실천방법을 선택하면서 역사 속에 등장하고 있는 것이다. 거의 동시대의 경험을 공유하고 있는 사상들이 이처럼 다양한 성격을 나타내고 있다는 것은 그만큼 19세기의 한국사회가 안고 있었던 모순이 다양했고, 그러한 문제점들을 해결하고자 하는 한국민족의 욕구 또한 강렬했음을 말해주고 있는 것이라고 생각한다.

이 가운데에서 이 글은 19세기 한국사회를 둘러싸고 있었던 반봉건의 과제와 반침략의 과제 가운데 특히 외세의 침략에 대항하여 국가와 민족을 수호하려는 저항민족주의로 등장했던 위정척사사상의 성격을 논해보고자 한다. 종래 위정척사사상에 대한 평가는 쇄국의 논리를 뒷받침한 시대착오적이고 또 고루한 사상이라는 이해에서 벗어나지 못하고 있었다. 그렇지만 위정척사사상은 단순히 반침략사상을 관념적으로 이론화하는 데 머물지 않고 의병전쟁을 통해 일제에 대항하는 국권회복운동을 전개했던 행동하는 사상이었고 또한 이러한 전개과정 속에서 스스로의 논리를 발전시켜 나아간 측면도 간과할 수 없는 사실이다. 이처럼 위정척사사상을 쇄국론과 동일시하여 고정불변의 보수사상으로만 이해하는 시각에서만 이 사상에 접근할 것이 아니라, 19세기 중반 이후에 전개되는 위정척사사상의 논리가 구체적인 역사 상황 속에서 어떻게 전개되고 또 변질되어 나아가는지 추적하는 작업이 이루어져야만이 위정척사사상에 대한 올바른 평가가 가능할 것으로 생각된다.

이러한 과제를 해결하기 위하여 이 글에서는 먼저 위정척사론의 구조를 살펴보고, 상소운동 단계의 위정척사론으로부터 의병전쟁기에 이르기까지, 위정척사론의 내용과 논리가 어떻게 변질되어 가고 있는지 추적해보았다.

Ⅱ. 위정척사론의 기본구조

'위정척사'(衛正斥邪)는 정학(正學), 정도(正道)를 지키고, 사학(邪學), 이단(異端)을 물리친다는 의미로서,[1] 조선왕조 성립의 이념적 배경이었던 성리학이 그 정통사상으로 정착되었다. 이에 따라 조선왕조에서는 성리학 이외의 모든 종교, 즉 불교를 비롯하여 도교·양명학 등이 이단시되어 배척되고 있었다. 이처럼 위정척사의 본래적 의미는 조선왕조에서의 성리학의 전일적(全一的) 지배를 위한 사상적 무기였던 것이다.[2]

이러한 가운데 조선 후기에 이르러 천주교가 전래되면서 위정척사사상은 그 의미가 변질되기 시작했다. 즉 서양 이질문화의 도전이 본격화되면서 이에 대한 위기의식 속에서 위정척사론이 대두되었고, 특히 병인·신미양요기를 거치면서 서양의 무력침략에 대한 대응의식 속에서 논리적인 발전이 이루어졌다. 1860년대 양요(洋擾)와 양물(洋物)의 유입 가운데 대두되기 시작하여, 그러한 충격이 한민족의 자주권을 위협하는 제국주의 침략으로 귀결되어 가던 20세기초에 이르는 시기에 위정척사론은 위치하고 있는 것이다.[3]

위정척사사상은 성리학, 특히 주자학의 화이사상(華夷思想)에 입각하여 중국과 조선을 중화(中華)와 소중화(小中華)로 설정한 가운데 왜(倭)와 양(洋)을 이(夷)로 간주하고 중화와 소중화만이 문명이며, 이(夷)인 서양과 일본은 야만으로 보는 것으로부터 이론이 출발하고 있다.[4] 때문에 포괄적으로 볼 때에는 유교문화권의 일반적인 발상법과 같은 맥락을 갖고 있지만, 이것이 한말이라는 구체적인 역사 현실과 접합되면서 근대 한국사상사의 한 흐름으로 자리잡게 되는 것이다. 즉 외세의 충격 속에 수세에 몰리고 있던 당시로서는 위정의 내용을 바로 외세 앞에서 허덕이

---

1) 유영렬,〈척사운동과 개화운동〉, 한국사연구회 편,《한국사연구입문》제 2
    판, 지식산업사, 1987, p. 411,
2) 강재언,《조선근대사연구》, 1970, p. 313.
3) 최창규,〈한말 위정척사론의 사상적 배경〉,《한국사의 재조명》, 민성사,
    1985, p. 495.
4) 신용하,《한국근대사와 사회변동》, 문학과지성사, 1980, p. 18.

는 한민족 자신으로 의식하게 되었고, 척사의 대상으로는 바로 한민족을 수세에 몰아넣고 있던 외세가 상정되었던 것이다.[5] 따라서 위정척사론의 전개단계에 따라 그 수호와 배척의 구체적인 대상은 조금씩 바뀌어가고 있었고, 또 대응양식도 이론적 항거를 주로 하는 상소운동으로부터 구체적인 실력행사로 이어지는 변화 양상을 보여주고 있다.

이러한 한말의 위정척사론은 대체로 성리학 가운데에서도 주리론(主理論)을 대표하는 학자들인 이항로(李恒老), 기정진(奇正鎭) 등에 의해 사상적인 완성을 보았으며, 김평묵(金平默), 유중교(柳重敎), 최익현(崔益鉉), 유인석(柳麟錫) 등에 의해 계승 발전되었다. 한말 당시까지 성리학은 관학이었으므로 그 가운데에서도 정통의 위치에 있던 주리파의 현실에 대한 대응은 당시의 초미의 관심이었던 외세로부터의 국권수호로 귀결될 수밖에 없었다. 그렇지만 한말의 역사전개를 놓고 볼 때에는 문호개방을 축으로 하는 세계사의 흐름에 쇄국 일변도의 지나치게 보수적인 태도로 대응을 했던 면이 있을 뿐 아니라, 조선 내부의 주체적인 개혁 의지에도 과감하게 합류하지 못했던 지나친 명분론적 사고였다는 점도 간과할 수 없다. 그러면 위정척사론의 전개과정과 그 가운데 나타나고 있는 논리적 특성을 살펴보기로 하겠다.

Ⅲ. 위정척사론의 전개와 그 논리

먼저 한말 위정척사론의 전개과정을 단계에 따라 구분하여 논해 보겠다.[6] 위정척사론의 제1단계는 1860년대로 서양의 충격이

---

5) 최창규, 앞의 글, p. 494.
6) 유영렬, 앞의 글, p. 412.

종교적 차원에서 군사적 차원으로 전환되어 가던 병인·신미양
요기이다. 이 시기의 위정척사론은 서양의 도전세력을 단순한
물리적 도전으로만 보지 않고 서양 자본주의 세력의 팽창에 의
한 경제적 침략으로 파악하고 있다. 따라서 이항로의 양화배척
론(洋貨排斥論)과 기정진의 양물금단론(洋物禁斷論)으로 대표되는
통상반대운동, 경제적 배타의식이 형성되고 있었다. 그리고 이러
한 위정척사론은 당시 서양의 무력침략에 대항하여 척화주전론
(斥和主戰論)을 펴고 있었던 대원군의 쇄국정책을 이론적으로 강
력히 뒷받침하는 역할을 했다.[7] 그러면 제1단계 시기의 위정척
사론을 좀더 구체적으로 살펴보겠다.

이항로는 송시열을 가장 존숭하면서 특히 그의 춘추대의적 존
양사상(春秋大義的 尊攘思想)을 계승하면서도 사상적으로는 주리
론적인 경향을 강하게 띠고 있으며,[8] 철저한 존화사상에 근거하
고 있다. 즉 중화는 천하의 근원이며, 그 밖의 민족이나 국가는
중화를 둘러싼 부수적인 존재로서만 존재한다는 것이다. 다만
이(夷)는 정치적인 차원에서 통치의 권위와 정통성에서 의(義)와
예(禮)로 다스려 명정리안(名正理安)하여진다면 변이(變夷)가 가능
한 것으로 보았다. 이런 논리에 입각하여 조선에 대해서는 법제
·풍속·학문 등이 중국에 접근했기 때문에 이(夷) 가운데에서도
중국의 수준에 가장 가까우며, 학문의 차원에서도 주자학을 정통
으로 수용하여 발전시키고 있기 때문에 중국에 비해 손색이 없
다고 하여 소중화를 자처하게 된 것이다.

그렇기 때문에 이항로의 서양관 역시 존왕양이(尊王攘夷)의 정
통성을 배경으로 하고 있으며, 서양세력이 위협을 가해 오는 것
을 '위급존망지추'(危急存亡之秋)로 파악하는 절박한 위기의식에서

---

7) 위의 글, p. 413.
8) 강재언, 〈이항로의 위정척사사상〉, 《근대한국사상사연구》, 한울, 1983, pp.
   64~70.

출발하고 있다. 이러한 이항로의 위기감은 1866년 병인양요 당시 동부승지로 임명되었을 때 노쇠함을 이유로 관직을 사퇴하면서 올린 10월 21일의 〈사동부승지소〉(辭同副承旨疏)에서 보이는 결연한 척사론에 잘 나타나고 있다. 여기서 그는 단호한 주전론을 펴면서[9] 주화를 주장하는 사람은 적측의 사람이므로 주전과 주화는 인류와 금수의 분류기준이 된다고 했다. 또한 주전론 가운데에서도 전수설(戰守說)과 거빈설(去邠說 ; 환도하여 난을 피하는 것)이 있는데, 전수설은 상경(常經) 즉 원칙이며, 거빈설은 달권(達權) 즉 변칙이라고 보았다. 때문에 국왕은 마땅히 원칙인 전수설을 고수해야 한다고 역설했다.

그리고 이와 더불어 조선에 대한 문호개방 요구의 이면에는 서양의 '기기음교지물'(奇技淫巧之物)을[10] 앞세운 경제적 침략의 목적이 숨어 있다는 것을 충분히 인식하고 있었다. 이항로의 양화배척론은 동부승지를 사퇴한 후, 다시 공조참판에 임명되자 역시 사퇴하면서 올린 10월 23일의 〈사공조참판소〉(辭工曹參判疏)와 11월 9일 동의금(同義禁)에 임명된 것을 사퇴하면서 쓴 〈사동의금소〉에서 찾아볼 수 있다.[11] 앞의 상소에서 이항로는 양화(洋禍)의 발본책을 주장하는 가운데 외물(外物), 즉 양물에 사로잡히지 않는 것이 가장 중요하다고 하면서 이를 중심으로 국왕과 궁중으로부터 말단에 이르기까지 양화를 배척하여 사용하지 말아야 한다는 것이다. 바로 군주의 '실덕'(實德)과 백성들에게 '손상익하'(損上益下)라는 대동적 평등을 강조하는 유교적 사상체계와 연결되고 있다.[12]

뒤의 상소에서는 서양의 물건은 손으로 만들며 하루동안 만들

---

9) 위의 글, pp. 73~74.
10) 신용하, 앞의 책, pp. 18~19.
11) 강재언, 앞의 글, pp. 74~76.
12) 최창규, 앞의 글, p. 497.

어도 쓰고 남는 공업제품이지만, 우리 물건은 땅으로부터 나오며
1년 동안 만들어도 쓰기에 모자라는 농산물이므로, 후자를 가지
고 전자와 교역하면 저들은 부유해지고 우리는 가난해질 수밖에
없고, 더구나 서양의 기기음교의 물건은 민생에 아무런 유익도
없다고 말하고 있다.

기정진의 위정척사론은 이일원론적(理一元論的) 유리철학(唯理
哲學)에 입각하여 인간의 이(理)와 금수의 이(理)를 엄격히 구분
하고, 그것을 화이의식의 기초로 삼는 한편, 서양관의 이론적 근
거로 하고 있다. 여기서 출발하여 그는 병인양요에 즈음한 〈병
인소〉(丙寅疏)를 통하여 서양의 통상 요구에 숨어 있는 야욕을
다음과 같이 파악하고 있다.[13] 첫째, 우리나라를 부용(附庸)으로
만들려는 것으로 정치적 주권에 대한 야욕, 둘째, 우리의 산하를
자신들의 보고(寶庫)로 만들려는 경제적 침탈, 셋째, 우리의 의관
(衣冠)을 자신들의 노복(奴僕)으로 만들려는 문화적 예속, 넷째,
우리의 부녀자를 겁탈하려는 사회적 풍습의 타락, 다섯째, 우리
의 생령(生靈)을 금수로 만들려는 민족적 정체감의 위기 등이다.
그리고 이것을 바탕으로 개국의 불가함을 주장하고 있는 것이다.

아울러 그는 당시의 위기를 극복할 수 있는 두 가지 방책을
개진하고 있는데, 하나가 양물금단론이고, 다른 하나가 내수외이
론(內修外夷論)이다. 양물금단론은 이항로의 양화배척론과 같은
내용으로 조선의 위기를 타개하기 위해서는 양물을 금해야 한다
는 것이다. 한편 내수외이론은 당시 서양의 세력이 왕성한 이유
를 천하에 정도(正道)가 부진하기 때문이라고 전제하고 때문에
서양을 소멸시키는 유일한 방법은 위정척사사상에 의거하여 국
론을 통일하는 내수를 통해 천하의 인심을 공고히 하는 결인심
(結人心)이라고 주장하고 있다.[14]

---

13) 위의 글, p. 496.
14) 신용하, 앞의 책, p. 19.

김평묵 역시 이항로의 학통에 속하는 유생으로서, 서양의 침입이 본격화되면서 특히 일본으로부터의 압력 또한 구체화되던 1860년대와 1870년대를 거쳐 활동하고 있다. 그는 동양과 서양의 차이를 문화권의 이질성으로 파악하여 우리와는 다른 가치체계를 갖는다는 것을 인식함으로써 서양을 좀더 현실적인 눈으로 바라보고 있다. 즉 서양에 대한 무조건적인 배척이 아니라 서양이라는 존재를 인식하는 기초 위에서 척사사상을 전개하고 있는 것이다. 그러면서 김평묵은 서양에 대항하는 방책으로 조선의 상징적인 주체인 사림을 배양해야 한다는 것과, 서양이라는 침략세력에 물리적으로 대항하기 위해 무비(武備)를 강화할 것을 주장하고 있다. 그는 위정척사론의 제3단계에 속하는 신사척사운동 시기까지 활발한 상소운동을 보이고 있다.

다음 위정척사론의 제2단계는 1876년 개항을 전후한 시기로 일본의 침략이 통상조약의 강요라는 구체적인 형태로 나타남에 따라 왜양일체론(倭洋一體論)과 개항불가론에 의거하여 일본이 배격의 중요대상이 되고 있었던 시기이다.[15] 따라서 척사론도 좀더 구체성을 띠고 전개되었다.

이 시기의 위정척사론을 대표하는 사람으로는 최익현을 들 수 있다. 최익현은 이항로의 문인으로 그는 국내정치에서는 왕도정치에 의하여, 그리고 대외적으로는 존왕양이적 춘추대의정신에 입각한 왜양배척의 실천에 의하여 내우외환을 바로잡을 것을 주장했다.

특히, 1876년 병자수호조약이 체결되려는 데 분개한 최익현은 강화를 하는 것은 '화이(華夷)와 인수(人獸)의 갈림길'이라고 하여 유생들 50명을 이끌고 선두에서 도끼를 들고 광화문 앞에 엎드려 국왕에게 올린 '병자지부상소'(丙子持斧上疏 ; 五不可上疏)에서

---

15) 유영렬, 앞의 글, p. 412.

자신의 척사론을 구체적으로 전개하고 있다. 이 상소에서 최익
현은 일본과 수호조약을 맺는 것이 불가한 이유를 다섯 가지로
요약하고 있다.[16] 첫째, 일본의 무력적 위협에 굴복하는 불평등
조약에서 오는 정치적 자주의 문제, 둘째, 무한한 사치품과 유한
한 필수품과의 교역에서 올 경제적 파멸의 문제, 셋째, 서양의
사교(邪敎)의 전파에서 올 문화적 타락의 문제, 넷째, 강화 후에
오게 될 야만적인 일본에 의한 사회적 풍속의 침해와 파괴의 문
제, 그리고 마지막으로 일찍이 이적(夷狄)인 청나라와 강화를 맺
었던 것과 비교해볼 때 이적은 사람이므로 교제할 수 있지만, 일
본은 금수이므로 민족적 위기의 차원이 다르다는 것 등이다.

이러한 내용은 기본적으로 조선은 중화의 인류(人類)이지만 일
본은 이적만도 못한 금수에 불과하다는 화이론적인 우월의식에
서 출발하고 있다. 이때문에 일본과 조약을 맺는 것은 결국 민족
적 타락을 수반하는 것이라는 위기감으로 귀결되고 있는 것이다.
그러면서도 최익현의 위정척사론은 종전의 화이론이 열소(劣小)
한 조선을 그 중심인 중국과 연결시키던 것에서 한 걸음 벗어나
조선을 중심으로 의식하기 시작했다는 점에서 민족의 자기 보존
론으로 상승하는 계기를 만들고 있다.[17] 이 상소로 최익현은 흑
산도로 유배되어 3년을 보낸 다음 1895년 을미사변이 일어날 때
까지 약 20년간 정치적 발언을 하지 않고 침묵하고 있다가[18] 의
병운동으로 전환하게 된다.

제3단계는 1880년대로 1881년 수신사로 일본에 갔던 김홍집
이 황준헌이 쓴《조선책략》을 도입한 것을 계기로 하고 있는데,
그 배격의 대상이 개화파로 확대되어 가면서 정부의 개화정책에

---

16) 강재언, 앞의 글, pp. 80~81 ; 최창규, 앞의 글, pp. 498~499 ; 旗田巍,〈義
    兵將崔益鉉の生涯〉,《朝鮮と日本人》, 1983, pp. 363~364.
17) 최창규, 앞의 글, p. 499.
18) 旗田巍, 앞의 글, p. 366.

대한 반대로까지 나아가고 있다.[19] 《조선책략》에서 황준헌은 조
선이 당시의 국제정세에 대응할 수 있는 외교정책을 제시하고
있는데, 문제가 된 부분은 다음과 같다. 우선 러시아의 아시아
침략은 조선으로부터 시작될 것이므로 조선은 '친중국(親中國) 결
일본(結日本) 연미국(聯美國)'의 책략으로 대비해야 한다는 것이다.
다음으로는 예수교는 천주교와 근원은 같으나 당파가 각각 다르
며, 그 종지(宗旨)는 정사(政事)에 간여하지 않으므로 예수교의
전교는 조선에게 큰 해를 주지 않을 것이라는 점을 주장하고 있
다. 또한 조선은 자강책으로 구미 각국과 통상을 확대하여 서양
의 학문과 기술을 습득하기 위하여 유학생을 파견하고 국내에
학교를 설립하여 서양인 교사를 초빙해야 한다는 내용 등이 위
정척사론의 비판론을 불러일으키게 된 것이다. 게다가 당시 초
기 근대화정책을 추진해 가던 고종은 《조선책략》을 정부관리뿐
아니라 재야 유생들에게까지 돌려읽도록 했는데 이것이 도리어
역효과를 불러일으켰다. 이때 본격화된 위정척사운동이 바로
1881년 3월 도산서원을 중심으로 한 유생들이 퇴계의 후손인 이
만손(李晚孫)을 소두(疏頭)로 하는 〈영남만인소〉(嶺南萬人疏)를 시
작으로 하는 전국적인 신사척사운동(辛巳斥邪運動)이다.

신사척사운동은 이재선 사건을 계기로 정부의 탄압을 받아 퇴
조할 때까지 《조선책략》에 대한 비난, 김홍집 처벌 요구로부터
고종 등 정치권력자에 대한 저항에 이르기까지 지금까지의 위정
척사론보다 훨씬 그 배척의 대상이 확대되고 있다. 뿐만 아니라
그 이면에는 개화정책을 표방한 개항 추진세력과의 갈등이 내재
해 있었다. 이 신사척사운동은 한말 위정척사운동이 집단화되고
격화되어 가는 양상을 보여주고 있다. 또 한편에서는 도(道)는
자기질서를 근본으로 하되, 기(器)는 서양을 부분적으로 수용하

19) 유영렬, 앞의 글, p. 412.

자는 '오도이기론'(吾道異器論)이 등장하고 있는데,[20] 이는 일종의
채서사상(採西思想)으로 존왕양이의 이론적 기반 위에서 서양의
문명을 받아들이자는 주장이 병행되고 있는 것을 볼 수 있다.[21]
  위정척사론의 제4단계는 1890년대 이후 항일의병운동으로 전
환되어 가는 시기가 여기에 해당되는데, 의병운동은 뒤에서 다시
살펴보기로 하겠다.

IV. 의병전쟁과 위정척사론

  위정척사론은 제4단계에 접어들면서 대외적인 반침략적 성격
을 항일의병운동이라는 형태로 질적으로 전환시키고 있으며, 상
대적으로 소극적인 상소를 통한 언론운동으로부터 적극적인 무
력투쟁으로 그 저항의 방법에서의 변화도 보이고 있다. 의병운
동 그 자체가 성리학자의 위정척사론을 사상적 동기로 하여 시
작되고 있고 또한 위정척사론자가 그 선도적 역할을 담당하고
있다. 즉 의병운동의 단서 자체가 위정척사사상의 대외적인 반
침략적 성격에 의해 열려지고 있었던 것이다.
  한말 의병운동은 대개 그 전개과정을 3단계 내지 4단계로 나
누어 설명하고 있다.[22] 첫번째 단계는 을미사변과 단발령을 직접
적 계기로 하는 시기(1895. 10~1896. 5 ; 을미의병), 두번째 단계는
을사보호조약의 강제체결을 계기로 하는 시기(1905. 4~1907. 7 ; 병
오의병), 세번째 단계는 고종의 강제퇴위와 군대해산을 계기로

---

20) 이이화, 〈斥邪衛正〉, 한국사연구회 편, 《한국사연구입문》, 1981, p. 430.
21) 최창규, 앞의 글, p. 499.
22) 김의환, 〈반일의병운동과 애국계몽운동〉, 한국사연구회 편, 《한국사연구입
    문》 제2판, 1987, p. 478 ; 윤병석, 〈한말 의병활동의 의의〉, 독서신문사 편,
    《한국사의 재조명》, 1985, p. 540.

하는 시기(1907. 8~1909. 10 ; 정미의병), 그리고 마지막 단계가 일제의 남한 대토벌 작전으로부터 이후 1914년까지의 의병항쟁시기이다. 이러한 의병운동의 전개과정에서 위정척사론에 입각한 유생들은 자신들의 사상을 실력투쟁이라는 방법을 통해 항일로 연결시키고 있었다. 각 단계별로 의병운동의 전개과정 속에서 나타나고 있는 위정척사론을 살펴보겠다.

첫번째 단계의 의병운동은 을미사변과 단발령 시행을 도화선으로 하여 시작되고 있다. 부모로부터 물려받은 신체발부를 훼상하지 않는 것이 효의 시작이라고 믿고 있었던 조선의 사회통념 속에서 실시된 단발령은 바로 한 달 전 일어났던 민비시해사건과 더불어 위정척사사상을 가진 유생 의병장들이 거병을 하게 되는 가장 큰 이유가 되고 있었다. 그리고 여기에 봉건구조의 해체 속에서 자본주의 침투라는 이중의 경제수탈을 당하던 농민들, 특히 동학농민혁명에 참가했던 농민군의 잔존세력이 합류하면서 의병운동이 본격화하게 되는 것이다.

이 시기 의병운동의 양대 세력을 이룬 것은 강원도 춘천의 의병장 이소응(李昭應)과 충청도 제천의 의병장 유인석(柳麟錫) 등이었는데, 이들 모두 이항로 문인의 유학자들이었다.[23] 이외에도 허위(許蔿),[24] 김복한(金福漢), 안병찬(安炳瓚) 등의 의병장들이 활약했다. 이 시기 의병활동은 경기도·강원도·충청도·경상도·전라도 지방에서 특히 활발하게 전개되었다. 의병장들은 대부분 기의격문(起義檄文)에서 임진왜란 때의 의병전통을 계승하여 왜이(倭夷)를 무찌르고 단발령 반대를 실천강령으로 침략자인 일제와 친일분자의 제거를 천명했으며, 위정척사사상을 무력항쟁으로 실천하려 했다.[25] 당시의 투쟁 양상은 3천, 4천 명의 병력으로

---

23) 강재언, 앞의 글, p. 81.
24) 신용하, 〈허위의 의병활동〉, 《한국근대사와 사회변동》, 1980, pp. 56~60.
25) 윤병석, 앞의 글, p. 542.

지방 관아를 습격하여, 그들이 '왜군수'라고 부른 친일정권의 수
령들을 처치하면서 한때 정부군 및 일본군과 교전하기도 했다.
이 단계의 의병운동에서는 반침략의 목표를 내세우면서도 대내
적으로는 보수적인 성격 즉 반개화적인 성격도 농후하게 띠고
있다.

　그러나 이러한 활동은 오래 지속되지 못하고 해산되고 마는데,
의병의 토벌에 나선 정부군의 화기에 대적하기에는 의병은 오합
지졸에 불과했기 때문이다. 게다가 의병의 지도부를 형성하고
있는 유학자들이 국왕의 명령을 받들어 해산을 강요하고 나서고
있었다.

　여기서 보이는 바와 같이 초기 의병운동은 위정척사론에 입각
한 유생 의병장과 농민군의 연합 형태를 띠고 시작하고 있는데,
이 두 계층은 반일(反日)이라는 면에서는 일치하고 있었지만, 반
봉건(反封建)이라는 면에서는 이해가 상충하고 있었다. 따라서 유
생 의병장들의 보수사상이 짙게 나타나고 있었다.[26] 뿐만 아니라
의병부대의 내부 규율문제에서도 신분관계가 개재됨으로써 운동
에 대한 민중들의 지지가 약해지는 결과를 초래했다. 즉 지도부
가 위정척사론을 가진 유생들로 구성되어 있었기 때문에 '살신성
인'(殺身成仁)의 의지는 왕성했지만, 그 행동력에서는 현저한 결
함을 갖고 있었던 것이다.[27]

　의병운동의 두번째 단계는 러일전쟁의 여세를 몰아 일본이 을
사보호조약을 강제로 체결한 것을 계기로 해서 일어나고 있다.
이 시기는 일본에 의한 식민지화가 노골화됨에 따라 민족적 모
순이 첨예화되면서 의병부대의 구성도 폭넓은 계층이 참가할 수
있는 가능성이 주어지고 있었고, 평민 의병장도 등장하는 등 민
중들의 대대적인 참여가 이루어졌다. 뿐만 아니라 의병운동이

---

26) 김의환, 앞의 글, p. 478.
27) 강재언, 앞의 책, p. 215.

앞서 일정한 경험을 축적했기 때문에 그것이 반일운동의 구체적인 형태로 정착하고 있었다. 그러나 아직까지 운동의 지도부는 역시 유생층이었다. 또한 전단계의 의병운동이 '국수보복'(國讐報復)을 내세웠던 것에 비해 '국권회복'으로 항쟁목표를 구체화시킴으로써[28] 반침략적 성격이 더욱 부각되고 있었다.

이 시기에 활약을 보이고 있는 유생 의병장으로는 강원도 원주의 원용팔(元容八), 충청도 홍주의 민종식(閔宗植), 전라도 태인의 최익현(崔益鉉), 경상도 영천의 정용기(鄭鏞基) 등이 있었다. 이 가운데에서도 특히 최익현은 당시 유학자들의 분사(憤死)를 비판하고 결연하게 기병하여 상소운동과 함께 의병운동으로 저항형태를 전환했다. 한편 그의 위정척사론도 상당부분 변화하고 있음을 볼 수 있다.

특히 1906년 4월 13일 최익현은 태인의 무성서원(武城書院)에서 자신의 문하생 80여 명을 앞에 놓고 천하에 대의(大義)를 펴보이기 위해 거병할 결의를 하면서 강화도조약 이래 일본이 범한 '기신배의 16죄'(棄信背義 16罪)를 들어서 규탄하는 글을 일본정부에 보내고 있다.[29] 이 가운데에서 최익현은 일본이 강화도조약 이래 조선의 자주독립을 약속하고 세계에 선언했음에도 불구하고 실제의 행동은 말과 전혀 다르게 조선의 자주독립을 침해하고 조선인을 고난으로 밀어넣고 있음을 16가지에 걸쳐 구체적으로 지적하고 있다. 그리고 이러한 '기신배의'를 버리고 '수신명의'(守信明義)를 할 수 있는 구체적인 대책을 제시하고 있는데, 그 논지는 조·일·청의 삼화주의(三和主義)를 기본으로 하고 있다. 즉 동양의 평화를 위해서는 조선·일본·청국 세 나라가 협력하여 구미에 대항하는 것이 필요한데, 그것을 위해서는 일본이 자신의 죄를 자각하고 통감을 없애는 한편 고문관, 군사령관을 소

28) 김의환, 앞의 글, p. 479 ; 강재언, 위의 책, p. 240.
29) 旗田巍, 앞의 글, p. 355 ; 강재언, 앞의 글, p. 82 참조.

환하고 새로이 충신(忠信)의 인물을 공사로 파견하여 세계 각국
에 대해 죄를 사죄하고 조선의 자주독립을 존중하는 것이 선결
문제라는 것이다. 이처럼 1876년 당시 그가 〈오불가상소〉(五不可
上疏)에서 보여주었던 '화이'와 '인수'의 명분론으로 일관하고 있
던 위정척사론과는 상당히 다른 일면을 보여주고 있다. 즉 단순
한 '양이'가 아니라 일본의 표리부동한 침략적 성격을 경계해야
한다는 것과, 대등한 국교의 수립을 주장함으로써 그의 국제인식
의 발전을 보여주고 있는 것이다. 이처럼 위정척사론은 이 시기
에 이르러 커다란 인식의 전환을 보이고 있다.

당시 최익현을 포함한 위정척사론은 아직 완전하다고는 말할
수 없지만, 총체적인 경향에서는 주관적으로도 '화이'의 명분론적
인 세계관으로부터 출발하는 양이사상으로부터 상당히 벗어나,
일본 군국주의의 침략적 성격 그 자체에 규탄의 화살을 향하고,
구미열강의 침략에 반대하는 아시아 3국의 연대사상으로까지 발
전하고 있다.[30] 그리고 의병장들의 격문에 특징적으로 보이는 논
조는 '존왕양이'의 대의명분론으로부터 완전히 탈피했다고는 할
수 없지만, 주로 민족의 뛰어난 전통, 조국의 풍부한 자원으로
자주독립의 내재적 가능성을 발견했다고 하는 강렬한 애국주의
사상이 엿보이고 있다. 이처럼 위정척사론은 의병운동의 발전과
정 속에서 상당히 본질적인 사상적 변질을 보이고 있다.[31]

의병운동의 세번째 단계는, 1907년 일본이 헤이그밀사사건을
구실로 고종을 강제퇴위시키고, 정미 7조약을 체결한 후 대한제
국의 정부군이 해산되는 사건을 계기로 새로운 질적 전환을 이
룬 시기이다. 특히 해산당한 군인들이 의병에 대거 가담함으로
써 의병운동의 규모와 성격면에서의 하나의 전환기를 만들고 있
다. 즉 해산을 거부한 군인과 해산병들은 의병부대에 새로운 무

---

30) 강재언, 앞의 책, p. 317.
31) 위의 책, pp. 317~318.

기를 공급하게 되고 지휘관 문제도 해결되어 의병부대는 화력과
전술이 비약적으로 강화되었다.[32] 따라서 의병부대 구성의 폭이
넓어지고 다양해져서 대중성을 띠게 되었고, 전민족적인 항일전
선 형성으로 전투지역도 전국적으로 확대되었다. 그리고 이에
따라 일본에 결정적인 타격을 주기 위한 연합항일전선의 결성이
필요하게 되었다.

이러한 연합항일전선 결성의 시도로 나타난 것이 1907년 11월
조직된 '13도 항일의병부대'의 서울 진공계획이었다. 전국의병부
대의 연합을 요구하는 기운을 결집시킨 이 계획의 목표는 당시
이인영이 각도의 의병장에게 보낸 격문 속에 잘 나타나 있다. 그
내용은 용병(用兵)의 요체는 분산을 피하고 일치단결하는 데 있
으므로 각 도의 의병이 통일하여 비장한 각오로 서울로 진공하
면 조선문제의 해결에 유리한 국면이 열릴 것이라는 것이었다.
그러면서 김세영(金世榮)을 서울로 잠입시켜 각국 영사관에 통문
을 전달했는데, 그 가운데에서 일본의 불의를 성토하고 한국의
어려운 상황을 상진(詳陳)하며, 또한 의병은 순수한 애국혈단(愛
國血團)이므로 열강은 이를 국제공법상의 전쟁단체로 인정하고
정의와 인도를 주장하는 나라들의 동성응원(同聲應援)을 구한다
는 뜻을 전하고 있다. 그러나 당시 전세계가 소수 제국주의에 의
한 식민지 체제에 편입되어 가는 조건 속에서 피압박민족의 독
립전쟁을 지원하는 독립국이 있을 리가 없었고, 따라서 '국제공
법상의 전쟁단체'로 인정받지도 못했다. 그러나 일본의 조선침략,
외교권 박탈을 승인하고 지지했던 각국 영사관에 대한 통고는
대일국권방위전쟁의 국제적 선포였다고 볼 수 있다.[33]

이인영(李麟榮)이 보낸 격문에 호응한 전국의 의병부대는 이인
영을 총대장, 허위(許蔿)를 군사장으로 하여 각 의병대장이 인솔

32) 김의환, 앞의 글, p. 479.
33) 강재언, 앞의 책, p. 279.

에 따라 양주에 집결했는데, 그 병력의 규모가 1만 명에 달했다.
이 가운데 선발대를 인솔하여 서울 30리 밖까지 진출했을 때 이
계획을 탐지한 일본군의 선제공격을 받아 후속부대와의 연락이
단절되고 말았고, 그 결과 패퇴하였다. 또 그때 마침 총대장 이
인영의 부친이 사망 소식이 전해졌는데, 유학자였던 이인영은 그
소식을 접고 허위에게 모든 것을 위임한 채로 3년상을 치르기
위하여 귀향하고 있다.[34] 이것은 당시 유생 의병장들이 갖고 있
었던 유교적 충효사상의 한계를 단적으로 보여주고 있는 부분이
다. 뿐만 아니라 이러한 연합부대를 결성하는 데에서 당시 활약
하고 있던 신돌석·김수민·홍범도 등과 같은 평민 출신 의병장
들을 군대 안의 봉건질서를 문란하게 할지도 모른다는 이유로
참가시키지 않고 있음을 볼 수 있다. 이는 의병부대의 전투력을
결정적으로 약화시키는 결과를 가져왔을 뿐 아니라, 당시 신분제
에 입각한 의병부대 내의 계급적 갈등의 양상을 나타내주고 있
다. 이미 1894년 갑오개혁 이후 전통사회의 신분제가 타파되었
음에도 불구하고 실제 사회의 통념은 반상(班常)의 관념이 그대
로 있으면서 평등사회가 되는 전기적(前期的) 혼란상황을 보이고
있었고,[35] 의병부대 안에서도 특히 그 지휘권을 갖고 있었던 유
생 의병장들의 경우, 신분제에 대한 집착으로 말미암아 실제 전
투와 아무 상관도 없는 계급적 갈등이 심화되고 있었다. 즉 이는
의병운동이 마지막 단계에까지도 전근대적 지배질서의 유지를
목적으로 한 양반 유생장들의 지도노선을 완전히 배격하지 못했
고, 따라서 대중적 기반 위에서 새로운 지도노선을 확립하는 데
실패하고 있음을 보여주고 있다. 의병전쟁의 강렬한 반침략적
성격과 별도로 사대부적인 엘리트의식에 젖어 있는 유생 의병장
들의 반봉건적 성격은 매우 취약했다는 점이다.

---

34) 위의 책, p. 280.
35) 윤병석, 앞의 글, p. 547.

의병운동의 마지막 단계는 1909년 일본군이 의병들에 대해 '남한대토벌작전'을 시작한 후 의병운동이 분산화 소규모화하면서 대중적 지반을 상실하고 5만여 명의 사상자를 내면서 진압되는 시기로서 의병운동의 퇴조기이다. 특히 이처럼 일본군의 토벌이 강화되면서 토벌전술에 적응하지 못하는 많은 의병장들이 죽거나 포로가 되고, 혹은 의병군에서 이탈하는 가운데 많은 군인·평민·천민 출신의 의병장들이 등장하여 대중적인 기반을 차지하게 됨으로써 오히려 저항력은 강인해지고 또 유생장들이 보이고 있었던 의식의 한계를 넘어서는 새로운 성장과 성격 변화가 뚜렷이 나타나고 있었다. 압도적인 일본군의 토벌에 의하여 소규모의 유동적이고 분산적인 항쟁이 지속되는 가운데 의병의 잔존병력들은 유인석의 '북천지계'(北遷之計)에 따라 두만강·압록강을 건너 새로운 항쟁의 기지를 찾아 들어가고 있었다. 그 중심기지의 역할을 한 곳이 중국 동북지방, 러시아령 연해주지방 등으로 이후 독립군 운동으로 전환하고 있다. 따라서 이 단계는 의병운동의 관점에서 본다면 퇴조기라고 할 수 있지만, 독립군전쟁이라는 시각에서 본다면 1910년의 국권상실을 계기로 의병운동이 질적 전환을 통해 1914년 중국 동북지방을 중심으로 하는 독립군전쟁이라는 새로운 형태의 항쟁으로 다시 시작되고 있음을 보여주고 있다.[36]

그러면 의병운동의 한계와 실패의 원인은 어디서 찾을 수 있을지에 대해 생각해보기로 하겠다.[37] 첫째는 민족국가 건설에 대한 명확한 비전이 제시되고 있지 못했다는 점이다. 이는 의병장과 의병의 기본구성에서 사회발전을 이끌 만한 선진계급이 빠져 있었다는 점과도 관련되는 것이다. 둘째는 의병운동은 반침략적인 민족보존의식의 성격이 명확했던 반면에, 의병의 기본세력이

---

36) 강재언, 앞의 책, p. 305.
37) 위의 책, pp. 332~333.

었던 농민의 반봉건적인 계급적 요구를 정치 슬로건으로 전면에
내세우는 것이 불가능했다. 이것은 반봉건적인 대중적 에너지를
철저하게 의병운동에 동원할 수 없었던 제약으로 작용했다. 뿐
만 아니라 의병부대 안에서까지 적용되었던 신분질서는 오히려
의병부대의 계급갈등을 증폭시키는 결과를 가져왔다. 셋째로 의
병운동은 전국을 포함하여 광범한 대중을 망라했다. 그러나 이
에 대한 통일적 지도체제가 보장되지 못했고, 많은 경우 지역간,
의병장간 혹은 같은 의병부대 안에서도 의병장간의 할거가 나타
났고, 그 전술지도 및 장비에서도 일본의 무력에 압도당하고 있
는 형편이었다. 끝으로 의병운동은 조선의 외교권이 박탈되어
국제적으로 고립된 상황 속에서 국제적으로 침략자에 대한 규탄
과 조선인에 대한 지원이 없었다.

V. 맺 음 말

이상으로 위정척사론의 구조와 전개과정을 상소운동과 의병운
동 등을 통하여 살펴보았다. 그러면 위정척사론의 역사적 의의
를 지금까지 학계에서 논의되고 있는 위정척사사상에 대한 평가
를 중심으로 논해보기로 하겠다.[38]

위정척사론에 대해서는 긍정적인 평가와 부정적인 평가가 매
우 극단적으로 나오고 있다. 먼저 긍정적 평가를 내리고 있는 입
장에서는 위정척사론이 물론 중화 중심의 화이론에 입각하여 서
양의 이질문화를 배격하고 주자학적 정통문화를 수호하려는 의
식으로부터 출발하고 있지만, 서양과 일본의 문호개방 요구라는

---

38) 유영렬, 앞의 글, pp. 412~415 ; 신용하, 앞의 책, pp. 18~20 ; 최창규, 앞의
  글, pp. 500~501 등 참조.

구체적인 역사 전개 속에서 서양의 침략세력을 배격하고 조선의 국가와 민족을 수호하려는 단계로 진전되었고, 더 나아가 일본에 대한 배척단계에 이르러서는 하나의 민족주의 사상으로 구체화되었다고 파악하고 있다. 즉 척사→척양→척왜의 내용을 갖고 변화해가고 있다는 것이다.[39] 또한 여기에서 그치지 않고 동도서기론적인 서구수용론으로까지 인식의 전환이 이루어지고 있다고 보는 것이다. 이러한 시각에서 볼 때 위정척사론은 서양과 일본으로 대표되는 이질문화의 도전으로부터 조선의 정통문화를 수호하여 조선민족의 자기상실을 막으려는 '사회보존론'으로 기능했으며, 그 과정에서 민족 주체의 보존을 위한 방법으로서 저항에 역점을 두었던 '저항 민족주의 사상'이었다. 또한 한말 외세의 침략이라는 민족적 모순해결과 봉건사회 해체기라는 계급적 모순해결이라는 두 가지 과제 가운데 국가·민족 보존을 위한 민족적 모순해결에 더 역점을 둔 근대 한국사상의 주체적인 하나의 주류였다고 평가하고 있다.

한편 위정척사론에 대해 부정적인 평가를 내리는 입장은 위정척사사상이 조선왕조의 사회질서를 명분론적으로 정착시킨 성리학의 화이론적 범위 속에 존립하고 있었다는 본질적인 한계성을 지적하고 있다.[40] 즉 위정척사론에서 말하는 수호의 대상이라는 것이 국가·민족으로서의 조선은 그 의미에서 부차적인 것이었고, 본질적으로는 중화문화의 수호자로서 자처하고 있었던 소중화로서의 조선이었다는 것이다. 즉 주자학적인 중화문화권의 수호가 중심과제였으며, 근대적 민족주의 사상과는 본질적으로 다르다고 보고 있다. 이렇게 볼 때 위정척사론은 당시 서양 과학기술과 제국주의의 본질을 전혀 이해하지 못하고 그에 대한 대책을 주자학에 의한 사상의 통일에서 찾으려고 하고, 체제 내부

---

39) 강재언, 앞의 책, p. 314.
40) 위의 책, p. 319.

로부터의 개혁 압력을 외면하고 구체제의 강화를 통해서만 대응하려고 한 시대착오적인 사상이었다. 또한 위정척사론은 바로 당시 양반 신분층의 사상이었기 때문에 민중들의 변혁 요구는 철저히 외면한 채 전통체제의 강화를 통해 양반 계층의 기득권을 유지하고자 했다. 최익현이 보여주는 동학농민혁명에 대한 부정적인 시각이 그 단적인 예일 것이다. 그 결과 개화사상과는 대조적으로 강대한 세력을 가질 수는 있었다. 그러나 사상 자체가 민족적인 문제의 해결보다 왕조적 체제의 유지에 역점을 두고 국가·민족의 개별성 유지보다 중화문화의 가치 수호에 역점을 두고 있었다면 이는 당연히 민족주의 사상과는 거리가 먼 중세 봉건적인 사상에 불과하며, 오히려 역사 발전을 가로막은 반역사적인 사상이라고 평가하고 있다.

이상과 같이 위정척사론에 대한 평가는 매우 큰 시각의 차이를 보여주고 있다. 이를 총괄해 본다면 위정척사론은 화이론적 명분론에 근거한 양이사상이지만 자본주의 열강의 침략에 반대한 완강한 반침략사상으로 이해할 수 있을 것이다. 그렇지만 양이주의와 민족주의는 엄밀히 구별되어야 하는 것으로 위정척사론이 근대적 민족주의와 동일시되려면 이 사상이 갖고 있는 반침략성이 사대주의를 부정하고 국가 평등의식을 전제로 한 자주성임이 입증되어야 하며, 양이주의 역시 중화적 질서보다는 만민 평등의식을 전제로 한 국민국가에 대한 충성에 최우선의 목적을 둔 이념이었음이 입증되어야 할 것이다.[41]

---

41) 유영렬, 앞의 글, p. 415.

참고문헌

姜在彦,《朝鮮近代史硏究》, 日本評論社, 1970.
──── ,〈쇄국양이와 위정척사사상〉,《한국의 근대사상》, 한길사, 1985.
──── ,《근대한국사상사연구》, 한울, 1983.
旗田巍,《朝鮮と日本人》, 勁草書房, 1983.
김의환,〈반일의병운동과 애국계몽운동〉, 한국사연구회 편,《한국사연구
  입문》제 2 판, 지식산업사, 1987.
신용하,《한국근대사와 사회변동》, 문학과지성사, 1980.
유영렬,〈척사운동과 개화사상〉, 한국사연구회 편,《한국사연구입문》제 2
  판, 지식산업사, 1987.
윤병석,〈한말 의병활동의 의의〉,《한국사의 재조명》, 1985.
이이화,〈척사위정론의 비판적 검토〉,《한국사연구》18, 1977.
──── ,〈척사위정〉, 한국사연구회 편,《한국사연구입문》, 지식산업사, 1980.
진덕규,〈척사위정론의 민족주의적 비판의식〉,《한국문화연구원논총》31,
  1978.
최창규,〈한말 '위정척사론'의 사상적 배경〉,《한국사의 재조명》, 민성사,
  1985.

1920년대 민족해방운동과 사상

나 애 자

I. 머 리 말

   선진자본주의국가와 달리 근대 국민국가를 성립시키지 못한 채 식민지로 전락한 우리 근·현대사에서 일제강점기의 민족운동은 해방운동인 동시에 근대민족국가 수립운동이었다.[1] 그러나 자본주의 발달이 늦어 자본가계급과 노동자계급의 성장이 부진했기 때문에, 어느 한 계급이나 세력에 의해 민족해방운동이 독자적으로 추진되지 못하고 좌·우익 전선으로 나누어져 전개되었다. 따라서 일제강점기 민족해방운동사를 올바로 인식하기 위해서는 민족주의진영과 사회주의진영의 운동이 민족모순과 계급모순을 어떻게 해결하려고 했는가에 초점을 맞추어 연구해야 할 것이다.[2]

---

1) 강만길, 〈일제 식민지시기 민족해방운동의 전개와 성격〉, 《한국사》 15, 한길사, 1994, p. 61.
2) 이러한 관점에서 기존의 연구성과를 쟁점 위주로 분석 정리하고 과제를

　민족해방운동사에서 1920년대는 애국계몽운동을 계승한 실력
양성운동과 독립군기지 건설을 중심으로 한 무장투쟁이 3·1운동
을 계기로 본격화하는 한편으로, 사회주의가 새로운 이념으로 도
입되어 부르주아민족주의운동과 사회주의계열의 운동이 양립한
시기이다. 또한 정치적 이념과 운동방법론의 대립으로 민족해방
운동 역량이 분산되고 개량주의가 나타나자 1920년대 중반부터
좌우합작에 의한 민족협동전선운동이 국내외에서 일어났다. 이
념과 노선을 달리하면서도 민족해방을 위해 반제 연합전선을 이
룩한 신간회운동의 역사적 경험은 1930년대에 해외에서의 민족
통일전선운동으로, 다시 해방 후 좌우합작에 의한 민족통일국가
수립운동으로 이어졌다.

　그러나 자주적 민족통일국가 수립운동은 제2차세계대전 이후
의 냉전체제하에서 민족내부 정치세력의 대립으로 실패했고, 이
에 따라 우리나라는 분단되었다. 자본주의와 사회주의를 각각의
이데올로기로 삼고 있는 남한과 북한의 대립상태를 극복하여 통
일된 민족국가를 수립하는 것이야말로 우리 민족의 지상과제이
다. 이러한 상황에서 좌우 편향의 시각을 지양하고 당시의 역사
적 조건과 관련하여 민족해방운동을 연구하고 인식하는 것은 매
우 중요한 의미를 지닌다. 이러한 관점에서 이 글에서는 지금까
지의 연구성과를 바탕으로 1920년대 민족해방운동의 전개와 그
사상의 흐름을 검토하고자 한다.

　제시한 다음의 글이 참고된다.(역사문제연구소 민족해방운동사 연구반,《민
족해방운동사 — 쟁점과 과제》, 역사비평사, 1990)

Ⅱ. 1920년대의 식민지 지배체제와 수탈강화

1. 기만적 '문화정치'

일제의 무단통치하에서 조선인은 식민지지배체제에 순응하도록 강요받았고 가혹한 수탈정책으로 생존의 위협을 받았다. 농민들은 토지조사사업의 실시와 육지면 재배 강제 등의 식민농정 때문에 몰락해갔다. 노동자들은 하루 12~16시간의 노동과 민족적 차별에 의한 저임금, 열악한 노동환경으로 피폐한 삶을 강요당했다. 상공업자들도 회사령의 실시로 성장을 억압당했다. 그러나 우리 민족은 일제에 굴복하지 않고 생존권 수호 및 독립쟁취를 위한 항일투쟁을 지속했고, 1919년 3월 1일 마침내 독립을 선언하고 거족적인 반일항쟁을 벌였다.

3·1운동은 일제의 야만적인 탄압을 받아 실패했으나 일제의 식민지 지배정책에 변화를 가져왔다. 일제는 '문화의 발달과 민력의 충실'을 시정방침으로 내세워 전면 탄압의 '무단통치'에서 '문화정치'로 전환했다. 총독부 관제를 개정하여 문관 출신도 총독이 될 수 있도록 하고, 헌병경찰제도의 폐지와 보통경찰제도의 실시, 언론·집회·결사의 제한된 허용 등 개량조치를 취했다. 그러나 1919년 8월에 부임한 해군대장 사이토 마코토(齋藤實) 이후 1945년까지 문관 출신 총독은 한 명도 임명되지 않았다. 보통경찰제도 아래에서도 경찰업무와 군사업무가 분리되었을 뿐 경찰병력은 오히려 4배 이상으로 급증하여 1군 1경찰서, 1면 1주재소 제도가 확립되었다. 또 1925년 치안유지법을 제정하여 '특고형사'(特高刑事)를 신설하고 사복형사·밀정을 동원하여 민족해방운동에 대한 감시와 탄압을 강화했다.

한편 일제의 허용으로 《동아일보》(1920), 《조선일보》(1920) 등이 창간되고, 1922년 현재 7천여 개에 달하는 사회단체가 창설되었다. 일제는 이러한 자유를 허용함으로써 조선인의 사상동향을 탐지하여 효과적인 대책을 수립할 수 있었으므로 고도의 기만적인 유화정책을 편 것이었다.

일제가 표방한 문화정치의 본질은 친일세력을 보호 육성하여 식민지 분할통치에 이용하고 점차 조직화되어 가는 민족해방운동역량을 분열시키는 것이었다.[3] 이는 3·1운동 직후 부임한 총독 사이토가 1920년에 구상한 '조선민족운동에 대한 대책'에서 여실히 드러나고 있다. 즉 '몸과 목숨을 바칠' 친일파의 양성, 친일단체의 조직, 종교적 사회운동의 이용을 위한 불교·기독교의 친일화, 친일여론의 조성, 친일적 인재의 양성, 농민·노동자와의 계급대립을 이용한 조선인 부호의 매판화 등 친일세력의 육성과 이용을 통한 민족분열정책을 실시하려고 한 것이다.

일제는 민족분열정책의 효과적 추진을 위하여 3·1운동 이후 민족주의자들에 의하여 활발하게 일어난 청년회운동·교육진흥운동·물산장려운동 등 '문화운동'을 일제에 대한 타협의 방향으로 이끌어 '일선(日鮮)동화'로 귀결시키고자 했고 마침내 '자치운동'의 출현을 가져왔다.[4] 또 1920년 지방제도 개정에 의해 '부협의회', '면협의회', '도평의회', '학교평의회' 등의 자문기관을 설치하면서 조선인에게도 참정권이나 자치권을 허용할 것처럼 선전했다. 그러나 선거는 부·면협의회의 일부에서 행해졌을 뿐 도평의회원은 도지사가 임명했고 선거가 실시된 지역도 일본인 집주지역과 조선인지주의 다수 거주지역으로 제한되었으며, 선거권자의 자격이 부세(府稅) 및 면 부과금 5원 이상의 납세자에 한

---

3) 강동진, 《일제의 한국침략정책사》 제2장, 한길사, 1980.
4) 박찬승, 《한국근대정치사상사연구》 제3·4장, 창작과비평사, 1991. 문화운동을 일제의 지배정책에 의해 유도된 타협적 운동이라고 파악하는 견해도 있다.(강동진, 위의 책, 제4장)

정되었다. 일본인과 조선인 지주・자본가・상인 등 자산가 가운데 친일적 인사를 선출하려는 의도가 있었던 것이다. 사실상 자문기관은 아무런 권한도 없는 형식적인 기구에 불과했고, 일제가 지방제도를 개편한 목적은 재정확보, 민심동향 탐지, 친일세력 육성 등 지배체제를 강화하는 데 있었다.[5]

아울러 일제는 조선인의 민족의식을 말살하기 위해 식민사관에 의한 한국사의 왜곡과 날조를 본격화하고 교육을 통한 동화정책을 추진했다. 동화정책은 특히 '우민화'와 '황국신민화'를 위한 민족교육말살정책에 중점이 있었다. 사립학교와 서당 등 민족교육기관이 탄압을 받아 격감한 대신 공립보통학교가 설립되어 '1면(面) 1교(校)주의' 아래 점차 학교와 학생 수가 늘어났으나 1930년말에도 조선인 아동의 취학률은 18.5퍼센트에 불과했다. 고등보통학교도 1920년말에 각 도에 1~2교에 그쳤고 3개의 전문학교와 1개의 대학이 있을 뿐이었으며, 실업학교만 1920년대에 약 2배로 증가했다. 이것은 조선인의 고등교육 기회를 막고 식민지통치에 필요한 최소한의 실무적 기술만 가르쳐 식민지 착취에 이용하려는 속셈에서였다.[6] 또 일제는 1920년 11월 '조선교육령' 일부의 개정과 1922년 12월 제 2 차 조선교육령의 공포를 통해 교과과정을 개정하여 조선어를 필수과목에서 선택과목으로 바꾸고 일본어와 일본역사・지리교육을 강화했다.[7]

이처럼 문화정치는 폭력적인 식민지지배가 완화된 것이 아니라 3·1운동 이후 더욱 고양된 조선인의 반일투쟁의식을 마비시키고 효과적인 수탈을 하기 위하여 위장한 '민족분열정책'에 지나지 않았다.

---

5) 강동진, 위의 책, pp. 310~321.
6) 강동진, 〈문화주의의 기본성격〉, 《한국사회연구》 2, 한길사, 1984, pp. 173 ~181.
7) 박경식, 《일본제국주의의 조선지배》, 청아출판사, 1986, pp. 212~213.

2. 산미증식계획에 의한 농민수탈

일본자본주의는 제1차세계대전을 계기로 독점자본이 급성장한 반면 농업부문은 여전히 반봉건상태에 있어서 공업과 농업이 불균등하게 발전하고 있었다. 자본주의의 발전에 따라 도시인구가 급증하여 쌀 수요량이 증대했으나 농업생산력은 급격히 떨어져 쌀값이 올랐고, 이때문에 1918년 8월 일본인구의 약 4분의 1이 참가한 전국적인 식량폭동이 일어났다. 한편 전쟁이 끝난 후 수출이 막히자 과잉생산으로 인한 공황이 일어나 일제의 사회모순과 위기는 더욱 격화되었다.

1920~1934년에 걸쳐 추진된 산미증식계획은 식량 확보와 저임금 유지를 위한 식량공급지로서, 또 자본투하시장으로서 식민지 조선에 대한 수탈을 강화하기 위해 일제가 실시한 농업정책이었고, 그 결과 조선농업은 쌀단작(單作)형의 식민지농업으로 재편성되었다.[8] 산미증식계획은 관개시설의 확충과 경지정리에 중점을 두어 30년 동안 논 40만 정보는 관개를 개선하고 밭 20만 정보는 논으로 바꾸며 20만 정보의 논을 새로 개간하여 총 80만 정보의 토지를 개량하려는 계획으로 시작되었다. 그러나 제1차 계획(1920~1925)과 제2차 계획(1926~1934)은 모두 예정했던 토지개량면적의 약 50~60퍼센트 정도를 개량하는 데 그쳤다.

산미증식계획이 예정대로 추진되지 못한 이유는 수리관개공사를 위한 기본조사의 미비와 농업금융제도의 부실, 사업자금 조달의 불충분 등에 있었지만, 근본적인 원인은 일본자본이 '계획'자체보다는 고율 소작료를 획득할 수 있는 토지겸병에 더 적극적

---

8) 河合和男, 〈'産米增殖計劃'と植民地農業の展開〉, 1979(《한국근대경제사연구》, 사계절, 1983) 참조.

이었기 때문이다.

토지개량사업은 개인에 의한 소규모 개량보다는 수리조합에 의한 대규모사업에 치중되었다. 수리조합은 주로 대지주, 특히 일본인 대지주가 일본정부의 대부금과 총독부의 보조금을 받아 설립했는데 대지주 농장경영을 육성했다. 일단 조합이 결성되면 기존 수리시설의 혜택을 받는 지역까지 강제로 편입되어 비싼 조합비를 내야 했고, 조합비를 지불하지 못할 경우 일본인지주에게 극히 저렴한 가격으로 논을 넘겨야 했으므로 조선농민은 수리조합 반대운동을 격렬하게 전개했다.[9]

산미증식계획의 진행에 따라 조선의 쌀생산량은 1920년의 1,270여 만 석에서 1930년 1,700여 만 석으로 1.36배가 증가했으나, 일본으로의 쌀수출은 1920년에 175만 석이던 것이 1928년에는 740여 만 석으로 4.23배나 늘어났다.[10] 쌀증산량에 비해 수출량이 엄청나게 늘어남에 따라 조선인은 쌀소비의 절대적 감소를 강요당했고 부족량을 값싼 만주산 조 등으로 보충해야 했다.

결국 일본은 산미증식계획으로 당시 일본국민의 '사활이 걸린' 식량문제를 해결했다. 또 고율 소작료와 고리대를 통해 일본수출을 목적으로 한 미곡상품화에 적극 참여함으로써 성장한 '신흥지주'들을 분할통치에 이용할 수 있게 되었다.[11] 일본인의 토지소유가 크게 확대된 반면 조선농민은 토지상실 및 각종 부담의 증가로 몰락해가고, 곡물가격등귀로 소비자들도 손해를 입었다.

농민들은 이미 토지조사사업과 산림정책 때문에 종래 지녀온 농민적 여러 권리(賭地權·立會權·永小作權)를 박탈당하여 몰락해가고 있었는데, 이러한 현상은 산미증식계획으로 더 촉진되었다.

---

9) 이애숙, 〈일제하 수리조합의 설립과 운영〉, 《한국사연구》 50·51, 1985 ; 西條晃, 〈1920年代において朝鮮水利組合反對運動〉, 《朝鮮史硏究會論文集》 8, 1971 참조.

10) 조선총독부, 《朝鮮米穀要覽》, 1935, pp. 72~73.

11) 河合和男, 앞의 글, p. 410.

1920년대에 소작농과 화전민이 매년 늘어나 1928년에는 소작농이 전체 농가호수의 44.9퍼센트를, 화전민은 1.2퍼센트를 차지하게 되었다.[12] 소작농의 증가율에 비하여 소작지의 증가율은 낮아 호당 경작면적이 점차 영세화했다. 소작권의 이동이 잦아지면서 소작료가 인상되어 소작농은 보통 수확량의 50~60퍼센트를 소작료로 수탈당했고 이 밖에 비료와 농기구대, 지주가 부담해야 할 지세, 마름 보수, 소작료 운반비 등을 부담하여야 했다.

이같이 열악한 소작조건 때문에 소작농은 토목·공장·광산 등에서 임노동으로 생계를 보충했으나 워낙 저임금이라 대부분이 적자생활을 면치 못하여 높은 이자율의 빚을 빌려야 했다. 춘궁기에 식량이 떨어져 초근목피로 굶주림을 견디어 내는 영세농민이 1930년에 전농가의 50퍼센트에 달했고 그 비율은 경지가 많은 남부지대가 북부지대보다 높았다.[13]

생활고·빚·세금에 쫓기면서도 대부분의 농민들은 공업이 아직 농촌인구를 흡수할 정도로 발전하지 못했기 때문에 농촌빈민으로 머물러 있었다. 실업상태의 농촌빈민 일부는 도시로 나가 토막민을 형성하기도 했다. 이들은 도시변두리에 땅을 파거나 거적을 두른 움집에 거주하면서 대개 막노동에 종사했다.[14] 이농해도 희망을 가질 수 없는 농민은 일본이나 간도로 이주했다. 1921년에서 1930년 사이에 일본으로 건너간 사람은 총 130여 만명이나 되었고 간도 등으로의 이주자는 1921년에서 1929년 사이에 36만여 명에 이르렀다.[15]

이처럼 1920년대 산미증식계획을 비롯한 일제의 농업정책은 지주를 보호 육성하는 반면 절대적 궁핍을 견디다 못한 수많은

12) 河合和男, 위의 글, p. 393, 표 9 참조.
13) 박경식, 앞의 책, p. 264.
14) 강만길,《일제시대 빈민생활사연구》, 창작과비평사, 1987 ; 김경일, 〈일제하 도시빈민층의 형성〉,《한국의 사회신분과 사회계층》, 문학과지성사, 1986 참조.
15) 박경식, 앞의 책, p. 268.

조선농민을 이농·이향으로 몰아넣었다. 소작조건의 악화로 더욱 생활이 불안해진 소작농은 조직적인 소작쟁의를 전개했다. 소작쟁의는 지주를 보호해주는 식민지 통치권력과 맞서 민족해방투쟁으로 발전했다.

3. 일본자본의 유입과 노동자의 실태

1920년 4월 일제는 회사령을 폐지했다. 이는 과잉된 일본 독점자본의 투자시장으로서 조선을 개방하여 더 많은 초과이윤을 획득하기 위한 것이었다. 1923년 4월에는 주류와 직물류를 제외한 무역품에 대하여 일본과 조선간의 관세를 철폐해 일본자본과 상품의 진출을 촉진했다.

회사령의 폐지로 조선인 회사의 설립도 늘어났으나 일본인 자본의 투자가 급증하여 조선인 자본의 비중은 전체의 10퍼센트 정도에 불과했다. 또 1910년대에 비해 공업부문에의 투자가 상당히 증대했지만 1930년 현재 조선인 공업의 압도적인 부분은 노동자 5~49명의 소규모공장이고 노동자 100명 이상의 공장은 1퍼센트에 지나지 않을 만큼 영세했다.

조선공업의 식민지적 성격은 영세성과 함께 각 부문간의 극심한 불균형으로 나타나는 후진성과 종속성에서 여실히 드러난다. 양조업·정미업·요업·직물업·고무신공업·양말공업 등에 대한 투자가 활발한 반면 금속·화학·기계공업 등 중공업에 대한 투자는 빈약했다. 1929년에 중공업은 전체의 12.1퍼센트에 불과했으나 경공업에서는 정미업을 중심으로 하는 식료품가공업이 63.5퍼센트를 차지했다. 같은 해 조선의 수출무역 전체의 90퍼센트를 초과하는 대일수출에서도 식료품 종류가 약 64퍼센트를 차지하고 원료품 및 원료용 제품이 약 27퍼센트였다. 1920년대에 조선은 일본상품의 판매시장으로 전락하여 공업발전이 저지된

반면 일제의 식량 및 원료공급지로서의 위치가 더욱더 높아졌던 것이다.[16]

이러한 식민지수탈구조에서도 일제의 본격적인 자본유입으로 공업 및 광산업·교통운수업이 발전했고, 이에 따라 조선인 노동자수가 늘어나 1928년에는 110만 명을 넘어섰다. 그러나 공장노동자는 8만 8천여 명, 광산노동자는 2만 3천여 명에 불과했고, 운수·토건노동자가 50여 만 명, 어린이·여성노동자가 약 32만 명에 이르렀다. 이러한 노동자 구성은 조선이 식민지로서 자본주의가 정상적으로 발전하지 못한 데 기인한다.[17]

조선인 노동자의 노동조건은 대단히 열악했다. 임금에서 민족적 차별을 받아 일본인 노동자의 절반 정도에 지나지 않았고, 이것도 해마다 하락하여 임금지수를 1920년을 기준으로 100이라고 할 때 1925년에 85, 1929년에 83으로 낮아졌다. 노동시간에서도 공장노동자의 경우 8시간 노동은 1퍼센트도 되지 않았고 절반 정도가 12시간 이상의 노동을 강요당했다. 조선인 여성미성년노동자는 일본인 남성성년노동자보다 2시간이나 더 일하면서도 임금은 5분의 1 정도밖에 되지 않았으므로 피로·영양실조·폐결핵 등 각종 산업재해에 시달렸다. 노동법은 물론 적용되지 않았고 노동안전 보호시설은 거의 없었으며, 열악한 노동조건 아래 노동재해도 빈번하게 일어났다.[18]

기아적인 임금과 장시간의 노동 및 휴일 부족으로 인한 과로의 가중, 산업재해가 빈번한 열악한 노동환경 등은 곧 노동자의 계급의식 및 민족적 차별대우에 대한 항일투쟁의식을 고조시켜 노동운동의 격화를 가져왔다.

---

16) 박경식, 위의 책, pp. 273~286.
17) 위의 책, pp. 293~294.
18) 강동진, 〈일제 지배하의 한국노동자의 생활상—주로 한국인노동자의 노동조건을 중심으로〉, 《한국근대사론》 Ⅲ, 지식산업사, 1977, pp. 184~208.

Ⅲ. 부르주아 민족운동의 분화

1. 외교론과 상해임시정부의 활동

3·1운동은 일제의 식민지 지배정책뿐 아니라 민족해방운동을 담당할 주체와 방향에도 커다란 변화를 가져왔다. 민족자본가 일부가 일제의 기만적인 회유정책에 포섭되어 타협주의로 나아간 반면, 노동자·농민 등 민중이 3·1운동의 투쟁경험을 바탕으로 조직적인 노동운동·농민운동을 전개하면서 점차 민족해방운동의 주체로 등장하기 시작했다. 또 민족운동의 이념으로 사회주의가 새로이 수용되고 노선에서는 독립전쟁론과 실력양성론·외교론 등이 대립하여 민족해방운동전선이 분산되었다. 이중 우선 민족주의진영의 운동노선과 활동에 대해 살펴보기로 한다.

3·1운동을 전후로 조직적인 독립운동을 전개하기 위해 국내외의 여러 지역에서 임시정부수립운동이 추진되었다.[19] 첫번째로 노령 연해주의 블라디보스톡에서 동포사회를 기반으로 문창범·이동휘 등에 의해 조직된 전로한족회중앙총회가 1919년 2월 25일 정부형태의 '대한국민의회'로 개편된 후 3월 17일 독립선언과 함께 그 성립을 반포했다. 두번째로 신한청년단이 조직되어 있었던 상해에서 1919년 4월 10일 이동녕을 중심으로 임시의정원을 구성하고 13일 정부수립을 선포하여 '대한민국임시정부'라고 했다. 세번째로 같은 해 4월 23일 서울에서 이승만 등 '13도 대표자'의 이름으로 국민대회를 열어 '한성정부'를 창설했다.

노령과 상해의 임시정부는 단일정부 수립을 위해 5월부터 통

---

19) 임시정부수립의 필요성은 1917년 신규식·조소앙·박은식·신채호 등이 발표한 〈대동단결선언〉에서 이미 제기된 바 있다.(조동걸, 〈임시정부 수립을 위한 1917년의 '대동단결선언'〉,《한국민족주의의 성립과 독립운동사연구》, 지식산업사, 1989)

합을 교섭했다. 그런데 그 무렵 한성정부 집정관총재 이승만이
워싱턴에 사무실을 차리고 대외적으로 대통령으로 행세하면서
한성정부의 정통성을 주장하고 있었다. 이에 한인사회당 위원장
인 이동휘 등 대한국민의회 일부가 임시의정원측에 합류하고, 상
해정부를 한성정부의 법통을 계승하는 형식으로 개조하기로 하
여 1919년 9월 '대한민국 임시정부'가 발족되었다.[20]

좌우익 연합정부의 성격을 띤 상해임시정부는 앞의 세 지역
임시정부에 이어서 공화제를 채택하고 3권분립의 원칙 위에서
임시의정원을 두어 부르주아 민주주의체제를 지향했다.[21] 그런데
독립운동노선에서는 이동휘의 '독립전쟁론'과 안창호의 '준비론',
이승만의 '외교론' 등이 대립했다. 운동노선의 차이는 임시정부의
통합과정에서 정부 위치의 선정문제를 둘러싼 논쟁으로 나타났
다. 당시 만주와 연해주에는 100만 명에 가까운 동포가 살고 있
고 수천 명의 무장독립군이 존재하고 있었으나 상해는 그러한
인적 기반이 없었다. 결국 각국 조계가 있어 외교활동에 유리한
상해에 정부를 두기로 결정한 것은 외교론이 임시정부의 중심적
인 운동노선이었음을 나타낸다. 외교론은 제1차세계대전에서
승리한 미국 등의 제국주의열강이 내세운 '민족자결', '세계평화'
에 기대를 걸고 열강에 독립을 청원하여 독립을 얻을 수 있다는

---

20) 상해임시정부의 성립과정에 대해서는 홍순옥, 〈대한민국 임시정부의 성
    립과정〉, 《3·1운동50주년기념논문집》, 동아일보사, 1969(《한국근대사론》
    Ⅱ, 지식산업사, 1977) 참조. 원래 露領과 상해측은 한성정부 승인이라는 대
    원칙 아래 양측 정부를 일체 해소하기로 하였으나, 상해측이 임시의정원을
    해산하지 않고 임시정부만을 한성정부 각원으로 개조하자 임시의정원의 해
    산 여부를 둘러싸고 분쟁이 일어났다. 문창범 등은 상해 임시정부 참여를
    거부하고 대한국민의회를 재건하였다.(반병률, 〈대한국민의회와 상해임시정
    부의 통합정부수립운동〉, 《한국민족운동사연구》 2, 한국민족운동사연구회,
    1988)
21) 손세일, 〈대한민국 임시정부의 정치지도체제〉, 《3·1운동50주년기념논문집》,
    동아일보사, 1969(《한국근대사론》 Ⅱ, 지식산업사, 1977).

운동방법이었다.

임시정부는 무장투쟁의 필요성도 인정하여 군제와 군사활동 방침을 세워놓고 만주지역의 독립군단체를 산하로 끌어들이려고 노력하기도 했다. 그리하여 서로군정서·북로군정서 등이 군무부 산하로 일시 들어왔으나 그 연대는 오래 지속되지 않았다. 그것은 무엇보다도 임시정부의 군사노선의 한계 때문이었다. 무장독립운동단체들은 무장항쟁을 최선의 수단으로 삼는 독립전쟁론의 입장에서 '즉각 개전'을 주장했지만 임시정부는 충분한 준비가 갖추어진 후에야 전쟁을 착수할 수 있다고 하는 안창호의 준비론에 입각하여 무장항쟁을 최후의 수단으로 보았다.[22]

그러나 임시정부는 무장투쟁을 위한 실질적인 준비를 전혀 하지 않았고 외교활동에 주력했다. 임시정부는 파리강화회의·태평양회의 등 각종 국제회의로부터 독립을 보장받고 국제연맹에 가입하기 위하여 대표를 파견하여 독립을 청원했으나 묵살당했다. 그 뒤 각국의 승인을 받기 위해 각국에 설치한 위원부도 아무런 성과를 거두지 못했고 각국의 민간지도자들을 상대로 독립운동지원을 얻기 위해 펼쳤던 선전외교도 성과가 없었다. 미국·영국 등 제국주의열강은 제1차세계대전에서 승리한 후 식민지 재분할에 바빴으므로 식민지조선의 독립문제는 안중에도 없었던 것이다. 다만 신생의 소련이 세계사회주의혁명운동의 일환으로 약소 피압박민족의 해방을 지원할 뜻을 내세우고 있었다. 1920년 임시정부는 소련정부와 공수동맹(攻守同盟)을 체결하고 40만 루블의 독립운동자금을 제공받기도 했으나, 국무총리 이동휘가 이 자금을 임의처분하여 물의가 빚어졌다. 또한 임시정부는 중국 손문의 광동정부와도 외교적 교섭을 꾀하여 서로 승인할 것

---

22) 강만길, 〈독립운동의 역사적 성격〉,《아세아연구》 통권 59, 1978 ;《분단시대의 역사인식》, 창작과비평사, 1978, pp. 168~169 ; 한상도,《한국독립운동과 중국군관학교》, 문학과지성사, 1994, pp. 92~121.

과 조선인 학생을 중국군관학교에서 교육받도록 하는 데 합의하기도 했다.

한편 상해임시정부는 재정과 인적 기반을 확보하기 위해 교통국을 두고 국내와 간도에 지방행정제도로서 연통제를 실시했다.[23] 교통국은 자금모집, 정보수집, 운동가 소개 및 연락, 무기·탄약운반 등 주로 연락업무를 맡았고, 연통제는 임시정부의 운영비 등 운동자금의 모집, 군인모집, 통신, 국내에서의 독립시위운동의 진행 등을 위해 실시되었다. 그러나 연통제 조직이 1920~1921년 일본경찰에 발각되어 무너짐에 따라 국내와의 연결이 단절되었다. 이후 임시정부는 교통부와 군무부 등 정부조직을 동포사회가 있는 만주지방으로 옮겼어야 했지만 그러한 노력을 전혀 기울이지 않아 국민적 기반을 상실했다.[24]

임시정부는 수립된 지 얼마 지나지 않아 정치이념과 독립운동노선의 차이, 출신지역에 따른 파벌에 의해 파쟁이 일어났다. 더욱이 임시대통령 이승만은 임시정부의 주요 재정원인 미주지역 애국금을 독점하면서 극소액만을 송금하여 임시정부에 타격을 주었다. 또 그는 1920년 12월 비로소 상해에 부임했으나 임시정부 내부에서 제시된 쇄신안을 모두 거부하고 6개월 만에 하와이로 돌아갔다. 이동휘도 대통령제를 폐지하고 의원제로 할 것과 임시정부를 시베리아로 옮길 것을 제안했다가 이승만·안창호의 반대에 부딪히자 국무총리직을 사임하고 연해주로 떠나버렸다.

이같은 내분으로 임시정부가 민족해방운동의 지도적 역할을 다하지 못하자 국민대표회의 소집요구가 곳곳에서 일어났다.[25]

23) 이연복, 〈대한민국 임시정부의 교통국과 연통제〉,《한국사론》 10, 국사편찬위원회, 1981 참조.
24) 조동걸, 〈대한민국 임시정부의 조직〉,《한국사론》 10, 국사편찬위원회, 1981, pp. 71~72.
25) 국민대표회의의 개최에 대해서는 박영석, 〈대한민국임시정부와 국민대표회의─서간도지역의 독립운동단체 참여와 관련하여〉,《한국사론》 10, 국사

신채호·박용만·신숙 등 독립전쟁론자들은 1920년 9월 해외에 흩어져 있는 군사단체의 통일을 위해 군사통일촉성회를 북경에서 조직하고 1921년 9월 군사통일회의를 열어 독립군부대를 지휘할 군사기관의 신설문제를 논의했다. 이때 1918년에 이승만이 윌슨 미국 대통령에게 국제연맹 위임통치를 청원한 사실이 폭로되어 이승만 불신임안이 제기되었고, 임시정부 불신임이 결의되었다. 군사통일회의는 임시정부 불신임에 따른 독립운동 전체의 방향전환을 모색하고 논의하기 위해 국민대표회의 소집을 주장했다.

이 밖에 만주·상해 등지에서 김동삼·여운형·안창호 등이 국민대표회의 소집을 추진했고 1923년 1월 마침내 상해·만주·연해주지역 등 70여 독립운동단체 대표 160여 명이 북경에서 모여 국민대표회의를 개최했다. 그러나 임정을 해체하고 새로 정부를 만들자는 창조파와, 임시정부의 조직 등 잘못된 점만을 고치자는 개조파로 분열되었다. 임시정부 개조안이 부결되자 개조파는 불참을 선언했고, 창조파 단독으로 1923년 6월 회의를 열어 '한'정부를 조직했다. 창조파의 '한'정부는 노령 블라디보스톡으로 옮겨갔으나 소련정부로부터 승인을 얻지 못했고, 이에 따라 창조파 인사들은 대부분 중국지역 독립운동단체로 복귀했다.[26]

국민대표회의의 결렬 이후 소수의 임시정부 옹호파만 남은 임시정부의 활동은 더욱 침체되었다. 임시정부는 1925년 이승만을 탄핵 파면하고 헌법을 개정하고 조직개편을 단행하기도 했으나 결국 하나의 독립운동단체에 불과한 위치로 전락하고 말았다.

편찬위원회, 1981 참조.

26) 노경채, 〈1920년대 중국관내 민족해방운동〉, 《한국사》 16, 한길사, 1994, p. 131.

2. 독립전쟁론과 독립군의 무장투쟁

1910년을 전후하여 일본군의 초토화작전 등 야만적인 탄압으로 국내에서의 항일운동이 불가능하게 되자 의병운동 세력과 계몽운동가 중 일부는 만주·연해주 등지로 망명하여 독립군기지를 건설했고 이를 기반으로 무장투쟁을 전개했다. 독립군운동을 뒷받침하는 노선은 '독립전쟁론'이었다. 독립전쟁론은 국권회복과 독립쟁취의 가장 확실하고 바른 방법은 독립군을 양성했다가 절호의 기회를 포착하여 독립전쟁을 일으켜야 한다는 전략이론체계였다.[27] 이 전략에 의하여 독립운동가들은 1860년 이래 동포사회가 형성되어 있던 서간도(남만주), 북간도(동만주)와 연해주 지방으로 집단이주하여 수많은 항일단체와 무관학교를 설립했다. 대표적인 예로 이동녕·이시영·이회영·이상룡 등 신민회 회원을 비롯한 계몽운동가들이 서간도에 건설한 삼원보기지에서는 자치기관으로서 경학사를 조직하고 신흥강습소('신흥학교'로 개명했다가 다시 '신흥무관학교'로 고침)를 설립하여 1920년 폐교될 때까지 약 3,500여 명의 독립군을 양성했다.

독립군기지 건설운동은 3·1운동을 계기로 활발해져 1920년말경까지 조직된 독립군단체만도 의병장 출신 홍범도의 대한독립군·대한국민회·북로군정서(북간도), 대한독립단·서로군정서(서간도) 등 80여 개에 달했다.[28] 1919년 8월 대한독립군이 국경을 넘어 평안북도 갑산·혜산 일대에서 일본군과 친일세력을 처단한 것을 시초로 독립군단체들은 국내진공작전을 펼쳤다. 이에 대한 반격으로 1920년 6월 일본군이 독립군의 근거지인 봉오동

---

27) 윤병석, 〈1910년대의 한국독립운동〉,《한국근대사론》Ⅱ, 지식산업사, 1977, p. 27 ; 신용하, 〈신민회의 창건과 그 국권회복운동〉,《한국민족독립운동사연구》, 을유문화사, 1985, p. 103.
28) 박 환,《만주한인민족운동사연구》, 일조각, 1991, pp. 7~8, 63~64.

을 공격하자 대한독립군·국민회군·군무도독부군 등 연합부대
가 맞서 싸워 157명을 사살하고 300여 명에게 부상을 입히는 전
과를 거두었다.

봉오동전투 후 일제는 당시 만주를 지배하던 장작림과 협상하
여 중국군을 출동시켜 독립군을 토벌하기로 했다가, 이 소식을
들은 독립군부대가 근거지를 백두산 기슭의 밀림지대로 이동하
자 '훈춘사건'이라고 불리는 만주 마적단의 훈춘성 습격사건을
날조했다. 일본군은 이를 빌미로 1920년 10월 2만 5천 명 이상의
병력으로 불법적인 간도침입을 감행하여 독립군의 집결지인 청
산리 일대를 공격했다. 독립군은 9차례나 벌어진 전투에서 2천
여 명의 적은 병력으로 연대장을 포함한 일본군 1,200여 명을 사
살하는 전과를 올렸다.[29] 그 뒤 간도의 동포사회는 청산리전투
참패에 대한 일본군의 보복으로 두 달여 동안 대학살을 당했다.

청산리전투 이후 독립군부대들은 소련·만주 국경지대의 밀산
으로 집결하여 대한독립군단으로 통합하고, 다시 연해주의 자유
시로 이동했다. 당시 연해주에는 1918년 이후 러시아혁명을 저
지하기 위해 미국과 일본이 군대를 파견하여 백군과 손을 잡고
적군과 싸우고 있었다. 볼셰비키 소련정부는 조선독립군에게 공
동 항일전선을 결성해 일본군·백군과 싸울 것을 제의했고 대한
독립군단은 소련정부의 지원을 받아 장기 항일전을 준비하기 위
해 그 제안을 받아들였다. 그러나 1921년 6월 대한독립군단은
적군에 협조해오던 시베리아의 조선인부대인 자유대대와 사할린
의용대가 통합하는 과정에서 두 부대간의 주도권 쟁탈싸움으로
수백 명이 죽고 포로가 되는 '자유시참변'을 당했다.[30] 이후 많은
조선인군이 적군에 편입되어 백군과 일본군에 맞서 싸웠으나

---

29) 이상 봉오동전투와 청산리전투에 대해서는 신용하, 〈독립군의 청산리독립
   전쟁의 연구〉, 앞의 책 참조.
30) 신재홍, 〈자유시참변에 대하여〉,《백산학보》14, 1973 참조.

1922년 10월 일본과의 국교상 분쟁을 피하려는 소련으로부터 무
장해제를 당했다. 그 뒤 독립운동가들은 각각의 입장에 따라 소
련에 남아 적군에 편입되거나 만주로 되돌아왔다.

만주로 되돌아온 독립군과 만주지방에 남아 있었던 독립운동
세력은 항일단체 및 독립군의 전열을 재정비하면서 더욱 효과적
인 활동을 위해 활동지역을 중심으로 통합운동을 전개했다. 그
들은 1920년대 중반에 주로 서간도지역을 중심으로 하는 참의부
(1923)와 정의부(1925), 북만주지역을 중심으로 하는 신민부(1925)
로 통합되었다. 이들 3부는 군정와 민정의 이원적 조직으로 이
루어졌고 병농제와 의무금제의 실시 등 동포사회의 인적 물적
자원을 바탕으로 했다. 또 지역주민들이 선출하는 임원으로 행
정부·입법부·사법부를 구성하여 자치행정을 폄으로써 사실상
의 정부가 되었다.[31] 각 부는 대체로 부르주아 민족주의에 입각
한 '민주공화제'를 지향했으나 복고적 민족주의, 대종교적 민족주
의, 무정부주의 등의 이념이 뒤섞여 있었다.[32] 이러한 이념의 복
잡성은 1926년 민족유일당운동의 일환으로 전개된 3부 통합이
실패한 요인의 하나였다.

만주지방의 동포들은 중국과 이들 단체에 대해 이중의 세금부
담을 안고 있었는 데다, 3부의 실질적 활동이 두드러지지 않고
내부에 파벌투쟁까지 일어나자 이에 대한 불만이 고조되어 1920
년대 후반부터 이탈했다. 1930년대 중반 '조선혁명군'의 해체를

---

31) 3부의 성립과정과 활동에 대해서는 다음의 논문이 참고된다. 윤병석, 〈참
　의·정의·신민부의 성립과정〉,《백산학보》 7, 1969 ; 박영석, 〈정의부연구
　—민주공화정체를 중심으로〉,《김준엽교수회갑기념 중국학논총》, 1983(《
　일제하 독립운동사연구》, 일조각, 1984) ; 유준기, 〈1920년대 재만 독립운동
　단체에 관한 연구—참의부를 중심으로〉,《한국민족운동사연구》 2, 1988 ;
　박 환, 〈신민부에 대한 일고찰〉,《역사학보》 108, 1985.
32) 박영석, 〈일제하 만주·노령지역에서의 복벽적 민족주의계의 항일독립운동
　—맥락과 정치이념을 중심으로〉,《일제하 독립운동사연구》, 일조각, 1984 ;
　박환, 위의 글 참조.

마지막으로 부르주아 민족주의에 바탕을 둔 만주의 항일투쟁은 쇠퇴하고 대신 공산주의자들이 주도하는 항일무장투쟁이 일어났다.

3. 국내 부르주아 민족주의운동의 분열

3·1운동과 그 뒤에 시도된 외교독립운동이 좌절되자 부르주아 민족주의 우파는 당장의 독립이 불가능하므로 '결정적 시기'에 대비하여 우선 경제적 문화적 방면에서 실력을 길러야 한다고 생각하고 이른바 '문화운동'을 전개했다. 문화운동이 한계에 부딪히자 그중 일부가 정치적 권리의 획득을 내걸고 '자치운동'을 벌였다. '문화운동론'과 '자치운동론'은 그 타협적·개량주의적 성격 때문에 '민족개량주의'라고 불리기도 한다.[33]

1920년대 초반에 일어난 문화운동은 청년회운동·신교육운동·민족개조운동·물산장려운동 등 실력양성운동을 총칭하며 우선 실력을 양성한 후 독립을 획득하자는 '실력양성론', '준비론'에 입각해 있었다. 실력양성론은 '절대 독립', '즉각 독립'의 주장에서 한걸음 물러난 것이었고 '실력양성'이란 근대자본주의 문명의 수립을 의미했다. 실력양성론은 원래 한말에 계몽운동의 한 방법론으로서 제기되었으나 제국주의에 대한 불철저한 인식과 패배주의적 발상에서 비롯되었고, 식민주의자들의 이론인 '사회진화론'으로부터 영향을 받은 것인데[34] 1920년대에 들어와 다시 대두

---

33) 민족개량주의는 대개 타협적 민족주의 우파를 가리키는 용어로 사용되고 있으나(진덕규, 〈한국정치사회의 권력구조에 관한 연구〉, 연세대 박사학위논문, 1977 ; 강동진, 앞의 책 ; 서중석, 〈한말 일제침략하의 자본주의 근대화론의 성격〉, 《한국근현대의 민족문제연구》, 지식산업사, 1989), '부르주아 민족주의운동' 전체를 지칭하는 것이라고 보는 견해도 있다(박찬승, 앞의 책, pp. 21~22).

34) 김도형, 〈대한제국말기의 국권회복운동과 그 사상〉, 연세대 박사학위논문, 1989, pp. 92~112.

한 것이다. 실력양성론은 일제의 식민지 산업정책에 의해 동요되고 있던 민족자본가의 사회경제적 입장을 대변하는 성격을 지니고 있었다.[35]

실력양성론과 더불어 문화운동의 이론적 기초가 된 것 가운데 하나는 '민족개조론'이었다.[36] 민족개조론은 조선의 식민지화의 원인을 제국주의 침략에서 찾지 않고 민족성의 결함에서 찾으면서 민족성의 개량을 주장하는 논리이다. 이는 《동아일보》의 송진우, 《개벽》의 이돈화·김기전·현상윤·이광수 등에 의해 제창되었는데, 특히 이광수는 민족개조론의 실천을 위해 수양동맹회를 결성했다. 이광수는 일본 유학생으로서 2·8독립선언을 주도하기도 했지만, 1921년 상해임시정부에서 이탈하여 귀국한 후 1922년 5월 《개벽》지에 〈민족개조론〉을 발표했다. 이 글에서 그는 조선민족의 쇠퇴 원인이 허위와 비사회적 이기심, 나태함, 서로 신의가 없고 사회성이 결핍된 점 등 타락한 민족성에 있으므로 완전한 멸망에 빠지기 전에 살아남으려면 오로지 민족성을 개조해야 한다고 주장했다. 그러나 이는 조선민족의 민족성을 왜곡하여 조선침략을 정당화하려는 일제에 타협하는 논리에 불과했다.

문화운동 가운데 그 사상적 토대와 관련하여 특히 주목되는 것은 신교육운동과 물산장려운동이었다. 신교육운동은 신문화건설과 신지식 습득을 위해 일어났다. 교육열이 높아져 각종 학교 설립운동이 전개되는 가운데, 1922년 말에는 고등교육기관이 없어 많은 학비를 들여 유학하는 실정을 타개한다는 취지로 민립대학 설립운동이 일어났다. 이 운동은 자금 1천만 원을 모아 민족의 최고학부인 민립대학을 설립하자는 것으로, 초기에는 민족주의 우파 외에도 사회주의자와 민족주의 좌파도 참여하여 상당

---

35) 박찬승, 앞의 책, pp. 185~196, pp. 303~304.
36) 서중석, 앞의 글, pp. 144~166 ; 박찬승, 위의 책, pp. 209~216.

한 호응을 받았으나 모금이 부진하고 호응도도 떨어져 1925년에
중단되었다.[37] 사회주의자들은 고등교육보다 과다한 문맹인구를
퇴치하기 위한 대중교육의 보편화가 우선적인 과제라고 하면서
이 운동을 비판했다.

물산장려운동은 국산품 애용과 민족기업 육성을 통한 민족경
제의 자립을 목표로 하여 1920년 평양에서 '자작자급운동'으로
시작된 이래, 1923년 1월 서울에서 전국적 규모의 조선물산장려
회가 창립되면서 본격화되었다.[38] 그 배경에는 일본상품과 일본
자본의 진출로 위기에 처한 민족자본가들이 총독부에 조선인 중
심의 산업정책 시행을 건의했으나 받아들여지지 않자 자구책으
로 일으킨 측면이 있었다.[39] 국산품 애용이라는 점에서 이 운동
은 어느 정도 성과를 거두었으나 1년도 못 되어 흐지부지되고
말았다. 그 원인은 일제관헌의 방해에도 있었지만 토착자본의
부족으로 생산확대가 이루어지지 않아 가격 상승과 조잡한 상품
의 제조 등 문제가 생겼다는 점, 이 운동을 주도한 민족자본가
상층과 그들을 대변하는 실력양성운동론자의 개량적 한계 때문
이었다. 사회주의자들은 '민족적 대동단결'을 슬로건으로 표방한
이 운동을 가리켜 '중산계급의 이기주의'라고 비판했다.[40]

물산장려운동이 실패로 돌아간 후 민족자본가와 민족주의 우
파는 정치권력의 뒷받침이 없는 경제적 실력양성운동이 얼마나

---

37) 김호일, 〈일제하 민립대학 설립운동에 대한 일고찰〉,《중앙사론》 1, 1972
   참조.
38) 조기준, 〈조선물산장려운동의 전개과정과 그 역사적 과정〉,《역사학보》
   41, 1969 ; 강영심, 〈1920년대 조선물산장려운동의 전개와 성격〉,《국사관논
   총》 47, 국사편찬위원회, 1993 참조.
39) 윤해동, 〈일제하 물산장려운동의 배경과 그 이념〉,《한국사론》 27, 서울대
   국사학과, 1992, pp. 284~297, pp. 302~306 ; 박찬승, 앞의 책, pp. 189~196,
   pp. 262~263.
40) 이성태, 〈중산계급의 이기적 운동〉(《동아일보》 1923년 3월 20일자)과 주
   종건, 〈무산계급과 물산장려〉(《동아일보》 1923년 4월 10일자).

어려운가를 인식하게 되었고, 그들 가운데 일부가 일제의 민족운동 분열정책과 결합하여 자치운동을 전개했다.[41] 민족자본 상층의 대자본가들은 총독부측의 재정지원을 받는 등 일제권력과 유착되기 시작했고, 이들을 대변하는《동아일보》에서는 '정치상의 유력한 발언권'의 확보가 필요하다는 주장을 제기했다. 이들 타협적 민족주의 우파의 입장은 1924년 1월《동아일보》사설에 실린 이광수의〈민족적 경륜〉에서 명확히 드러났다. 이 글에서 이광수는 일제가 '조선내에서 허(許)하는 범위내'에서 일대 '정치적 결사'를 조직하여 정치운동의 기초를 이루자고 제창했다. 이 사설이 나간 직후《동아일보》의 김성수·최원순·송진우와 천도교의 최린, 안재홍·조만식 등은 연정회의 결성을 협의했다. 그러나〈민족적 경륜〉에 대한 국내외 성토가 격렬하여《동아일보》불매운동으로까지 확산되었고, 연정회도 자치론에 대한 여론악화와 안재홍 등의 반대로 무산되었다.

이와같이 문화운동은 '독립'보다 '실력양성'을 우선적인 과제로 삼았기 때문에 개량주의운동이 되었고 문화운동을 주도한 민족주의 우파의 일부는 사실상 독립을 포기하는 자치운동까지 전개했다. 이들과 달리 국내의 민족주의 좌파는 한말 계몽운동기에 선(先)실력양성론을 비판하고 무장투쟁노선으로 전환한 신민회계열의 비타협적 민족주의를 계승하여 민중봉기를 통한 일제의 타도를 지향했다.[42] 이들은 일제와의 타협을 거부한다는 점에서 같은 입장에 있던 사회주의자들과 협동전선을 구축하려고 노력하여 1927년 신간회를 결성했다.

---

41) 박찬승,〈일제하의 자치운동과 그 성격〉,《역사와 현실》2, 한국역사연구회, 1989 및 앞의 책 제4장 참조.
42) 박찬승,〈국내 민족주의 좌우파 운동〉,《한국사》15, 한길사, 1994, pp. 135~137.

IV. 사회주의의 수용과 대중운동의 성장

1. 사회주의의 수용과 조선공산당의 결성

3·1운동을 계기로 민족해방을 위한 새로운 이념으로서 사회주의 즉 마르크스주의가 수용되었고, 사회주의운동이 민족해방운동의 일환으로 활발하게 일어났다. 조선에서 사회주의이념이 수용되어 급속히 확산된 배경은 다음과 같다.

먼저 외적 조건으로는 러시아혁명의 성공과 러시아혁명 이후에 일어난 전세계적인 혁명운동의 고양, 베르사이유강화조약과 국제연맹 결성을 통해 이루어진 제국주의 열강의 전후 세계질서의 재편을 들 수 있다. 내적 조건으로는 부르주아 민족주의계열의 외교론·실력양성론 등 운동노선의 한계, 일제의 가혹한 식민통치와 그에 따른 민족적 계급적 모순의 첨예화와 이에 대한 농민·노동자 등 대중의 저항 강화를 들 수 있다.[43]

한국 최초의 공산주의단체인 한인사회당은 1918년 러시아 극동지역의 동포사회에서 발생했다. 한인사회당이 3·1운동 직후 임시정부 수립운동에 참여한 이래 국내외의 여러 지역에서 러시아혁명과 3·1운동의 영향을 받아 많은 조선인 공산주의단체가 출현했다. 그리고 통일된 공산주의 정당을 창립하기 위한 노력이 합법적인 활동이 가능했던 해외에서 1920년 중엽부터 시작되었다. 그러나 이 과정에서 이르쿠츠크파와 상해파의 두 세력이 경쟁했고, 결국 이르쿠츠크파 고려공산당과 상해파 고려공산당이 각각 창당되어 대립했다. 두 파는 특히 조선혁명의 성격 규정

---

43) 김인걸, 〈1920년대 조선에서의 맑스-레닌주의의 보급과 노동운동의 발전〉, 1964(《일제하 조선노동운동》, 일송정, 1989, pp. 7~18) ; 임경석, 〈고려공산당연구〉, 성균관대 박사학위논문, 1993, pp. 15~31.

을 둘러싸고 대립했다. 즉 이르쿠츠크파 공산당은 조선혁명의
성격을 사회주의혁명으로 간주하는 데 반하여 상해파 공산당은
민족해방혁명을 선행한 다음 사회주의혁명을 일으켜야 한다고
주장했다. 자유시사변을 거치면서 두 고려공산당의 분열이 악화
되자 코민테른에서 양파의 통일을 위해 개입하기도 했으나 통일
운동은 끝내 실패했다.[44]

국내에서는 사회주의에 기울어진 일본유학생들이 귀환하면서
사회주의사상이 도입되었다. 일본유학생들의 사상단체인 조선고
학생동우회(1920. 1)는 1922년 1월 서울에 들어와 《조선일보》에 〈
동우회선언〉을 발표해 국내 최초로 계급투쟁을 선언하기도 했
다. 국내에서 사회주의사상은 서울청년회(1921), 무산자동맹회
(1922), 신사상연구회(1923), 화요회(1924), 북풍회(1924 ; 북성회에서
개칭한 일월회의 국내 본부조직) 등 지식인, 청년, 선진적 노동자들
중심으로 사상단체가 전국적으로 조직되면서 수용되었다.[45] 사회
주의운동가들은 산업중심지와 주요 도시에서 노동운동·청년운
동 등 대중운동과 결합하여 사회주의를 학습 보급하기 위한 서
클을 조직했다.[46] 이에 따라 사회주의사상은 조선노동공제회 등
의 노동운동단체와 청년회·언론기관 등으로 급속히 확산되었다.

사회주의 운동가들이 다양한 대중운동과 연계하여 활동기반을
넓혀감에 따라 각종 대중운동의 주도권은 점차 사회주의운동 진
영으로 넘어갔다. 대중운동을 조직적으로 지도할 수 있는 전위
당의 결성이 요구되었으므로 각 사상단체는 경쟁적으로 국내에
공산당을 조직하기 위한 노력을 기울였다.[47] 이때 코민테른은 상

44) 임경석, 위의 책 참조.
45) 김준엽·김창순, 《한국공산주의운동사》 2, 청계연구소, 1986, pp. 29~55 ;
   이균영, 〈1920년대 각종 사회단체의 형성과 민족운동〉, 《일제 식민지시대의
   민족운동》, 한길사, 1988, pp. 90~95.
46) 류승렬, 〈1920년대 조선공산당의 조직위상에 대한 비판〉, 《역사비평》 1989
   년 겨울호, pp. 65~68.

해파와 이르쿠츠크파 조직을 해체할 것을 지시했고 1922년 12월 블라디보스톡에 코민테른 산하 코르뷰로(고려국)을 설치하고 김재봉·김찬 등을 파견하여 코르뷰로 국내부와 국내부 청년회를 조직했다. 주로 화요회계와 북풍회계로 구성된 국내부의 주도로 사상단체들이 통합되었고, 1924년 조선노농총동맹과 조선청년총동맹 등 전국적 대중운동단체가 결성되었다.

한편 서울계는 별도로 전위당의 조직을 추진하여 1924년 5월 고려공산동맹을 결성했다. 코르뷰로 국내부와 고려공산동맹은 상호경쟁하면서 전위당을 준비했으나, 결국 코르뷰로 국내부의 주도로 1925년 4월 조선공산당이 비밀리에 창당되었다. 코르뷰로 국내부가 코민테른의 지원을 받는 유리한 조건에서 조선노농총동맹 등 대중운동단체의 기반을 갖고 있었기 때문이다.

김재봉을 책임비서로 하는 제1차 조선공산당은 산하단체로서 고려공산청년동맹을 조직한 후 곧 코민테른에 대표를 보내어 국제공산주의운동으로부터 정식 승인을 얻었다. 조선공산당은 당 조직을 정비하고 기관지 발행, 만주총국 설치, 고려공산청년동맹 사업지원 등 당 자체의 문제뿐 아니라 조선노농총동맹의 분립문제를 비롯한 각종 대중단체에 대한 대책 등 민족해방운동 전반에 관련된 문제를 논의했다.

그러나 1925년 11월 신의주에서 청년회원이 변호사를 구타한 사건을 계기로 비밀문서가 적발되어 조직이 탄로되었다. 김재봉을 비롯한 220여 명의 당원이 검거되고 그중 83명이 유죄판결을 받음에 따라 조선공산당 조직의 대부분이 파괴되었다. 그 뒤 검거를 면한 강달영을 책임비서로 삼은 제2차 조선공산당이 1925년 12월에 조직되었다. 제2차 조선공산당은 정치적 목표를 비타협적 민족주의계열과 사회주의계열의 운동가를 통합하여 중국

---

47) 강동진, 〈일제하의 한국사회운동사연구〉, 《한국근대민족운동사》, 돌베개, 1980, pp. 492~510.

국민당 형태의 통일전선당을 만드는 데 두었다. 순종의 장례를 계기로 만세시위운동을 벌인 6·10만세운동은 그 전초작업으로서, 조선공산당의 지도와 조직적 활동에 의해 일어난 반제투쟁이었다.[48] 이 밖에 조선공산당은 각 도에 간부를 파견하여 조직을 강화하는 한편으로 만주와 상해·일본 등지에 연락부를 두어 조직을 확대했다. 그러나 6·10만세운동의 격문과 전단을 인쇄 살포하려다가 사전에 문건이 우연히 발각되어 강달영을 비롯한 전국의 100여 명의 당원이 검거되고 그중 82명이 실형을 받게 되었다. 이로써 제2차 조선공산당은 1926년 6월에서 8월에 걸쳐 사실상 해체되었다.

1926년 9월 검거를 모면한 김철수를 중심으로 일명 ML당이라고도 불리는 제3차 조선공산당이 조직되었다. 제1·2차 조선공산당사건으로 화요회계의 중요 간부들은 대부분 검거되거나 해외로 망명했고 김철수가 사회주의세력간의 파벌을 해소한다는 기치를 내세우며 당세를 확장함에 따라 제3차 당은 여러 세력이 참가하는 통합당의 성격을 띠게 되었다. 김철수에 이어 일월회계의 안광천이 책임비서가 된 후 조선공산당은 비타협적 민족주의 좌파와 연합하여 신간회·근우회 등을 결성하는 등 민족협동전선운동을 전개했다.

제3차 조선공산당은 책임비서가 다시 김준연·김세연으로 바뀌면서 1년 이상 유지되었으나 이 역시 조직이 탄로되어 1928년 2월 30여 명의 주요 간부가 검거되고 해체되었다. 이 사건과 관련하여 조선공산당의 지도로 조선노농총동맹에서 분리되어 활동하고 있던 조선노동총동맹·조선농민총동맹과 신간회·근우회 등의 각종 대중운동단체들도 큰 타격을 입었다. 조선공산당 당원에 대한 검거가 한창 진행되고 있는 동안 1928년 3월 노동자

---

48) 윤석수, 〈조선공산당과 6·10항일시위운동〉, 《역사비평》 1989년 봄호 참조.

차금봉을 책임비서로 하는 제4차 조선공산당이 성립되었다. 제4차 조선공산당은 중앙과 지방의 조직을 재건하고 신간회와의 관계를 긴밀히 하여 지회활동에 많은 당원을 참여시켰다. 또 정간되었던 국내 기관지《조선지광》(朝鮮之光)을 비롯한 해외 기관지를 간행했고, 코민테른의 자금을 받아 코민테른대회 등 각종 국제대회에 대표를 보내는 등 활발한 활동을 전개했다. 그러나 조직된 지 4개월 만에 다시 탄로되어 1928년 7월에서 10월에 걸쳐 170여 명의 당원이 검거됨으로써 제4차 조선공산당은 해체되었다.

조선공산당은 3년 동안 네 차례의 대량검거를 당하고 그때마다 당이 해체되었으나 새로운 운동가들이 계속 당을 재건했고, 혹독한 일제의 탄압 속에서도 노동자·농민단체 등을 조직하고 지도하여 대중운동의 정치성을 높이는 데 기여했다.

그러나 조선공산당운동은 파벌성과 관념성 등 많은 문제점을 내부적으로 안고 있었다. 주도권을 장악하기 위한 격심한 파쟁은 지식인 중심의 사상단체를 규합하여 건설한 조직상의 문제와 함께 사회주의운동 초기의 미숙성을 반영하여 소수의 지식인·청년·학생이 중심이 됨으로써 운동이 대중 속에 깊이 뿌리박지 못한 데서 초래되었다.[49] 코민테른은 파벌성 문제를 지적하여 1928년 제6차 대회에서 조선공산당의 승인을 취소하고 1928년〈조선의 농민 및 노동자의 임무에 관한 결의〉(12월 테제)에서 지식인 중심의 조선공산당을 노동자·농민이 중심이 되는 당으로 재조직하도록 지시했다.[50]

사회주의자들은 당시 급속히 고양되고 있던 노동·농민운동을 기초로 아래로부터 당조직을 재건하고자 노력하고 혁명적 노동·

---

49) 류승렬, 앞의 글, pp. 73~77 ; 이재화,〈식민지시대 한국 공산주의운동사상에 관한 비판적 재검토〉,《현실과 과학》1, 새길, 1988, pp. 324~325.
50) 김준엽·김창순, 앞의 책(3), pp. 337~346.

농민조합을 건설하는 데 주력했다. 그러나 1930년대에 들어와 일제의 파쇼체제가 강화되어 진보적 세력에 대한 탄압이 철저해짐에 따라 8·15 때까지 공산당은 재건되지 못했다.

2. 노동·농민운동의 성장

사회주의사상이 확산되어 국내에서 사회주의운동이 본격화하면서 노동운동·농민운동·청년운동·학생운동·여성운동·형평운동 등 대중운동도 활발해졌다. 그중 가장 중심적인 것은 노동운동과 농민운동이었다.

일본자본의 진출과 식민지 산업의 일정한 발전에 따라 노동자 수가 늘고 질적으로도 성장했으나 노동조건은 날로 악화되어 노동쟁의가 증가했다. 노동쟁의는 조선총독부 통계만으로도 1920년에서 1930년 사이에 총 810건이 일어났고, 조선인 노동자가 7만 5,225명 참가했다.[51] 노동쟁의는 1920년대 초기에는 부산 부두 노동자 파업(1921), 서울 인력거부 파업(1922) 등 자유노동자가 주축이 되어 일으킨 임금인상 요구와 임금인하 반대투쟁이 중심을 이루었다. 1923년경부터는 서울 고무공장 여자노동자의 파업(1923), 평양 양말공장 노동자의 파업(1923), 인천·군산 정미공장 노동자의 동맹파업(1923, 1924) 등 공장노동자가 주축이 되어 임금인하를 반대했다. 요구조건도 임금인상뿐 아니라 단체계약권의 확립, 8시간 노동제의 실시 등 노동조건의 개선, 악질적인 일본인 감독의 추방 등으로 확대되어 적극적인 투쟁형태를 띠게 되었다. 1920년대 후반기가 되면 서울·부산·목포·군산 등 남부의 대도시에서만 일어났던 노동쟁의가 북부의 평양·원산을 비롯하여 전국의 중소도시에까지 확산되어 쟁의건수나 참가인원수가 급격히 증가함으로써 노동운동이 대중화되었다.[52]

---

51) 김경일, 《일제하 노동운동사》, 창작과비평사, 1992, p. 309, 표 6-1 참조.

이처럼 노동운동이 성장한 것은 노동단체에 의해 조직적으로 추진되었기 때문이다.[53] 노동자조직의 결성은 3·1운동을 계기로 노동자가 민족운동의 주체로 나섰고 러시아혁명을 비롯한 세계 각국의 노동운동이 현대사에서 중요한 역할을 하게 되었다는 사실을 인식한 선진적인 지식층에 의해 주도되었다. 따라서 1920년대의 노동운동은 진보적 지식층에 의한 계몽운동 또는 민족해방운동의 일환으로 출발했다.[54] 1890년대부터 성진·군산 등에서 결성되기 시작한 노동조합은 1920년대에 들어와 전국적으로 확대되어 1930년 무렵에는 무려 560여 개가 조직되었다. 노동조합의 조직형태는 서로 다른 직업을 가진 노동자를 망라한 지역별 노동조합에서 각각의 직업이나 직능에 따른 직업별 노동조합으로 발전하고 1928년부터는 서울의 인쇄출판업계를 선두로 산업별 노동조합도 조직되기 시작했다. 또 지방의 노동자조직을 통합하는 전국적인 노동단체도 결성되어 조선노동공제회(1920), 조선노동대회(1920), 조선노동연맹회(1922), 조선노농총동맹(1924) 등의 단계를 거치면서 발전했다. 1925년 하반기 무렵에는 군·시·도 단위의 지역연맹체가 결성되어 전국조직의 중간단위 조직으로서의 역할을 했다.

최초의 전국적 대중적 노동단체인 조선노동공제회는 20여 개의 지회와 1,500여 명의 회원을 확보하여 주로 계몽활동을 펼치다가 사회주의사상이 보급되면서 해체되었다. 이후 결성된 조선노동연맹회와 조선노농총동맹은 사회주의에 입각한 노동운동을 표방했고 회원수가 급격히 증가했다. 특히 조선노동연맹회가 내부 분쟁에 의해 해체된 후 결성된 조선노농총동맹은 '노동자·농민계급을 해방하여 완전한 신사회를 건설한다'는 것을 내세워 회

---

52) 김윤환, 《한국노동운동사》 I, 청사, 1982, 제3·4장 참조.
53) 김윤환, 위의 책 제3·4장 ; 김경일, 앞의 책, 제3·4·6장 참조.
54) 김윤환, 위의 책, p. 111.

원수가 5만 3천여 명에 달했고 산하단체가 260여 개에 이르러 노동·농민운동의 구심체가 되었다.

1920년대 전반기의 노동운동은 공업의 미발달과 농민층 분해의 특수한 양상으로 노동자·농민계급이 미분리되었기 때문에 농민운동과 미분화된 상태로 전개되었다. 1920년대 후반기로 접어들면서 두 운동을 분리하자는 논의가 일어났다. 이는 1926년 12월 조선공산당의 지도 아래 조선노농총동맹에서 '조선노농운동에 대한 신정책'을 발표하면서 비롯되었다. 그 요지는 노농운동 조직이 소수 선각자의 사상운동조직에 불과했다는 점, 농민의 계급적 차별성이 존재하므로 분맹(分盟)해야 한다는 점, 대중적인 경제투쟁과 아울러 적극적인 정치투쟁을 전개해야 한다는 점 등이었다. 이 정책은 산하단체의 압도적인 지지를 얻었고 이에 따라 1927년 9월 조선노농총동맹은 서면대회 형식으로 조선농민총동맹과 조선노동총동맹으로 분리되었다.

그러나 조선노동총동맹은 일제의 조선공산당에 대한 탄압으로 중앙간부의 대부분이 검거되고 가맹단체와 회원수가 현저하게 줄었으며 지도부의 파쟁도 계속되어 노동운동을 제대로 지도하지 못했다. 그 대신 직업별 노조의 지역연맹체가 나타나 실질적인 지도력을 발휘했다.

조직력이 강화된 노동운동은 투쟁력이 높아져 일제의 탄압에도 불구하고 파업이 장기화될 수 있었다. 1928년 3개월간 지속된 영흥노동자 총파업과 1929년 약 75일간 지속된 원산총파업은 그 대표적인 것이다. 특히 원산총파업은 1920년대 노동운동을 통해 가장 조직적이고 대규모로 전개된 투쟁으로, 이를 계기로 조선 노동운동은 급격히 앙양되고 좀더 높은 단계로 이행했다.[55]

---

55) 강동진,〈원산 총파업에 대한 고찰〉,《학술지》12, 건국대 학술연구원, 1971(《한국근대사론》Ⅲ, 지식산업사, 1977) ; 김광운,〈원산총파업과 노동운동의 새로운 단계로의 이행〉,《역사비평》1989년 봄호 참조.

원산총파업은 영국계 자본이 경영하는 석유회사의 일본인 감독이 조선인 노동자를 구타한 사건에서 발단했다. 이 파업은 원산노동연합회가 지휘하다가 일본경찰에 의해 해체위기에 처하자 그 산하의 원산지역 노동조합이 모두 동조파업함에 따라 2천여 명이 참가하는 총파업으로 발전했다. 전국의 노동조합·농민조합·청년회·신간회 등이 성금을 보내 지원했으므로 파업은 장기화될 수 있었다. 그러나 일본경찰의 탄압으로 파업자금이 고갈된 노동연합회가 파업노동자의 자유의사에 의해 업무복귀를 결정함에 따라 원산총파업은 끝나고 말았다.

1920년대 노동운동은 1925년 치안유지법의 공포 이후 일제의 노동자 탄압이 노골화됨에 따라 경제투쟁을 넘어서 민족해방투쟁의 성격을 띠면서 성장했다. 그러나 자유노동자가 공장노동자보다 많았고 중공업의 발전이 미약하여 숙련과 기술을 요하는 중화학공업노동자가 적었기 때문에 산업별 노동조합은 충분히 조직되지 못했다.

1920년대의 농민운동은 소작쟁의를 중심으로 전개되었다. 일제가 토지조사사업과 산미증식계획을 통해 식민지지주제를 확립한 후 대지주를 육성함에 따라 소작인으로 전락하는 농민이 많아지고 소작료의 고액화와 소작권의 박탈 등 소작조건이 악화되고 있었기 때문이다. 소작쟁의 발생건수는 1921년에 27건(참가인원 2,967)에 불과했으나 1923년에 176건(참가인원 9,060)으로 급증했다.[56] 주로 소작인조합을 중심으로 일어난 1920년대 전반기의 소작쟁의는 경북 달성군 가창면 소작쟁의(1921), 전남 무안군 암태도 소작쟁의(1924), 황해도 재령군 북률면 여물평 동척농장 소작쟁의(1924~1925) 등과 같이 고율 소작료의 인하투쟁과 소작권 이동반대를 목적으로 한 투쟁이 많았다.[57] 그러나 1927년 이후

---

56) 지수걸,〈일제하 농민운동〉,《한국사》 15, 한길사, 1994, p. 272, 표 1 참조.
57) 조동걸,《일제하 한국농민운동사》, 한길사, 1979, 제 2 장 ; 淺田喬二,〈1920

농민운동은 지주에 대항할 뿐 아니라 수리조합 등 일제의 경제적 약탈에 반대하는 투쟁으로까지 발전했다.[58] 전남 구례군 농민의 수리조합 반대투쟁(1927), 전북 옥구군 이엽사농장 쟁의(1927) 등은 그 대표적인 예이다.

소작쟁의는 점차 투쟁규모가 커지고 투쟁기간이 장기화했으며 투쟁형태는 폭동화했다. 그중 1925년부터 1932년까지 일어났던 평북 용천군 불이흥업 서선농장 쟁의는 소작인들이 농장사무소와 경찰서를 습격하는 단계로 발전했다.[59] 일본인 지주 소유의 서선농장은 원래 간석지였는데 개간비의 후불과 영구소작권의 보장, 평년작이 된 때부터 3년동안 소작료 면제 등을 조건으로 조선농민을 모집하여 그들의 자금으로 농지화한 것이다. 그러나 개간 후 농장측에서 약속을 전혀 지키지 않았고, 이에 분개한 2천여 명의 소작농들은 소작료 불납동맹을 맺고 투쟁하려다가 경찰이 개입하자 폭동화했다.

서선농장의 소작농이 7년간이나 끈질기게 투쟁할 수 있었던 것은 소작인조합의 결성에 의해 조직적으로 대항했기 때문이다. 농민조직은 3·1운동 이후 삼남지방의 곡창지대에서 면·리 단위의 자연발생적이고 분산적인 소작인단체로 출발했으나 사회주의 지식청년 등 선진적인 활동가에 의하여 점차 조직적 틀을 갖추어나갔다. 1924년 조선노농총동맹이 결성된 후에는 조직적인 소작쟁의가 소작인조합 주도로 격렬하게 전개되기 시작했다. 1927년 9월 조선노농총동맹은 조선노동총동맹과 조선농민총동맹으로 분립되었고, 조직의 분립과정에서 소작인조합이 자작농을 포함하는 농민조합으로 확대 개편되었다. 이에 따라 조선농민총동맹

~1930年代抗日農民運動の地域的特徵〉, 1971(《한국근대민족운동사》, 돌베개, 1980, pp. 586~587).

58) 西條晃, 앞의 글, pp. 113~120.

59) 조동걸, 앞의 책, pp. 151~158.

은 소작관계 개선뿐 아니라 농민들의 다양한 요구를 조직적으로
수렴할 수 있는 농민 대중조직의 기틀을 확보하게 되고, 1928년
말에는 가맹단체가 200여 개나 되었다.[60] 그러나 조선농민총동맹
은 간부들의 구금과 집회금지 등 경찰의 탄압과 중앙 간부진의
파벌투쟁, 개량적인 지도노선 등으로 농민운동을 제대로 지도하
지 못했고 하부의 군·면 단위 농민조합이 농민운동을 주도했다.

식민지 수탈구조에서의 노동·농민운동의 성장은 민족해방운
동이 지식인·청년 중심으로부터 점차 대중적 차원으로 발전해
가고 있음을 나타낸다.

V. 민족협동전선론과 신간회운동

민족해방운동이 이념과 노선에 따라 분열되자 1920년대 중반
부터 민족주의자와 사회주의자들이 서로 다른 민족적 계급적 관
점을 유보하고 민족해방을 위하여 협동해야 한다는 민족협동전
선론을 제기했고, 이에 따라 민족해방운동전선을 통일하기 위한
운동이 국내외에서 일어났다.

1920년대 중엽 연해주와 중국에서는 침체에 빠진 임시정부를
대신하여 민족해방운동 총지휘부로서 민족유일당을 건설하자는
운동이 일어났다.[61] 1926년 3월 블라디보스톡에서 '민족적 공산주

---

60) 지수걸, 앞의 글, pp. 278~281.
61) 윤병석, 〈1928,9년의 정의·신민·참의부의 통합운동〉, 《사학연구》 21, 1969
; 정원옥, 〈재만 항일독립운동단체의 전민족유일당운동〉, 《백산학보》 19, 1975
; 김희곤, 〈한국유일독립당촉성회에 대한 일고찰〉 《한국학보》 33, 1983 참조.
　1925년 이후 국내외의 민족해방운동 전반에 걸쳐 일어난 것을 모두 통
일민족국가 수립과정으로서의 민족유일당운동으로 파악하는 견해도 있다.
(강만길, 〈독립운동의 역사적 성격〉, 《분단시대의 역사인식》, 창작과비평사,
1978)

의기관'으로서 민족당주비회가 결성된 후 그 해 10월에 북경에
서는 한국독립유일당 북경촉성회가 조직되었다. 이를 계기로 상
해·남경·무한·광동 등에서도 유일당 촉성회가 결성되었고 만
주에서도 정의부·참의부·신민부가 이에 호응하여 통합운동을
벌였다. 1928년 만주의 18개 민족해방운동단체 대표가 모여 통
합을 논의했으나 국민부와 혁신의회로 양립되어 유일당을 결성
하는 데 실패했다. 그 원인은 파벌의식과 사상적 대립, 유일당을
조직하는 방법론의 대립에 있었다.

이처럼 해외에서의 민족유일당운동이 결실을 맺지 못한 반면
국내에서는 비타협적 민족주의자와 사회주의자들이 결집하여
1927년 2월 신간회를 설립했다. 최초의 민족협동전선체인 신간
회가 창립된 배경으로는 민족주의진영 안에서 우파가 자치운동
을 전개한 데 대한 비타협적 민족주의좌파와 사회주의진영의 반
자치론, 1924년부터 사회주의자들 사이에서 제기되어 온 민족협
동전선론, 코민테른의 반제민족통일전선론의 영향, 일본의 후쿠
모토(福本)주의 및 야마가와(山川均)주의의 영향 등을 들 수 있
다.[62] 이중 내적 요인으로서 주목되는 것은 민족협동전선론의 전
개과정이다.

사회주의자들은 1923년부터 협동전선의 필요성을 인식하고
1924년 4월 조선청년총동맹 임시대회에서 "타협적 민족운동은
절대로 배척하고 혁명적 민족운동은 찬성한다"[63]고 결의했다. 이
는 민족운동을 '타협적'인 것과 '혁명적'인 것으로 나누어 '혁명적
민족운동'과의 제휴를 주장한 것이다. 민족협동전선론은 1926년

---

62) 水野直樹, 〈新幹會運動に關する若干の問題〉, 1977(《신간회연구》, 동녘, 1983,
pp. 75~85 ; 김명구, 〈코민테른의 대한정책과 신간회, 1927~1931〉, 《신간회
연구》, pp. 255~267 ; 水野直樹, 〈코민테른의 민족통일전선과 신간회운동〉,
《역사비평》 1988년 봄호, pp. 60~66 ; 이균영, 《신간회연구》, 역사비평사,
1993, 제 1 장.
63) 《동아일보》 1924년 4월 26일자.

2월 제2차 조선공산당에서 본격적으로 논의되었고, 그 해 3월 조선공산당의 강달영과 천도교 구파의 간부 권동진, 조선일보의 안재홍 등이 회합을 가져 중국국민당 형태의 민족단일당을 결성하는 데 합의하는 단계로 발전했다. 그러나 6·10만세사건으로 제2차 조선공산당이 붕괴되고 강달영이 체포됨으로써 민족단일당운동은 일단 중단되었다.

이후 민족협동전선운동이 재개되어 신간회 결성의 직접적 계기가 된 것은 〈정우회선언〉이었다. 정우회는 1926년 4월 화요회·북풍회·무산자동맹회·조선노동당 등 4개 사상단체가 연합한 단체로 일월회계가 중심을 이루었는데, 그 해 11월 〈정우회선언〉을 발표했다. '방향전환론'이라고도 불리는 이 선언의 요지는 분파투쟁의 청산과 경제투쟁으로부터 정치투쟁으로 전환할 것, 비타협적 민족주의 세력과의 제휴였다. 이 제안은 사회주의자들의 압도적인 지지를 얻었다. 마침 그 해 말 민족주의 우파가 자치운동단체를 결성하여 정치적으로 진출하려는 움직임이 일어나고 있었으므로 민족주의자 좌파와 사회주의자들간의 제휴가 신속히 추진되었다. 그리하여 마침내 1927년 2월 신간회가 창립되었다.[64]

신간회에는 조선일보의 신석우·안재홍과 시대일보의 홍명희·이승복 등 민족주의계, 이갑성·이승훈 등 기독교계, 권동진 등 천도교 구파, 한용운 등 불교계, 한위건 등 사회주의계와 해외의 신채호·문일평 등 27명이 발기인으로 참여했다. 창립대회에서 회장에 이상재, 부회장에 홍명희가 선출되었으나 홍명희의 사양으로 권동진이 대신 선출되었고, 회장 밑으로 간사 35명이 선출되었다.[65] 신간회는 강령으로서 "① 우리는 정치적 경제적 각성

---

64) 신간회가 창립되기 이전인 1926년 7월 서울청년회계의 사회주의자들과 조선물산장려회계의 민족주의자들에 의해 조선민흥회가 발족되었으나 창립총회를 금지당하여 구체적인 활동은 못하였다.(이균영, 〈조선민흥회와 신간회를 둘러싼 제논의의 검토〉,《한국 근대민족주의운동사 연구》, 일조각, 1987)
65) 이때 선출된 간부의 경력과 직업 등에 대해서는 水野直樹, 〈新幹會の創立

을 촉진함, ② 우리는 단결을 공고히 함, ③ 우리는 기회주의를 일체 배격함"을 채택했다. 일제의 감시와 탄압 때문에 구체적인 행동강령을 마련할 수 없었지만 민족운동세력을 결집하여 타협적인 자치운동에 철저히 맞서 절대독립을 쟁취하겠다는 의지가 분명히 드러나고 있다.

신간회는 서울에 본부를 두고 각 지방에 군 단위로 지회를 두었는데, 초기에 중앙간부직은 대개 민족주의자들이 맡았고 지방지회의 설립과 운영은 주로 사회주의자들이 주도하는 청년단체에 의해 이루어졌다.[66] 회원은 20세 이상의 조선인 남녀로서 개인가맹제를 채택했다. 신간회의 활동은 대중적 기반을 지닌 지방지회를 중심으로 이루어졌다. 중앙본부가 창립 직후부터 일제의 탄압에 부딪혀 별다른 활동을 하지 못한 반면, 지방지회는 각 지방에서 전개되어 온 청년운동·노동운동·농민운동·형평운동·여성운동 등에 기초하여 활발하게 활동했다. 이에 따라 지회는 대중의 전폭적인 지지를 얻으며 급속히 확대되어 1931년 5월 현재 141개소에 이르렀고 회원수도 4만 명이 넘었다.

조선공산당의 활동이 철저히 탄압되고 조선노동총동맹·조선농민총동맹·조선청년총동맹 등의 집회가 금지된 가운데 신간회는 합법운동단체로서 노동운동·농민운동·학생운동을 지도했다. 또 자매단체로서 좌·우익의 여성운동가로 조직된 근우회를 발족시켜 여성운동의 발전에도 기여했다. 각 지회에서는 일제의 식민지 지배정책에 반대하여 투쟁할 과제를 폭넓게 논의했다. 대구지회에서는 조선인에 대한 착취기관의 철폐, 일본인의 조선이민 반대, 타협적 정치운동 배격, 조선인 본위의 교육제도 실시,

---

をぬぐって〉, 1981(《한국근대사회와 사상》, 중원문화사, 1984, pp. 239~240) 참조.
66) 이균영, 〈지회설립에 따른 신간회의 '조직형태' 검토〉, 《한국학논집》 11, 한양대, 1987, pp. 189~200 및 《신간회연구》, 제 4 장.

학생의 사회과학·사상 연구의 자유보장, 제국주의 식민지 교육 정책의 반대 등을 주장했다.[67] 도쿄지회에서는 단결권·파업권· 단체계약권의 확립, 8시간 노동의 실시, 최저임금제 실시, 공장법 등의 제정 등 노동자계급의 기본권과 아울러 경작권의 확립, 최고 소작료의 공정 등 농민 생존권을 요구하기도 했다. 도쿄지회의 활동은 특히 조선보다 언론·출판·집회의 제한이 느슨했던 일본에서 활동하는 유리한 조건을 이용하여 '조선총독 폭압정치 반대운동'을 전개하여 정치투쟁으로까지 나아간 점에서 큰 의의가 있다.[68]

통일전선의 일반적인 형태는 여러 정당·단체의 연합이다. 그러나 신간회의 조직형태는 개인가맹제에 의한 정당적 형태로서 '민족단일당의 매개형태' 또는 '민족단일협동전선당의 매개형태'로 인식되었다. 이러한 정당적 조직형태는 중앙집권적이었으므로 노동자·농민이 주체가 되지 못하여 조직적 진출이 저해되고 있었다.[69] 각 지회에서는 개인가맹제를 단체가입제로 전환하여 신간회의 조직체계를 바꾸어야만 신간회가 실천적 활동을 할 수 있을 것이라고 보았다. 이러한 인식에서 각 지회에서는 1928년 2월 제1차 정기대회를 앞두고 정기대회에 제출할 정책안을 결의했다. 그 요지는 회장제를 집행위원장제로 바꿀 것, 지회연합기관을 둘 것, 행동강령을 제정하여 투쟁할 것, 단체가입제의 실현 등이었다. 이것은 대개 중앙본부에 대한 지회의 자율권을 확대하여 신간회를 아래로부터의 조직으로 바꾸기 위한 제안이었다.

그러나 1928년 이후 정기대회는 신간회운동과 조선공산당과의 관계를 파악한 일제에 의해 금지되었다. 중앙본부에서는 그 대

---

67) 송건호, 〈신간회운동〉,《한국근대사론》 II, 지식산업사, 1977, p. 455.
68) 水野直樹, 〈新幹會東京支會の活動について〉, 1979(《신간회연구》, 동녘, 1983, pp. 131~135)
69) 이균영, 〈지회설립에 따른 신간회의 '조직형태' 검토〉, pp. 201~204 ; 정용욱, 〈신간회조직의 한계와 반제민족통일전선〉,《역사비평》 1989년 겨울호, p. 97.

책으로 1929년 6월 28일과 29일 이틀에 걸쳐 복대표대회를 열었다. 복대표대회란 인접한 몇 개 지역의 지회가 합동으로 대표 1인을 선출하고 이들이 모여 정기대회를 대신하는 대회였다. 복대표대회에서는 여러 지회의 주장을 수용하여 규약을 개정하고 간부진도 개편했다. 개정된 규약에 의해 봉건적이라고 지적되어 온 종래의 회장·간사제가 중앙집행위원장·위원제로 바뀌고 지회의 자율권이 확대되어 본부에 대한 견제력이 강화되었다. 인접 지회나 같은 도내의 지회끼리 의결기관을 구성하여 활동하는 도 연합회가 설치되었고, 지회조직을 분회로 세분하여 직업별·지역별 반조직을 둠으로써 신간회가 아래로부터의 조직으로 개편될 수 있게 되었다. 그러나 지회와 조선공산당·코민테른에서 주장한 개인가맹제에서의 단체가맹제로의 전환은 실현되지 않았고 강령도 개정되지 않았다.

복대표대회에서는 많은 사회주의자들이 본부 임원으로 선출되었다. 허헌 집행위원장을 포함한 78명의 간부 중 46퍼센트가 사회주의자였다. 코민테른의 〈12월 테제〉에 의해 조선공산당이 해체된 후 사회주의진영은 신간회에 적극적으로 참여하는 한편으로 조선공산당 재건운동에 신간회 회원들을 적극적으로 끌어들였다.

허헌 집행위원장 체제에서 신간회 본부는 종전과 달리 적극적으로 투쟁을 전개했다. 1929년 7월에 열기로 한 갑산 화전민사건 진상보고 연설회가 금지당하자 중앙상무집행위원회가 결의문을 발표하여 항의했고, 조직 활성화를 위하여 도지회연합회를 조직하고 각 도별로 본부 순회지도반을 파견했다. 또 신간회는 광주학생운동이 일어나자 조사단을 파견했고, 진상조사 보고대회가 일제 당국에 의해 금지되자 1929년 12월 그에 대한 대중적 항의운동으로서 광주학생운동 진상보고를 위한 민중대회를 계획했다. 그러나 이 일이 사전에 발각되어 허헌·홍명희 등 40여 명

의 간부·회원이 검거되었고 근우회·청년총동맹·노동총동맹
등 주요 단체 간부 100여 명도 검거되었다.[70]

그 뒤 민중대회사건에서 구속을 면한 재정부장 김병로가 1930
년 1월 서무부장과 조사부장을 겸직하여 집행부가 되면서 신간
회의 노선은 점차 온건화되어 갔다. 《전북일보》 기사에 의해 야
기된 '조선인 모욕사건'(1930. 6)과 '단천 산림조합 반대운동'(1930.
7)이 일어났을 때 김병로는 매우 온건하게 대응했다. 만주 돈화
현에서 16명의 조선인이 공산당 혐의로 총살당한 사건이 일어났
을 때(1930. 9) 김병로는 자치운동을 지향하는 최린 중심의 천도
교 신파단체와 협의하여 조사원을 파견하기도 했다. 김병로 집
행부는 일제 당국이 1930년의 정기대회와 복대표대회를 모두 금
지하자 1930년 11월 여러 지회의 반대에도 불구하고 편법으로서
중앙집행위원회로 전체대회를 대행하고 중앙 간부진을 선임했다.
새로운 간부진은 앞으로 예상되는 대탄압에 대응하기 위해 자치
론을 주장하는 단체도 흡수하고 신간회운동을 이전보다 한층 합
법적인 테두리 내로 제한시켜야 한다면서 자치운동과 타협했다.
중앙본부가 합법화노선으로 전환하면서 중앙본부와 지방지회간
에 심각한 대립이 나타났고 사회주의자 내부에서 신간회 해소론
이 대두하기 시작했다.[71]

한편 신간회 해소론은 이 시기 코민테른의 좌경화에 의해서도
큰 영향을 받았다.[72] 1928년 12월에 코민테른은 이른바 〈12월 테
제〉라고 불리는 〈조선농민 및 노동자의 임무에 관한 테제〉를 발
표하여 "민족 부르주아지의 개량주의에 대한 투쟁"을 주장하면
서 노동자·농민·소부르주아지의 연합전선에서 노동계급의 헤

70) 朴慶植, 〈朝鮮民族解放運動と民族統一戰線〉, 1980(《신간회연구》, 동녘,
   1983, pp. 45~46).
71) 梶村秀樹, 〈新幹會硏究のたぬのノート〉, 1969 ; 위의 책, pp. 207~208.
72) 김명구, 앞의 글, pp. 270~285 ; 水野直樹, 앞의 글(1988), pp. 75~85.

게모니를 강조했다. 이때까지는 신간회가 부정되지 않았으나
1930년 9월 코민테른의 산하기관인 프로핀테른에서 〈9월 테제〉
로 불리는 〈조선에서의 혁명적 노동조합운동의 임무에 대한 결
의〉를 채택하여 신간회를 '민족개량주의 단체'로 규정하고 조선
에서 혁명적 노동조합운동을 강화할 것을 강조했다. 이러한 코
민테른의 방침 전환은 국공합작 붕괴 등 중국의 상황 변화에 대
한 인식과 방침에 좌우되어 조선의 독자적 상황을 경시한 것으
로 비판받기도 한다.[73]

이와같이 신간회의 해소론은 조선공산당원의 잇따른 검거로
인한 사회주의 세력의 약화, 신간회 안에서의 타협적 경향 대두,
코민테른의 좌경화 영향 등을 배경으로 대두했다. 해소론을 본
격적으로 제기한 것은 ML당계의 고경흠이었다. 1930년 5월 그
는 〈반제국주의 협동전선의 제문제〉라는 글에서 신간회를 대중
적 협동전선 조직으로 발전시키는 데 반대하면서 신간회를 전면
부정하는 해소론을 제기했다. 그 주된 이유는 반제협동전선은
공산당의 반제·반봉건적 투쟁의 발전 위에서만 구할 수 있는
투쟁양식이므로 신간회를 통해서 전개되는 것이 아니라 신간회
밖에서 공산당에 의해 주도되어야 한다는 점과, 신간회 지도부가
소부르주아들로서 개량주의자들이고 자치주의의 투사라는 점이
었다. 신간회를 '소부르주아적 정당조직'으로 규정하여 협동전선
조직으로 발전시킬 수 없다고 보고, 대중을 신간회가 아니라 공
산당의 휘하에 결집시켜야 한다는 것이다. 이같은 신간회 해소
론은 프로핀테른의 〈9월 테제〉에 뒷받침되면서 확산되어 사회주
의자들 사이에서는 신간회 해소에 대한 찬반론이 엇갈렸고, 각
지회를 중심으로 찬반논쟁이 벌어졌다.[74]

1930년 12월 부산지회에서 처음으로 해소를 결의한 이래, 이원·

---

73) 水野直樹, 위의 글, pp. 84~85.
74) 이하 신간회 해소에 대해서는 이균영, 《신간회연구》, 제5장 참조.

평양·길주·인천·단천·홍원·성진·경성·나주 등에서 잇따라 해소를 결의했다. 해소의 이유로서는 대개 신간회 지도부의 타협주의 노선과 정당적 조직형태의 문제, 강령의 추상성, 세계공황과 일본의 만주문제 개입 등 정세변화에 따르는 노동대중의 혁명화 등이 거론되었다. 이때 해소론자들이 말하는 '해소'란 한 조직체의 해산을 의미하는 해체가 아니라 한 운동에서 다른 형태의 운동으로 전환하는 변증법적인 자기발전을 뜻했다.[75] 해소운동 방법은 신간회 안에 있는 노농대중을 노동조합과 농민조합으로 분리시켜 신간회를 소부르주아지집단으로 전락시키고, 노동자·농민조직을 중심으로 하는 새로운 반제투쟁기관을 조직하자는 것이었다.

이에 대하여 민족주의자들은 대체로 해소를 반대했고 사회주의자 가운데서도 협동전선체가 여전히 필요하고 아직 해소시기가 아니라고 주장하는 사람들이 있었다. 그러나 결국 해소안은 1931년 5월 15, 16일 신간회 전체대회에 부쳐져 표결에서 찬성 43, 반대 3, 기권 30으로 가결되었고, 경찰에 의해 일체의 집회가 중지당함으로써 해소대회는 해체대회가 되고 말았다.

신간회는 주·객관적인 조건의 제약으로 인해 반일투쟁기관으로서의 실질적인 성과를 거두지 못했고, 조직문제 때문에 당시 전개되고 있던 혁명적 노동·농민운동에 조직적으로 참여하거나 지원하지 못하고 있다는 것이 주된 구실이 되어 4년 만에 해소되고 말았다. 그러나 신간회운동은 3·1운동 이후 민족해방운동이 부르주아 민족주의와 사회주의노선으로 분화된 이래 처음으로 전개된 민족협동전선이었다는 점에서 의의가 크다.[76]

---

75) 김명구, 앞의 글, p. 276.
76) 신간회 해소가 지나치게 기계적으로 이루어진 점을 비판하면서도 신간회가 민족해방투쟁의 주도권이 부르주아지에서 프롤레타리아트로 이행해가는 과도적 단계에서 나타난 역사적 산물이었고, 해소 이후 노동자·농민이 주체가 된 혁명적 대중운동이 앙양되었다고 보는 견해도 있다.(梶村秀樹, 앞의

Ⅵ. 맺음말

이상과 같이 1920년대에는 이념과 노선, 추진주체의 계급적 입장에 따라 국내외에서 민족해방운동이 다양하게 전개되었다. 앞에서 서술한 내용을 요약함으로써 결론을 대신하기로 한다.

거족적으로 일어난 3·1운동은 좌절되었으나 일제의 식민지 지배정책에 변화를 가져왔고, 이를 계기로 민족해방운동의 주체와 방향이 크게 달라졌다. 일제는 문화정치를 표방하여 제한된 범위에서 언론·집회·결사의 자유를 허용했으나 그 본질은 친일세력을 보호 육성하여 식민지 분할통치에 이용하고 민족해방운동역량을 분열시키는 것이었다. 또 일제는 산미증식계획을 추진하여 급속한 자본주의 발전에 따른 심각한 식량문제를 해결했으나 조선농민의 몰락을 촉진하여 일본이나 간도로의 대량 이주민이 발생했고 소작쟁의가 치열해졌다. 회사령의 폐지로 조선인 자본이 늘어났으나 공업부문에의 투자가 빈약했고, 일제의 식량 및 원료공급을 위한 생산이 큰 비중을 차지했다. 초과이윤을 획득하기 위한 일본자본의 유입으로 산업이 발전함에 따라 조선인 노동자수가 급증했으나 노동조건이 대단히 열악하여 노동운동이 격화되었다.

1920년대 전반기에 민족해방운동은 상해임시정부의 외교활동과 만주에서의 무장투쟁을 중심으로 이루어졌다. 민족해방운동의 총지휘부로서의 역할을 기대하며 수많은 독립운동가가 참여했던 임시정부는 내부의 '독립전쟁론'을 무시하고 외교독립노선에 입각한 외교활동에 주력했다. 이에 따라 좌익전선과 무장투

글, pp. 191~192)

쟁을 주장하는 독립운동가가 이탈했으며 외교활동은 아무런 성과를 거두지 못한 채 내분만 심화되었다. 국민대표회의를 열어 새로운 방향을 모색했으나 실패한 후 임시정부는 하나의 독립운동단체에 불과한 위치로 떨어졌다. 반면 독립전쟁론자들은 독립군기지를 건설하여 '봉오동전투', '청산리전투' 등에서 일본군과 싸워 대승리를 거두었고 '자유시참변' 등 시련을 겪으면서도 만주의 교포사회를 기반으로 참의부·정의부·신민부의 3부를 건설했다. 군정과 민정의 이원적 조직으로 이루어져 자치행정을 편 3부는 대중적 기반을 상실한 상해임시정부와 달리 사실상의 정부 역할을 했다.

국내에서는 '실력양성론'에 입각하여 민족주의 우파에 의해 '문화운동'으로 총칭되는 경제적 문화적 방면의 실력양성운동이 일어났으나 타협적 개량적 성격 때문에 한계에 부딪혔고, 그 일부가 일제의 분열정책과 결합하여 자치운동을 벌였다. 한편 민족해방운동의 새로운 이념으로서 사회주의사상이 일본유학생을 중심으로 결성된 사상단체에 의해 도입된 후 노동운동·청년운동 등 대중운동으로 급속히 확산되었다. 대중운동을 조직적으로 지도할 수 있는 전위당으로서 조선공산당 창당운동이 일어났고, 일제의 식민지수탈구조의 모순 때문에 야기된 농민운동과 노동운동이 사회주의운동과 연계하여 조직화되었다.

이와같이 민족해방운동전선이 분산되자 1920년대 중반부터 민족협동전선론이 제기되어 운동전선을 통일하기 위한 운동이 국내외에서 일어났다. 연해주와 중국에서 일어난 민족유일당운동은 실패했으나 국내에서는 자치운동을 계기로 사회주의자와 비타협적 민족주의 좌파의 제휴가 급속히 추진되어 민족협동전선체로서의 신간회가 창립되었다. 신간회의 활동은 중앙본부보다는 사회주의자 중심의 청년단체들이 주도하는 지방지회에서 각 지방의 대중운동과 연대하여 활발하게 전개되었다.

그러나 조직형태가 개인가맹제에 의한 정당형태로서 중앙집권적이었기 때문에 노동자·농민이 주체가 되지 못했고, 신간회는 노동·농민운동에 조직적으로 참여하거나 지원할 수 없었다. 이에 단체가입제로 전환하여 노동·농민운동 등 부문운동을 조직 내부에서 지도하려고 했지만 이는 실현되지 않았다. 또 조선공산당에 대한 일제의 지속적인 탄압으로 사회주의세력이 약화된 가운데 광주학생운동 진상보고를 위한 민중대회 계획이 발각되어 주로 사회주의자로 구성된 중앙간부·회원이 대거 검거되었다. 집행부가 바뀌면서 중앙간부진이 합법화노선을 주장했고, 이에 대한 지방지회의 반발이 격렬하게 일어나고 사회주의자 내부에서 신간회 해소론이 제기되었다. 신간회 해소론은 코민테른의 좌경화 영향으로 급속히 확산되었다. 협동전선체의 필요성을 강조하는 해소반대론이 제기되었으나 전체대회에서 해소가 다수결로 결정됨에 따라 신간회운동은 중단되었다.

이와같이 신간회운동은 일제의 탄압과 정당적 조직형태의 문제점, 지도부의 합법화노선, 코민테른의 좌경화 영향 등에 의해 중단되었다. 그러나 신간회운동은 민족해방을 위해 좌·우익의 이념대립을 뛰어넘어 민족협동전선운동을 폈다는 점에서 그 뒤의 민족해방운동은 물론, 분단을 극복하고 민족통일국가를 수립해야 하는 오늘날에도 커다란 교훈을 남기고 있다.

참고문헌

강동진, 《일제의 한국침략정책사》, 한길사, 1980.
강만길, 〈독립운동의 역사적 성격〉, 《아세아연구》 통권 59, 1978 ; 《분단시대의 역사인식》, 창작과비평사, 1978.
김경일, 《일제하 노동운동사》, 창작과비평사, 1992.
김명구, 〈코민테른의 대한정책과 신간회, 1927~1931〉, 《신간회연구》, 동녘, 1983.

김윤환,《한국노동운동사》Ⅰ, 청사, 1982.

김준엽·김창순,《한국공산주의운동사》2·3, 청계연구소, 1986.

박경식,《일본제국주의의 조선지배》, 청아출판사, 1986.

박영석,《일제하 독립운동사연구》, 일조각, 1984.

박찬승,《한국근대정치사상사연구》, 창작과비평사, 1991.

반병률,〈대한국민의회와 상해임시정부의 통합정부수립운동〉,《한국민족
　　운동사연구》2, 한국민족운동사연구회, 1988.

손세일,〈대한민국 임시정부의 정치지도체제〉,《3·1운동50주년기념논문
　　집》, 동아일보사, 1969 ;《한국근대사론》Ⅱ, 지식산업사, 1977.

신용하,《한국민족독립운동사연구》, 을유문화사, 1985.

역사문제연구소 민족해방운동사연구반 편,《민족해방운동사 — 쟁점과 과
　　제》, 역사비평사, 1990.

윤병석,〈1910년대 서북간도 한인단체의 민족운동〉,《한국근대민족주의
　　운동사연구》, 일조각, 1987.

윤병석,〈1928,9년의 정의·신민·참의부의 통합운동〉,《사학연구》21,
　　1969.

이균영,《신간회연구》, 역사비평사, 1993.

이연복,〈대한민국 임시정부의 교통국과 연통제〉,《한국사론》10, 국사편
　　찬위원회, 1981.

임경석,〈고려공산당연구〉, 성균관대 박사학위논문, 1993.

정원옥,〈재만 항일독립운동단체의 전민족유일당운동〉,《백산학보》19,
　　1975.

조기준,〈조선물산장려운동의 전개과정과 그 역사적 과정〉,《역사학보》
　　41, 1969.

조동걸,《일제하한국농민운동사》, 한길사, 1979.

지수걸,〈일제하 농민운동〉,《한국사》15, 한길사, 1994.

홍순옥,〈대한민국 임시정부의 성립과정〉,《3·1운동50주년기념논문집》
　　동아일보사, 1969 ;《한국근대사론》Ⅱ, 지식산업사, 1977.

梶村秀樹,〈新幹會硏究のたぬのノート〉, 1969 ;《신간회연구》, 동녘, 1983.

水野直樹,〈코민테른의 민족통일전선과 신간회운동〉,《역사비평》1988년
　　봄호.

河合和男,〈'産米增殖計劃'と植民地農業の展開〉, 1979 ;《한국근대경제사연
　　구》, 사계절, 1983.

필자소개(가나다順)

姜 聲 媛   이화여대 역사자료실 연구원, 한국외국어대 강사
          이화여대 사학과 졸업, 동 대학원 박사학위 취득

金 大 琡   평택대 국문과 교수
          이화여대 사학과 졸업, 동 대학원 국문과 박사학위 취득

金 英 美   이화여대 사학과 교수
          이화여대 사학과 졸업, 동 대학원 박사학위 취득

羅 愛 子   국사편찬위원회 편사연구사
          이화여대 사학과 졸업, 동 대학원 박사학위 취득

白 玉 敬   이화여대, 한국외국어대 강사
          이화여대 사학과 졸업, 동 대학원 박사과정

李 培 鎔   이화여대 사학과 교수
          이화여대 사학과 졸업, 서강대 대학원 박사학위 취득

李 銀 順   한국외국어대 사학과 교수
          이화여대 사학과 졸업, 중앙대 대학원 박사학위 취득

李 惠 玉   한국외국어대 강사
          이화여대 사학과 졸업, 동 대학원 박사학위 취득

鄭 亨 芝   오산전문대 교수
          이화여대 사학과 졸업, 동 대학원 박사학위 취득

崔 有 利   이화여대, 한국외국어대 강사
          이화여대 사학과 졸업, 동 대학원 박사학위 취득

제2판 **한국사연구입문**

한국사연구회 편
신국판 / 반양장 572쪽 / 값 8,000원

한국사 연구의 체계적 이해와 그 방향제시를 하고자 한국사연구회가 1981년에《한국사연구입문》을 간행한 이후 5년간의 연구집적에 따라 구판으로는 현재 한국사 수준을 반영할 수 없어 개정을 요하게 되었기에 그동안의 연구결과와, 구판이 1987년도《한국사연구입문》으로 집대성, 61명의 전공연구자가 수정이 아닌 새로이 집필한 전면 개정판이다.

韓國史 轉換期의 문제들

한국사연구회 엮음
신국판 / 반양장 324쪽 / 값 8,000원

한국사연구회가 기획하여 엮은 이 책에는 각 역사발전 단계별로 전환기적 중요성을 지닌 주제들을 해당분야에서 오랫동안 연구해온 중견학자들이 쓴,〈조선건국 초기 통치체제의 성립과정과 역사적 의미〉,〈조선후기 사상계의 전환기적 특성〉,〈1890년 서울상인의 철시동맹파업과 시위투쟁〉,〈대한제국시기 언론의 시대전환인식〉,〈1930년대 민족운동의 변화〉,〈일제시기 미군정기의 좌우대립과 토지문제〉등의 10편의 논문이 수록되어 있다.

韓國社會史硏究
─── 農業技術발달과 社會變動 ───

李泰鎭 著(서울大 교수)
신국판 / 반양장 380쪽 / 값 7,000원

우리나라의 前近代시대인 통일신라로부터 고려를 거쳐 조선왕조 후기에 이르기까지 1천 수백년간의 한국사회를 농업기술의 발달에 따른 생산력 향상이 사회변동에 어떠한 動力으로 작용했는가를 종합적으로 논증한 이 저술은 比較史的 입장에서 중국·일본의 농업 기술사를 깊이 있게 파악하면서 한국의 시·공간적 특수성을 분석한 업적이다. 月峰著作賞을 수상했다.

朝鮮前期社會思想硏究

韓永愚 著(서울대 교수)
신국판 / 반양장 338쪽 / 값 5,000원

朝鮮王朝의 건국을 發展史的으로 보아온 저자가 土地문제·身分문제 등 社會經濟的 변화의 의미를 제대로 알고 社會變動의 참모습을 이해하기 위하여 그 당시 歷史主體들의 國家觀·民族觀, 身分·階層사상을 비롯한 社會思想, 田制編·國富論 등의 經濟思想을 분석·추출해 냈으며 鄭道傳·梁誠之의 인간과 思想을 집중 조명한 이 방면의 획기적인 업적! 文化公報部 우량도서 선정.

朝鮮前期土地制度史研究

金泰永 著(慶熙大 교수)
신국판 / 반양장 336쪽 / 값 5,000원

민족사의 內在的 發展性에 깊은 관심을 갖고 있는 저자가 王權을 정점으로 한 국가적인 힘이 강인하게 작용하고 있던 朝鮮時代의 科田法 체제가 前近代的 토지지배체제의 최후의 原型이라는 점에 착목하고 그동안 제도사적 면을 중심으로 집중 조명한 연구성과를 집성한 이 책은 조선왕조 사회의 구조적 해명에 큰 진전을 이룩한 역저이다. '오늘의 책' 선정.

朝鮮儒教社會史論

李泰鎮 著(서울大 교수)
신국판 / 반양장 286쪽 / 값 7,000원

우리 농업기술의 발달이 바로 성리학 정착의 기반이 되었음을 설파함으로써 조선사회의 발전과 유학간의 관계를 새롭게 연결짓는 입장을 보였으며, 당쟁을 종래의 부정적 관점에서 탈피하여 붕당정치라 하여 새롭게 긍정적으로 평가함으로써 성리학의 기능에 대하여도 시대적 합당성을 지니는 진일보한 중세 사유체제로 규정한 연구서이다.

근대 국민국가와 민족문제

한국사연구회 편
신국판 / 반양장 386쪽 / 값 8,000원

이 책은 제36회 전국역사학대회 공동주제인 '근대 국민국가와 민족문제'의 4개 논문과, 이와 관련하여 기획된 한국사 부문의 5개 논문을 수정 증보하고, 관련 토론들을 보완한 것이다. 역사학의 존재기반을 확보하고 현실 변혁의 어떠한 역사적 전망이 가능하기 위해서는 역사 인식에서 경험적 인식방법과, 규범적 인식방법의 변증법적 통일을 도모하여야 한다고 보고, 그 통합론으로 과학적 역사인식방법을 제시하고 이에 근거하여 연구주제를 새로이 해석해 놓았다.

사회와 사상 1
韓國現代社會思想

慎鏞廈 編(서울大 敎授)
신국판 / 반양장 378쪽 / 값 4,000원

한국현대사에서 민족운동의 선봉에 서서 활약한 白巖 朴殷植·한힌샘 周時經, 島山 安昌浩, 丹齋 申采浩, 萬海 韓龍雲, 三均 趙素昻, 夢陽 呂運亨, 民世 安在鴻, 白凡 金九 등 아홉 분의 社會思想을 전문 연구자들이 본격적으로 분석·조명하여 재구성을 시도한, 이 방면의 연구로는 최초의 金字塔이다.